"八八战略"
杭州实践100例

中共杭州市委宣传部
中共杭州市委党校 编

杭州出版社

图书在版编目（CIP）数据

"八八战略"杭州实践100例 / 中共杭州市委宣传部，中共杭州市委党校编． -- 杭州：杭州出版社，2023.7
ISBN 978-7-5565-2122-7

Ⅰ．①八… Ⅱ．①中… ②中… Ⅲ．①区域经济发展－经济发展战略－研究－杭州 Ⅳ．①F127.551

中国国家版本馆CIP数据核字（2023）第082025号

"BABA ZHANLÜE" HANGZHOU SHIJIAN 100 LI
"八八战略"杭州实践100例
中共杭州市委宣传部　中共杭州市委党校　编

责任编辑	夏斯斯　祁睿一
责任校对	陈铭杰　徐玲梅
美术编辑	章雨洁
装帧设计	屈　皓
责任印务	姚　霖
出版发行	杭州出版社（杭州市西湖文化广场32号6楼）
	电话：0571-87997719　邮编：310014
	网址：www.hzcbs.com
印　　刷	浙江新华数码印务有限公司
经　　销	新华书店
开　　本	787 mm×1092 mm　1/16
印　　张	35.25
字　　数	440千
版印次	2023年7月第1版　2023年7月第1次印刷
书　　号	ISBN 978-7-5565-2122-7
定　　价	160.00元

前 言
PREFACE

2023年是"八八战略"实施二十周年。二十年来,在"八八战略"指引下,杭州发生了翻天覆地的精彩蝶变:综合实力显著增强,创新活力竞相迸发,改革开放全面深化,产业体系持续优化,城乡区域统筹发展,绿色底蕴更加厚实,人文优势不断彰显。为认真总结杭州忠实践行"八八战略"的创新实践、鲜活案例,中共杭州市委宣传部会同中共杭州市委党校,面向全市征集优秀实践案例,梳理编撰了《"八八战略"杭州实践100例》。

这些案例内容丰富、鲜活生动、代表性强,既见证了习近平总书记在杭州的坚实足迹,又彰显了"八八战略"的实践伟力,具有较大的示范意义和推广价值。为方便查阅,我们主要依据案例内容,按照主题相近、分类归集的原则,围绕经济高质量发展、统筹城乡区域发展和促进共同富裕、改革攻坚和创新突破、民主法治和党建引领、文化建设和文明创建、社会建设和民生保障、生态文明建设等七个主题,对100个实践案例进行大致分类。

实践证明,"八八战略"与习近平新时代中国特色社会主义思想在精神要旨上是契合的,在内在逻辑上是相通的,在具体要求上是一贯的,是一篇需要不断续写的"大文章"。杭州市委十三届三次全会强调,全面学习把握落实党的二十大精神,加快打造世界一流的社会主义现代化国际大都市,努力成为中国式现代化的城市范例。新时代、新征程,"八八战略"始终是指引杭州建设世界一流的社会主义现代化国际大都市,打造中国式现代化城市范例的总纲领、总方略。我们希望,本案例集能够给大家带来一些启发和思考。

编 者
2023年7月

目 录
CONTENTS

1. 营造国内最优国际一流营商环境 / 1

2. 走新型工业化道路 / 7

3. 城西科创大走廊打造高能级创新平台 / 12

4. 打造一流跨境电商创新发展高地 / 17

5. 建设全国一流临空经济示范区 / 22

6. "一区多园"跨区域产业合作新实践 / 27

7. 特色小镇建设的杭州实践 / 33

8. 争创全国特色小镇第一镇 / 39

9. 以梦想小镇模式融入长三角一体化发展 / 45

10. 打造民营经济"两个健康"城市之窗 / 51

11. 书写"地瓜经济"新篇章　助力开放型经济提能升级 / 57

12. 数字经济赋能高质量发展 / 63

13. 建设"时尚经典　品质湖滨"世界级地标商圈 / 68

14. "腾笼换鸟、凤凰涅槃"的富阳实践 / 74

15. 以"大联合之策"驱动"大下姜之变" / 79

16. 从"快递人之乡"向"快递产业之乡"的精彩蝶变 / 84

17. 小草莓撬动"大产业" 蹚出"共富路" / 91

18. 集聚农村电商 建设数字乡村 / 97

19. 以"国之重器"助力产业兴城 / 102

20. 扎根民营经济 践行普惠金融 / 107

21. 坚持深耕实业 助力共同富裕 / 113

22. 坚定践行健康发展高质量发展 / 118

23. 创新区县协作机制 促进城乡区域协调发展 / 123

24. 构建市域现代综合交通网 / 129

25. 打造新一代高铁枢纽新标杆 / 134

26. 为现代化建设提供电力保障 / 139

27. 科技特派员"四双"实践助力共同富裕 / 145

28. "五彩大创"助力大学生杭向共富 / 151

29. 共护百里配水线 联融共建共富村 / 156

30. 建设城市 CBD 打造天堂新地标 / 162

31. 高质量打造未来社区共富单元 / 168

32. 深化山海协作 奋进共同富裕 / 173

33. 东西部协作助力乡村振兴示范村建设 / 179

34. 厚植农创沃土　激发共富动能 / 184

35. 以"强社惠民"助推城乡社区现代化建设 / 190

36. 打造妇女助力共同富裕的千鹤样板 / 195

37. 当好共同富裕排头兵 / 201

38. 坚持执政为民　践行"民呼我督" / 206

39. 打造海外高层次人才首选地 / 212

40. 城市大脑赋能城市治理现代化 / 218

41. 推进线上线下政务服务融合发展 / 223

42. 数字化改革破解群众就医"急难愁盼"问题 / 229

43. 构建新型行政执法体制 / 235

44. 从"数字城管"到"一网统管" / 241

45. 深化知识产权全链条改革 / 247

46. 创新监管和服务　助力平台经济健康发展 / 253

47. 创新重大项目跟踪审计　为政府投资保驾护航 / 259

48. 以试点工作为契机打造精准化服务模式 / 265

49. 以数字赋能打造人民满意的政务服务 / 270

50. 构建企业上市全链条护航体系 / 276

51. 打造旧改样板　探索未来社区示范 / 282

52. 打造高能级创新改革实践新范例 / 287

53. 当好企业"娘家人" 跑出服务加速度 / 293

54. 打造"钱塘技工"应用 助推技工兴业安居 / 298

55. 医检结果互认共享的富阳实践 / 303

56. 遵循"四种人"要求 深入实施"领雁工程" / 308

57. 宪法宣传教育的"金名片" / 314

58. 数字赋能新时代"枫桥经验" / 320

59. "1+X"民意互动平台深度问政问效 / 326

60. 高标准打造新时代互联网法院 / 331

61. 首创非羁押人员数字监控系统 / 336

62. "公安大脑"引领公安工作现代化示范先行 / 342

63. 以"大综合一体化"行政执法改革营造最优法治环境 / 348

64. 以地方立法保护西湖龙井茶金字招牌 / 353

65. 构筑全过程人民民主实践高地 / 358

66. 创建"共享法庭" 聚力社会治理 / 363

67. 创新"杭州模式" 打造"动漫之都" / 368

68. 西湖文化遗产保护管理的突破和创新 / 373

69. "美丽之洲"闪耀五千年文明之光 / 379

70. 打造大运河国家文化公园的杭州样板 / 384

71. 以三大"国字号"品牌打造全国网络文学重镇 / 389

72. 传承千年文脉　打造宋韵文化新高地 / 394

73. "一键借阅"公共图书馆线上服务新模式 / 399

74. 打造全国城市社区现代公共文化服务新样本 / 404

75. 擦亮"最美"品牌　弘扬"最美"精神 / 410

76. 推进建管用育一体化　打造乡村文明主阵地 / 416

77. 创建精神文明建设县域新高地 / 422

78. 迭代升级名校集团化战略　推进教育资源共优共享 / 428

79. "春风行动"助力杭州打造温暖善城 / 434

80. 画好住房保障"同心圆" / 439

81. 探索普惠托育服务体系　打造共富标志性成果 / 445

82. 建设婴幼儿照护服务先行示范区 / 451

83. 推进慈善信托高质量发展 / 456

84. 打造新中国第一个居委会基层治理践行范例 / 460

85. 以"66810"建设共治共享大运河幸福家园 / 466

86. 践行"民呼我为"　建设未来社区 / 472

87. 打开和美乡村数字治理大门的金钥匙 / 477

88. 打造邻里社区新标杆 / 483

89. 推进生态文明建设 打造"美丽中国样本" / 488

90. 统筹推进山水林田湖草一体化保护修复 / 494

91. 打造城镇污水治理的"杭州样板" / 500

92. 讲好绿色低碳故事 助力生态文明建设 / 505

93. 打造世界湿地保护与利用的典范 / 510

94. 以"四大图景"绘就现代版富春山居图 / 515

95. 依托一流生态开创县域经济发展新局面 / 520

96. 杭黄联保共治千岛湖流域生态环境 / 525

97. 争当美丽乡村建设新典范 / 531

98. 奋力打造水乡韵味和美乡村 / 536

99. 打造浙西生态共富新高地 / 541

100. 高标准建设宜居宜业和美新农村 / 547

后　记 / 554

1

营造国内最优国际一流营商环境

"八八战略"高度重视软环境建设,而优化营商环境是其重点实践领域。这些年来,杭州认真贯彻习近平总书记关于优化营商环境的重要论述,全力打造全国最优、国际一流营商环境。特别是自2019年被国务院确定为世界银行营商环境评估备选样本城市、2021年被国务院确定为国家首批营商环境创新试点以来,杭州坚决扛起为全国营商环境改革先行探路的使命担当,聚焦市场主体关切,注重对标对表,突出数字赋能,营商环境市场化、法治化、国际化水平全面提升。

一、目标成效

在全国营商环境评价中,杭州位列第一梯队。《杭州市国家营商环境创新试点实施方案》上报国办备案后印发实施。会同其他5个创新试点城市共同探索的50项创新试点改革举措,由国办发文向全国推广。特色做法7次在国务院《政府职能转变和"放管服"改革简报》刊发,向全国推广,并获李克强同志批阅。在全国工商联"万家民营企业评营商环境"中,连续四年排名第一,获评"营商环境最佳口碑城市"。荣获"2022年度浙江省改革突破奖"金奖,在全省营商环境评价中连续三年排名第一。

二、实践内容

紧扣市场主体关切,运用改革的办法,探索推出四个方面的利企便民举措。

(一)聚焦全流程优化,实现项目落地"加速度"。

按照"一阶段一件事"原则,通过业务协同、流程再造,优化审批流程,实现服务加码、项目提速。创新"一码管地"。应用"土地码",集成土地出让、规划审批、竣工验收、不动产登记等业务链条,形成"赋码上云、按码供地、码上服务、见码发证",实现工业项目不动产权证发证"零材料、零等待、零跑次"。深化"用地清单制"。全面推行区域环境影响、水土保持、压覆矿产、考古调查勘探等评估普查前置,土地储备机构对照"用地清单"验收把关,实现企业拿地后注意事项"一单清"。推行产业园区"规划环评+项目环评"。推出公建类及高新生物医药产业"豁免环评编制"、降级登记备案与排污许可证申请"两表合一"、入河排污口设置和辐射环评等"多评合一"等举措,全市83个区域享受改革红利。优化"分阶段"施工许可。实施施工图分类审查改革,持续优化施工许可办理流程,将施工许可细分为基坑围护、主体工程底板及以下、主体工程底板以上、专项工程四阶段,提前项目桩基进场时间,项目开工时间平均提前3个月。推进工业项目"联合验收"。将规划核实、用地复合验收、消防验收(备案)等7个事项纳入工业项目联合验收环节,实现3个工作日办结。

(二)聚焦全过程减负,助力市场主体"轻装上阵"。

坚持"应减尽减、能减尽减",通过系统集成、数据协同、信用赋能,推动"数据跑"代替"企业跑",实现企业办事化繁为简、无感智办。推行企业办事"一照通办"。推行容缺受理、告知承诺制、电子证明、电子营业执照等方式，率先在全国实现21个部门的251项企业办事事项凭营业执照"一照通办"，共计减少企业申报材料753件，精简率达41.57%，其中681件材料无须申请人提交。推行企业无违法违规"一纸证明"。通过共享市场监管、消防安全、医疗保障、生态环境等15个领域相关监管信息，实现企业在线"一键"申请，即可生成企业信用报告（无违法违规证明），"一纸"证明各类无违法违规情况，平均从近2个月时间办理缩短至"秒开具"。推行企业年报"多报合一"。通过梳理年报事项、统筹年报时间、共用年报平台、共享重复信息等举措，实现市场监管、税务、社保、海关等事项年度报告"多报合一"，每家企业少填报重复数据62项。推行直营连锁餐饮企业食品经营评审承诺制。对通过评审、符合条件的直营连锁餐饮经营企业总部，在其新开办连锁直营门店时，只需提交"直营连锁餐饮经营企业承诺书"，即可免于现场检查，直接核发食品经营许可证，办理时间从原来的7个工作日办结压缩到当场办结。推行市场主体住所（经营场所）登记申报承诺制。申请人只需提交载明住所信息和承诺内容的《住所（经营场所）申报承诺书》，无须另行提交权属证明和租赁协议等其他住所（经营场所）相关材料。

（三）聚焦全要素保障，播洒创新创业"阳光雨露"。

践行"我负责阳光雨露，你负责茁壮成长"理念，创新人才、资金、技术、数据等资源要素配置方式和管理机制，全力做好生产要素全链条供给。迭代升级"杭州人才码"。归集8大类142个子项服务，实现人才办事"一站入口"、双创"一帮到底"、生活"一码畅享"、服务"一呼百应"。截至2022年底，已有100余万名人才领码，提供服务1000余万人次。开发上线"杭州e融"金融综合服务平台。发布面向中小微企业的专属融资产品，创新推出"定向需求发布，指定银行直接受理""公开需求发布，多家银行抢单""智能撮合"等模式，累计撮合10万笔，达2830亿元。创

"亲清在线"

新知识产权质押贷款新模式。落地全国首单以区块链存证为基础的数据知识产权质押贷款项目，落地全省首单证券化项目，实现科技型企业"知识"变"资产"。做好公共数据开放制度设计，出台《杭州市有序开放公共管理和服务机构产生的部分公共数据实施方案》《杭州市公共数据开放管理暂行办法》《杭州市公共数据开放综合评价指标》等文件。累计开放数据51亿条，数据集文件被下载次数超1300万次。

（四）聚焦全方位创新，紧扣企业需求"靶向服务"。

坚持以市场主体感受为第一感受，持续创新突破，实现服务更便捷、更暖心，监管更精准、更规范。打造"亲清在线"杭州亲清新型政商关系数字平台。创新"申报零材料、审批零人工、兑现秒到账"。截至2022年底，累计兑现资金513亿元。建立市场准入效能评估制度。构建"措施覆盖、服务完备、审批便捷、清查成效、效能保障、主体感受"等6个一级指标、13个二级指标和50个三级指标的评估体系，通过全市域评估，保障市场准入负面清单制度落地。探索海关数字监管赋能

"未来工厂"。应用"数智"保税仓，实现关键核心进口物料备货的智能申报、自动化入出库、智能盘库，单票通关申报时间由原先平均8小时压缩至15分钟。健全轻微违法行为容错制度。明确对食品外包装、广告发布、互联网经营服务等方面存在的14种轻微违法行为，不采取行政强制措施。迭代升级"共享法庭"。"不增编、不建房"，以"一根网线、一块屏"为标准配置，将调解指导、网上立案、在线诉讼、普法宣传、基层治理等司法服务的载体和触角延伸至最基层。实施食用农产品生产主体信用评价。将评价结果分成A、B、C、D、E共5个等级，分别赋以绿码、蓝码、黄码、红码、灰码。对农产品抽检实行分级管理模式，将信用等级与"双随机"抽检挂钩。

三、创新亮点

（一）刀刃向内，满弓发力，始终坚持以改革为重心。

杭州营商环境建设的每一阶段都把重心落在改革上，以"刀刃向内"的魄力破除体制机制障碍，以"满弓发力"的气势推进改革攻坚。2018年以来，杭州持续对标最高标准、最优水平，5轮滚动推出578项优化营商环境改革举措，从点到线，由线及面，不断自我加压。比如开办企业从"5210"的一日办结提升到"一个环节30分钟"的"分钟制"办理，工业投资项目压减审批时间70%，实现9个半小时的"小时制"办理，以改革的办法重塑流程，实现营商环境全面提升优化。

（二）切换视角，回应关切，始终坚持以市场主体感受为唯一衡量标尺。

营商环境是企业生存发展的土壤，营商环境好不好，企业说了算。杭州把衡量营商环境的标准从"政府视角"切换到"企业视角"，把改革由政府部门"端菜"变为由企业群众"点菜"，始终坚持以企业评价为第一评价，以市场主体感受为第一感受。聚焦企业普遍关切，把部门"串联"起来，把业务事项"并联"起来，实行全链条优化审批、全过程公正监管、全周期提升服务，获得企业群众普遍好评。

（三）紧追快赶，持之以恒，始终坚持对标对表最高标准最优水平。

习近平主席在首届中国国际进口博览会开幕式上指出："营商环境只有更好，没有最好。"这是杭州始终牢记的嘱托，始终秉持的理念，始终坚持的标准。近年来，杭州持续对标北京、上海，对标国际先进水平，对接国际通行规则，奋力追赶一流城市。追赶路上，杭州始终牢记"不进则退，慢进也是退"，坚持"苟日新，日日新，又日新"，发挥后发优势，对标最高标准，大步快赶，毫不懈怠，历时多年，终于和北京、上海站在了同一个舞台。

（供稿：杭州市发改委）

2

走新型工业化道路

习近平同志在浙江工作期间，要求杭州坚持走新型工业化道路，加快先进制造业基地建设。杭州深入贯彻落实习近平同志重要指示批示精神，忠实践行"八八战略"，主动顺应世界科技革命和产业变革，坚持创新驱动发展，走出一条数字经济全面赋能制造业、工业化与信息化深度融合发展的新型工业化道路。杭州数字经济保持全国领先地位，制造业位列全国大中城市第一方阵，成功创建中国软件名城、国际级软件名城、国家人工智能创新应用先导区，入选先进装备制造业国家新型工业化产业示范基地、电子信息（物联网）国家新型工业化产业示范基地、国家首批产业链供应链生态体系建设试点城市。

一、目标成效

2022年，杭州市实现工业增加值4922亿元，占全市GDP比重超过26%，占全省比重超过20%。2020年以来，杭州制造业高质量发展指数连续3年居全省首位。2022年，杭州市实现数字经济核心产业增加值5076亿元，占GDP比重27.1%，占全省比重超过50%。在"2019城市数字发展指数"、"2019长三角数字经济指数"、《中国城市数字治理报告（2020）》中，杭州均位居榜首。

二、实践内容

（一）持续锚定战略目标。

浙江走新型工业化道路，重点就是要抓制造业，根据国际产业的转移与发展趋势，打造先进制造业基地。杭州锚定战略目标不动摇，以信息技术、生物医药等高新技术产业为核心，努力打造"天堂硅谷"，建设先进制造业基地。先后出台《杭州市"十一五"时期先进制造业基地建设规划纲要》《中国制造2025杭州行动纲要》《关于实施"新制造业计划"推进高质量发展的若干意见》《关于加快生物医药产业高质量发展的若干意见》《关于促进智能物联产业高质量发展的若干意见》等政策文件，持之以恒推动制造业高质量发展，制造业核心竞争力不断提升。数字安防（视觉智能）产业入选国家先进制造业产业集群，生物医药、集成电路、网络通信等产业入围浙江省标志性产业链，着力构建万亿级智能物联、高端装备产业生态圈，五千亿级生物医药产业生态圈，三千亿级新材料、绿色能源产业生态圈。"杭州市精准发力保障物流畅通促进产业链供应链稳定"的典型经验做法受到国务院第九次大督查通报表扬。

（二）加快推进"腾笼换鸟"。

破解浙江发展瓶颈，必须切实转变经济发展方式，实施"腾笼换鸟"。杭州坚定不移推进工业结构调整，提升改造传统产业，淘汰落后产能，推动产业增长方式实现根本性转变。半山、北大桥等主城区工业企业有序搬迁至钱塘区、临安经济开发区等产业平台，杭钢集团半山基地、半山电厂燃煤机组、萧山电厂燃煤机组顺利关停，富阳区全面完成造纸行业转型腾退。2016年以来，杭州累计淘汰落后和过剩产能企业949家，整治提升"低散乱"企业8734家、高耗低效企业1332家，盘活工业用地1.8万亩。

（三）大力发展数字经济。

建设"数字浙江"，让数字化、

信息化成为经济跨越式发展的重要引擎。杭州坚持以"数字浙江"建设为引领,先后作出发展信息经济"一号工程"、打造"全国数字经济第一城"等决策部署,数字经济迅猛发展,成为杭州走向世界的金名片。2021年,全市数字经济核心产业实现营业收入1.63万亿元,综合竞争力保持全国领先,云计算大数据产业国内市场份额第一,阿里云"城市大脑"、海康威视"视频感知"等先后荣获国家新一代人工智能开放创新平台。之江实验室、良渚实验室、西湖实验室和湖畔实验室落地杭州,云栖大会、"智涌钱塘"AI Cloud生态大会、未来大会等成为行业发展风向标,数字经济创新力全面提升。数字新基建支撑有力,国家(杭州)新型互联网交换中心建成启用,累计建设5G基站超过2.7万个,获工信部"5G网络覆盖最佳城市"称号,网络规模、

杭州万亿级智能物联产业生态圈的标志性工程"中国视谷"

服务质量和用户数量全国领先。

（四）积极推进"两化"融合。

浙江加快建设先进制造业基地，必须将信息化与工业化结合起来，发挥信息化的倍增作用和催化作用。杭州发挥数字经济优势，在全国率先探索"机器换人""工厂物联网""工业互联网""企业上云""未来工厂"等数字化改造新模式，走出一条数字经济赋能制造业数字化改造、制造业数字化转型带动数字经济升级的"两化"融合新路子。杭州成功获评2021年国务院督查激励建设信息基础设施和推进产业数字化成效明显城市；累计获评工信部工业互联网试点示范项目10个；"犀牛智造"入选全球首个服装领域"灯塔工厂"；获评省级"未来工厂"认定企业14家，位居全省第一；"两化"融合发展总指数连续九年位列全省第一。

（五）持续优化企业培育。

杭州先后出台培育发展大企业大集团的若干意见、上市公司培育"凤凰行动"计划、高新技术企业培育行动计划、大企业培育鲲鹏计划、中小企业"专精特新"发展行动计划等政策，着力培育制造业和数字经济企业矩阵。2022年，全市入选世界500强企业7家，居全国城市第4位；入选中国民营企业500强41家，连续20年位居全国城市第一。累计入选国家制造业单项冠军示范企业22家，国家专精特新"小巨人"企业208家，入选数量位居全国城市第一方阵。上市企业超过260家，总数和总市值均居全国第4位。国家高新技术企业有效数达10222家，居全国第6位。

三、创新亮点

（一）产业结构有效优化。

通过前瞻性布局高新技术产业、未来产业，电子信息、生物医药、高端装备等高新技术产业占全市制造业比重超过50%，纺织、化纤、食品等传统产业质效明显提升。通过老城区企业搬迁，制造业生产力布局进一步优化，滨江区、钱塘区、萧山区等主平台占全市制造业比重接近50%。

（二）数字赋能成果显著。

通过抢抓"互联网+"发展机遇，软件和信息服务业迅速壮大，共享制造、协同制造、柔性制造、个性化定制等新制造模式竞相涌现，推动制造业发展实现新旧动能接续转换。形成"1+N"工业互联网平台体系，集聚全省70%数字化服务商，为制造业数字化转型提供有力支撑。

（三）创新活力持续提升。

企业的创新主体地位日益凸显，全市拥有市级以上企业技术中心862家，其中国家级48家，企业研发经费支出占全社会研发经费支出的比重超过80%。产业发展与人才流入形成良性循环，2021年全市认定高层次人才2.3万人，引进35岁以下大学生48.3万人，人才净流入率、海外人才净流入率、互联网人才净流入率连续多年居全国第一位。

（供稿：杭州市经信局）

3

城西科创大走廊打造高能级创新平台

　　进一步发挥体制机制优势，是"八八战略"的重要内容。2016年8月，杭州结合体制机制改革创新，横跨西湖、余杭和临安三个行政区，布局高能级创新平台——杭州城西科创大走廊，全力打造"面向世界、引领未来、服务全国、带动全省"创新策源地。经过多年创新发展，城西科创大走廊已成为浙江省落实创新驱动发展战略的重大创新平台。

一、目标成效

　　自2016年启动建设以来，城西科创大走廊得到省、市各级党委、政府的高度重视和强力推进，成为全省最具吸引力、最具创造力、最具想象力的科创热土和新经济增长极。据统计，2016—2022年，大走廊产业增加值从1063.3亿元增长到3119.8亿元，年均增长20.5%；高新技术产业增加值从997.8亿元增长到2413.4亿元，年均增长17.3%；企业税收从218.3亿元增长到833.5亿元，年均增长30.1%，呈现高质量、高速度的跨越式发展态势。

二、实践内容

（一）创新管理体制，形成要素配置优势。

创新组织架构。设立大走廊党工委管委会，由浙江省委常委、杭州市委书记兼任大走廊党工委第一书记，汇聚省、市合力建设大走廊。大走廊管委会负责统筹重大规划、创新平台、重大项目，西湖、余杭、临安三个城区负责经济发展、社会管理的具体事务，保持"行政区划、社会管理、财政收支、利益格局"四个不变，并在此基础上推动大走廊重大规划、体制架构、审批服务、资源要素等八个方面充分融合。大走廊管委会下辖的紫金港科技城、未来科技城、青山湖科技城管委会加挂三城管理局牌子，实行"廊区双重管理、以廊为主"的管理体制。

培养干部队伍。杭州市委把大走廊作为培养年轻干部的重要平台，建立一线赛马、揭榜挂帅等制度，先后选派48名优秀年轻干部到大走廊一线，并成立招商、审批服务、数字化改革专班，形成一支与高能级平台相适应的高素质专业型干部队伍。

强化要素支持。出台多项保障机制，设立规模超过300亿元的大走廊基金集群，下放投资项目管理等多项审批权限，土地利用年度计划指标实行单列管理，重大项目用能指标由市级统筹。2022年，杭州"三区三线"划定方案将大走廊范围内耕地划入永久基本农田比例降至46%，远低于全市80%的平均水平，其永久基本农田保护任务较上一轮核减7.13万亩。推动低效用地盘活再利用，有机更新产业空间227万平方米。

（二）完善科创机制，激活发展驱动引擎。

实施创新平台能级提升工程。建立大走廊创新发展专项资金池，每年安排财政资金19亿元用于支持廊内创新平台建设,确定一批重大科技攻关和重点研发项目清单,推动平台企业关键核心技术攻关,形成以1个国家实验室、2个国家大科学装置、16个国家(全国)重点实验室、5个省实验室为主体的创新平台矩阵。2022年,大走廊包揽2项省科技大奖和12项省自然科学一等奖,获得尖峰领航项目104项,占全省的95%。

实施创新主体培育强链工程。重点培育核心技术能力突出、集成创新能力强的创新型企业,实施"国高企"培育工程、"新制造业计划";聚焦人工智能、集成电路、生命健康、新材料等产业链,实施产业"强链、补链、固链、延链"提升行动,推动大走廊加快形成雁阵式企业梯队。2022年,大走廊新增单项冠军1家、上市企业5家、国家级专精特新"小巨人"企业34家,新增企业主体17815家,比上年增长14.5%,企业总数累计突破10万家。

实施科技成果转化开拓工程。搭建由龙头企业、科研院所等共同组成的创新联合体,畅通科技成果"验证—孵化—小试—中试—熟化—产业化"转化的全链路各环节,设立杭州技术转移转化中心,构建集成果转化交易、线上线下服务、科技成果路演和科技金融服务的大平台。2022年,大走廊内国家级孵化器14家,国家级众创空间36家,累计建成公共技术服务平台16个,之江实验室、西湖实验室、良渚实验室等平台的近百个项目成果落地转化。

(三)坚持问题导向,优化创新创业生态。

破解人才评价难点,完善服务体系。以人才为核心,以"授权松绑"为核心理念,在大走廊率先推出目录认定、授权认定、专才认定与行业评判、市场评价、社会评议的"三定三评"人才分类评价新模式,坚持不唯学历、不唯职称、不唯资历、不唯身份的原则,在高校、科研院所、重点企业等用人主体开展人才自主评价,并将紧缺实用人才纳入人才分类评价范围,让各类才智竞相涌流。2022年,大走廊新认定E类以上高层次人才7242名,占全市新增总数的37.5%。

找准基层需求痛点,推进整体智治。聚焦打造整体智治示范区,深入推进数字化改革,以"平台+应用""系统+跑道"为特色的整体智治综合管理平台上线运行,推出共享实验室、E金融服务、人才认定、浙里易投、码上服务、产业在线、用地导航等应用。例如,针对大走廊科研"个体户"多、科研成本高等痛点开发的共享实验室特色应用场景,让廊内4022台实验设备实现共建共享,累计提供对外服务6.6万次,极大方便了科研人员"一键找设备"。

疏通职住平衡堵点,补齐城市功能。围绕打造杭州城市新中心的

杭州城西科创大走廊交通配套逐步完善

目标,加强规划统筹谋划,高标准推进大走廊 14 个单元控规编制和城市设计工作,加快实施交通、教育等专项行动,建立"国铁＋地铁＋快速路"的立体交通网络,引入学军中学等多个知名教育集团和名校来廊内办学,出台人才租赁住房跨区域统筹配置机制和差异化摇号购房试点政策,让人才就近吸附下来,解决企业人才关注的"后顾之忧"。工作和居住的人群"钟摆"现象得到大大缓解,"工作在廊内、居住在廊外"群体占比从 2020 年的 22.1% 下降到 2022 年的 15.7%,平均通勤时间从 39 分钟下降到 29 分钟,实现了"工者有其居"。

三、创新亮点

(一)理念先行,引领体制机制新突破。

按照"一个平台、一个主体、一体化管理"的理念,突破行政区划限制,创新发展融合机制,探索廊道式科创平台发展模式,举全市之力推动人才、项目和资金在大走廊加速汇聚。

(二)勇担重任,构建多元联动新系统。

大走廊紧紧围绕争创综合性科学中心承载区、科技成果转移转化首选地核心区的重要使命,推进"产学研用金、才政介美云"十联动生态系统建设。

(三)聚焦发力,营造创新创业新生态。

大走廊"放管服"改革不断深化,聚焦人才服务、数字化改革、宜居宜业三个重点领域,践行"我负责阳光雨露,你负责茁壮成长"理念,具体化、项目化、清单化推动营商环境持续优化。

(供稿:杭州城西科创大走廊管委会)

4

打造一流跨境电商创新发展高地

在2004年召开的全省对外开放工作会议上，时任浙江省委书记习近平同志指出："我们要加快涉外经济体制改革，推动开放体制创新，形成稳定、透明的涉外经济管理体制，创造公平和可预见的法制环境。以扩大开放推动改革深化，以大开放促进大发展。"杭州认真贯彻落实习近平同志重要指示精神，着力发展更高层次的开放型经济，加快培育贸易新业态新模式。2015年，设立全国首个跨境电子商务综合试验区（简称跨境电商综试区）。经过多年探索实践，杭州已成为跨境电商的创新高地和发展福地。

一、目标成效

获批设立跨境电商综试区八年来，以"六体系两平台"为核心的跨境电商"杭州经验"多次向全国其他综试区复制推广，2021年，设立中国（杭州）跨境电子商务综合试验区被编入《中国共产党一百年大事记》。在商务部2021年、2022年跨境电子商务综合试验区评估中，杭州跨境电商综试区连续两年位列全国第一档。

二、实践内容

（一）出台政策措施，打造跨境电商创新发展策源地。

杭州充分发挥全国首个跨境电商综试区优势，着力在跨境电子商务各环节创新上先行先试，努力为全国跨境电商健康发展探索可复制、可推广的经验，一批首创性制度创新举措落地见效。首创跨境电商进出口退换货模式、全球中心仓模式、寄递渠道进口个人物品数字清关模式、"保税进口＋零售加工"模式和跨境电商进口商品质量安全公共服务平台，创新跨境电商"线上下单、线下展示、定点配送"模式，构建"数据多跑路、人为少干预、货物快通关、退货更便捷"的新型监管模式。推进税收和外汇便利化，探索跨境电商零售出口"无票免税"及所得税核定征收等试点经验并在全国推广，推出"9710""9810"出口退税便利化措施。开展贸易外汇收支便利化试点，引导连连国际、乒乓智能、珊瑚支付等跨境支付结算便利化发展。出台便利化措施，累计出台落实跨境电商相关便利化政策236条、促进跨境电商发展政策措施572条，出台落实国家重大战略且与跨境电商相关的政策措施255条，组织、参与编写跨境电商相关国家、行业标准51项。

（二）实施专项行动，加快跨境电商高质量发展。

发挥跨境电商平台集聚优势，首创政企联动促进产业转型新模式，每年推出一项促进产业发展专项活动。特别是2021年以来，杭州跨境电商综试区开展跨境电商产业三年倍增行动，将重点放在抓好一批成长性好、带动性强、交易量大的龙头跨境电商卖家，加快培育一批顶天立地的头部卖家和服务企业。开展高新技术企业认定培训，吸引国内跨境电商领域总部企业投资兴业。

（三）发展海外仓储，打造"双循环"战略新支点。

在做强海外仓仓储服务功能、覆盖全球主要电商市场的同时，积极构建海外服务网络，优化境外"最后一公里"服务，加快构建"双循环"战略新支点。大力支持海外仓发展。出台海外仓扶持政策，对列入省级跨境电商公共海外仓建设试点名单的企业，除省级扶持资金外，给予不超过 20 万元的一次性资金扶持；对列入市级跨境电商公共海外仓建设试点名单的企业，给予不超过 75 万元的一次性资金扶持。打造"一键达海外仓"应用场景。整合第三方公共海外仓运营企业的海外数字仓储数据，打通海外仓供需双方信息壁垒，为外贸企业、跨境电商企业提供多种赋能。搭建海外服务网络。构建跨境电商海外合作园区、海外合作站点、海外仓等服务网络，提供仓储物流、终端配送、合规缴税等功能，已覆盖 30 个国家和地区，服务点达 127 个。发挥跨境电商先发优势，推进中欧交流合作入选中欧区域政策合作中方案例地区。

（四）打造标杆园区，建设最优跨境电商生态圈。

以产业园区为平台，以推动特色产业发展为重点，以优化服务配套体系为支撑，加快建设最优跨境电商生态圈。坚持差异化定位。做好跨境电商产业园区发展规划，按照"专业运营、强优汰劣、错位发展、协同并进"思路，以上城区、拱墅区、滨江区、西湖区为跨境电商发展核心区，以钱塘区、萧山区、临平区为东翼，以余杭区、临安区、富阳区、建德市、桐庐县、淳安县为西翼，形成"一核两翼"的杭州跨境电商产业总体布局。坚持特色化运营。突出"一区一品""一地一特色"，做强一批跨境电商通关功能园、特色产业园和服务应用园。拱墅园区一期 3 万平方米集聚了涵盖跨境电商 B2B、B2C 进出口应用企业、服务商、跨境直播、人才培训孵化等一大批产业链服务企业，目前已成功拓展二期 2 万平方米园区。

（五）加快主体培育，打造大众创业、万众创新新热土。

发挥跨境电商在带动就业、创业方面的积极作用，整合政府、平台、培训机构和服务商资源，加快跨境电商主体培育。实施"e 揽全球·杭品出海"跨境电商专项行动，

中国（杭州）跨境电子商务综合试验区

从跨境电商品牌出海主体培育、跨境电商品牌运营模式创新、跨境电商品牌服务生态优化等三个方面入手，带动贸易转型、产业链升级和价值链重塑。联合媒体、高校成立全球跨境电商品牌研究中心，编印《跨境电商评论》杂志，着力搭建跨境电商品牌出海经验交流新平台。设立全球跨境电商品牌与设计创新中心，开展跨境电商企业国际化产品设计等多领域跨境产品品牌和设计。设立全球跨境电商品牌运营中心，聚焦出海全周期的精细运营，专注本土化品牌形象升级。联合跨境电商平台举办品牌出海高峰论坛，推出品牌出海联合扶持计划，鼓励跨境电商品牌企业做大做强。开展跨境电商品牌出海基地评选，培育跨境电商品牌化发展标杆。加快跨境电商人才培养，获批全国首批跨境电商本科专业，推出全国首套跨境电商教材，组建全国首个跨境电商人才联盟，创新中国（杭州）跨境电商学院培育模式。联合阿里巴巴"百城千校计划"、亚马逊"101·时代青年计划"、eBay"E青春计划",加快培育复合型人才。举办全国大学生电子商务"创新、创意及创业"挑战赛跨境电商实战赛、阿里巴巴AGI（通用人工智能）全球商业挑战赛,开展跨境电商精英人才培训,多层次培育孵化跨境电商人才。

三、创新亮点

（一）制度创新策源。

在全国最早开展跨境电子商务"小包出口""直邮进口""网购保税进口""跨境B2B出口""保税出口"等业务试点,率先探索跨境电商退换货中心、全球中心仓、定点配送、"保税进口＋零售加工"等新模式。

（二）贸易联通世界。

跨境电商平台、独立站渠道多元化发展,全国三分之二跨境电商零售出口平台落地杭州。跨境电商新技术、新业态应用发达,跨境电商贸易联通欧美和"一带一路"新兴市场等220个国家和地区。

（三）规模裂变增长。

十年来,杭州跨境电商交易额增长1000倍；杭州跨境电商卖家数由2012年的不足百家增长到2022年的55381家；年跨境电商交易额超亿元龙头企业达157家。

（四）品牌触达全球。

年交易额2000万元以上的跨境电商企业832家,其中,年跨境电商交易额超亿元的龙头企业157家,跨境电商企业注册商标数4371个,跨境电商独角兽、准独角兽企业46家,跨境电商已上市企业61家,花西子、张小泉等一批新国货品牌影响力辐射全球。

（五）服务生态最优。

集聚跨境电商服务商2237家,跨境电商海外仓达335个,面积714.76万平方米,常态化运营国际货运航线20条,跨境支付交易额占全国七成,培育菜鸟网络、"三通一达"等全国头部跨境物流企业总部,年培训各类跨境电商人才达9.95万人次。

（供稿：杭州市商务局）

5

建设全国一流临空经济示范区

杭州临空经济示范区是杭州深入贯彻落实习近平总书记重要指示批示精神，忠实践行"八八战略"，贯彻新发展理念的重要载体之一。2003年7月，时任浙江省委书记习近平同志提出"八八战略"，强调"进一步发挥浙江的块状特色产业优势，加快先进制造业基地建设，走新型工业化道路"。2004年3月，习近平同志主持召开全省对外开放工作会议，4月出台《关于进一步扩大开放的若干意见》，提出浙江要从"外贸大省"向"开放大省"转变。对于浙江民航事业的发展，习近平同志不仅亲自协调民航局支持杭州机场的改革发展，还对机场加快改革开放作出顶层设计和谋划部署。2017年5月，杭州临空经济示范区正式获批，成为中国第九个国家级临空经济示范区。杭州临空经济示范区始终牢记习近平同志的殷殷嘱托，围绕产业转型、开放创新、枢纽建设等重点开展工作，奋力将临空经济示范区打造成"杭州城东智造大走廊高质量发展的制高点"。

一、目标成效

杭州临空经济示范区战略定位是面向全球的跨境电商标杆、亚太国际航空枢纽、全国临空产业高地、生态智慧航空都市，计划到2027年实现一般公共预算收入超100亿元、地区生产总值1000亿元，腾出产业空间10000亩以上；到2035年全面形成具有国际竞争力的临空产业体系，综合指数跻身全国临空经济示范区前五强。

二、实践内容

（一）凸显区位交通优势。

杭州临空经济示范区位于长三角南翼、杭州湾西端、钱塘江南岸，处于杭州拥江发展的前沿，是沪杭轴线与杭甬轴线的交汇处、上海都市圈与杭州都市圈辐射重叠范围，也是联动长三角城市一体化协同创新的新支点，距离萧山主城区15公里。目前，机场地铁1号线三期、7号线以及机场轨道快线已开通运营，同时规划了3条高铁线（杭黄杭长专线、杭绍台、沪乍杭）进机场，艮山东路、杭绍甬智慧高速等主干路网启动建设，"四纵四横"主干路网建设加快推进，基于机场的空铁路轨"多式联运"大型立体综合交通枢纽加快成形，构建起机场至杭州主城区45分钟（20分钟直达杭州东站，45分钟直达杭州西站）、至杭州都市圈1小时、至长三角地区主要城市2—3小时的交通圈，接轨长三角的综合交通运输体系不断完善，具备广阔的市场腹地。

（二）持续提升枢纽能级。

杭州萧山国际机场是中国十大机场、世界百强机场、长三角世界级机场群核心机场，为4F级民用运输机场，南北双跑道运行，远期规划4条跑道运行，50余家国内外航空公司落户运营，拥有国际通航点52个，是浙江对外开放的第一门户、杭州接入世界的第一端口，具有独特的门户优势和窗口优势。2019年，萧山机场旅客吞吐量突破4000万人次，跃升至"4000万级"全球最繁忙机场行列。2021年，萧山机场克服新冠肺炎疫情影响，机场旅客吞吐量、货邮吞吐量、飞机起降架次分别继续保持全国机场第10名、第5名、第9名。随着机场三期工程投运，萧山机场实现4座航站楼同步使用，东货运区国际货站加快建设，未来将满足每年9000万人次旅客和360万吨货邮运输需求，成为华东地区仅次于浦东机场的第二大航空枢纽，货邮吞吐量达到全球前五的水平，在国内国际双循环中发挥重要作用。

（三）加速聚集临空产业。

示范区已初步形成以临空物流、跨境电商、航空总部、临空服务为特色的临空产业体系，并加快布局航空运输、航空维修、生物医药、临空会展等产业业态，建成仓储面积近100万平方米，汇聚顺丰、圆通、申通等13家重点快递物流企业，2021年完成营业收入148.3亿元，其中顺丰、圆通和申通三大民营快递龙头企业中转快件量达11.82亿件，比上年增长63%。圆通、长龙2家主基地航空公司，厦航、川航等4家区域航空公司和40余家驻场航空公司相继落户。长龙航空创新智能维修保障主基地一期机库、航材库以及配套机坪竣工投运，填补了浙江没有大型飞机维修机库的空白；全力打造杭州生物科技谷，加快赛默飞CDMO（医药合同研发生产组织）、健新原力、药源新地、美迪西、冠科美博等项目建设。加快杭州大会展中心一期项目建成投用，培育多元化临空服务新业态，全面促进临空产业基础高级化，推动产业链现代化，优化临空产业结构。

（四）不断完善功能配套。

示范区已具备进口植物种苗指定入境口岸、进境冰鲜水产品指定口岸、进境食用水生动物指定口岸、进境水果指定口岸、进口药品口岸等五类口岸资质，先后获得杭州保税物流中心（B型）、中国（杭州）跨境电子商务综合试验区、中国（浙江）自由贸易试验区拓展区杭州片区等功能平台，正在积极申建杭州空港综合保税区，将形成"机场+临空+自贸+跨境+综保"叠加的"四区一枢纽"开放功能优势。示范区内空港新天地、融创港印中心、

萧山国际机场T4航站楼

德信浙旅·天空之翼、德信空港城等商住综合体投入使用，七彩社区、东灵社区、潮都社区等省市级未来社区加快建设，安置房、学校、医院等配套设施有序推进，由"城市的机场"向"机场的城市"的跃升正在实现。

（五）持续推进改革创新。

依托杭州作为全国首个跨境电商综试区落地城市的先发优势，示范区积极探索综保功能在保税物流中心（B型）的先行先试，杭州空港园区成为全国首个走通"9710"和"9810""清单+报关单"四种模式的跨境园区，实现跨境电商出口全模式运行。成功将示范区纳入自贸区杭州片区，并聚焦"数字+贸易+服务"，推动数智贸易创新发展。积极探索民航领域改革创新试点，落地浙江省首条第五航权全货运航线，开启"跨国公交"货运模式，进一步提升机场国际航空货运能力。

三、创新亮点

（一）发展理念上，以空港为核心，以港促产、以产兴城，建设"港产城深度融合"的航空都市区。突出示范区的经济属性、城市属性，坚持枢纽带动、临空指引、一体开发，由"城市的机场"转变为"机场的城市"。

（二）发展定位上，全力建设"两港两高地"（全球数字贸易创新港、国际航空服务枢纽港、全国临空高科技产业高地、全国临空会展商务新高地），构筑带动城东智造大走廊高质量发展的制高点，成为环杭州湾经济发展产业带重要发展平台，努力打造世界级开放门户。

（三）发展格局上，按照圈层发展理念，划分核心区、联动区、辐射区三个圈层，引领带动跨区域协同发展。核心区面积约142.7平方公里，联动区包含萧山区除核心区以外部分，以及钱塘区、滨江区等全域，辐射区为杭州除上述区域外的全域，以及周边绍兴、嘉兴、宁波等地区，形成圈层发展格局。

（供稿：萧山区）

6

"一区多园"跨区域产业合作新实践

习近平同志在浙江工作期间，审时度势、因地制宜地提出并实施山海协作工程、新型城市化、城乡一体化、长三角区域一体化等一系列促进城乡区域协调发展的重大举措，为杭州统筹推进城乡区域一体化发展提供了有效的工作指引和实践载体。为进一步探索跨区域产业发展新模式，杭州市委、市政府立足"全市域""一张图""一盘棋"，统筹推进杭州高新区（滨江）、富阳区"区区合作"，成立杭州高新区（滨江）富阳特别合作区。在此基础上，杭州高新区（滨江）、萧山区又合作成立杭州高新区（滨江）萧山特别合作园。杭州高新区（滨江）、萧山区、富阳区发挥三区叠加优势，推动产业创新要素有序循环、效能提升，形成"一区多园"的跨区域产业合作共富新模式。

一、目标成效

2019年8月28日正式挂牌成立的滨富特别合作区，是继深汕特别合作区、宁淮特别合作区之后全国第三个、浙江省首个特别合作区。按照"合作共赢、优势互补、权责清晰、创新机制"的原则，杭州高

杭州高新区（滨江）富阳特别合作区

新区（滨江）、富阳区以错位发展、特色发展、共享发展为目标，共同推动形成优势互补、高质量发展的区域经济布局。自挂牌成立以来，滨富特别合作区建设先后被列入浙江省共同富裕示范区典型案例和杭州市争当浙江省高质量发展建设共同富裕首批试点，并在首批试点考核中获评优秀。2022年3月3日，滨萧特别合作园揭牌成立。特别合作区通过持续推动先进制造大项目、产业链关键制造环节跨区域落地，实现以产业为纽带驱动杭州高新区（滨江）产业链、创新链跨区域整合，以高新区（滨江）高质量发展引领辐射带动跨区域产业共富，促进缩小城区差距，实现区域协同发展，杭州高新区（滨江）、萧山区、富阳区之间形成"一区多园"的跨区域产业合作共富新模式。这是杭州市委、市政府推进区域协同发展的重大决策部署和探索城乡区域一体化发展体制机制的重要实践平台，也为杭州、浙江落实推进长三角区域一体化战略提供了具有重要研究价值的新样本。

二、实践内容

（一）聚焦数字经济创新提质。

立足杭州高新区（滨江）数字经济核心产业全产业链，与萧山区、富阳区空间资源相结合，助推杭州打造"中国视谷"和富阳光机电省级高新技术产业园区建设。

明晰区域产业导向。聚集杭州高新区（滨江）智能物联、智能制造、智能健康优势产业，与萧山区共同编制滨萧特别合作园概念规划，明晰了滨萧特别合作园智能物联、智能硬件的产业定位，在"中国视谷"建设启动后，更加聚焦以视觉智能为主的智能物联产业；在共建富阳光机电省级高新技术产业园区过程中，滨富特别合作区构建高端装备制造、集成电路产业集群。

构建项目招引机制。以"四个聚焦""两个依托"为抓手，即聚焦国家、省、市重大战略布局，聚焦智能物联、高端装备等杭州五大产业生态圈，聚焦杭州高新区（滨江）领军企业再投资及衍生裂变、企业业务回迁、高成长企业产能扩张，聚焦特别合作园区所在的行政区主导产业，依托链主型企业乘数效应，依托两区共同招引机制，共同招引优质项目入驻园区。截至2022年，滨富特别合作区导入富芯芯片制造、芯海芯片测试、宏华软件等项目9个，总投资235亿元；滨萧特别合作园签约亿元以上项目11个，协议总投资达到117亿元。

（二）聚势"地瓜经济"提能升级。

为更好发挥杭州高新区（滨江）产业"主引擎"作用，将产业势能转化为发展新动力。

构建"杭州高新区（滨江）总部研发＋特别合作园区核心制造"的跨区域产业协同发展新模式。聚焦高新区（滨江）领军企业、专精特新"小巨人"、单项冠军，打造以"杭州高新区（滨江）总部研发＋特别合作园区核心制造（核心元器件和组件）＋周边乡镇一般制造"的发展模式，鼓励领军企业做大规模制造，鼓励专精特新企业扩大生产做核心元器件和组件。富芯芯片制造、芯海芯片测试、宏华数码、景业机器人、矽测微车规级芯片测试等项目均按照此模式布局。

创建"链主型企业+上下游企业"协同发展典范。充分利用特别合作园区土地空间，为杭州高新区（滨江）制造业的高质量发展提供延展空间，推动杭州高新区（滨江）产业链更为完善。滨富特别合作区随着富芯芯片制造的落地，带动了芯海芯片测试、百芯芯片封测等优质项目集聚。富芯公司积极发挥"链主"作用，先后与设备供应商长川科技、12英寸大硅片供应商中欣晶圆、应用场景新华三等建立产业协同。

（三）聚力营商环境优化提升。

叠加三区在行政审批等方面的改革成果和经验做法，推动审批创新举措在特别合作园区先行先试，依托省市层面重大项目调度机制，构建重大项目全生命周期服务机制。

项目前期"地等项目"。富阳区腾退能耗大、产出低、环境污染严重的造纸行业，萧山区通过存量工业用地盘活和低效企业整治提升行动，为特别合作园区提供工业净地，通过申报"省重大、省特别重大"产业项目获取用地指标209.8亩，同时在市规划和自然资源局大力支持下，杭州高新区（滨江）54亩新增建设用地指标统筹调配至滨萧特别合作园，首次实现两区用地指标共享。

项目拿地前"模拟审批"。富芯芯片项目拿地前已完成立项赋码、设计方案、施工图、交地协议等模拟审查工作，从"拿地"到"开工"仅用17天的创新实践获得省市领导肯定。宏华数码项目签约后15天实现土地挂牌。特别合作园区"拿地即开工"获所在行政区推广，富阳区总结提升为"1231"工程，萧山区正在探索桩基先行试点。

项目建设期"专员服务"。每个项目明确专员跟踪，组建项目服务小专班（特别合作园管理局）和全生命周期推进大专班（区级层面），明确需求、问题、责任、时间"四张清单"，召开两区项目推进协调会40余次，解决推进问题150余个。富芯芯片项目220 kV电力配套工程仅用时9个月即实现了组网送电，创造业界速度。

项目投产后"量产保障"。组建人才服务专班，持续推动核心制造人才集聚，快速响应企业人才落户、子女入学、购置房产等需求，根据产业项目投产进度，动态调整与之适配的市政、公共服务设施实施进度，以大项目落地提升区域基础设施承载能力。

拓展跨区合作新领域。富春湾大道—春永线—时代大道已全线贯通，"一区多园"形成半小时通勤共富圈。滨富特别合作区实施灵桥高速路口迁改和产业配套道路等路网建设，加快道路框架基本成形。滨萧特别合作园实施浦沿路—万达路、映翠路—山河路以及交界面环境整治等项目，加快两区交界面疏通融合。

三、创新亮点

（一）突破发展瓶颈，构建优势互补的共赢新模式。

自2019年以来，三区通过建设特别合作园区探索构建"杭州高新区（滨江）总部研发+特别合作园区核心制造+萧山富阳高新集群联动发展"的区域一体化合作新模式，有效破解高新区(滨江)"成长烦恼"，赋能萧山区未来产业定位和传统企业转型升级，助力富阳区加快建设集成电路产业集群协同区。

（二）区域创新协同，数字经济全链新分工。

杭州高新区（滨江）创新突围，发挥"创新头雁"作用，更专注于"从0到1"的基础研究和"从1到10"的应用研究，构建创新策源地。同时深度开展数字经济产业链合作分工，加快"从10到n"的科技成果产业化，规模化数字产业集群加快成长，"中国视谷"和集成电路产业链布局初露端倪，江南数字产业集群"两翼张开"趋势显现。

（三）加强集成改革，跑出一体化合作新速度。

2019年，经杭州市委常委会研究同意，杭州高新区（滨江）和富阳区签订合作框架协议，成为特别合作区实体化运作的首个指导性遵循。2022年,作出杭州高新区(滨江)"一区多园"战略部署,成立高新区特别合作园建设领导小组,加快推进高水平建设特别合作园区。之后,三区以集成改革推进一体化合作落实机制,跑出合作"新速度",充分发挥国家高新区先行先试、资源集聚优势,为高质量推进区域协调发展作出了有益探索。

[供稿:杭州高新区(滨江)、富阳区]

7

特色小镇建设的杭州实践

习近平总书记2015年在中央财办报送的《浙江特色小镇调研报告》上作出重要批示:"抓特色小镇、小城镇建设大有可为,对经济转型升级、新型城镇化建设,都大有重要意义。"杭州深入贯彻落实习近平总书记重要批示精神,把特色小镇规划创建工作作为忠实践行"八八战略"的重要内容,推动特色小镇创建工作领跑全省、示范全国。

一、目标成效

特色小镇创建工作源起于杭州。经过21世纪头十年的快速发展,杭州产业转型升级不断加快,数字经济发展优势不断显现,产业集聚发展的特征愈发明显。2012—2013年,在杭州玉皇山脚下集聚了大批专业投资基金。2014年初,杭州提出打造私募(对冲)基金小镇。2014年10月,时任浙江省委副书记、省长李强在杭州调研时,正式提出"特色小镇"概念,"特色小镇"创建工作序幕由此拉开。经过十多年努力,截至2022年底,杭州成功创建省级特色小镇30家;千亿级特色小镇3个以上,500亿级特色小镇3个以上,百亿级特色小镇10个以上。

杭州特色小镇以不到全市1%的面积，完成全市5%的固定资产投资，实现30%的税收。2014年至2022年上半年，累计完成固定资产投资超过3100亿元，累计实现税收近3000亿元，科研经费等软投入超过全省总量的3/4。杭州特色小镇数量和质量均位居全省第一，成为带动全市产业转型升级、高质量发展的重要引擎。

二、实践内容

（一）坚持产业属性，不忘特色小镇建设初心。

坚持特色小镇内涵。杭州始终将"产业属性"和"三生融合"作

杭州滨江物联网小镇

为小镇规划建设的基本要求，制订特色小镇发展"一镇一方案"，对全市特色小镇逐一"号脉问诊"、严格把关，对特色产业培育效果不佳、不符合"生产＋生态＋生活"融合发展要求、不具备整改能力或整改效果不明显的小镇，坚决予以清退。九年来，杭州先后谋划培育创建各级各类特色小镇82家，其中51家由于不符合特色小镇建设内涵而被清退出特色小镇序列。

迭代创新工作理念。2015年制定出台的《关于加快特色小镇规划建设的实施意见》，明确提出"特色小镇是具有明确产业定位、文化内涵、旅游功能、社区特征的发展载体"，能满足生产者多样化需求。2016年，开展"未来五年推进特色小镇等创业创新平台建设的思路与对策"课题研究，深刻剖析特色小镇建设面临的问题，提出未来五年特色小镇建设总体思路。2021年，出台《杭州市促进特色小镇高质量发展实施方案（2021—2023年）》，强调更加突出特色发展、创新发展、融合发展、集约发展，全力打造产业更特、创新更强、体制更优、形态更美、辐射更广的特色小镇2.0版。

打响杭州创新品牌。落实国家"双创"战略，谋划建设梦想小镇、大创小镇，充分发挥杭州民间资本优势，构建创新产业生态。玉皇山南基金小镇连续多年获评"最受欢迎基金小镇"。2019年，全国"双创"活动周主会场设在梦想小镇。

（二）围绕产业升级，打造产业高质量发展高能区。

依托龙头企业引领，建设特色产业链关键节点。发挥杭州数字经济和高端产业优势，依托阿里巴巴、海康威视、天境生物等头部企业，不断提强补弱产业链，丰富周边配套产业业态。滨江物联网小镇，是全省唯一规上工业产值超千亿的特色小镇。西湖云栖小镇，承办云栖大会、2050大会等具有世界影响力的活动，走出了一条从乡镇工业园到特色小镇的转型发展之路。滨江互联网小镇，成为全省唯一服务业产值超千亿的特色小镇。

围绕重大项目招引，提升产业核心竞争力。以打造"全国数字经济第一城"为目标,聚焦数字经济核心产业、生命健康、智能制造等产业前沿领域,以市政府重大项目双周协调机制为载体,服务招引优质项目落地。双周协调机制建立两年来,共协调全市特色小镇亿元以上项目160余个,总投资超1000亿元,已落地开工120余个,累计完成投资近500亿元。萧山信息港小镇创建六年来,孵化上市企业2家,独角兽企业4家,估值超亿元企业近70家,税收年均增长249%。杭州医药港小镇,目前集聚各类生物医药企业1500余家,已成为杭州生物医药产业核心区、全省高端生物医药产业高地。

集聚高端要素资源,打造创新创业核心平台。实施"鲲鹏计划""凤凰行动""雄鹰行动""雏鹰行动",着力在特色小镇培育一批"单项冠军""隐形冠军"和专精特新企业。加快创新创业平台建设,构建创新创业生态服务圈,引导特色小镇大力集聚行业龙头企业、高端人才、研发机构、金融资本等高端要素,形成以创业"新四军"为主体的"技术创新+人才创业+创投引导"的"三创融合"杭州模式。

(三)加强区域联动,构建产业发展梯度体系。

叠加融合,构筑以人为本的现代产业单元。2014年以来,特色小镇生产、生活、生态呈现多样化加速融合趋势,逐步进入以城促产、产城互动的2.0版高质量发展阶段,以产业生态圈为导向的公共服务布局正在形成。滨江物联网小镇以嵌入式幼儿园、社区学院等为切入点,整合小镇外部资源,打造产业社区,形成15分钟生活圈、阅读圈、健身圈,以空间开放共享促进人的社群交流。富阳药谷小镇扎实做好"产镇融合""景村融合""文旅融合""乡贤回归"四篇文章,2018年以来小镇所在的胥口镇连续五年入围"全国综合实力千强镇"。

有核无边,打通区域联动的企业成长路径。特色小镇是区域产业创新的原点,创新创业企业在特色小镇孵化成长后,可进入更大更高层级的开发区(园区)发展壮大。同时,以特色小镇为核心,构建特色小镇—万亩千亿平台—开发区（园区）的平台发展路径。杭州钱塘区高端生物医药省级万亩千亿新产业平台，就是以杭州医药港为核心，以医药港小镇为研发总部核心区而提升打造的生物医药研发、中试、临床和制造基地。

品牌输出，辐射长三角区域联动发展。在杭州市域范围内，梦想小镇已辐射带动周边十几个拓展园，云栖小镇与双浦新区实行合署办公、联动开发，信息港小镇依托"一镇＋多园"发展模式，从一期扩展到十期。在长三角范围内，杭州与合肥共建"合杭梦想小镇"；云栖小镇延伸至与上海海纳小镇、无锡雪浪小镇联动发展，三镇共享资源，建立统一配置调度平台。杭州输出的特色小镇品牌和模式，逐步成为长三角一体化发展进程中的重要载体和平台，有力推动了长三角区域高质量发展。

三、创新亮点

（一）特色小镇建设对于加快新旧动能顺利转换具有积极意义。

特色小镇首创的、以特色产业培育为核心的"三生融合"发展理念，是对传统开发区（园区）发展观念的一次变革。目前，"三生融合"发展理念已全面融入全省开发区（园区）整合提升、省级万亩千亿新产业平台创建、省级高能级战略平台培育等工作中，有效推动了全省产业转型和提质发展。

（二）特色小镇建设对于推进新型城镇化具有积极意义。

杭州特色小镇主要布局在城区交界处和城乡接合部，集"产、城、人、文"于一体，既云集市场主体，又强化生活功能配套与生态环境优化：一方面改善了区域整体环境，提升了居民获得感和幸福感；另一方面增加了区域吸引力，促进了低收入群体增收脱贫，也为缓解"大城市病"提供了新的思路。

（三）特色小镇建设对于有效激发市场主体活力具有积极意义。

特色小镇厘清政府与市场的关系，突出企业主体地位，强调政府当好"店小二"，极大地激发了企业参与小镇的积极性。特色产业的聚集,激发了区域产业创新、人才招引和个性化服务需求,有力促进了生产性服务业发展,为杭州数字经济和制造业融合发展提供了鲜活案例。

(供稿:杭州市发改委)

8

争创全国特色小镇第一镇

2003年,时任浙江省委书记习近平同志作出实施"八八战略"的决策部署,提出要"进一步发挥浙江的块状特色产业优势,加快先进制造业基地建设,走新型工业化道路"。二十年来,西湖区始终牢记习近平同志的殷殷嘱托,以云栖小镇为核心,大力发展特色产业,打响特色小镇发源地、城市大脑策源地两大品牌,吸引国家实验室、智元研究院、中国空间技术研究院杭州中心等多个国家级项目落地,倾力打造全国特色小镇第一镇。

一、目标成效

2002年以来,西湖区积极探索新发展方式,启动建设转塘工业园区,努力破解空间瓶颈,做优做强产业。2012年,新一代信息技术产业开始蓬勃发展,西湖区积极抢抓发展机遇,反复论证研究,瞄准了以云计算为特色的高端信息产业,建设了全省首个云计算产业园,制定出台了云计算产业政策扶持文件,逐渐摸索出"产业+小镇"的发展形态。特色小镇的建设不仅符合经济社会发展规律，而且有利于破解经济结构转化和动力转换的现实难题。2015年，浙江省发布《关于加快特色小镇规划建设的指导意见》，阐述了特色小镇是有明确产业定位、文化内涵、旅游和一定社区功能的发展空间平台，云栖小镇成为首批创建的特色小镇。

二、实践内容

（一）集聚高端要素，构建高能级创新平台体系。

以国家战略为导向，着力提升云栖高度。落地首个国家实验室，实现全省零的突破。瞄准大数据、人工智能等重点领域，抢抓军民融合、央地融合发展窗口机遇，先后与中国兵器、中国电子、中国船舶、中国电子等"国字号"央企合作，搭建高能级、高质量的科技创新平台。全平台累计承担自然科学基金项目、国家重点研发计划、科技创新"2030"重大项目等国家级项目达288项。

以科技创新为核心，着力提升云栖浓度。加快实施创新驱动发展战略，增强科技创新能力。引育智元研究院、西湖实验室等7家省级新型研发机构，数量占全市五分之一。集聚国家高新技术企业55家、科技型中小企业141家、市级以上研发机构54家。培育了阿里云、数梦工场、政采云、新华智云等一大批本土数字经济龙头企业。在云计算大数据、空间技术、生命科学等前沿科技领域实现自主创新，发布科技专利627件。

以人才资源为动能，着力提升云栖热度。大力发挥科研机构和人才的创新引领作用，支持开展产学研合作，围绕国家安全和国防科技重大战略需求，"以科研院所育人才、以龙头企业引人才、以重大项目聚人才"。汇聚了王坚、施一公等21名国内外院士，拥有国家级海外引才计划40名，省级海外引才计划72名，博士及以上高层次人才300多名，海内外高层次人才创新创业团队20余个，各类专业人才1.4万人。

（二）聚焦产业生态，构建协

同创新发展新模式。

打造城市大脑产业共同体。遵循习近平总书记关于"让城市更聪明一些、更智慧一些,是推动城市治理体系和治理能力现代化的必由之路"的重要指示精神,以全国首个城市大脑为基础,扩充2万平方米产业空间,建设运营城市大脑产业协同创新基地。联合浙江省数字经济发展中心共同发起浙江省城市大脑产业联盟,凝聚生态企业300余家,共同致力于数字技术赋能深化改革,提升社会治理体系和治理能力现代化。先后向全国20个省市、超过40余个城市输出城市大脑建设的经验。

打造高校经济共同体。建立与西湖大学、国科大杭高院、浙大城市学院、云栖工程院等高校院所、科研机构的常态化联动机制,建设产业空间7.7万平方米,打造西湖大学科技园、国科大HIAS科创园、

鸟瞰云栖小镇

先进材料增材制造创新研究中心、先进技术研究院等产学研用载体。目前已落地成果转化企业31家，其中西湖生物医药、西湖欧米、西湖未来智造被评为2022年杭州市准独角兽企业，企业估值已超过20亿元。

打造空天地海产业共同体。创新探索数字经济与空天地海产业融合发展，依托中国空间技术研究院杭州中心，落地空天地海生态企业145家，成为全国最早一批探索空天信息产业的平台。2022年，积极探索空天地海产业信息化赛道，新落地航天轩宇、中海云创、云箭智融等重点产业项目23个，投资超45亿元，集聚核心空天信息产业生态企业63家，形成了全省首条百亿级空天信息产业链。

（三）服务产业创新，激发提质增效新动能。

提升"硬指标"。提前谋划土地要素保障，科学编制发展规划，将小镇18.1平方公里服务范围纳入城西科创大走廊规划范围。高水平打造省级特色产业风貌样板区，通过拆围墙、改立面、串绿道、更标识，重塑小镇产业风貌。大力推进"一湖三镇"融合发展，做强产业旅游，建设小镇客厅、城市大脑运营中心、百草园、2050博悟馆，打造2500余套人才公寓、地上地下1.45万平方米运动中心、山景路商业街。

优化"软环境"。研究出台云栖小镇2.0专项政策，在企业研发投入、人才服务、房租补贴等维度予以全方位保障。聚焦数字经济、生物医药等重点产业，西湖区出资成立总规模10亿元的科创直投基金，重点投资战略新兴产业早期科创项目，累计投资8个产业项目总计7700万元。做深做实"双千行动"，2022年走访企业580家次，举办各类政策宣讲活动16场，为企业解决科研成果转化、政策服务、人才服务等方面问题148个。

彰显"品牌力"。高质量举办云栖大会、2050大会、空天信息大会等国际科技盛会，每年吸引数万名科技工作者到访交流。打造"数字科技·云上逐梦"精品旅游线路，并入选文旅部、中宣部"建党百年红色旅游百条精品线路"。2022年云栖小镇累计接待各类参访团队414批14万人,游客31万人次,中央媒体报道121篇,市级以上媒体报道308篇。

三、创新亮点

云栖小镇的探索实践证明,产业经济发展关键在于充分发挥市场配置创新资源的决定性作用,更好发挥政府作用,优化科技资源配置,提高资源利用效率。云栖小镇成立首个特色小镇党委、首个特色小镇行政管理机构、首个特色小镇财政体制。通过不断探索高效的体制机制、搭建创新平台,促进各类创新主体紧密合作、创新要素有序流动、创新生态持续优化,增强创新体系整体效能。

(一)坚持创新改革发展理念是根本。

云栖小镇从传统工业园区到全国闻名的特色小镇,是忠实践行"八八战略"和五大发展理念的结果。通过回租、回购等方式腾转产业空间200万平方米,招引数字经济企业3000余家,实现传统工业园区的转型升级,为传统工业园区的转型发展提供了样板,是破解浙江空间资源瓶颈的一次创新探索。

(二)厘清政府和市场的关系是关键。

充分厘清政府与市场的关系和边界,让政府、名企各司所长。政府做好政策、产业空间、环境、服务等科技资源配置;"国字号"央企、本土数字经济龙头企业、科研机构构建产业生态,共同打造一个创新生态,取得了明显成效。

(三)坚持特色小镇的产业特色是灵魂。

正如小镇座右铭"相信你坚持的,坚持你相信的",云栖小镇始终坚持以数字经济产业为特色不动摇,经过十年的坚守,逐步发展形成了具有鲜明产业特色的生态体系,龙头企业、顶尖科研院所的集聚效应和集群规模进一步迸发出强大的发展动力,成为区域科技创新的标志性品牌。

(四)坚持国家战略导向牵引

是抓手。

加快培育国家战略科技力量是获得先发优势的重要路径。云栖小镇依托国家实验室、国家军事实验室、中国空间技术研究院杭州中心等重大项目的引入，阿里云、数梦工场为代表的数字经济企业以及西湖大学、国科大等顶尖科研机构有机融合，通过头部企业牵引和产业项目间的相互衔接聚合，迸发"化学反应"，实现了产业能级跃升。初步形成了一套以国家战略为核心、科研机构为支撑、技术转化为成果的产业发展体系。

（供稿：西湖区）

9

以梦想小镇模式融入长三角一体化发展

"八八战略"强调"进一步发挥浙江的区位优势,主动接轨上海、积极参与长江三角洲地区合作与交流,不断提高对内对外开放水平"。二十年来,余杭区始终坚持一张蓝图绘到底,一任接着一任干,扎实推进接轨大上海、融入长三角一体化发展重点任务落地落实,逐渐形成双向联动的格局。

一、目标成效

余杭区抢抓长三角一体化发展机遇,切实发挥梦想小镇先发优势,积极探索长三角跨区域科创产业合作和资源整合新路径。2019年,牵手上海张江、合肥包河,共建梦想小镇沪杭创新中心、合杭梦想小镇,全面复制推广梦想小镇"便利创业社区＋优越创业生态系统＋店小二式政府服务"整套成熟运营体系、良性发展机制、完备服务保障。梦想小镇沪杭创新中心聚焦人工智能、大数据、智能制造等前沿领域，合杭梦想小镇重点以文化创意、科技创新、金融投资为主导产业，着力打造嫁接上海、合肥雄厚科创资源和杭州创新活力生态、跨区域共建长三角科创共同体的标志性项目。截至2022年底，梦想小镇沪杭创新中心累计为未来科技城招引28个优质项目，合杭梦想小镇累计入驻企业32家，两大创新平台已成为省、市两级融入长三角创新一体化发展的"前哨站"。余杭输出梦想小镇模式入选2021年浙江省首批长三角一体化发展"最佳实践"案例。

二、实践内容

（一）引标志性项目，集聚一流人才。

梦想小镇沪杭创新中心在上海、杭州两地相继成功举办浙江省在沪人才联合会、上海余杭商会筹建会、余杭女性人才综合素质提升培训班、招商推介会等各项创新创业活动，吸引众多在沪政、商、学、媒等领域的知名人士参加，推动超300余个项目到余杭进行实地考察，吸引200余个项目参加人工智能小镇项目评审。累计为未来科技城招引优质项目28个、研发人员超200名，引进国家级人才2名、省级人才2名、博士7名、硕士24名、本科180名。合杭梦想小镇2022年通过线上梦想专属电台、四大活动品牌举办线上线下创新创业活动38场，累计引进32家企业，存续22家企业，总注册资本超3亿元，总营业收入约6000万元。集聚相关产业人才300余人，取得知识产权超100件。同时，10余家合肥籍企业入驻未来科技城知识产权创新园。

（二）创一体化品牌，加强多元合作。

余杭输出梦想小镇模式获国家级、海外媒体平台及两地省市媒体的密切关注，人民网、新华网海外频道、《经济日报》均作专题报道。梦想小镇沪杭创新中心与上海长三角产业赋能研究院建立合作关系，协办张江国际人工智能挑战赛等活动。合杭梦想小镇接待来访考察84次，获批安徽省微型产业集聚区，积极对接中国科学技术大学先进技术研究院、"中国声谷"、合肥工业大学智能制造技术研究院等，就技术服务、成果转化、活动共享等达成初步合作意向。同时，聘任5位高校产业导师，助力小镇在产业创新领域、高端人才领域不断跃升。

（三）强特色化运营，优化营商环境。

梦想小镇沪杭创新中心针对创新中心的特点制定了包括入驻流程、专项评审、异地研发、首试首用等在内的一系列"特色"方案，为沪杭资源互通搭建了有益的平台。引导企业积极筹备并申报浙江省科技

梦想小镇全景

型中小企业、国家高新技术企业等，首年引进的企业中有70%着手筹备申报国家高新技术企业。针对入驻企业需求，实现24小时快速响应并给出解决方案，同时对于来访未来科技城的上海企业给予精心接待和服务，积极对接杭州研发平台和相关配套资源。合杭梦想小镇参照余杭区模式，制定出台促进产业发展专项扶持政策。定期组织月度企业全覆盖走访、"四送一服"等活动，累计完成产业服务资源整合30家。同时，在智慧平台服务方面，云助平台内容更新300余次，配套信息导入320余条，接受并处理企业诉求390余条，帮助入驻企业解决现阶段成长过程中的共性问题。

（四）享高品质配套，护航创业生活。

梦想小镇沪杭创新中心选址于上海张江科学城的核心区腾飞科技园，总面积3716平方米，配有长三角一体化展示区、硬科技实验室、路演厅、休闲区、会议洽谈室、茶水间等公共配套区域和设施。该中心在商务、研发、活动方面为入驻企业提供了全面便利，更为成长中的企业提供了更广阔的舞台。合杭梦想小镇位于滨湖卓越城文华园A6栋，总面积5000平方米。一层为展厅和服务中心，二至四层为产业创新空间。在产业创新空间内植入智能门禁管控、共享预约、云助数字服务等先进的软硬件设施，配备共享会议室、头脑风暴区、共享接待区、智慧有声图书馆等公共活动空间。两地充分考虑企业不同成长阶段需求，为企业配置全周期差异化设施。梦想小镇沪杭创新中心为不同成长阶段的企业提供共享办公式项目孵化区及隔间式项目加速区。合杭梦想小镇分别设置8—10人、10—20人、20—30人办公室，以满足不同发展阶段的企业入驻。

三、创新亮点

（一）打造区域合作科学运营新模式。

梦想小镇沪杭创新中心、合杭梦想小镇两个平台均投入最优秀的运营团队,从创业者需求出发,因地制宜为入驻项目打造与杭州梦想小镇无差别的创业环境。梦想小镇沪杭创新中心特聘中国科学院院士褚君浩、5G射频芯片领域知名专家倪文海等作为导师,指导项目发展和团队工作,同时引进上海知信律师事务所、火柴人等知名机构赋能沪杭企业,提供全方位一条龙服务,促进企业快速健康发展。合杭梦想小镇以两地共建、政府引导、市场化运营模式,委托绿城科技产业集团开展平台运营,设立国际赛飞创业辅导师工作站和国家级创业辅导师,引进未来科技城良仓、蜂巢等优质孵化器运营商,充分发挥第三方运营商在资源整合、运营、互动等方面的专业优势。

(二)构建资源整合互利共赢新生态。

杭州梦想小镇作为浙江特色小镇的标杆,拥有一套较为成熟的培育企业、赋能企业的机制,梦想小镇沪杭创新中心、合杭梦想小镇作为跨区域输出的产物,向两地传播了先进经验。同时借助政府渠道,通过"以巢引凤,以凤求凰"的方法,突出产业配套效应,整合当地与杭州优质产业服务资源,以市场为抓手更好地推动双城联动,实现产业、技术、资本、人员等要素的充分互通互动,以政策引领、平台吸引、产业需求形成最具竞争力和使用价值的资源优势,打造又一"梦想小镇"典型。除此以外,对外输出的梦想小镇还充分发挥双方文化优势,让不同地域的文化碰撞出火花,使得上海、合肥两地的企业及人员对浙江建立起深层次的认同与情感。

(三)提供高效精准多地协同新服务。

在执行协同方面,两地运营团队与余杭区、未来科技城保持信息同频、高效赋能,全力落实落细各项事宜,快速协调解决企业面临的难点痛点;未来科技城设点派驻专业人员,深度了解企业需求,以当地优势产业、头部企业为抓手,确保招得来、留得住、长得大;在杭州建立专门团队对接服务。在功能规划方面,为入驻项目营造功能齐备、环境舒适、配套便利的创业环境。

在政策实施方面,及时覆盖最新政策要求,在人才、研发、金融、房租、税收等方面提供全方位支持,入驻企业不仅可享受当地园区的基础配套、人力资源和科研支持等诸多优势,而且可同时享受余杭区政策,打通跨区域政策共享壁垒。除此以外,园区通过技术服务、成果转化、产学研结合等方式,精准解决企业发展面临的难题,帮助企业快速落地发展。

（供稿：余杭区）

10

打造民营经济"两个健康"城市之窗

民营企业是推进中国式现代化的重要力量。2004年2月3日，时任浙江省委书记习近平同志在全省民营经济工作会议上指出："我们要充分发挥'八个优势'，深入实施'八项举措'，扎实推进我省全面、协调、可持续发展。在这整个进程中，民营经济大有作为，也应当有更大的作为。……我们必须从现代化建设全局的高度，充分认识民营经济新飞跃的重大意义，把民营经济的优势挖掘好、发挥好，推动经济社会更快更好地发展。"杭州市工商联作为党和政府联系民营经济的桥梁纽带，围绕"非公有制经济健康发展和非公有制经济人士健康成长"，坚持思想引领，提供创新服务，优化营商环境，更好地推动民营经济健康发展。

一、目标成效

杭州市工商联忠实践行"八八战略"，着眼民营经济这一浙江经济的最大特色和最大优势，坚持"两个毫不动摇"，做实做深"联"字文章，汇聚各方力量，创新服务载体和平台，大力弘扬企业家精神，推动民营经济实现新飞跃。十年来，杭州民营经济这张金名片越擦越亮。截至2022年,"中国民营企业500强"榜单中,杭企入围数量已连续二十年位列全国城市第一,杭州市连续四年蝉联"万家民营企业评营商环境"全国城市第一。

二、实践内容

(一)坚持思想引领,深入推进"杭商心向党"行动。

习近平总书记始终关心和支持民营经济健康发展,对新时代民营经济统战工作作出重要指示,强调要坚持"两个毫不动摇",把团结好、引导好民营经济人士作为一项重要任务。

多年来,杭州市工商联始终旗帜鲜明加强思想引领,将"杭商永远跟党走"作为工作主线,强化民营企业家"自己人"意识,推动民营企业家自觉与党同向、与民同心、与时代同频,积极参与共建共享共同富裕美好社会。一方面,通过走访企业、召开座谈会、举办宣讲会、在全市民营经济人士中组织传达学习党的重要会议和习近平总书记重要讲话精神。2020年初,杭州市工商联在全国工商联系统中较早开辟和搭建线上宣传平台,开通"杭商直播间",扩大宣传工作的覆盖面和到达率;另一方面,在民营企业党员中深入开展"不忘初心、牢记使命"主题教育、党史学习教育和学习贯彻习近平新时代中国特色社会主义思想主题教育,并勇于创新探索,充分发挥企业家主体作用,成立杭州市新时代民营企业家宣讲团,通过"企业家引领企业家""企业家教育企业家",擦亮"杭商永远跟党走"的鲜明底色。

引导厚植家国情怀,承担社会责任。在2020年抗击疫情期间,据不完全统计,全市工商联所属商会和会员企业捐款捐物折款总计18.67亿元。如杭州市新生代企业家联谊会会长单位每日互动联手政府部门和其他数字企业,组建健康码研发专班,用7天的时间实现杭州健康码上线,为保护市民健康筑起智慧屏障。统筹推进民营经济领域助力

杭州民营经济发展论坛暨新生代企业家论坛

共同富裕"五大专项行动",发动和引导杭州民营企业和商(协)会踊跃投身东西部协作、对口帮扶、助力山区 26 县高质量发展和乡村振兴等行动,用好"万企兴万村"、联乡结村、"百社百企结百村"、民企公益慈善基金会捐赠等多种载体和渠道,形成具有杭州辨识度的共富品牌案例。据不完全统计,杭州共有 254 家民营企业和商(协)会参与"万企兴万村"村企结对行动,其中 188 家民企参与"万企兴万村"行动项目,238 家民企参与共富结对村行动,101 家民企结对民族村。

(二)加强培育引导,深入推进"杭商名家培育"行动。

2005 年 6 月 5 日,习近平同志在浙商论坛 2005 年峰会上寄语广大浙商:一要有科学的发展观;二要有不断创业的进取心;三要有诚信的价值观;四要有造福社会的责任感。

杭州市工商联着力提升企业家素质能力,重点培养政治上有方向、经营上有本事、文化上有内涵、责任上有担当的"四有企业家"。每年与清华大学、北京大学、中国人民大学、中国科学技术大学等国内著名高校合作,持续举办"品质杭商"研修班;结合国家重大战略、经济发展形势,组织"杭商大讲堂"等各类专题讲座。截至2022年,"品质杭商"研修班已举办26期,累计培训1500余名企业家。

持之以恒做好新时代杭商典型选树工作,精心打造《杭商故事》、"听见·杭商"等品牌,讲好杭商故事,发出杭商声音,让杭商成为全国商界最值得尊敬和信赖的标签之一,形成"百企选树典型,千企高校培训,万企线上分享"的宣传培训模式。多年来,广大杭商用实际行动展现干在实处、走在前列、勇立潮头的精神风貌,涌现出鲁冠球、宗庆后、李书福等杭商代表人物。

实施"青蓝接力"工程,将新生代企业家纳入杭州民营经济发展的"人才库"和民营经济代表人士的"后备库"。找准培养的切入点,摸清发展的新问题,完善培养的新机制,会同杭州市委统战部,实施"新生代杭商成长计划"。由杭州市委统战部、杭州市工商联联合主办的新生代企业家论坛已连续举办7届,成为响亮的品牌活动。杭商群体新老交班有序平稳,新兴产业不断兴起,创新人才不断涌现,为杭州推进高质量发展集智蓄力。

(三)聚焦重点难点,深入推进"营商环境共建"行动。

杭州市工商联认真履行杭州市民营经济发展联席会议办公室职能,建立健全工作制度,分析研究更好服务"两个健康"的重大问题。

突出构建"亲""清"政商关系。推动清廉民企建设,持续深化清廉民企示范点建设,推出27家杭州市清廉民企创建培育试点单位,合力推进涉案企业合规第三方评估体系建设,推动"政""商"双向发力、同频共振。用好"亲清直通车·政企恳谈会"等活动载体,畅通政企沟通渠道。截至2022年,全市工商联系统累计组织召开"亲清直通车·政企恳谈会"9期138场，1256家企业负责人参加会议，收集问题建议约1200个，相关问题均分解落实并反馈，真正起到了直击难题、促进发展的作用。

强化交流平台建设。搭建经贸交流平台，五年来组织会员企业参加中国国际进口博览会、世界杭商大会、中非合作论坛等各类推介会、交流会等经贸活动年均40场（次）以上。搭建金融服务平台，开展"助企纾困·走进金融"系列活动，着力拓宽中小微民企的融资渠道，携手各大银行提供更全的融资信息、更快的融资速度、更低的融资费率。如联手建行杭州分行为产业集群客户创新打造市场经营贷系列产品，包括服务桐庐县分水镇制笔小微企业的"妙笔贷"，服务富阳区上官乡球拍及其配套制造产业的"球拍贷"，聚焦西湖龙井茶农、茶企的"龙井茶贷"，等等。

（四）强化组织建设，深入推进"强基固本"行动。

多年来，杭州市工商联在队伍建设上始终常抓不懈，在会员建设上重视量质并举，持续开展组织建设质量年活动，做好会员发展工作，注重广泛性和代表性相结合，优化结构，增强活力。截至2022年10月，全市工商联系统共有商会451家，会员企业43515个。其中，杭州市工商联直属商会140家（行业商会14家，异地商会126家），团体会员27家，建立党组织86个（党委2个、总支4个、支部80个），党员735名。全市工商联会员队伍结构进一步优化，整体素质明显提升，组织的凝聚力、向心力显著增强，服务会员的能力不断提高，为杭州民营经济实现新飞跃提供健全的商（协）会组织优势。

三、创新亮点

（一）突出"企业家引领企业家"。

最懂企业家的还是企业家。在党的创新理论宣讲、各类政策解读中，通过运用企业家话语体系的解读，来增强政策的知晓度、认同感和获得感。在学习宣传贯彻党的二十大精神中,市、区县(市)联动成立"1+13"模式的新时代民营企业家宣讲团,以"让企业家讲,讲给企业家听"的方式,推动党的二十大精神进基层、进商(协)会、进企业。

(二)突出"企业家助力企业家"。

聚焦民营经济稳进提质,紧盯企业发展实际,充分发挥杭州市工商联(市总商会)企业家副主席、副会长在助力中小微企业高质量发展中的主体作用,提供精准服务。多年来,企业家副主席、副会长结合自身实际及企业特色,为广大中小微企业搭平台、促合作、助发展。

(三)突出"企业家培育企业家"。

在教育培训中,坚持让企业家唱主角。特别是在年轻一代民营企业家的教育培养上,大力开展"青蓝接力"工程,积极推行导师制,在每年的"品质杭商""杭商大讲堂"等培训中注重学员年龄梯次规划,加强新老杭商全方位互动交流,做好传帮带,让企业家培育企业家,壮大新生代民营企业家力量。

(供稿:杭州市工商联)

书写"地瓜经济"新篇章 助力开放型经济提能升级

习近平同志在浙江工作期间,形象地提出"地瓜理论":地瓜的藤蔓向四面八方延伸,为的是汲取更多的阳光、雨露和养分,但它的块茎始终是在根基部,藤蔓的延伸扩张最终为的是块茎能长得更加粗壮硕大。临平区全力学好用好"地瓜理论",坚持立足浙江发展浙江、跳出浙江发展浙江,政企勠力同心,畅通"双循环",做强总部经济,壮大本土块茎,支持企业对内对外开放,提高浙商影响力,向外延伸藤蔓,开创具有临平特色的"地瓜经济"发展新局面。

一、目标成效

开放型经济数据亮眼。2022年,临平区外贸规模明显增长,实现进出口总额392.65亿元,比上年增长10.9%;主体培育加强,全区有出口实绩企业1293家,新增96家;出口商品结构优化,高新机电出口占比达45.96%,比上年增加3.6个百分点,保持全区出口产业第一领跑位置；境外投资稳进，新增境外投资额1.35亿美元，涉及24个境外投资项目。

深度融入国内国际双循环。培育临平企业在全国乃至全球范围内配置资源、开拓市场，为临平外贸出口注入新活力。2022年有3家公司位列浙江本土民营跨国公司经营50强榜单。

实践探索与理论研究成果显著。2022年有2家单位入选全省内外贸一体化"领跑者"及产业试点名单，获批浙江省贸易调整援助试点区县（全市唯一）。《数字赋能，临平走出内外贸一体化共富样板路》《聚焦助企"关键小事" 精准服务推动经济高质量发展》等研究成果被《浙江日报》《人民日报》等多家主流媒体平台宣传报道。

二、实践内容

临平区始终致力于服务企业把根深植浙江，把发展的藤蔓向外延伸，越来越多的企业走出省界、走出国门，带动临平产品和临平技术走到海外，积极参与国内外交流与合作。

（一）"地瓜经济"葳蕤蓬勃，嵌入"内循环"汲取养分。

拓展区域产业合作。依托国家级经济技术开发区、临平新城、大运河科创城三大产业平台，聚焦高端装备制造、生物医药、数字经济等关键产业链，做强"合作地图""产业大脑"，深化与上海临港、绿地、中骏、百联集团等龙头企业战略合作，建成中骏鼎湖未来云城、百联奥特莱斯等商住综合体，启动"红丰创新带"创新产业社区建设。

强化区域资源对接。瞄准长三角、大湾区、北京等地区优质资源，分别在北京、深圳、上海、杭州城西成立创新促进中心，开展常态化驻外招商。与中国工业经济联合会、上海市集成电路行业协会等协会组织、阿里创投等投资平台、临港新片区生命科技产业园等产业平台建立联系。

深化一把手"敲门招商"。区主要领导多次赴上海、苏州、泰州、绍兴等长三角核心区敲门招商，聚焦生物医药、高端装备制造等主导产业，实地考察上海登临科技、苏州朗润等企业，洽谈产业项目。2022年，临平区一把手招商出访频次位居全市前列。2023年3月，临平组建首个出境招商团赴境外招商，助力形成对内对外开放新局面。

（二）"地瓜经济"伸藤展蔓，迈进"外循环"开疆拓土。

扶持敢想敢闯的优质上市企业。截至2023年1月，临平区已有25家上市企业。截至2022年12月，区内上市企业累计对外投资额已突破5亿美元，春风动力、微光电子、贝达药业等制造业领域的上市企业通过对外投资带动企业产品"走出去"，取得良好效果，也积累了丰富经验。

培养稳扎稳打的传统外贸企业。从家纺大县到制造业强区，临平区成立以来，外贸出口连续两年保持两位数增长，外贸依存度从2021年的37%提高到2022年的39%，高新机电、纺织产品、医疗器械成为全区出口的三大支撑板块。

孵化高效高能的跨境电商企业。随着跨境贸易"阳光化"进程逐步推进，子不语、杰西亚等跨境电商企业成为"销出去"的重要力量，充分利用多渠道线上销售平台，快速成长为外贸发展的一股新兴力量，对全区外贸出口拉动作用愈发凸显，临平区出口份额在全国的占比稳中有升。

（三）"地瓜藤蔓"欣欣向荣，赋能本土壮大块茎。

招引项目。累计集中签约项目273个，总投资近千亿元，其中来自长三角地区的项目约占75%，绿地数科总部、信达生物等重大产业项目相继落地。大多数企业在深耕临平建设的同时，并未放弃其在省外乃至海外的事业，在回馈临平壮大自身的同时，又提高其在省外乃至海外发展的能力。

以商引商。大力推动本土企业利用国际合作吸引外资。如春风动力是目前国内最具品牌影响力和生产实力的摩托车厂家之一。企业与国际摩托车大厂KTM合作，引进外资在临平区合资成立浙江春风凯特摩机车有限公司。

吸纳人才。2022年举行"中国芯"长三角芯机联动发展暨科技成果转移转化高峰论坛、"一带一路"暨金砖国家技能发展与技术创新大赛等活动20余场。2022年新增国家级海外引才计划专家3名，比上年增长50%，新增国家级领军人才1名，实现零的突破；新增市级以上海内外高层次人才专家17名，比上年增长3.25倍。紧密开放型经济"双招双引"结合度，全区高水平工程师、高技能人才超10万名；人才资源总量达23.5万，比上年增长12%。

三、创新亮点

（一）多维发力忠实践行"八八战略"，布局开放型经济新模式。

新市场。临平区积极引导辖区内企业在国际市场上多元布局，

首届全球数字贸易博览会

2022年"一带一路"等新兴市场的出口占比达33.08%，并呈逐年上升态势。研判国际贸易形势，助力西奥电梯、铁流离合器等企业迅速打开俄罗斯新市场。

新结构。高度重视制造业企业转型升级，由家纺大县逐渐转为高新机电居出口第一位的城区。同时，与其他国家的企业在技术、品牌和质量等方面的竞争，倒逼企业不断转型升级，带动研发、设计、商贸、金融、物流等生产性服务业的快速发展。

新高度。企业不断完善海外供应链、产业链、生态链，逐步形成自建海外仓、海外工厂。在不断输出产品的同时，积极实施"临品出海"品牌战略，提高浙商影响力，协助企业以品牌出口模式塑造私域流量。

（二）多方协同服务浙商，打通开放型经济助企新渠道。

新环境。为打造一流营商环境、助力开放型经济稳步发展，2022年，临平区本级财政投入9000余万元资金，剑指市场开拓、品牌打造、服务贸易等重点领域。

新链接。临平区领导以"早餐会""午餐会"和上门拜访等形式，一对一与企业外贸负责人交流，带领区级各相关部门开展现场辅导、答疑解惑，与企业共谋开放、共话发展。

新机制。商务、公安、海关、税务、金融机构建立联动机制，实现企业人员出得去、关键展会有档期、重要展会有好展区。2023年一季度，已有50余家企业出境参展，新增订单2000余万美元。

（三）多措齐增保障力度，构建开放型经济政策新体系。

新政策。近年来临平区不断修订完善扶持政策，优化"走出去"服务，尽量减少企业"走出去"的风险。连续多年安排开放型专项资金对企业投保"海外投资险"予以补助。为降低中小外贸企业出口风险，对出口小微企业信保采用政府统保模式，大大方便企业参保获助，做到"一键式""零门槛"投保。

新宣介。在疫情形势严峻期间，临平区商务局首次将业务培训搬进直播间，针对商务人员出入境便利化举措、外贸扶持政策，以及出口风险、国际物流等外贸企业关注度比较集中的问题逐一进行讲解。企业踊跃程度远超预期，外贸企业1300多人在线观看，纷纷表示受益良多。

新落实。为提升政策保障效果，缓解企业资金压力，临平区确保及时、提前、足量兑现政策。将开放型专项资金兑现的时间从以往的年度调整为季度，大大缩短资金下拨时间，辖区内外贸企业如潮好评。2022年四季度至今已兑现2500多万元外贸资金，惠及企业100多家。

（供稿：临平区）

12

数字经济赋能高质量发展

习近平同志在浙江工作期间多次考察调研杭州高新区（滨江），并赋予"打造硅谷天堂、高科技的天堂"的时代命题。2015年，习近平总书记考察杭州海康威视数字技术股份有限公司时指出，人才是最为宝贵的资源，只要用好人才，充分发挥创新优势，我们国家的发展事业就大有希望，中华民族伟大复兴就指日可待。作为第一批成立的国家高新区、杭州国家自主创新示范区核心区，杭州高新区（滨江）主动承担实现民族高科技产业自主强大的国家使命，坚定不移走好创新制胜之路，坚持发展数字经济这一核心优势产业，成为全省高质量发展的"一面旗帜"，世界领先科技园区基本面貌加速呈现。

一、目标成效

杭州高新区（滨江）始终锚定"建设天堂硅谷、打造硅谷天堂"目标，持续增强数字经济核心产业动能，高质量发展实现能级跃升。十年来，GDP从2012年的488.0亿元增加到2021年的2022.6亿元，人均GDP从2012年的15.5万元上升到超39万元，财政总收入从115.2亿元上升到

浙江省首家全门类知识产权综合服务中心

407.0亿元，综合评价排名稳居浙江省第一。2022年，在国内外环境复杂性、不确定性加剧的大背景下，杭州高新区（滨江）承压前行，稳中有进：GDP达2184.8亿元，按可比价格计算，比上年增长1.8%，总量保持全市第三；规上工业增加值756.4亿元，增长1.5%，总量保持全市第一；高新技术产业、战略新兴产业占规上工业增加值比重保持在90%以上；数字经济综合评价和"两化"融合发展水平保持浙江省首位，数字经济核心产业增加值1723.0亿元，占GDP的78.9%，总量及占比均列浙江省第一。

二、实践内容

（一）用好"两只手"，以改革创新增强数字经济发展动能。

面对建区之初创新创业要素不足的短板，杭州高新区（滨江）通过全面深化改革，破除体制机制藩篱，集聚创新资源，激发创新活力。

运用政府"看得见的手"，推进体制机制全面深化改革。2002年杭州高新区、滨江区合并以来，从"开门办公"到"前店后舱"的窗口服务，从"办事不过江、收费归滨江"到行政服务中心"去中心化"改革，从商事制度改革到"最多跑一次"示范区，杭州高新区（滨江）以体制机制的深化改革，让企业在发展的每个阶段都能享受"恰到好处"的政府服务。尊重企业发展规律，发挥财政资金杠杆作用和产业政策优势，引导企业持续加大研发投入。十年间，获批5个国家级开放型试点、12项全国首创及30余项省市制度创新案例；新增上市公司46家，累计培育69家，总量居全省第一；社会研发投入占GDP比重保持在10%左右，科技活动经费支出增速基本保持在20%左右，位居全国高新区前列。

用好市场"看不见的手"，推动技术创新转化为现实生产力。产业数字化和数字产业化融合协同发展，阿里、网易等一批数字经济领军企业发展壮大，智能物联等新模式新业态百花齐放，科技创新成绩单硕果累累：培育国家专精特新"小巨人"44家，有效国家级高新技术企业数量从2012年的493家发展到2022年的超2200家；有效发明专利拥有量超3万件，每万人发明专利拥有量达598.2件；科技成果转移转化方面，技术合同交易额从16亿元增长到370亿元，列全省第一。

（二）用活"两只鸟"，以转型蝶变实现数字经济提档升级。

面对空间资源制约产业发展的瓶颈问题，杭州高新区（滨江）毫不动摇地推进区域整体"腾笼换鸟"，实现整体"凤凰涅槃"，以不到浙江省1‰的面积创造了全省2.8%的GDP，成为浙江改革开放和转型升级的缩影。

"腾笼换鸟"，成功打造协同联动、支撑有力的产业空间布局。通过区内产业平台错位发展、工业综合体及三产留用地集中开发、成立滨富特别合作区和滨萧特别合作园等改革，推动塑造区域友好、南北联动、产学协同的发展格局。对老旧工业园区和传统企业实施统一规划和空间改造,对低效旧产能进行外迁或倒逼转型升级,大幅提升工业园区亩产效益。重点引进科技含量高的新产能,推动产业业态和亩均效益提质升级。

"凤凰涅槃",成功打造具有辨识度的核心产业生态集群。巩固壮大优势产业,打造了从关键控制芯片设计到云计算、大数据应用、网络安全的数字经济核心产业全产业链。率先打造产业链图谱系统、数据知识产权质押等创新举措,实现数据知识产权成果转化为核心资产,目前全区已集聚200多家专业知识产权服务机构。鼓励企业时刻保持对于未来产业和细分赛道领域的敏锐嗅觉,推动数字经济多点突破、二次爆发。

(三)践行"两个发展",以开放合作提升数字经济创新活力。

面对开放协同力不足、领跑优势弱化的问题,杭州高新区(滨江)积极贯彻落实习近平同志提出的既要"立足浙江发展浙江"又要"跳出浙江发展浙江"的重要理念,让更多高端资源"引进来"、更多创新成果"走出去"。

坚持"引进来",创新生态不断优化。迭代实施"5050"计划和"5151"人才创业协同计划,首推"人才战略伙伴专家公推制",努力打造"全球人才蓄水池"。过去十年,全区人才总量增加20万人,其中数字经济领域人才占比高达75.32%。高能级创新平台落点建设取得重大进展,浙江省唯一的极弱磁大科学设施入选国家重大科技基础设施"十四五"规划,成立白马湖实验室等2个省级平台,推进北航杭研院等6个创新研究院提能,"1+2+6+N"体系加速完善。

坚持"走出去",营商环境良性循环。中国(浙江)自由贸易试验区杭州片区滨江区块自成立以来,加大数字创新、数字产业、数字贸易等重点领域和关键环节改革力度,新注册企业累计超过13400家,位居三大区块之首,占杭州片区总量的70%以上,实际利用外资21.6亿美元,基地服务贸易出口额24.63亿美元,充分彰显了自贸试验区的强劲市场活力和巨大的发展潜力。

三、创新亮点

杭州高新区(滨江)始终把"八八战略"作为引领创新的总纲领、推进数字经济发展的总方略、冲锋"两个先行"的制胜关键,在高位上实现新增长。

(一)以"两只手"重要思想破除市场与政府协同不畅障碍,把机制体制创新作为最重要法宝,走出一条依靠创新驱动内生增长式发展之路。

坚持有效市场和有为政府双轮驱动,推进省级数字经济创新发展试验区建设,数字经济增加值始终保持两位数增长,占GDP比重保持在75%以上,成为全国数字经济发展高地和智能制造产业高地。

(二)以"两只鸟"重要思想扭转空间不足劣势,把产城人深度融合作为最基本原则,走出一条产业业态、城市形态、人才生态"三态融合"发展之路。

布局优势产业集群和高能级创新平台,加快城市化进程和优质公共资源配置,构筑一流人才生态,推动实现新一轮"腾笼换鸟、凤凰涅槃"。十年来,累计荣获中国专利奖各类奖项72项,国家科技进步奖16项,国家技术发明奖7项。2022年,全年引进各类人才3.8万人,自主培育市级以上人才计划专家70人,均列全市第一。

(三)以"两个发展"重要理念打破要素流通壁垒,把构建对外开放新格局作为最强着力点,走出一条全方位、高水平对外开放的发展之路。

发挥国家自主创新示范区和浙江自贸试验区双平台联动优势,实施面向全球的中长期开放式科技计划,引进国内外先进企业研究机构,鼓励企业在海外设立科技研发中心,不断迈向全球价值链中高端,形成畅通国内国际双循环的竞争新优势。

[供稿:杭州高新区(滨江)]

13

建设"时尚经典 品质湖滨"世界级地标商圈

湖滨商圈近二十年的"蝶变"之路，是忠实践行"八八战略"的成果展示。2002—2003年，习近平同志在履职浙江的第一年就三次视察西湖。他指出，西湖是杭州的"生命线"。他强调，把保护与开发、建设有机结合起来，不断开拓保护与发展"双赢"的新路子，最终实现生态效益、环境效益、经济和社会效益的辩证统一。湖滨商圈建设始终遵循这一工作要求，持续推进"文商旅"深度融合，以"最时尚、最智慧、最人文"为目标，用实干与担当实现湖滨步行街从"全国试点"到"全国示范"。

一、目标成效

湖滨商圈与杭州城市发展同频共振，见证并助力杭州成为世界一流的现代化国际大都市。

助力消费提质升级。2020年，商圈内的湖滨步行街被确认为首批全国示范步行街，湖滨商圈品牌聚集，推动消费转型，为城市注入更多活力和繁华景象。

全面开启数智进阶。2020年3月,"湖滨街区智慧治理"场景在习近平总书记在调研杭州时进行现场展示。2021年,湖滨智慧商圈入选浙江省首批省级示范智慧商圈名单。2022年,省商务厅以湖滨智慧商圈为全省唯一试点,与上城区共建共推"智慧商圈(未来市场)"应用。

文化浸润"城市客厅"。聚焦多元文化的市场需求,打造年轻潮流社交圈,为老字号提供发展舞台,运营"湖上"特色IP,强化沉浸式、互动式体验,成为来杭必到打卡地。

二、实践内容

(一)树立"最时尚"的首位度标杆。

干在实处,走在前列。上城区在奋进"两个先行"中加快建设共同富裕典范城区,"百亿级商圈"湖滨商圈以独特的优势扛起消费、人气、口碑三面大旗。

大力发展"四首经济",激发消费新动能。大力招引品牌首店、旗舰店、概念店,成为"区域首店、新品首发、品牌首秀、行业首牌"的落地首选,汇聚国际一线、时尚潮流、网红品牌1300余个,其中国际品牌160余个,首店、旗舰店240余个。高品质、高规模、高频率的品牌首发、品牌首展线下活动聚集湖滨商圈,激发消费热情,在"八八战略"实施二十周年之际,湖滨商圈2022年全年实现营业额143.81亿元,比上年增长15.9%。

牢抓狠抓"都市经济",领跑新能源赛道。为进一步在有限的空间中激发无限的潜能,湖滨商圈将目光瞄准坪效较高的新能源汽车,深栽"梧桐树",成功招引浙江首家蔚来中心、小鹏汽车杭州西湖旗舰体验中心等新能源汽车品牌"金凤凰",并充分发挥规模效应、聚集效应和扩散效应,积极对接零跑、大众、广汽等新能源汽车品牌,以不到2000平方米的场地撬动了超70亿元的社会消费品零售总额。

创新丰富"夜间经济",展现

夜湖滨魅力。以上城区成为全省夜间经济试点城区为契机，举办首届湖滨国际灯光节，打造"湖上夜巷"等模式，商圈内各大综合体以"日咖夜酒"的"微醺经济"和年轻潮流文化为重点，如湖滨银泰 in77 打出"深夜商场"招牌，湖滨 88 将地下一层改造成别具一格的"酒吧"一条街等，在街区形成有规模和聚集效应的特色品牌营销，不断丰富夜购、夜食、夜游、夜娱等消费场景，打造"不夜天堂、璀璨杭州"。

（二）打造"最智慧"的可实践样本。

敢为人先，勇于创新。湖滨商圈作为省商务厅和上城区共建共推"智慧商圈（未来市场）"应用试点，为杭州打造"全国数字经济第一城"提供了可实践、可推广的商圈样本。

智慧场景便民惠商，提供一站舒心游。健全智慧设施全覆盖，布点 107 根融合公益广告、应急广播等功能的"智慧灯杆"以及可获取周边停车指数、公共交通信息的智能导视牌。上线"云上湖滨"小程序，集成"我要入会""我要消费""我要维权"等 6 个功能，满足消费者多元需求，让更多的人愿意来、留得住、逛得好。加快数字人民币重点商圈建设，打造湖滨"杭州数字人民币应用重点街区"。

数字赋能业态提质，打造潮流风向标。建立数据监测运行系统，贯通商务、市场监管等 10 个部门数据及银联商务、通信运营商等 50 余类社会数据，动态掌握行业总坪效，搭建客流与业态匹配度分析模型，助力优化商业业态布局。湖滨商圈根据年轻客群比高达 74% 的消费者画像分析特征，对业态进行大规模翻新，引进乐高亚洲旗舰店等潮牌，带动营业额提高近 60%。

数据支持科学决策，破解商圈管理难。针对商圈处于繁华市区，人流密集的特点，协同公安、交警、城管等 20 余个部门，以智慧预警预测为支撑，按照每平方米 0.5 人、0.75 人划分三级安保等级，实现提前预测预警、运力保障、快速响应，公共空间商业活动繁荣有序。打通交通运力数据，整合商圈内部及周边单位停车场泊位，对市民、游客出行进行智能引导。目前,商圈5776个泊位日均使用率提高4倍,车辆通过时间从原来高峰时段90分钟下降到平均20分钟。

(三)营造"最人文"的高品质体验。

不谋一时,久久为功。西湖的周围,处处有历史,步步有文化。湖滨商圈用极具韵味的文化浸润、不断优化的营商环境、走深走心的文明实践,营造高品质的体验感。

主动搭建韵味T台,提升文化感知度。千年开街史,自古繁华地,湖滨历史悠久,文化底蕴深厚,汇集杭州的城市记忆。上城区深入挖掘整理西湖文化、东坡文化,联合中国美术学院、杭州市品牌促进会等,围绕商圈中8处省市级历史文化遗迹、13家沿街老字号店做文章、讲故事,把历史建筑"用"起来,让文化资源"活"起来,使商圈"融入"城市发展,延续城市文脉。目前已形成"湖上市集""湖上乐客厅""睡前练会琴"等湖滨步行街特色IP,以文化为内核提升街区活力,丰富新消费场景。

打造一流营商环境,争当金牌"店小二"。以人为本,重塑商圈活动审批流程,开发"一键办展"功能,运营机构及商户可通过线上"一键申报",城管、公安等五部门"并联审批",办理时间由原来的15天压缩至1天。发挥"亲清在线""尚小二""红色代办"等平台作用,传承和发扬政商同向、交往守道的良性互动关系,加大惠企力度,在疫情期间及时解决复工复产难题,率先响应企业复工复产复市"双十条",减免小微企业房租,加大企业财税扶持力度,切实当好金牌"店小二"。

深入培育"最美"现象,引领文明新风尚。2016年,湖滨街道发起"最美人墙"志愿活动,为商圈的文明交通、安全出行保驾护航,多次火上热搜,吸引国内外媒体争相报道。每到重要的节假日,"最美人墙"都会如期而至,并衍生出急救、亚运宣传等更多志愿活动。这已然成为杭州一道特殊的风景线,让"最美"现象从"盆景"变"风景",从"风景"变"风尚"。

节假日的湖滨商圈

三、创新亮点

（一）发展定位创新。

湖滨商圈注重"文商旅"与自然生态的交融沉浸式体验，深度融合文化、商业、旅游，打造打卡胜地，扩大客流虹吸效应，是全国乃至全世界"文商旅"高度融合发展的样本。同时，不断打破线上线下的营销局限，助力传统实体商户完成"新零售"转型。

（二）服务方式创新。

面对疫情期间的严峻挑战，党政部门主动靠前服务，建立建强湖滨商圈联盟，强化商圈单位凝聚力，充分发挥各方资源作用，扩大招商引资"朋友圈"，以良好服务吸引优质企业落地，进一步激活"都市经济"的聚集效应。

（三）工作机制创新。

数字化场景建设的底层逻辑是需要打通多层级、多部门之间的数据壁垒。在"智慧商圈"的发展中,致力于逐步打破以往各自为政、上下不通的困境,创新协同机制,打破治理难题。

(四)发展思维创新。

湖滨商圈立足"长远谋发展,功成不必在我,功成必定有我"的发展观、政绩观,充分展示文化自信,发挥制度优越性,在文化建设上做实、做深,让市民、游客在湖滨商圈切实感受到文化繁荣的魅力。

(供稿:上城区)

14

"腾笼换鸟、凤凰涅槃"的富阳实践

2005年9月5日,习近平同志在富阳调研时,详细了解富阳小流域水环境综合整治和五大污水处理工程建设情况,作出"富阳在造纸业环境污染治理工作中干劲很足、规划很好,希望继续抓好各项工作的落实"的重要指示。富阳区始终牢记习近平同志的殷殷嘱托,一张蓝图绘到底、一任接着一任干,在十多年时间里,先后实施了六轮造纸行业整治。2017年3月,杭州富春湾新城全面开启转型征程,深入开展"腾笼换鸟、凤凰涅槃"攻坚行动,以防范化解重大风险、污染防治两大攻坚战为重点,全力打造省级高新技术产业园。

一、目标成效

经过五年接续奋斗,富春湾新城已完成"五年基本转型"阶段性目标,腾退传统产业1289家,削减产能805万吨,减少废水排放量9000万吨,累计腾出空间超22000亩;招引富芯半导体、杭州光学精密机械研究所(简称杭州光机所)等高新产业项目134个。富阳区在全省新一轮制造业"腾笼换鸟、凤凰涅槃"攻坚行动考核中名列第一档次,并在全省推进会上作为区、县（市）代表作典型发言。

二、实践内容

富春湾新城的"腾笼换鸟、凤凰涅槃"是一场涉及城市空间、发展方式、生产方式、体制机制等诸多方面的革命性变革。

（一）谋篇布局：以四个"10平方公里"筑"新巢"。

强化规划引领。明确四个"10平方公里"大方向规划格局，即10平方公里城市形态、10平方公里产业业态、10平方公里田园生态、10平方公里留白。

实施空间整理。制订《富春湾新城"一三五"征迁行动方案》，通过上下联动、府院联动、政银企联动、"拆破结合"等方式，创新农居"整村搬迁、集中签约""一口定价"模式，示范性推进全域土地整治工作，破解土地利用碎片化、

杭州富芯半导体有限公司产业项目

无序化、低效化问题，保障建设用地连片开发。

五年来，城市发展空间得到拓展。四个"10平方公里"总体布局和"北居南产、分层布局、中部综合"的功能结构不断呈现，建成高铁门户眼、总部经济集聚区、中轴城市心和农业公园生态区，杭黄高铁正式通车、上外附属杭州学校投入使用，省人民医院富阳院区、1770套人才公寓等项目加快建设，杭黄未来社区进入省第二批未来社区试点。

（二）顺势而为：遵循市场规律分时分类退"旧鸟"。

实施有序腾退。整体转型工作启动后，根据市场化规律分步骤实施企业腾退。一是先行腾退完全缺乏经营能力、拆迁意愿较高的企业；二是以存在"两链"风险的企业为主体，通过拆迁和破产相结合的方式，提高风险处置能力和企业腾退意愿；三是以空间提升为引领，主要拆除布局在主干道路、高铁片区、零散工业空间的企业；四是最后关停一批经营能力较好的龙头造纸企业，保留其总部功能，圆满完成造纸产业的整体腾退工作。

实施"留心留根"。通过区内异地安置、发展总部经济和创新型经济等方式，激励拆迁工业企业提档升级和二次创业，鼓励有意愿扎根富阳、转型高新的企业开展二次招商，对有意向异地搬迁的企业，政府组织其前往广西、江苏盐城等地区进行交流对接，保障企业有序抱团转移。

五年来，产业结构全面优化。造纸产业整体腾退，初步形成光电激光（集成电路）、机电装备、智能专用设备等三大主导产业，构建了以杭州光机所、飞旋科技、富芯半导体等新型科研机构、链主企业为核心的新型产业矩阵，富阳光机电高新区入围省级高新区创建名单，富芯提前24个月通线，2022年全年完成规上工业总产值169.3亿元，完成固定资产投资188.1亿元，其中制造业投资56.6亿元，支撑了全区80%的投资。

（三）高端谋划：促进高端产业集聚引"新凤"。

统筹整合政府间招商资源。以

"产业用地净地合作"的模式，于2019年8月在杭州富春湾新城核心区块与高新区（滨江）成立特别合作区，按照"高新区（滨江）负责产业招引、产业培育、项目落地，富阳区负责征地拆迁、基础配套、社会治理"的模式，高速高质对接签约并落地宏华数码、东方通信和模拟芯片IDM等一批大项目。

坚持"招引外来、承接周边、以企引企"。以富芯半导体等高新项目、杭州光机所等新型研发机构带动产业链延伸，吸引关联企业、科技项目、人才团队落地。引入杭州光机所、西湖大学光电研究院，并配套建设科研孵化大楼、产业加速器、光电激光特色产业园，完善"人才引育＋科技创新＋资本嫁接＋产业转化"功能架构体系，助力科技成果和科研项目在富阳实现产业化。

五年来，富春湾新城全面融杭融圈融廊，不断提升开放范围和层次。引育落地飞旋科技、富芯半导体等产业项目总投资达942亿元；新胜大集团、春胜集团推动东南亚地区的涂布白板纸市场形成新格局，借船出海，将总部留在富阳；充分发挥滨富特别合作区体制机制优势，11个重大产业项目开工建设，富芯半导体项目总投资达400亿元，成为省特别重大产业项目。

三、创新亮点

（一）精准施策腾"旧鸟"，从"退企业"到"留企业"。

因地制宜推动"腾笼换鸟"，根据企业的实际经营状况、腾退意愿、综合影响力，量身制定综合方案。在腾退造纸企业后，积极出台相关政策引导支持企业家练好内功，提高经营管理和进入新兴领域发展的能力，通过设立总部基地、引导企业转型等方式，实现总部回归、优质产业再造、资本再利用，企业"留心留根"。

（二）提高标准筑"新巢"，从"强基础"到"优配套"。

为破解产业结构转化和动能转换的现实难题，积极谋划功能定位清晰、空间布局合理、生态环境优美的产城人文科融合发展新城，不断完善城市医疗、教育、服务等公共服务配套，积极引进研发机构、科技企业总部、重点实验室等创新配套，同时塑造城市的文化内核和生态环境优势，实现"新巢"吸引"新凤"住，让其成为产业层次高、产出效益优的高质量发展平台。

（三）顺应市场引"新凤"，从"引项目"到"育产业"。

与周边高能级产业平台实行错位发展，重点发展光电激电、机电装备和智能专用设备等产业，充分利用杭州光机所、富芯半导体实现产业链条延伸和创新能力增强，导入高端要素、盘活存量要素，完善高能级的项目产业链上下游、创新孵化、科技成果产业化等配套，依靠大项目引进一批高端人才落户、集聚一批硬科技技术、培育一批创新性企业。

（供稿：富阳区）

15

以"大联合之策"驱动"大下姜之变"

淳安县下姜村是习近平同志在浙江工作期间的基层联系点。他曾四次到下姜村调研,要求下姜村党员干部要争做"发展带头人、新风示范人、和谐引领人、群众贴心人",推动"经济持续发展,村容村貌进一步改善,群众生活越来越好"。二十年来,淳安县和下姜村始终心怀感恩、励志奋进,发扬先富帮后富的精神,在实现从"温饱梦"到"小康梦"后,又以"大联合之策"驱动"大下姜之变",进而奔向"共富梦"。

一、目标成效

(一)下姜村的"一村之变"。

"千万工程"启动后,下姜村开展环境整治,推进美丽乡村、未来乡村建设,现代休闲农业、乡村旅游蓬勃兴起,成功创建国家AAAA级景区,获评全国美丽休闲乡村、全国乡村旅游重点村等称号。2022年下姜村农村居民人均可支配收入达48818元,是2002年的17.7倍,年均增幅15.5%;村集体经济总收入和经营性收入分别达153.39万元、

103.37万元，分别是2002年的24倍、46.8倍。下姜村党总支获得全国脱贫攻坚先进集体、全国先进基层党组织等荣誉。

（二）大下姜的"一域之变"。

2019年，以下姜村示范引领，组建下姜村及周边24个行政村的大下姜乡村振兴联合体，并成立联合党委，开启了党建联建、抱团发展的"大联合之策"。2022年大下姜农村居民人均可支配收入36757元，低收入农户人均可支配收入19626元，城乡居民收入倍差缩小至1.939；大下姜25个村集体经济总收入2617.84万元，经营性收入1355.58万元，全部完成"5030"消薄任务，其中72%的村实现"8050"强村目标。大下姜改革创新入选全国"乡村振兴典型案例"和浙江省"改革创新最佳实践案例"，被列为中组部党建引领乡村治理试点和全国农村综合性改革试点。

（三）淳安县的"全域之变"。

大力推广大下姜乡村振兴联合体共富模式，成立淳北、淳西南乡村振兴联合体，与主城区、汾口和威坪2个副中心及"飞地"形成"1231"县域发展格局。扎实推进环境共保、平台共建、资源共享、产业共兴、品牌共塑、区域共富、组织共强，五夺"五水共治"大禹鼎，森林覆盖率稳居全省第一，获得中华环境奖。千岛湖茶品牌跻身全国50强，淳安成为全国旅游竞争力百强县、"四好农村路"全国示范县、全省美丽乡村示范县。2022年全县农村集体经济总收入3.6亿元，经营性收入2亿元。

二、实践内容

淳安县始终以习近平总书记关于共同富裕的重要论述为根本遵循，在推进特别生态功能区建设中，积极探索共同富裕体制机制。

（一）以"党建联建"推动体制机制活起来。

发挥党建统领作用，有效强化"县委领导、党委统筹、镇村抱团、党员带动"的组织体系。成立农林、旅游等产业组，形成"党委统筹+

乡镇负责+部门支持+村社落实"的工作链条。注重资源整合，集中力量办大事，通过统筹协商、差异发展，建成了共享水厂、共享酒厂、共享茶厂，完成了枫常公路提标改建。

（二）以"平台联建"推动要素资源统起来。

"一盘棋"编制《下姜村及周边地区乡村振兴发展规划》和相关专项规划。构建"理事会+农业企业+合作社+农户"的产业体系，发展红高粱、艾草种植3000余亩。借力山海协作产业园，集培训住宿、旅游集散、产品展销等于一体的大下姜文旅客厅即将建成运营。成立"强村富民"公司，运作共富基金，探索乡村发展自我造血能力。

（三）以"品牌联培"推动产业振兴强起来。

打造"下姜村""大下姜"区域品牌，统筹布局农林、旅游等深绿产业，统一乡村旅游服务、农特产品生产等标准，推进白马地瓜干、中华蜂蜜、红高粱酒等农特产品标准化生产，推行统一品种、统一收购、统一包装、统一品牌、统一销售的"五统一"模式，实现产品品牌、企业品牌、区域品牌有机融合。

（四）以"共富联创"推动分配格局优起来。

建立帮带共富机制，18个经济强村帮助9个相对弱村加快发展，创业乡贤带领老乡一起创业，大下姜专家工作站帮助企业降本增效。依托"强村富民"公司和共富基金，2022年为25个村集体分红60万元，为743户低收入农户开展三次分配39万元。启动"百村万亩亿元"产销共同体行动，试点冬闲田蔬菜种植300余亩。

（五）以"服务联抓"推动生活品质好起来。

强化公共服务配套，下姜村和枫树岭集镇实现管道天然气"镇村通"，完成农村电网提标改造。实施"教共体"改革，依托海亮教育，开启乡村教育改革；深化"医共体"改革，开通巡回医疗车，促进农村医疗卫生均衡化。探索农村敬老院"公办民营"模式，建立80岁以上老人居家养老上门服务和特殊困难老年人定期探访关爱机制。

（六）以"数智联通"推动治理效能提起来。

开发下姜村数字乡村、大下姜共同富裕数字平台，首创片区式共同富裕监测指标体系，开发上线"健康管家""姜哥代办""姜妈赶集"等特色应用场景。上线3个多月，"姜妈赶集"数字化场景累计发布211单，助农销售时令农产品38120元。

（七）以"人才联育"推动智力资源强起来。

加强与浙江农林大学等高校院所的深度合作，建立专家工作站，探索专家结对农业企业等特色做法，推动20位专家教授结对帮扶23家农业企业，吸引返乡创业者300余人，弥补了乡村人才振兴这一突出短板。周家桥村香榧种植大户在专家的指导下，挂果率从过去的每亩100公斤提高到400公斤。

（八）以"文化联谊"推动精神生活富起来。

定期开展村歌大赛、排舞大赛。每年举办红高粱旅游文化节、艾草

美丽的淳安县下姜村

文化节，深入挖掘北上抗日先遣队等红色文化资源，打造红色旅游精品线路，孵育出石头画等乡村艺术。下姜村干部群众自发组建"草根宣讲团"，讲述总书记在下姜的小故事。开展"亮家训、晒承诺"和志愿服务活动，下姜村入选全国村级"乡风文明建设"优秀典型。

（九）以"干群联心"推动奋斗干劲聚起来。

加强"新时代红"与"近现代红"文化挖掘，扎实推进红色根脉强基工程。每季度开展村支书"争星晋位"比武，推行党员先锋指数考评制度，党员干部带头拆违拆危、推进土地流转、探索民宿发展，党组织战斗堡垒作用和党员先锋模范作用进一步发挥。"党员带着群众干、干部群众一起干"成为大下姜老百姓的共识。

三、创新亮点

（一）探索联合体共富模式。

统一规划乡村振兴和共同富裕蓝图，深化"入股联营"、聘请职业经理人和共富合伙人等机制，成立"强村富民"公司，实施"三联三帮三带"行动，推进共享工厂、共富工坊等共富工程。推广淳北、淳西南乡村振兴联合体建设，深耕精耕深绿产业，加快推进县域共同富裕步伐。

（二）构建新型慈善体系。

关注"一老一小一残一困"，与慈善信托合作成立大下姜共同富裕基金，健全精准"提低"机制，开启初次分配、再分配、三次分配协调配套的基础性制度安排探索。

（三）打造共富数智平台。

构建以"共富指数"赋能的"1+4+N"大下姜共同富裕数智平台，迭代开发上线"一次不跑""姜妈赶集""红色培训""健康管家""智护山水""智慧治理"等场景。建立运行保障机制，让村民充分享受数字化生活带来的便利。

（供稿：淳安县）

16

从"快递人之乡"向"快递产业之乡"的精彩蝶变

2003年4月,时任浙江省委书记习近平同志在桐庐县考察时,作出"做大做强、强化特色、拓展空间、城乡联动"的"十六字"重要指示,为桐庐发展指明了方向和路径。二十年来,桐庐县始终牢记习近平同志的殷切嘱托,在"八八战略"指引下,充分发挥"中国民营快递之乡"资源优势,挖掘快递产业发展潜能,推动"快递人之乡"向"快递产业之乡"转变,努力为推进"两个先行"提供更多桐庐案例,作出更多桐庐贡献。

一、目标成效

桐庐县是"中国民营快递之乡",超过中国快递业一半江山的"三通一达"创始人均出自这里。目前,全国由桐庐籍企业家创办的快递企业已达2500多家,快递从业人员超12000人;2022年我国快递年业务量已超1100亿件,其中"三通一达"占据60%以上市场份额。近年来,桐庐县抢抓快递物流产业高速发展窗口期,开启"快递回归"工作。2019年,抢抓高铁时代新机遇,启动"快递回归"战略;2020年,"三通一达"总部项目全员回归,落户桐庐经济开发区;2021年,出台《桐庐县打造新时代"中国民营快递之乡"行动方案(2022—2025年)》,明确快递物流产业在桐庐的标志性地位;2022年,桐庐县第十五次党代会提出打造"中国快递物流产业新高地"目标。2019年至今,桐庐实现快递关联产业项目从10个增至116个,快递关联企业从118家增至325家,产业营业收入实现从145亿元向350亿元的突破,创建集采中心,累计完成协议交易额破300亿元,桐庐快递物流百亿级产业集群初见雏形。

二、实践内容

(一)奋楫击水,发展"产业链"、构筑"生态圈"。

实施"一大工程",产业链条全面起势,内生态圈逐渐完善。启动"快递回归"工程,组建实体化运作的快递物流产业招引专班,鼓励、吸引"三通一达"和桐庐籍快递人带项目、带资源、带资金回乡创业、投资兴业。2020年以来,全县招引落地快递关联产业项目106个,协议引资超360亿元,产业涵盖装备制造、科技研发、数据应用、金融结算、车辆运营等,"三通一达"总部项目实现全员回归,总投资126亿元,现已全部结顶,计划2024年正式投入使用;集聚快递链条企业325家,2022年实现快递产业营业收入350亿元,实现快递及关联产业规(限)上服务业增加值31.06亿元,比上年增长2.20%,占全县GDP的7.20%。

建设"一座小镇",产业链条全面集聚,"链""圈"转变逐渐形成。建设快递科技小镇,构建"1+3+X"产业体系("1"即快递物流业全产业链体系,"3"为数字经济、科创产业、总部经济,"X"为商业、会展、教育培训等高端高新产业),打造快递全产业链经济集聚地。目前,快递科技小镇培育省级以上研发平台3个,中科微至、吉利科技等大企业带动大项目纷纷落户,快递科技小镇已成为国家级特色产业发展示范区，快递物流业全产业链产值突破百亿级。

出台"一套文件"，产业链条协同发展，外生态圈逐渐丰富。制定出台《桐庐县产业高质量发展行动计划（2022—2025年）》《桐庐县加快推进制造业高质量发展若干意见》《桐庐县人民政府关于加快科技创新驱动强产兴县的若干意见》等系列文件，大力推进视觉智能、磁性材料、新能源和快递物流四大优势产业协同发展，实现从单一产业链向综合生态圈转变。2022年，落地总投资75亿元的吉利科技动力电池项目已开工，可用于快递物流车辆迭代更新；另一个百亿产业集群——磁性材料可提升快递物流企业分拣业务精准性。

打造"一个平台"，产业链条向外延伸，新生态圈逐渐起效。成立全国首个快递物流装备物资集中采购交易中心，为快递物流企业和装备物资供应商搭建信息发布、交易撮合、集中议价与采购等服务平台。截至2022年底，采购商1731家，供应商295家，累计完成协议交易额315.78亿元，交易品类涵盖油品交易、设备采购、工程建设、数据采集等各领域。为入驻中心的快递物流企业节约采购成本1500余万元，为装备物资供应商节约销售成本近2000万元。

（二）厚植土壤，做强"软服务"、提升"硬环境"。

高标准编制规划。坚持规划先行，委托国家邮政局发展研究中心编制《桐庐县快递特色产业发展规划（2020—2024年）》，着力打造链条完整、企业云集、文化浓郁、贡献突出的新时代"中国民营快递之乡"；编制下发《桐庐县打造新时代"中国民营快递之乡"行动方案（2022—2025年）》，明确至2025年，桐庐县快递物流产业发展具体目标及发展路径。

高规格强化保障。进一步优化营商环境，成立县委书记、县长双组长的快递物流产业发展领导小组，建立实时掌握、即时协调、限时办理的"三时"工作机制。创新成立全国唯一的民营快递发展中心，聚焦桐庐快递回归攻坚战工作任务清单、"三通一达"在桐投资项目问题清单、"快递人、家乡事"需协调解决问题清单等"三张清单"，并落实"累计销号"制度。截至2022年末，累计收集的问题已全部解决。

高品质做优配套。积极建设高品质公共配套设施，为企业发展创造良好的外部环境。加快推进与杭州市第一人民医院、杭州学军中学等办医办学合作事宜。引进华师大双语幼儿园、未来城学校等优质教育资源，迁建总投资16亿元的桐庐县第一人民医院，新建快递博物馆、商务会展中心，投资30亿元的银泰商业综合体已投入运营。

多路径引才育才。紧盯产业重点赛道，加速快递物流关联产业数据、研发、人才的回归；紧盯"三

城市快递集运中心效果图

通一达"总部,招引更多总部直属板块落户桐庐,吸引总部高管、企业人才来桐;紧盯快递人脉资源,招引快递乡贤带动社会资本投资家乡建设,鼓励在桐设立投资基金,以资金回归助力多元产业项目落户桐庐,提升产业影响力,争取更多人才回归助力实现聚人兴城发展战略。

(三)赓续绵延,擦亮"金名片"、打造"新高地"。

办好"快递大会",打造大型会议会址地。连续举办四届中国(杭州)国际快递业大会,充分展示近年来桐庐快递产业发展成就与先进经验,进一步扩大桐庐在快递行业的知名度、影响力。依托"快递大会"永久性会址品牌资源,争取国家邮政管理系统、快递行业协会等支持,鼓励大型会议、论坛和大赛在桐举办,争取中国物流与采购联合会等行业权威机构新产品、新成果在桐发布。

做优共配服务,打造行业示范新高地。积极构建可复制可推广的县域三级商贸流通体系,成立第三方共配运营公司,对全县快递实行统一分拣、统一配送,实现"快递进村"全覆盖。该项工作获评国家重点研发计划"快件物流资源共享服务应用示范"项目应用示范点,被杭州市推荐申报国家级农村电商快递协同发展示范区。以桐庐共享合作模式为基础形成的《快件物流资源共享建设与运营指南》已在全国13个省市的18个共享区域应用推广。

擦亮城市名片,打造快递文化新高地。在快递科技小镇和县城主干道、公园广场等人流聚集地,建设快递地标性文化建筑,浓厚"快递之乡"文化氛围;投入10亿元打造占地40余亩的中国(杭州)国际快递会展中心;启动钟山乡歌舞中学旧址重建工作,加快推进快递文化传习中心等项目,深入挖掘和弘扬快递文化及其精神内核;创作"通达天下"文艺作品、《钟山快递人》书籍等,激发快递乡土的情感共鸣,增强"通达系"快递人的归属感与凝聚力。

牢系乡情纽带,打造共同富裕

新高地。打响"我们的联谊会""我们的恳谈会"系列活动,开展"服务快递人家乡事"工作,牢系乡情纽带,引导乡贤反哺。近年来,快递乡贤共同发力,探索共同富裕新路径,在公益事业方面,为家乡慈善事业累计出资超亿元,涵盖文化教育、医疗健康、敬老爱老、基础设施建设等多个方面;在乡村振兴方面,利用快递渠道优势,助力县内蜜梨、水蜜桃、蓝莓、豆腐干、茶叶、粽子等特色农产品"走出去",实现乡村振兴和产业发展同频共振。此外,落地百江镇大野水岸、百源湖水上综合体、"陇西生活"萌宠乐园等多个乡村振兴项目,不仅带动了乡村基础设施和风貌改善,还为农民实现本地就业提供了条件,增加了收入来源。

三、创新亮点

(一)以创新机制做优产业服务。

政府部门通过宏观调控、政策支持等方式推动产业发展,同时建立有效的工作机制,凝聚各方形成合力,推进工作落地。桐庐根据本地实际,打造"我们的联谊会"系列活动品牌,搭建政企合作交流平台;推出"服务快递百日专项行动",开展助企服务;成立"清•情"快递人志愿者服务队、农商银行快递专营支行等,开展快递专属服务。通过创新机制、优化举措,全力支持产业发展。2018年,桐庐县获得"浙江省快递发展先进县"称号。

(二)以链式思维推动产业集聚。

为了破解快递产业结构不合理、产业链不完整、产业能级不高等问题,桐庐县以"链式"思维重塑快递物流产业体系,通过总部项目落户带动产业链落地,在此基础上强链补链延链,完善产业链条;打造快递科技小镇,以园区化进行链条培育,促进产业链能级壮大;同时,积极搭建各类政企合作、供需对接等合作平台,推动资源和需求之间的衔接,提升产业链虹吸能力。2021年12月,通过浙江省物流创新示范县综合改革试点验收。

（三）以品牌意识引领产业发展。

品牌是产业发展的强劲支撑，既能借助品牌效应"走出去"，扩大知名度、影响力，又能将项目"引进来"，推动产业集聚。桐庐县借助品牌效应打开产业发展新路径，积极借助"中国民营快递之乡"这张金名片，实施"快递回归"工程，吸引大量快递物流企业来桐入驻，吸引一批快递物流人才来桐发展。通过开大会、争示范、建高地、助共富等载体，为品牌建设注入源源不断的实在"干货"，提升品牌含金量，用品牌增强信心，用实力擦亮品牌。

（供稿：桐庐县）

17

小草莓撬动"大产业" 蹚出"共富路"

党的二十大首次明确提出"加快建设农业强国",赋予"三农"工作新的重大使命。多年来,建德市坚持以"八八战略"为指引,深入践行习近平同志在浙江工作期间提出的推进新型农业现代化的要求,抢抓特色产业发展契机,因地制宜打造以草莓为典型代表的特色精品农业。通过深耕产业基础、聚焦科技赋能、强化市场引导,持续释放草莓产业"标准地"先行先试改革经验与先发优势,实现"创新引领、示范带动、提质增效"三大突破,促进产业振兴、农业提效、农民增收,奋力书写"莓"好共富的县域样本。

一、目标成效

建德市素有"中国草莓之乡"的美誉,是浙江省优质高效草莓示范基地、浙江省大棚草莓栽培发源地、浙江省草莓育苗中心和省级草莓精品园。"建德草莓"拥有全国农产品地理标志,是具有全国影响力的金名片。目前,建德市本地和异地草莓种植面积7.8万亩左右,位居全国第三、浙江第一,全产业链产值超46亿元,乡村旅游收入3.1亿元,带动全市莓农5300余户14000余人增收致富,成为全市农业产业中比较效益最好、影响力最大、农民增收共富的富民产业。

建德市草莓产业已形成集草莓科研、品种选育、种苗繁殖、深加工、休闲旅游等于一体的完整产业链,是实现乡村振兴战略的有效路径。核心区域所在地杨村桥镇是全国"一村一品"示范镇、省级特色农业强镇、省级乡村振兴示范乡镇、省级农业科技园、省级农业产业融合发展示范园、省级美丽乡村示范乡镇,被列入国家级农业产业强镇建设名单。

省市领导多次实地调研指导建德草莓产业,并给予充分肯定。《新闻联播》《人民日报》《新华每日电讯》《农民日报》《浙江日报》等主流媒体平台多次报道草莓产业高质量发展相关情况。

二、实践内容

(一)深耕产业基础,实现草

智能化机器人采摘草莓

莓产业模式升级。

聚焦高效服务，建好"产业大脑"。打造"草莓产业数字化平台"，建设"建德草莓（全国）驾驶舱"，充分整合零散的产业链数据，构建"1+6+N"管理服务架构，即1个草莓产业，"莓"好管家、"莓"好服务、"莓"好产品、"莓"好基地、"莓"好品牌、"莓"好共富等六大场景，以及土壤检测、肥药两制管理、政策保险等N个应用模块，实现莓农通过一部手机便可掌握数据、享受服务。目前已在全国2800个草莓种植区安装数字化传感、监控等设备，归集数据2.37万条，提供技术服务2600余次。

聚焦需求导向，构建产品平台。搭建"1+2+N"产业平台，围绕一个草莓小镇、两大产业园区、多个标准化种植基地，引进草莓专业合作社48家、家庭农场18家，增加就业岗位1000余个。打通产业链"育、产、运、销"重点环节，推动建德市首家农产品冷链集配公共服务中心建设，服务周边草莓种植面积2500亩；建设科创大楼组培育苗基地，目标是每年培育脱毒组培苗1.5万株。

聚焦高效种植，培育人才队伍。邀请国内外专家学者，在本地和异地开展草莓师傅培训，每年新培养草莓师傅300余人，并支持莓农带着技术"走出去"。目前全市有持证草莓师傅6000余人，在全国27个省市异地种植草莓，取得良好效益。同时，制订草莓师傅千人培训计划，搭建实验种植和品种研发基地，已引育"新莓人""莓乡贤""莓创客"200余人。

（二）聚焦科技赋能，实现草莓种植智慧升级。

实施种苗工程，探索一体化生产。建立草莓苗培育中心和三级育苗体系，成立"院士工作站"和"博士后工作站"，开展技术创新攻关；依托草莓研究院，积极与省、市农科院技术专家合作，不断推动优良品种更新迭代，合作示范推广越秀、粉玉、建德红、建德白露等新品种。全市育苗面积2.6万亩，其中本地500亩，异地25500亩，产值5.2亿元，专业育苗达50户以上。2022年首推日辉白("白色恋人")新品种，通过高品质优果产出，致力推动草莓由"按斤卖"转变成"按颗卖"，"白色恋人"上市后，售价达99元/颗，受到《浙江日报》头版头条报道。

细化技术规范，推行标准地改革。制定《关于支持建德草莓产业高质量发展的十条意见》，从2021年到2026年每年统筹1亿元资金支持草莓产业高质量发展。制定草莓数字化种植技术及流程、草莓分级标准和标准化生产技术模式图，统一草莓生产技术规范和质量要求。推进农业标准地改革，推动草莓种植从"自租自管"向标准地升级。建成高质量、标准化草莓集聚产业园区，出租给莓农种植经营，莓农可"拎包入住"安心生产。目前，已建成标准地3760亩，从事草莓种植经营公司企业15家、专业合作社48家、家庭农场18家，为村集体经济增收400余万元，草莓亩均效益增长16.7%，实现村集体和农民"双增收"。

坚持科技驱动，打造产学研标杆。与浙江大学合作开展"科技小院"筹建工作，推动浙江建德草莓科技小院落地，共建组培实验室。依托草莓小镇，建成"草莓天空之城""草莓智慧森林"等示范型现代农业基地。引进立体无土栽培，应用温室环境监测、智能控制技术和装备、采摘机器人等技术，大胆探索农业"未来工厂"，推动产业发展高效协同。利用产量、销量、价格、检测合格率等数据衡量草莓产业的阶段状态，科学有效的管理方式使草莓产量提高30%以上。

（三）强化市场引导，实现草莓价值跨越升级。

品牌化运营，扩大市场影响力。通过统一"建德草莓"证明商标和"建德草莓"包装管理，保障"建德草莓"品牌健康发展。每年安排600万元专项经费，用于草莓区域公用品牌创建维护、策划设计、推介活动等。目前，已授权品牌30家，本地、异地草莓种植大户均以"建德草莓"作为母商标。同时，实行莓户溯源管理新模式，普及使用草莓质量追溯二维码，让草莓既有"身份证"又有"金名片"。

多元化营销，提升销售精准度。探索建设草莓冷链物流中心（仓库）和冷链车辆等设施，实现从草莓园到消费者的全程冷鲜、安全和高品质。建设农村电子商务公共服务中心，在草莓小镇设立分级包装中心，开拓"数字超市"，统一进入杭州、上海等地，扩大草莓电商、休闲采摘、团购等直销规模，销售价格较传统农批市场高30%以上，带动草莓利润提高近15%。通过"数智草莓"，莓农可以直接对接草莓销售企业，企业也可以直接发布收购需求，产销对接解决草莓销路不畅和优质不优价问题。

全链化发展，延长草莓产业链。不断加快农旅融合步伐，推动农家乐、采摘游、乡村民宿等业态蓬勃发展，建有多个集草莓种植、产品加工、田园观光、养生保健、休闲度假于一体的现代农业园，"草莓休闲采摘游"获评农业农村部中国美丽乡村休闲旅游行（冬季）精品景点线路。同时，每年度举办建德新安江（中国）草莓节，持续做大草莓嘉年华品牌主题活动，发展"农业＋旅游"，推出"草莓智慧森林"研学、亲子游等项目，2022年增加旅游收入5500万元。

三、创新亮点

（一）坚持科技兴农，实现传统农业向现代农业的精彩"蝶变"。

加快推进草莓产业数字化改造，迭代升级建德"数智草莓"平台，推行"首席专家＋科研团队＋草莓师傅＋种植大户"工作机制，加强良种、良法、良田、良机的集成配套，不断提升草莓产业的数字化、科技化水平。同时，集聚政府、高校、科研院所、市场等多方优势，在适用先进农机上求突破，在应用先进技术上显成效。

（二）打造共富工坊，架起乡村振兴和共同富裕的时代"桥梁"。

打响"'莓'好产业、互助共富"特色品牌，充分发挥农业标准地重要作用，通过党建联建，镇、村、企三方协同发力，高质量打造有品牌、有阵地、有收益的草莓共富工坊，形成"大户带小户，小户帮大户"模式和片组式、联合体发展格局，推进村庄闲散劳动力就业、大学生创业，解决企业用工难问题，实现农户增收、村集体增富、企业增效。

（三）聚焦产业融合，打造区域协同和城乡共进的示范"样本"。

树立全域联动的发展思路，做深"草莓+"文章，积极推进"片区带全域、融合促发展"草莓产业带动模式，着力打造产业融合发展片区，推出"文旅休闲＋草莓采摘＋科创研学＋运动休闲"线路，以核心示范园区产业基础带动农文旅全产业协调发展，探索产业融合、群众致富、城乡共进的"莓"好路径。

（供稿：建德市）

18

集聚农村电商　建设数字乡村

习近平总书记高度重视"三农"工作。他在浙江工作期间指出,"'三农'问题不仅事关农民利益,而且事关全局发展,是全党工作的重中之重",要"进一步解放和发展农村生产力,加快农业农村现代化建设"。农村电商是促进农村经济增长、加快农业农村现代化的重要手段。2020年,习近平总书记强调,电商作为新兴业态,既可以推销农副产品、帮助群众脱贫致富,又可以推动乡村振兴,是大有可为的。

一、目标成效

在"八八战略"指引下,临安区不断探索"绿水青山就是金山银山"转化的实践路径。作为全国电商的策源地,临安区农村电子商务在全国拥有较高的知名度,自2007年以来,已经有十六年的发展历史,涌现出具有临安辨识度的实践经验。多年来,通过出台"1+3"产业扶持政策,构建"2镇+1园+多区"电商产业体系,积极开展城乡村企联动,不仅扩大了临安名优农产品的销售半径,有效解决了农产品从农村到城市的上行问题和消费从城市到农村的下行问题,还拓宽了农村劳动力就业,构建了以工促农、以城带乡、工农互惠、城乡一体的新型工农城乡关系,形成了"市场倒逼、政府推动、大众创业"的临安模式,为乡村走向共同富裕探索了一条可行的路径。

二、实践内容

为更好地构建起农村数字化电商产业集聚高地,临安区从"政府、市场、数字化"三方面入手打好组合拳,构建产业体系,提供政策支持,强化部门联动,推进乡村涉农信息化项目,完善软硬件数字基础设施建设,推动农村电商更好参与市场活动,享受数字技术带来的红利。

(一)搭建发展平台,形成产业集聚。

建立区级层面的电商工作领导小组,统筹推进农村电商、旅游电商、跨境电商、工业电商的发展,出台"1+3"产业扶持政策,将电商产业纳入专项考核,并在综合考核和招商引资单项考核中增加对电商项目企业培育和引进的考核权重,全力助推电商产业发展壮大。

构建"2镇+1园+多区"电商产业体系,即建设昌化白牛电商小镇和龙岗坚果乐园小镇。发挥中国(杭州)跨境电子商务综合试验区临安园区效应,推动镇街建设线上线下结合的新型电商直播园区。

强化部门联动完善公共服务配套体系,通过市场化运作,不断完善区、镇、村三级电商公共服务配套体系,建设以村淘、赶街、村邮乐购等为运营主体的农村电商服务站点工程逾400个,实现全区270个行政村全覆盖,每年农村商贸流通领域投入1500万元。现有本地各类货运服务企业50家,外来物流企业分支机构8家,快递类运营企业26家,日均快递量达到30万件,实现从"田间地头"信息采集、农产品线上销售、"最初一公里"物流收件,到"城市餐桌"配送的无障碍输送，推动全区电商更好参与市场活动。

（二）开展专项培育，强化市场竞争。

多方联动培育运营主体，与高校、电商服务机构合作实施"电商伙伴计划"。引导电商企业与主播合作，引入白牛电商培训学校、淘宝直播村播学院等5家电商直播机构，配备专业运营团队管理，开展吸引商家入驻、主播招募与培训、活动策划与执行、供应链平台运营等工作，提升产品知名度，扩大销售渠道，培育电商人才。2021年以来已组织培训活动1000余场，达3万人次，带动就业1.5万余人，超过150个主播具备独立的直播带货能力，行政村农村电商覆盖率达90%以上，全区拥有农村淘宝网店3000余家，农产品电商销售业态呈现出蓬勃生机。

优化监管培育特色品牌，开展"政府＋企业"多方联动打造健康品质监督体系。依托山核桃亮牌战略三年行动计划、竹产业振兴三年行动计划等载体，打造"天目山宝"农产品公用品牌，鼓励企业参评"品字标""浙江省名特优食品作坊"等称号，为电商持续健康高质量发展提供良好的品牌支持，如引导电商企业与区农业农村局、区供销总社、区经信局共同打造京东官方旗舰店，明确杭州临安农合联资产经营有限公司为注册主体和运营商，通过提高准入门槛优化旗舰店产品品质。

创新服务培育金融环境，实施"三步走"深化农信融资担保支持力度。通过对规模生产经营主体进行数字监管生成动态信用评价分，创新"强村贷""天目云贷"等金融产品，加大农信融资担保支持力度，实行"三步走"工作法，通过及时"摸清底数"、落实"集中辅导"、实现"精准对接"，多举措深化金融"三服务"，已累计授信超4亿元，实际发放2亿元以上。

（三）强化数字赋能，推动提质增效。

强化数字基础设施建设。作为数字乡村全国试点，大力实施"互联网＋"农产品出村进城工程，全

临安新农人创客基地：白牛电商大楼

面整合涉农资金超5亿元，投入实施数字乡村领域涉农信息化项目66个，同时积极引导社会资本参与，共吸引社会资本投入5000万元以上，全面加强和完善软硬件等数字新基础设施建设，5G网络、视频监控实现全覆盖，为电商做大做强提供有力的数字支撑。

开发产业数字平台。聚焦绿色生产、市场信息对称、食品安全监管等重大需求，开发"山核桃产业大脑"等数字平台，形成原料交易、消费者画像、品牌管理等应用场景，让电商、客户、企业等主体更好地享受数字技术带来的红利。

建立农产品追溯体系。引入第三方认证机构，对农产品从源头生产、加工包装、仓储再到物流运输的各个环节持续跟踪和记录，通过产品"赋码"，方便消费者了解农产品从生产、流通到消费的全过程信息，加强消费者对产品的质量安全信心。如实现生产加工各环节数据的全程可视化和可追溯，推进"三品一标"认证。

三、创新亮点

（一）政府深化金融服务，"聚力"农村电商迭代升级。

创新"强村贷""天目云贷"等金融产品，加大农信融资担保支持力度，实行"三步走"工作法，通过及时"摸清底数"、落实"集中辅导"、实现"精准对接"，多举措深化金融"三服务"，不断推进电商迭代升级，做大做强电商规模，推动一产做大、一二三产融合，进一步提升地方经济水平。

（二）形成特色品牌效应，"聚能"激发电商产业红利。

牢牢把握"绿水青山就是金山银山"的生态发展"金钥匙"，从地方特色产业出发，依托生态优势，明确特色品牌，发挥品牌主体作用，结合互联网技术和数字化改革，助力电商红利逐渐显现。如以电商扶贫带动对口区域产业转型升级，提升"云上施秉"区域特色产品的品牌化、标准化建设水平，新增农产品年销售超3000万元，直接带动2000名建档立卡户脱贫，间接带动超过20000个农户创新创业。

（三）推进产品信息化，"聚焦"主体串联构建追溯体系。

完善数字基础设施建设，推进涉农项目信息化，结合数字乡村发展，实施"互联网+"农产品出村进城工程，确保涉农领域信息化全面实现。引入第三方认证机构，建立追溯云端数据中心，搭建云数据处理中心，把生产者、监管部门和消费者连接起来，对农产品从源头生产、加工包装、仓储再到物流运输的各个环节持续跟踪和记录，针对不同产品生产流通特性，采用简便适用的追溯方式，建立完善科学系统的产品追溯体系。

（供稿：临安区）

19

以"国之重器"助力产业兴城

装备制造,是工业的心脏和国民经济的生命线,是支撑国民经济和国防建设的基础性、战略性产业,是国民经济各行业产业升级、技术进步的重要保障和国家综合实力的集中体现。装备制造业的融合创新发展,是忠实践行"八八战略",深入贯彻新发展理念,主动融入新发展格局的重要方面。

一、目标成效

杭州汽轮动力集团(简称杭汽轮)作为我国最大的工业汽轮机制造基地和省内装备制造龙头企业,始终以振兴民族装备制造为己任,其工业汽轮机的研制能力和技术储备处于世界领先水平,一直承担着为国防建设,特别是海军提供优质装备的光荣使命。杭汽轮在每一个阶段都立志走自主创新的发展道路,2005年将目标瞄准被誉为装备制造业"皇冠上的明珠"——燃气轮机。燃气轮机的研制一方面能够填补我国自主燃气轮机应用领域的空白,解决"卡脖子"关键核心技术难题,同时使杭汽轮发展迈上新台阶,促

国内首个成功自主研发的民用燃气轮机压气机性能试验

进公司高质量发展。

二、实践内容

2015年,杭汽轮结合国家燃气轮机发展目标,确定了以工业驱动和分布式能源领域为发展思路,定位中小型燃气轮机自主研发,制定了"358"燃机战略规划。这既是杭汽轮身为国有企业参与国民经济和国防建设基础性、战略性产业升级的主动担当,是适应省市高端装备制造业产业能级提升的高质量发展需求,也是忠实践行"八八战略",深入贯彻新发展理念,主动融入新发展格局的又一次生动体现。

(一)聚焦自主创新,突破技术壁垒。

自主创新,意味着要面对技术积累与经验借鉴上的一片空白。作为一项从零突破的事业,燃气轮机的技术壁垒如同座座高山,民用分布式能源用燃气轮机在国内没有成功的研发历史,没有可供借鉴的经验,加之国外技术限制和严格封锁,一切都要靠杭汽轮自己摸索前行。在国内很多同行放弃自主研发的形势下，杭汽轮选择不依赖于国外技术、不受制于人却充满艰辛曲折的自主创新路。艰难困苦，玉汝于成。十余年来，杭汽轮人以心怀大我、至诚报国的精神，以坚韧不拔、迎难而上的品质勇闯"无人区"，计划投入约 15 亿元，实现我国民用中小型自主燃气轮机从蹒跚起步到振翅欲飞的跨越。

（二）坚持党建赋能，打赢技术攻坚战。

杭汽轮坚持党建赋能，在解决"卡脖子"攻坚战中强化党组织的战斗堡垒作用和党员的先锋模范带头作用，通过开展党员主题实践活动，打造支部共建平台，组织党员和技术骨干开展联合攻关，及时有效地解决了生产过程中的各类技术问题，实现技术研发和生产制造的无缝对接，实现信息共享、经验共用、资源互补、党建共促，取得明显成效。

（三）实施股权激励，提高员工行动力。

杭汽轮坚持正向激励，通过实施限制性股票激励形成长效激励机制，通过设定极具挑战性的业绩解锁条件，有效地将股东利益、公司利益和核心团队个人利益相结合。充分调动中高层管理人员和技术、业务骨干的积极性，正向引导研发团队核心骨干在享受公司价值红利的同时，肩负起加速公司高质量发展、向市场证明公司更大可能性的责任，助推核心骨干的归属感转化为行动力。

（四）坚持高端人才引领，打造人才高地。

杭汽轮坚持高端人才引领，将燃气轮机研发人才的培育视为系统工程，对高端人才职业生涯进行多样化、个性化的规划，形成集知识、技术、意识、态度等全方位发展的综合过程。为此，公司打造基于燃气轮机研发人才职业生涯全生命周期的培育模式，通过源头选才、拜师学艺、名师带高徒、内部评聘、科研创新、分类激励等方式，打通专业成长通道的"天花板"，形成人才聚集的高地。

（五）产业协同创新，聚力燃机发展。

杭汽轮坚持产业协同创新，集

聚高校、企业、人才等优势资源，培育燃气轮机产业链、创新链、价值链，实现从产业链"链主"到创新链"链主"的角色转换。围绕燃气轮机产业的高质量发展和协同创新，组建浙江省燃气涡轮机械制造业创新中心、浙江省装备制造业燃气涡轮机械产业技术联盟、浙江省工程研究中心等多个产业协同创新平台，构建浙大、中控、万向等知名高校和企业参与的杭州市燃机创新产业链，推动浙江及杭州制造业企业的技术创新和产业转型，实现燃气轮机产业协同创新的生态体系。

经过多年耕耘，杭汽轮在自主燃气轮机研制方面已投入约 8 亿元并获得突破性进展，建立了完整可靠的 55 MW 等级 F 级燃气轮机设计、制造及试验体系，突破了难度最大的高温热部件研制、控制系统等"卡脖子"技术。建立了体系化的燃气轮机核心部件及系统的自主设计方法，燃烧室、涡轮、压气机三大核心部件和控制系统完成全部详细设计，开发了全尺寸三维数字样机，部件试验完成 90%，由设计阶段全面转入加工制造和整机试验阶段。后续杭汽轮计划持续投入 7 亿元，在"十四五"期间实现我国中小型燃气轮机核心技术的自主可控和产品进口替代。

目前，杭汽轮正在临平区建设自主燃气轮机试验基地，占地约 65 亩，计划投入约 4.5 亿元，预计在 2024 年 6 月前建成全国最先进的燃气轮机整机试验平台之一，见证自主燃气轮机这一"大国重器"的诞生。

三、创新亮点

(一)聚焦重大需求和"卡脖子"难题。

燃气轮机自主化是迫在眉睫的战略需求。在战略层面，燃气轮机是天然气清洁能源、管输驱动、舰船动力的主力装备，是"保能源安全"和"保经济发展"安全底线的核心动力装备，是"双碳"战略下保障我国能源低碳转型的关键装备。在产业层面，燃气轮机产业链长、关联度大、附加值高、涉及面广、带动性强，能够拉动一大批材料供应、机械加工、电气仪控、系统集成、工程运营、运维备件等企业，是打通上下游产业链、引领全产业链融合发展的核心产业。杭汽轮勇挑重担，勇攀高峰，勇闯核心技术"无人区"，彰显国企担当。

（二）依托重大项目培育高层次人才团队。

依托自主燃气轮机攻关，打造人才聚集的"洼地"，有效实现人才"引得进、用得好、留得住"。通过十多年的建设和运行，杭汽轮已形成实力雄厚的科研队伍。目前，核心研发团队有80余人，其中正高级工程师6人，高级工程师38人，博士6人，硕士64人；拥有省特级专家1人，入选国家百千万人才工程2人，享受国务院特殊津贴专家3人，入选省万人计划4人，杭州市高层次人才40人。

（三）协同创新打破边界限制。

杭汽轮建立了多层次协同创新体系，集合"政产学研用"的力量实现产业协同创新，先后牵头成立浙江省制造业创新中心（首批三家之一）、浙江省重点产业技术联盟（省首批）、浙江省工程研究中心、浙江省重点实验室、省级企业研究院、省级院士专家工作站、浙江省重点创新团队等协同创新平台，集聚各方创新资源加快突破核心技术难题。

（供稿：杭州市国有资本投资运营有限公司）

20

扎根民营经济 践行普惠金融

2003年12月13日，时任浙江省委书记习近平同志向首届浙江民营企业峰会发来《致全省民营企业家的一封信》。信中说："我省广大民营企业家是中国特色社会主义事业的建设者，是浙江精神的重要创造者，是我省全面建设小康社会、提前基本实现现代化的重要力量。"习近平同志在浙江调研考察中也多次指出，民营经济是浙江活力所在，是浙江的品牌；民营企业是改革开放的先行者，是市场经济发展的佼佼者。杭州银行作为本土法人银行，扎根浙江民营经济，拓宽民营企业融资途径，努力缓解民营企业融资问题。

一、目标成效

杭州银行践行普惠金融，秉持"服务区域经济、服务中小微企业、服务城乡居民"的市场定位，坚守普惠初心，为小微企业提供传统信贷支持、供应链融资服务、投贷联动服务、财富管理增值服务、财资、票据平台支撑等一揽子综合化金融服务，丰富了普惠金融生态。

在小微金融业务实践中，杭州银行坚持抵押、信用、数据"三大支柱"，围绕"客户、组织、营销、队伍、产品、风控"六大体系，不断深化小微专业化运营，深入推进金融科技与业务发展深度融合，形成具有"杭银基因"的体系化、特色化打法。截至2022年底，工信口径小微企业贷款余额3819.99亿元，服务信贷客户23.97万户；普惠贷款余额1122.53亿元，服务普惠客户10.02万户。自银保监会普惠任务下达以来，均圆满完成"两增"任务指标。近年来，先后荣获《证券时报》颁发的2021年度普惠金融服务银行天玑奖、每日经济新闻颁发的2022年中国金鼎奖年度普惠金融奖。

二、实践内容

（一）完善组织架构，打造专营机构和团队。

建立小微金融条线，形成面向小微企业、个体工商户、农户等客群专业化服务的条线管理；建立小微集中运营中心，统筹对全行小微信贷业务贷前、贷中、贷后三个节点的风险管控、培训及领航力量；成立信用小微事业部，组建信用小微专营团队，专业、专营、专注于信用小微业务发展。截至2022年底，小微营销人员1844人，小微标准团队258个，小微专业机构34家。

（二）围绕"四个能力"，打造专业化的队伍。

依托完整的体系化小微系列培训项目，构建小微金融培训培养体系，以带教能力、团队能力、信贷能力、综合营销四个能力提升为核心，全面提升条线人员综合能力素质。坚持小微"3+9"队伍培养模式，即3个月集中战训和9个月机构带教，结合"以赛促训"，根据全年业务节奏安排组织系列战训赛，实现网点、新人、带教导师"三个全覆盖"，逐步打造了一支"吃苦、诚信、尽责、创新"的小微业务团队。

（三）建立客户分层体系，提供差异化服务。

根据存量客户资产情况、纳税情况、收入情况等信息对客户进行分层分类，并通过构建数字化平台对客户进行标签画像，形成了杭州银行特色的蒲公英营销管理平台，依据数据模型实现客户分层精准化营销的客户触达、管理及运营策略。围绕产业园区、商圈市场、出口贸易经济、村社经济等产业链、经济圈，持续开展"耕园、扫街、走村"等营销专项行动，加大推进圈链营销力度与频率。同时，根据重点业务、特色业务、特色客群等维度，通过网点过关会、片区会、总行"阿米巴小组"等形式，对网点机构实施穿透式营销督导。

（四）构建小微金融产品体系，完善产品营销平台。

构建了"云贷e通"产品体系。云贷系列主要包括云抵贷、云小贷等线上贷款产品，通过推动全线上业务发展，探索零人工干预、线上

杭州银行荣获"2021年度普惠金融服务银行天玑奖"

线下结合的多形态业务模式，提升客户体验和办理实效。e通体系主要包括e收盈、e代发、e外汇、e票据、e财资、e理财等产品系列，通过与第三方支付机构及服务商的系统对接，从支付、收款、管理三个方面提升客户使用便利性。此外，依托蒲公英访客平台与满天星数据服务平台，与产品平台数据联动，实现从访客到放款的全生命周期业务管理。

（五）深化全流程风险管理，提升大数据风控能力。

通过持续深化全流程风险管理理念，依托大数据模型提升风险防控水平，实现风险识别、风险控制、风险预警、风险处置的全流程覆盖，巩固和提升风险管理质效。贷前环节围绕客户、产品、押品三个维度，坚持"本地客户、本地业务"原则，明确目标客群，加强数据模型准入，实施客户差异化授信策略，有效控制业务风险。贷中环节加强审查审批管理，壮大专职访谈岗、专职影审岗、审查审批团队三支队伍，强化业务流程管控，设立专职专岗，有效防范操作风险。贷后环节聚焦资金跟踪、风险预警、业务检查三个环节，加强贷后管控。通过分层分类管理机制，综合运用数字化系统模型、现场与非现场检查、滚动排查等多种手段，管好"三个重点（重点业务、重点机构、重点人员）""三张清单（风险变动清单、重点管理客户清单、问题业务整改清单）"。同时，强化业务人员的行为管理，通过系统预警、影像审查、客服回访、异常行为排查等，建立起客户经理行为常态化排查机制。

三、创新亮点

（一）坚持三大支柱，做实信用延伸。

形成小微营销"新打法"。经过多年的探索，杭州银行通过聚焦八类客群，强化靶向营销，强抓渠道建联，强推实地访客，逐步推广落实"确定客群、渠道建联、访客触达、转化运营"小微营销"新打法"。深化耕园行动。明确园区营销策略与工作要求,加大园区专项奖励和支持政策力度,优化园区白名单业务审批流程,要求机构按照"定点、定时、定人"原则深耕小微园区营销。通过强化园区客户综合金融营销,围绕需求痛点,为客户提供套餐式营销服务方案。推动普惠小微信用贷款投放。实施杭州银行小微"晨星计划",深耕基础客群,拓展圈链客群,优化信贷流程,以标准化、专营化、线上化推动发展,确保信用贷款业务升级。稳步推进台州信用小微模式复制,通过明晰客群目标,科学规划网点,合理配置团队,逐步实现网点增效、团队增效。截至 2022 年底,杭州银行普惠小微信用贷款余额 105.51 亿元。

(二)强化平台赋能,提升流程和服务。

积极开展小微金融全流程数字化改造,形成总行主导、分行主战、团队落地的小微金融管理体系,在风险可控前提下,能用系统控的减少人工管,能用系统做的减少人工做。加强数字管理,减少管理层级,增强管理直达,提高管理的一致性、准确性,提高行动效率,增强客户体验。优化数字化产品平台。对云抵贷、云小贷两个产品平台的流程进行重构,形成线上、影审及线下三类流程模式,让流程更便捷。提升云小贷、税金贷最高授信额度,通过 e 通拓展循环类企业贷款客户融资业务场景,扩展客群覆盖面。坚持数字化运营。依托蒲公英访客平台,构建全智联客户经营体系;依托满天星数据服务平台,开展五大主题域建设,搭建条线数据看板体系,提升数据支撑能力;强化信用贷款的数据驱动,助力全线上信贷业务。加强数字化督导。打通产品平台与蒲公英访客平台的信息交互,搭建全链路的数字化营销管理体系,提升条线业务的营销效果。

(三)聚焦区域特色,做实区域策略。

结合区域市场和机构实际,区域分行重点坚持做小做分散的导向,通过加强队伍建设,做大抵押贷款规模,提升利润增长,从而实现自我造血良性循环;省内机构重点坚持做小做分散的导向,通过团队提升,夯实抵押贷款基础,并通过税金贷、云小贷提升信用贷款规模,从而稳定贷款定价,增强赢利能力。具体来说,对区域分行加大帮扶力度,进一步明确目标客群,提升建联渠道和获客能力,督导分行人员招聘、人员塑形、营销打法和管理的落地,做大存款基本盘、提升中收贡献;对省内机构提升人均产能和高收益贷款规模,杭州地区机构保持投放能力,在靶向名单、圈链客群、信用贷款、收单业务上体现杭州银行特色产品和服务。

(供稿:杭州银行)

21

坚持深耕实业　助力共同富裕

2003年7月,时任浙江省委书记习近平同志提出的"八八战略",把"进一步发挥浙江的体制机制优势"列为第一条,充分体现了对民营经济的高度重视。他在浙江工作期间,曾赴娃哈哈集团调研,并对企业发展提出殷切期望。娃哈哈集团牢记嘱托,找准初心与方向,为共同富裕作出新的贡献。

一、目标成效

娃哈哈集团始终坚持深耕实业,以高质量发展为主线推动企业健康发展,2022年集团实现营业总收入512.14亿元,上缴税金42.42亿元。秉承"产业报国、泽被社会"的发展理念,携手员工共富致远,以产业振兴为支点,彰显出浙商的时代担当。创建"娃哈哈慈善基金会",在助学、赈灾、抗疫等公益行动中济弱扶倾、勇当排头,累计为慈善事业捐赠6.6亿多元。致力于通过产业赋能,帮助当地企业发展。相关资料显示,截至2020年底,娃哈哈在全国17个省市的欠发达地区累计投资86亿元,建立72家分公司,直接吸纳当地人口就业近13000人,累计实现销售收入2119亿元,上缴税金134亿元。在企业发展中不断加强民营企业党建,始终坚持

"凝聚小家、发展大家、报效国家"的核心价值观,以实际行动为中国式现代化作贡献。获得"中华慈善奖""全国社会扶贫先进集体""全国文明单位""全国非公有制企业双强百佳党组织""全国模范劳动关系和谐企业""全国质量奖""全国模范职工之家""全国企业文化优秀成果特等奖"等荣誉。

二、实践内容

娃哈哈是在党的改革开放政策指引下发展起来的实业集团,始终听党话、跟党走,坚定沿着"八八战略"指引的方向实践前行。

(一)实施健康战略,为解决国人亚健康问题作出新贡献。

习近平总书记指出:"人民对美好生活的向往,就是我们的奋斗目标。"娃哈哈成立三十六年来,始终把"健康你我他,欢乐千万家"作为企业宗旨,不断创新,致力于为人民群众提供健康绿色产品。1988年,为了解决中国第一代独生子女挑食、营养不良的问题,创业初期的娃哈哈自主研发出儿童营养液,具有良好的开胃效果。1991年,为了让中国孩子们健康成长,娃哈哈在牛奶中加入果汁开发了娃哈哈果奶,后来又瞄准缺钙问题,添加了维生素A和维生素D,推出畅销至今的AD钙奶。1996年,娃哈哈引进国际顶尖设备,推出娃哈哈纯净水,这是引领和培养中国老百姓健康饮水习惯的又一次革命性举措。2005年,推出营养快线,牛奶加果汁,15种营养素,成为都市白领们的早餐首选。近年来,娃哈哈积极响应"健康中国2030"规划,大力实施大健康战略。专门成立现代生物工程研究所,将中医食疗传统理论和生物工程、现代提取等技术相结合,建立收藏4000余株菌种的资源库,搭建益生菌筛选平台和发酵性能研究平台,摆脱了菌种的国外垄断,实现了拥有自主知识产权的国产替代。2019年,娃哈哈作为完成单位之一的研究成果——功能性乳酸菌靶向筛选及产业化应用关键技术,获得国家科技进步二等奖,为解决国人

娃哈哈助力文成县乡村振兴

亚健康问题作出新贡献。

（二）加大创新力度，推进实体制造业转型升级。

习近平总书记指出："发展必须是科学发展，必须坚定不移贯彻创新、协调、绿色、开放、共享的发展理念。"三十余年来，娃哈哈深耕实体制造业，坚持小步快跑的发展理念，把食品饮料主业做优做强，持续推进实体制造业的智能化、数字化转型升级，实现高质量发展。娃哈哈旗下拥有精密机械公司、机电研究院、机器人公司、科技创新中心，并先后投入300多亿元引进国际一流的全自动生产装备、检测仪器和先进技术，建立了国家级企业技术中心、省级企业研究院、博士后科研工作站、CNAS认可实验室，是食品饮料行业中唯一具备自行研发、自行设计、自行生产模具和饮料生产装备、自行安装调试设备及工业机器人开发能力的企业。积极推进数字化工厂建设，乔司基地建立了第一家数字化智能样板工厂，2016年入选全国首批工信部智能制造试点示范项目，填补了国内饮料制造业的空白，实现传统饮料制造业向数字化、智能化、绿色化的升级转型。正在调试的玻璃瓶口服液生产线，是娃哈哈首个全线国产化的保健品生产线。娃哈哈创新应用人工智能、大数据、云计算等先进技术，生产效能较过去提升一倍。

（三）推进共同富裕，用实际行动践行先富带后富。

娃哈哈是在党和政府的关心支持下发展壮大起来的，始终饮水思源，积极回馈社会，履行社会责任。建立和实施以"凝聚小家、发展大家、报效国家"为核心内容的家文化，企业发展成果让员工共享，娃哈哈2万多名员工成为跟随企业发展优先实现小康的群体。1994年，娃哈哈对口支援三峡库区建设，兼并涪陵三家特困企业，组建娃哈哈涪陵分公司，这是浙商中最早的扶贫案例，娃哈哈成为推动共富的先行者。在西进涪陵基础上，截至2021年，娃哈哈先后在中西部、贫困地区的17个省市，投资87亿元建立了76家分公司，并全部实现当年投产、当年取得效益，成为当地的龙头骨干企业和利税大户，累计实现销售收入近2500亿元、利税超430亿元，上缴税金154亿元，走出了一条"产业投入、实业扶贫"的特色之路，带动更多老百姓勤劳致富。2021年，娃哈哈在温州文成县投资近5亿元建设娃哈哈智能化饮料生产基地，助力乡村振兴，推动浙江山区26县跨越式高质量发展。娃哈哈参与捐资助学、支持三农、扶危济困领域，累计纯公益捐赠7.3亿元，其中资助教育4.7亿元。

三、创新亮点

（一）深耕产品质量，全面提升智能制造水平。

以差异化战略为指引，有效解决了产品生命周期影响企业生命周期的问题。近年来，围绕"大健康"和"智能制造"两大转型战略，瞄准产业科技前沿，持续推进饮料主业转型升级，关注国人健康饮食需要，不断推出低糖、低脂、零糖、零脂饮料产品，搭建了益生菌筛选平台和发酵性能研究平台，打破了菌种的国外垄断，实现了拥有自主知识产权的国产替代。坚持"数字赋能实体"，先后投入300多亿元引进国际一流的全自动生产装备、检测仪器和先进技术，建立了国家级企业技术中心、省级企业研究院、博士后科研工作站、CNAS 认可实验室，形成具有国际一流水准的技术开发平台和独具特色的创新体系，全面提升智能制造水平。

（二）创新文化内涵，推动品牌焕发新的活力。

近年来，娃哈哈将 IP 塑造和圈层渗透作为持续性方式，赋予品牌更丰富的文化内涵。针对 AD 钙奶、营养快线及非常可乐等几大产品，实现 IP 年轻化。娃哈哈从口味、包装、渠道、文化意义等层面针对几大产品开展更深入的跨界联动，不断丰富品牌的内涵。通过与央视"华彩少年"合作，赋予产品"营养强则少年强，少年强则国强"的品牌形象，并与国漫 IP《斗罗大陆》联名推出风味酸奶，夯实国潮 IP 的基础，迅速提升品牌在年轻群体中的知名度与影响力。强化消费者心中营养快线的 IP 形象，"哈宝 × 快看漫画""娃哈哈苏打水 × 英雄联盟""pH9.0 苏打水 × 泡泡玛特"，不断推出符合年轻人需求的创新产品，依托主流平台与消费者形成深度互动，积极探索守正创新的品牌年轻化道路。

（三）先富带动后富，积极践行企业社会责任。

积极投身山海协作工程，助力山区跨越式发展。三十余年来在全国欠发达地区建立 76 家分厂，其中在浙江山区 26 县投资建设四座工厂。娃哈哈集团创始人宗庆后说，我们企业家应当倍加珍惜党的英明领导所带来的难得发展机遇，继续感恩报国，振奋精神，努力发扬新时代企业家精神，勤勉踏实工作，为国家的经济建设再立新功。娃哈哈的扶贫实践从产业投入、实业扶贫向纵深开展，并呈现出多轮驱动、多业并举，规模大、受益广、效应持久的鲜明特点。

（供稿：上城区）

22

坚定践行健康发展高质量发展

"八八战略"把"进一步发挥浙江的体制机制优势"摆在首位,充分体现了对民营经济的高度重视。习近平同志在浙江工作期间,曾多次视察传化集团。到中央工作后,仍一直关注传化,2010年就传化集团构建和谐劳动关系作出重要批示,2021年再次对传化集团作出重要批示。这对传化集团是巨大的鼓舞和有力的鞭策。

一、目标成效

传化集团牢记习近平同志殷殷嘱托,始终与时代同步、与国家同频发展实业,以高质量发展为主线推动转型升级。2022年集团实现营业总收入1450亿元,利税超150亿元。在企业发展中不断加强民营企业党建,坚定依靠员工发展企业,积极履行社会责任,参与乡村振兴和共同富裕,以实际行动为实现中国式现代化作贡献。集团先后获得全国脱贫攻坚先进集体、全国劳动模范、全国文明单位、全国先进基层党组织、全国模范职工之家红旗单位等荣誉。

二、实践内容

传化作为多产业、多品牌、全球化的实业集团，始终听党话、跟党走，坚定沿着"八八战略"指引的方向实践前行，既是实践者，也是受益者。

（一）得益于浙江民营经济发展的体制机制优势，高质量发展取得好成绩、迸发新活力。

传化围绕"实业"和"责任"推进转型升级与高质量发展，面向新能源、新材料、生物技术、数字技术等布局未来，发展传化化学、新安化工、传化物流、传化科技城、传化农业等主要业务。2003—2022年，传化集团各项主要经济指标均实现大幅增长：营业收入从16亿元增长到1450亿元，利润总额从6000万元增长到76亿元，税收贡献从7000万元增长到80亿元，总资产从14亿元增长到近800亿元，员工队伍从1700人增长到13000多人。

（二）在浙江打造先进制造业基地过程中，抢抓机遇、布局未来、赢得发展主动。

传化化学的功能化学品业务既服务于轻工行业，又大力开拓新能源、新材料等未来趋势性高端领域，形成"功能化学品+化工新材料"双轮驱动。新安化工首创"氯磷硅"循环技术，发挥全产业链和一体化服务优势，打造"硅基材料、磷基材料、新能源材料"的产业生态。同时，在两大制造业板块，打造了马目智能园区、大江东智能工厂等一系列现代化的智能工厂，成为"国家级工业转型升级"标杆和产业链链主企业。传化物流在全国布局74个公路港的基础上，通过线下公路港城市物流中心和线上的数字货运网，服务制造业企业货物的高效流通，服务物流企业数字化升级。传化科技城以"一城一产"方式，瞄准生命科学打造科创平台和产城人文社区，服务科学家创业创新，服务科创企业快速成长。

（三）在不断提高对外开放水平中，有效推进国际化布局、促进双循环发展。

传化产品销往全球130多个国家和地区，海外投资超11亿美元，海外业务年营收近13亿美元。传化化学近年来海外投资约8.6亿元，布局荷兰、泰国、巴西等海外基地，打造全球化制造平台和本土化销售网络，海外业务收入占比15.5%。新安化工以新安进出口平台辐射全球，重点聚焦美洲、欧洲、印太、非洲四大区域布局，产品广泛应用于作物保护和硅基新材料下游应用的电力通信、轨道交通与汽车、医疗健康、消费电子、新能源材料等领域，2022年出口创汇达10亿美元。

（四）持续深化和谐劳动关系建设，探索与员工共同发展，助力"人才强省"建设。

深化构建利益共同体、事业共同体和命运共同体的和谐劳动关系。在员工学习成长上，每年投入约1亿元用于员工学习发展，人均培训学时超过45课时，不断提升员工专业水平与技能，增强职业竞争力。在收入保障上，建立员工收入与企业效益增长联动机制，员工人均收入年复合增长10%以上，推出股权、期权及合伙人机制，累计超过10%的员工成为合伙人。在环境氛围上，投入20亿建设数字化、智能化工厂，投入3亿建设职工公寓，改善员工工作生活条件，提升员工幸福指数。

（五）在浙江高质量发展建设共同富裕示范区过程中，积极投身乡村振兴。

依托传化在农业发展上的实践和建设国家级高科技农业园区的基础，积极投身乡村振兴。在萧山区浦阳镇谢家、径游和安山三个村，建设"谢径安·传化和美乡村"，按照"政企村农"多主体合力方式，探索民营企业驱动乡村振兴新模式。一方面以平台模式加速三产融合。引入产业园区，发展生态高效农业。一产投建千亩现代农业产业园，助推乡村科技农业发展；二产投建农业加工产业园，建成长三角重要农产品加工流通基地；三产引入乡村合伙人，盘活乡村闲置资产，发展富民乡村产业，激励村民自主经营。

新安化工马目智能园区

另一方面以公益赋能助力村农自治。引入公益理念、资金、力量,围绕"一老一小"、特殊群体等开展慈善公益。推动成立浙江省首家村级慈善公益基金会,发挥村民基础作用,互帮互助。预计未来五年,可推动村集体年均收入增长10倍,村民年均可支配收入实现翻番。

(六)积极参与山海协作,在开化投资布局,助力欠发达地区跨越式发展。

传化物流在衢州、台州等地区投资建设,提升供应链整体效率30%。化工板块在衢州开化投资布局开化合成特种有机硅、开化元通硅业等产业项目,总投资近30亿元,年产值40余亿元。积极参与山海协作、消灭经济薄弱村等行动,向衢州市北二村资助100万元建设农贸市场。帮扶丽水市景宁县、桐庐县合村乡发展乡村民宿等多个协作项目,推进农村经济发展,促进美丽乡村建设。累计资助支出3000余万元,受益12471人次。

三、创新亮点

(一)持续变革创新,释放民企高质量发展活力。

在科技、人才、资本及管理创新等要素上持续加大投入。推进低碳发展和绿色发展，促进战略发展和转型升级，让传化不断呈现出变革与发展相互促进的良好态势。"八八战略"实施以来，传化集团营收从16亿元增长到1450亿元。

（二）推进数字化转型，打造先进制造业基地。

围绕数字化管理、智能制造、智慧供应链，打造了马目智能园区、大江东智能工厂等标杆示范，成为国家智能制造和两化融合试点示范企业、浙江省"未来工厂"、浙江省化工大脑建设单位、物流大脑试点单位及杭州市"链主工厂"。

（三）积极融入双循环，开拓国际国内两个市场。

以原创性的技术创新、国际化的客户结构和绿色安全韧性供应链的构建，实现企业经营业绩良好增长。2020—2022年，集团营业总收入、利润总额、税收贡献复合增长率分别为14%、40%、31%。

（四）建设"三个共同体"，点燃员工热情。

重视企业员工培训学习，2022年员工培训费用超千万元，全员人均培训学时45课时。设计合伙人机制，将利益共同体、事业共同体和命运共同体推向深入。

（五）投身扶贫公益，助力跨越发展。

成立传化慈善基金参与扶贫济困、助医助学等事业。持续实施健康扶贫行动，开展乡村全科医生培养和村民健康教育。为货车司机互帮互助提供支持，开展尊老扶幼、联乡结村等项目。参与浙江山海协作工程、消灭经济薄弱村。投身乡村振兴，在萧山浦阳打造"谢径安·传化和美乡村"。

（供稿：萧山区）

23

创新区县协作机制 促进城乡区域协调发展

习近平同志在浙江工作期间，把进一步发挥浙江的城乡协调发展优势，加快推进城乡一体化作为"八八战略"的重要内容。党的十八大以来，习近平总书记就推进城乡一体化发展多次作出重要论述，强调要坚持以改革为动力，不断破解城乡二元结构。在"八八战略"的科学指引下，着眼于解决"东强西弱""城快乡慢"的不平衡不协调问题，杭州积极探索、大胆实践，创新区县（市）协作机制，促进城乡区域协调发展。

一、目标成效

2010年，杭州率先建立主城区与西部县（市）牵手发展的协作机制，探索实践"先富帮后富、城乡一起富"新路径，取得显著成效。2013年以来，西部县域经济实力显著增强。2022年，淳安、建德、桐庐、临安四县（市、区）GDP总量达1806.7亿元，较2010年的793亿元增长约1.28倍；收入差距显著缩小，全市城乡居民收入倍差（城乡居民人均可支配收入比值）由2010年的2.28缩小至2022年的1.71；区县（市）农村居民收入最高最低倍差由2010年的2.23缩小至2022年的1.96；西部四县（市、区）2022年农村居民收入平均额达到36013元，比2010年的10215元增长2.53倍。区县（市）协作被列入浙江省"十大民生工程"，央视《新闻联播》、《人民日报》、新华社等权威媒体进行重点报道。

二、实践内容

（一）坚持"三化同步"，建立一体化、系统化的规划引领体系。

顶层设计上，坚持把城市和乡村发展作为一个整体，纳入经济社会发展全局、全面建设小康社会和推进新型工业化、新型城市化的战略布局中统筹谋划，通过体制机制改革创新和资源要素结构调整和再平衡，统筹推进规划建设、产业发展、要素配置、生态保护、公共服务、民生保障"六个一体化"，同步推进工业化、城市化和农业现代化，逐步走出一条城乡一体、共同富裕的路子。目标定位上，围绕"六个一体化"目标，编制出台一系列规划，进一步增强规划的执行力和约束力。重点任务上，将七项重点工作分解细化为具体任务，在广覆盖基础上向纵深推进，确保各项工作落实到位、执行到位。

（二）坚持"高效协同"，建立齐抓共管、条块共建的组织推进体系。

工作机制上，成立由市级部门任成员单位的统筹委，下设"一办七组"，建立工作联系制度，统筹推进七项重点工作，形成规范化、常态化、制度化推进城乡区域统筹发展长效工作机制。资金投入上，打破"省管县"财政体制束缚，市财政设立每年10亿元统筹专项资金、2亿元"三江两岸"生态景观保护与建设资金，募集1亿多元的农村公益金，加上各城区安排的区县协作资金，以及原有支农资金、美丽乡村专项建设资金、联乡结村帮扶资金，形成"六位一体"城乡统筹发展资金支持体系。推进方式上，创新实施协作帮扶机制，按照地域相邻、产业相近原则,由11个城区(管委会)和西部四县(市、区)建立协作组,由37个市领导牵头组建37个帮扶集团与37个欠发达乡镇结对,由100家国企、100家民企(商会)和100个村(社区),与100个村集体经济未达到"5030"目标的帮促村结对,开展产业共兴、资源共享、环境共保等全方位协作。

(三)坚持"城乡融合",建立各美其美、美美与共的环境创优体系。

系统谋划上,以深化"千万工程"和现代版富春山居图为抓手,激活"市、县、乡镇、村、户"五级联创动能,系统开展山水林田湖草综合治理,有序推进全域美丽建设。全域打造上,以景区化战略为引领,打破行政壁垒,加强区域衔接,开展"一绕六线"(杭州绕城+杭千、杭徽、沪杭甬、杭宁、杭浦、杭金衢)高速公路沿线和"三江两岸"(钱塘江、富春江、新安江)环境综合整治,设计风情小镇、杭派民居、美丽乡村(中心村、精品村、特色村、数字乡村、未来乡村、和美乡村、历史文化村落)、精品线路、精品区块、骑行绿道等一系列美丽建设项目载体,串珠成线,连线成片,形成"一户一处景、一村一幅画、一镇一天地、一县一风光"全域大美格局。工作成效上,全市118个小城镇全部完成高质量综合整治。美丽乡村行政村实现全覆盖。高标准完成农村污水、垃圾、厕所"三大革命",基本实现全覆盖。建成农村公路14664.6公里,环千岛湖、"三江两岸"等各类绿道4600公里。持续推进文旅赋能乡村"6+X"计划,推动91个乡镇(景区)提交196项乡村旅游发展需求,75家文旅企业与81个乡镇(景区)签约文旅项目168个,总投资超115亿元。

(四)坚持"全民共富",建立普惠普及、共享共荣的公共服务体系。

共享服务上,坚持以实质性公平为导向,适应人口结构、社会需求等变化,优先发展教育、医疗、养老、社保等农村公共服务,逐步推进城乡基本公共服务标准统一、制度并轨,形成共建共享的强大合力，截至 2022 年杭州连续 16 年获得"中国最具幸福感城市"称号。民生保障上，健全完善全市职工基本养老保险、城乡居民基本养老保险和职工基本医疗保险、城乡居民基本医疗保险"2+2"社保政策体系，户籍人口参保率 99.74%，最低生活保障标准实现全市域统一，达到 1216 元/月。在医疗保障上，完善"健康大脑+"体系，数字赋能"一老一小"，实施城乡居民"三免三惠三提升"健康行动，城乡医联体、县域医共体实现全覆盖，县域就诊率达到 94.81%，并从 2022 年 1 月起全部实现市级统筹。乡镇公办中心幼儿园实现全覆盖。居家养老服务中心覆盖面达 100%。

三、创新亮点

（一）优势互补，产业共兴。

通过优化配置城乡要素资源，落实城区企业转移到西部县（市、区）的投资项目享受转出地优惠政策，西部县（市、区）不断优化发展环境，主动承接城区产业转移和辐射带动，强化飞地共创、项目共引，实现优势互补、共建共赢。十三年来，杭州各城区落实协作资金 45.173 亿元，实施协作项目 1833 个；实现产业转移项目 703 个，完成投资 445.23 亿元。西部四县（市、区）行政村全部实现"5030"目标。

（二）要素互通，资源共享。

通过项目带动、产业转移等方式，引导企业、资金、技术、人才等生产要素向农村合理流动，鼓励城区企业参与县（市、区）资源的开发利用，吸纳农村富余劳动力转移就业。聚焦重点，利用协作区县（市）构筑交流平台，通过抱团取暖、产业飞地、按股分红等手段，改善民生，助推发展。

（三）镇街互动，点面共进。

通过党建联盟、"三百帮促"等载体，拓宽发展视野，因地制宜精准施策，多方合作纾困解难。参与结对的城区乡镇（街道）每年安排不少于 50 万元资金用于所结对乡镇项目建设，并积极组织辖区内企事业单位参与结对共建。

淳安县富文乡中心小学

（四）干部互挂，人才共育。

加强青年干部培养锻炼，开展协作区县（市）之间、结对乡镇之间、村（社区）之间等不同层面的干部互派挂职工作，充分发挥挂职干部、近500名驻村第一书记和农村工作指导员，以及科技特派员、优秀教师、医生、律师等的桥梁纽带作用，及时传递信息，开展助农活动，点面结合、精准发力，实现扶志与扶智相结合，不断丰富协作方式和内容，激发群众增收致富的积极性、主动性和创造性。

（五）山水互连，环境共保。

深入实施"环境立市"战略，持续改善水环境质量，不断巩固污染防治成果，以打造30条"诗路文化·三江两岸"水上黄金旅游线、12条未来乡村共富引领带为目标，以"山脉、水脉、文脉、业脉"为轴线，通过片区化、组团式发展，统筹推进生态美丽宜居、产业兴旺发达、文化繁荣兴盛、生活富裕富足的和美乡村建设，全域呈现"绿不断线、景不断链、县域互通"的大美风景，农业强、农村美、农民富的可持续发展能力持续提升。

（供稿：杭州市农业农村局）

24

构建市域现代综合交通网

2003年7月,时任浙江省委书记习近平同志提出,进一步发挥浙江的环境优势,积极推进以"五大百亿"工程为主要内容的重点建设。这是"八八战略"的重要内容之一。二十年来,在"八八战略"指引下,杭州坚持"环境立市"战略,着力构建交通骨架网络,重塑城市枢纽体系,形成了一个内通外达、高效便捷的现代综合立体交通网络体系。

一、目标成效

"八八战略"提出之时,杭州交通发展正面临一系列"成长的烦恼"。当时,萧山机场已建成通航,国内最长的绕城高速公路——杭州绕城全线建成通车,杭甬运河杭州段改造开工建设,交通基础设施实现新突破,但规模和能级与城市加快发展的需求还不相适应,多种交通方式衔接融合的现代综合交通网尚未形成。杭州按照省委部署,大力推进交通基础设施建设，许多基础设施，比如高速公路、高速铁路、港口航道、空港、城市轨道交通等，就是那个时候逐步谋划启动的。二十年来，一条条交通要线穿城而过，一座座交通枢纽拔地而起，综合交通体系逐步完善，市域现代综合交通网加快成形。

二、实践内容

（一）从"区域"到"国际"，综合交通枢纽能级不断提升。

"八八战略"强调"进一步发挥浙江的区位优势，主动接轨上海、积极参与长江三角洲地区合作与交流，不断提高对内对外开放水平"。从全球城市发展规律看，交通枢纽无疑是城市竞争力的基础和发展的核心战略资源。杭州把交通枢纽建设摆在重中之重的位置。2000年，笕桥机场停止民航业务，被誉为"世纪工程"的萧山机场通航运营。2003年，国务院批复同意杭州航空口岸扩大对外国籍飞机开放，杭州空港开启国际化之路。2012年，萧山机场第二跑道和T3航站楼正式启用。2022年，机场T4航站楼和陆侧交通中心建成投用。新建T4航站楼的设计容量为T1至T3航站楼的总和，陆侧交通中心汇集高铁、地铁、大巴、私家车、出租车等多种交通方式，实现新、老航站楼250米步行可达。机场轨道快线串联萧山机场、杭州东站、杭州西站三大门户枢纽，实现高水平空铁联运。

"出海"一直是困扰杭州发展的重要命题。由于杭州没有海港，通过海河联运实现通江达海就显得尤为重要。2003年杭州启动杭甬运河杭州段航道改造工程，2007年底基本建成，极大提升了杭州内河枢纽港地位。2014年，京杭大运河成功申遗。为保护城区段景观资源，京杭运河二通道建设提上议事日程。项目于2016年正式开工，目前已基本建成。待全线通航后，千吨级船舶可从山东直达杭州，内河航道实现"通江达海"，航道实力将居全国非长江内河航道前列。2023年，杭州启动杭甬运河三级航道整治工程、钱塘江三级航道整治工程前期，并积极谋划出海航道，打造国际性内河港未来可期。

（二）从"单一"到"综合"，综合立体交通网络不断完善。

2003年时，杭州的城市布局还是以西湖为中心的"三面云山一面城"。二十年来，杭州从"沿江开发、跨江发展"，走向"拥江发展"，迈向"大杭州时代"。杭州交通也从逐步适应向适度超前，再到引领发展，综合交通网络不断完善。铁路建设方面，2003年，杭州仅有沪昆、宣杭、萧甬等普速铁路。2004年，国务院印发《中长期铁路网规划》，谋划"四纵四横"国家高铁骨干网。杭州抢抓机遇，加快谋划高铁枢纽和高铁通道建设。2013年，杭州东站与杭甬高铁、宁杭高铁同时开通运营，杭州正式跨入高铁时代。之后，杭长高铁、杭黄高铁相继建成，"一轴五向"高铁枢纽格局使杭州与长三角城市的联系更加紧密。随着客流逐步攀升，杭州高铁过江通道基本饱和，急需开辟第二条过江通道，杭州西站及钱塘站、萧山机场站应运而生。2022年杭州西站、湖杭高铁建成，杭州萧山机场站枢纽及接线工程开工建设，杭州即将迈向"一轴两翼"高铁新时代。轨道建设方面，杭州2012年开通运营第一条地铁线路，是全国第17个拥有地铁的城市，地铁建设相对滞后。短短10年时间，杭州已建成12条516公里城市轨道交通网络，实现十城区全覆盖，里程位居全国第六，也成为全球开通0—500公里最快的城市。

（三）从"城市"到"城乡"，市域一小时交通圈加快构建。

"八八战略"强调"进一步发挥浙江的城乡协调优势，加快推进城乡一体化"。公路网是链接城市与城乡的重要纽带。2003年，全市公路通车总里程仅6692.8公里，高速公路仅189.9公里。二十年来，杭州聚焦城乡交通一体化，以"打通大动脉、畅通微循环"为抓手，全面提升公路通行能力和服务水平。打通大动脉方面，2003年杭新景高速公路开工建设，2006年12月25日，杭新景高速公路和杭徽高速公路全线通车，在全省率先实现"县县通高速"，形成杭州市域"一小时半交通圈"。之后，又相继建成申嘉湖杭高速、杭长高速、绕城高速公路西复线、千黄高速等，高速公路网从"一绕九射一连"615公里拓展至"两环十二射三连"824公里，乡镇通高速比例进一步提升，支撑城市发展格局的能力进一步增强。畅通微循环方面，聚焦农村公路建设，打造人民满意交通。2003年，数百万城乡群众盼望已久的民心工程——"乡村康庄工程"拉开序幕。2006年底，杭州提前一年实现村村通等级公路和通村公路硬化率100%的目标。2007年，启动农村公路联网工程，着力解决农村公路建设中的"回头路""断头路"等问题。2011年，推进美丽公路建设，新改建农村公路2000多公里。2018年，围绕乡村振兴战略，全市启动高品质"四好农村路"建设，实现村村建成"四好农村路"。2023年，在

全国美丽乡村路：淳开公路

实现"建、管、养、运"协调发展基础上,加快构建"畅、安、舒、美、绿、智、富、廉"全面发展的"四好农村路"2.0体系,努力成为杭州"共同富裕"的新标志。

三、创新亮点

（一）坚持"一张蓝图绘到底"的定力。

在原有公路、水路布局网基础上,迭代完善高速铁路网、城市轨道网、综合枢纽网建设规划,逐步建立起"两级三类三层"的综合交通规划体系。从"十一五""十二五"时期的公路水路网规划,到"十三五""十四五"时期综合交通发展,不断强化不同交通方式统筹衔接。新的规划都能很好继承上一轮规划的思想,并根据新的形势要求进行延伸,形成迭代升级的良好格局。

（二）坚持"功成不必在我"的精神境界。

绕城高速西复线等重大交通项目从提出设想,到前期谋划,再到建成运营,通常需要十年以上的时间。这就需要每一代交通人统一思想、锚定目标,以"功成不必在我"的精神境界和"功成必定有我"的历史担当,持之以恒推进项目建设,努力跑出"杭州速度",构建与社会主义现代化国际大都市相匹配的现代综合交通网。

（三）坚持"人民至上"的价值追求。

在构建杭州市域现代综合交通网的实践中,始终坚持"人民至上"的价值追求,坚持打造人民满意交通"杭州样板"。在"四好农村路"推进过程中,将提升群众出行体验、提高出行品质放在首要位置,勾勒出一道道自然风景线、产业富民线、生态宜居线、人文历史线,更成为市民美好出行的通途。高品质"四好农村路"建设连续三年高票入选杭州市民生实事项目,并在年度考评中获得两个第一和一个第二的好成绩。

（供稿：杭州市交通运输局）

25

打造新一代高铁枢纽新标杆

在"八八战略"指引下,杭州交投集团以助力打造"重要窗口"、助推高质量发展建设共同富裕示范区为己任,在各级领导的关心支持和全体建设者的辛勤努力下,积极推进站城融合发展,将杭州西站打造成为高铁枢纽新标杆。

一、目标成效

2022年9月22日投入运营的杭州西站枢纽,是新一轮杭州铁路枢纽规划的核心项目,是"轨道上的长三角"重要节点工程、杭州亚运会重大配套设施。凭借路网通达、交通立体、站城融合、绿色生态等一系列创新亮点,杭州西站枢纽成为在新发展理念指导下,高质量建设新一代高铁枢纽的标杆性项目。

二、实践内容

(一)站城一体,打造美好生活目的地。

杭州西站枢纽以"全域互联、无缝接驳"为设计核心,坚持站城融合理念,"站在城中、城与站融",避免了对城市的割裂,使人流集散更加便利、迅速;赋予车站"城市会客厅"的属性,以各种生活场景营造具有烟火气的空间氛围,实现站与城的一体化发展;杭州西站枢纽站房与南北综合体包含办公、商业、餐饮、会议发布等业态,构筑起创新多元的开放空间,为城西科创大走廊提供创新新空间。杭州西站站房整体抬高 14.5 米,为在到达层与站台层之间再做一个夹层空间提供了可能,标高 6 米、面积约 1.5 万平方米的公共服务夹层(6 米夹层)应运而生。位于该层的"在西站"党群服务中心,包括党群活动馆、人才会客厅、高铁时空馆和规划展示馆,是全国车站内规模最大的党群服务中心,也是全省规模最大的国企党群服务中心,同时为市民提供了一个南北向连通的慢行通道,实现了城市功能与站房功能的充分融合。

(二)创新引领,首个交通枢

杭州西站夜景

纽"绿建三星"。

西站站房及相关工程获评国家三星级绿色建筑设计标识，成为全市首个交通枢纽类三星级绿色建筑。从站房规划设计之初，杭州西站就明确了绿色建筑目标，通过"站场抬高""两场拉开"，让阳光与自然风能"自由进出"车站内部。西站站房范围内的地下车库，局部均考虑了自然采光、通风。得益于"站场抬高"，西站站房4个角都有下沉广场，地上两层、地下两层的"停车楼"，与下沉广场联通，阳光、自然风能"顺势而下"，减少能源消耗。走进西站候车层——"云厅"，屋顶通体白色，配合78米的无柱空间，仿若悬浮在"云厅"上，阳光透过大天窗照射车站，舒适敞亮。超大跨度的屋盖钢结构提升是西站建设者要攻克的最大难题。杭州西站站房屋盖钢结构总长326米，宽245米，网架内"暗桁架"连接，最大跨度78米，投影面积约8万平方米，总重量达1.1万吨。站房屋盖钢结构采用"分区旋转+整体提升"的施工方法，提升区共分三次提升，先进行南区旋转提升，再进行中间区、北区旋转提升，提升到位以后，安装各区屋盖间的嵌补杆件。这个创新举措，荣获第十五届"中国钢结构金奖"。

（三）优化布局，助力长三角一体化发展。

杭州西站处于杭州城西科创大走廊"一廊四城两翼"中的杭州云城，站场规模为11台20线，未来可通达上海、南京、黄山、武汉、长沙和省内多个方向，在完善省域1小时交通圈的同时，将覆盖长三角主要城市群，对聚拢长三角区域资源、人气，推动长三角区域一体化发展具有重要作用。长期以来，杭州东站汇聚了大部分高速铁路。作为新一轮杭州铁路枢纽规划获批后首个开工建设的高铁项目，杭州西站的建成投用成为杭州进一步做强做大铁路枢纽的重要一步，实现了杭州铁路枢纽"西翼"成形。

（四）党建引领，点燃项目建设"红色引擎"。

杭州西站高质量建设的背后，离不开"红色引擎"的强力驱动。

杭州交投集团始终坚持"围绕中心抓党建，抓好党建促发展"，积极打造"枢纽联通美好生活"党建品牌，深入实践"支部建在项目上、党旗飘在阵地上、党员冲在一线上"的"党建＋项目"工作机制，为西站枢纽项目建设和区域开发提供坚强保障。疫情期间，近千台机械连续运转，20000余名工人24小时轮班作业。党员干部带头"战疫情""保复工""推前期""优服务"，用8个月完成站房±0以下主体结构，用14个月完成混凝土主体结构正式封顶，跑出高铁般的"西站速度"。以党史学习教育为契机，强化党建联建共建，与铁路、属地、施工单位、监理单位等相关单位建立互联互动平台，充分发挥党建联建共建助力西站枢纽项目建设的红色引擎作用。充分调动广大党员干部的干劲，成立前期、铁路、征迁、配套等攻坚先锋队，以分管领导为队长，党员骨干为队员，领导带头攻坚，骨干克难攻坚，形成长效工作机制。公司党委注重氛围营造，利用微信、宣传栏、特刊等方式广泛宣传攻坚先锋先进事迹，以身边典型教育激励全体员工，形成"人人谋划项目、人人服务项目、人人推进项目"的良好氛围。

三、创新亮点

（一）线路高架，高铁开进大楼里。

将铁路轨道抬高14.5米，这样做有两个好处：一是将地面道路还给行人，机动车道下穿，车辆和行人可以畅通无阻，避免了城市的割裂；二是高架下方区域可布置城市综合设施，提高空间集约利用率。

（二）站场拉开，形成中央换乘轴。

两个站场拉开28米，形成中央云谷区域，充分引入自然光线。两场拉开的最大优势是可以将换乘扶梯放在中心，大大缩小了换乘距离，最长300米左右，最短仅100米左右，大幅提高换乘效率。

（三）土地复合开发，高强度集约利用。

站房南北两侧建设有云城南北综合体，布置总部、酒店、商业等多种业态。建设雨棚上盖项目，在西站雨棚上方新建四幢塔楼，布置办公、酒店、商业等业态。由于高度站城融合，杭州西站隐藏了站房立面，只有城市立面，东南西北都可成为城市立面。

（四）落实绿色理念，枢纽建在花园中。

站房为绿色建筑，2021年5月取得绿建（设计）3星标志，采用多项节能减排技术，站房候车厅200米×300米，空间十分敞亮，无柱空间达78米宽，净空最高25米，屋顶20%面积自然采光。

（供稿：杭州市交投集团）

26

为现代化建设提供电力保障

2003年12月30日,习近平同志调研杭州市电力局时,提出"要让电等发展,不能让发展等电"的要求。电力是经济建设的先行官,是人民生活的必需品,也是国民经济的重要支柱产业。杭州作为典型的能源受端城市,能源需求大但资源禀赋弱,本地电源少、可调负荷少、居民用户多、重要用户多的"两少两多"特征明显,确保能源安全、端牢能源饭碗是杭州"再展雄风、再创辉煌"的重要前提和关键要素。

一、目标成效

电网规模实现跨越式增长。杭州电网迈入特高压时代,2003—2022年,主网变电容量、线路长度分别从1337万千伏安、3680公里增长至9577万千伏安、1.25万公里,全社会用电量、最高负荷从230.8亿千瓦时、381.3万千瓦提升至949.9亿千瓦时、1913万千瓦,电网整体规模居省会城市第二。

电力服务实现突破性提升。实

现企业电力接入"零成本",年均可减免企业投资超 10 亿元。全年全域户均停电时间压减至 20 分钟以内,供电可靠性位居国网系统第一、达到国际领先,"获得电力"指标超过北京,排名全国第四。

绿色转型实现根本性飞跃。累计建设和接入光伏装机 210 万千瓦,新能源成为最大的本地电源。电能占终端能源消费比重 39%,电气化水平全国领先。

二、实践内容

(一)建优建强智慧电网,以坚强电支撑杭州跨越发展。

适度超前城市发展需要,推动各电网协调发展。2003 年以来累计完成电网投资 819 亿元,建成"跨江联络、东西互济、四源三环"骨干网架,白鹤滩特高压等重点工程相继投运,电网规模较世纪初翻三番。特别是围绕举办杭州亚运会,实施迎亚运电网提升四年行动,新增变电容量 2140 万千伏安,相当于一个中等城市的规模。聚焦城西科创大走廊、临空经济示范区等重点区域,成立主要负责人任组长的领导小组和工作专班,高标准编制专项电力规划,助力打造杭州第三中心。持续提升电网建设运营标准,建成世界一流配电网,建设"零停电计划"示范区,率先取消全域传统计划停电。

(二)确保电力可靠供应,以可靠电保障城市安全发展。

持续提升配电自动化水平,全域自动化覆盖率突破 90%。在核心城区重点推广"5G+ 光纤"技术,实现秒级故障自愈,户均停电时长下降 90% 以上。建立高效应急指挥体系,打造城网 15 分钟、农网 45 分钟抢修圈,成功应对 2008 年特大冰灾、2019 年"利奇马"超强台风等极端天气。面对日益增长的能源需求和持续紧张的能源供给间的矛盾,落实习近平同志"开源、节流、挖潜并举"重要指示要求,千方百计保安全、保电网、保民生、保经济。准确把握大都市能源供需特点,在电源侧全力增供挖潜度电必争,挖

白鹤滩特高压直流输电线路

掘本地水电30万千瓦顶峰潜力,保障光伏全额上网;在用户侧政企协同成立市、县两级电力负荷管理中心,加强负荷柔性精准调节,打造空调、工业、机动三类负荷资源池,引导企业错避峰生产,最大限度保障民生,最低程度影响经济。

(三)优化用电营商环境,以优质电服务经济高质量发展。

围绕国家首批营商环境创新试点城市建设,打造"五最"数智用电营商环境新标杆(环节最少、办电最快、成本最低、政策最优、服务最好),大力实施阳光智慧办电,提供更加安全、经济、绿色、便捷的用能服务。高质量落实"三零""三省""三到位",探索形成具有杭州特色的高水平供电服务体系,小微企业平均接电时长从几个月缩减到4天,获国家能源局高度肯定。政企协同出台10千伏投资到红线、全省最优电力接入工程费用分担等政策，提高低压接入容量上限至200千瓦，实现企业接入"零成本"。为省市重要企业、重大项目、重点工程提供一条龙专属服务，服务富芯半导体工作获国务院督查组和《人民日报》点赞。全国首创"转供电费码"，协同杭州市市场监管局疏通转供电环节不合理加价堵点，为中小微企业减免费用2.45亿元，获国家市场监管总局推广。服务统筹疫情防控和经济社会发展，实施战疫情促发展"电力十六条"、惠企助企"杭电十条"及"电助开门红"等硬核举措，服务经济企稳回升，助力打好翻身仗。

（四）用心用情服务民生，以共富电助力城乡统筹发展。

实施乡村电气化、农网改造升级、农网巩固提升等工程，实现"村村通电""村村电气化"。近五年建成电气化村600余个，乡村户均容量提升至7.2千伏安，居全省第一、全国领先。以习近平同志在浙工作期间的基层联系点下姜村为范例，构建"数智型供电所＋电力驿站"新时代新农村新电力服务模式，推出电力关爱码等"电助共富"八大举措。发挥杭州"连心"党群志愿服务阿斌电力分队作用，四十余年如一日开展电力志愿服务。

（五）引领社会节能降碳，以清洁电推动全域绿色发展。

将清洁电融入新型能源体系规划建设，联合市发改委出台碳达峰碳中和、能源绿色低碳发展和电力保供稳价工作等行动方案。政企协同推进光伏倍增计划，主导建设4项市直公共机构光伏试点工程，新能源占全市装机50%以上，成为本地最大电源。服务绿色出行，建成全国单期最大的石塘公交智慧充电站、萧山机场全国最大的交通枢纽充电站等，打造"主城区0.9公里、县域城区3公里"充电圈，充电设施覆盖率全国领先。坚持"能效是第一能源"，组建能效专家团队，2022年向7900家企业推送能效账单，全方位提供综合能源解决方案。创新推进滨江低碳数智园区建设，通过空调柔性控制等技术，提升能效水平20%，作为典型经验获全省推广。

（六）深挖能源数据价值，以智慧电赋能治理创新发展。

政企协同成立全国首个地市级能源大数据评价与应用研究中心，汇聚电、气、油、煤等能源数据，开展分区县、分镇街、分行业、分企业用能实时精准分析，为能源智治和产业转型提供辅助决策。在杭州城市大脑上线电力数字驾驶舱，累计上线24类电力指标数据，开发15类应用场景。首创"电力看经济""复工复产电力指数"等应用，智能甄别生产经营异常。

三、创新亮点

（一）根植"八八战略"，创新实践具有普遍意义的"电等发展"理念。

在实践中牢固确立、不断发展"电等发展"理念。一是确立以服务经济社会发展为核心的价值观，这是"人民电业为人民"宗旨、"做好电力先行官、架起党群连心桥"追求等的集中体现。二是与时俱进丰富新内涵，推动"电等发展"的核心内涵和实践要求从过去主要解决能源短缺，向实现电网布局、电力保供、能效提升等系统最优转变，电力企业的使命从"供上电、供好电"向"服好务、用好能、降好碳"转变。三是用好辩证统一的方法论，履行政治、经济、社会三大责任，主动服务党和国家工作大局；统筹城市发展与电力发展，做到电网布局更超前、电力保供更精准、能源转型更高效；统筹能源绿色转型与保供稳价，加快电网向能源互联网转型升级。

（二）服务杭州发展，探索匹配中国式现代化城市范例的"电等发展"生动实践。

杭州电力一直适度超前于杭州城市发展需要。生产力方面，构建与现代化国际大都市相匹配的数智新型电力系统，强化源网荷储互动、多能协同互补，电网弹性、韧性、柔性持续增强，各项关键指标居于全国前列，供电可靠性、"获得电力"等核心指标国际领先。生产关系方面，构建全社会共建共担共享的新型能源合作模式,通过电力保供、营商环境优化、抢险救灾等具体实践,推动形成政府主导、电力主动、用户主体的广泛共识,打造可复制可推广的能源治理城市范例。

(供稿:国网杭州供电公司)

27

科技特派员"四双"实践助力共同富裕

科技特派员制度发源于福建南平，也是习近平同志在浙江工作期间亲自倡导、亲自部署、亲自推动的一项重要制度。他曾多次作出重要批示，指导推动建立科技特派员制度。2003年，时任浙江省委书记习近平作出实施"八八战略"决策部署。同年，浙江省正式启动科技特派员工作。2005年，科技特派员制度在全省铺开。

一、目标成效

二十年来，杭州深入贯彻落实习近平同志重要指示批示精神，久久为功抓落实。省、市、县科技部门协同推进科技特派员工作向全域、多领域拓展，累计选派9批1250余名科技特派员入驻淳安、建德、桐庐等12个区、县（市）的乡镇开展工作，其中省级特派员84名，市级

科技特派员在田间地头

特派员581名,县特派员580多名;累计申报实施科技项目1353个,项目经费达1.07亿元,推广新技术1050项,引进新品种1395个;累计培训农民33.78万余人次,安置劳动力就业1.8万人次,辐射带动人数36.6万人,有力地促进了消薄增收、乡村振兴和城乡区域统筹发展。全市农村居民人均可支配收入从2003年的5740元(时为农村居民人均纯收入)增长到2022年的45183元,增长6.87倍。城乡居民收入比值从2.25缩小至1.71。

二、实践内容

积极探索"双机制、双库源、双平台、双联动"创新实践模式,打造了共同富裕路上的科技新风景。

(一)完善"双机制"协同,激发长效运行制度动能。

以"优服务"为导向，完善特派员合作机制与激励机制协同的"双机制"，保障科技特派员制度长效稳定运行。

完善科技特派员合作机制。健全以学科互补为特色的派出单位之间的合作、以地域相近为特色的特派员之间的合作和以专业互补为特色的区县（市）入驻特派员之间的合作等机制。通过专业互补，强化资源整合，促进创业和技术服务向研发、生产、加工、检测、流通、销售等全链条延伸覆盖。如浙江大学和建德市共同组建的畜禽健康养殖科技特派员团队，从动物营养、养殖模式、疫病防治和废弃物处理等多领域全方位服务建德畜禽养殖企业，企业效益明显提升，该团队被浙江省委授予"浙江省突出贡献科技特派员"荣誉称号。

完善科技特派员激励机制。2019年出台《杭州市科技特派员工作管理办法》，强化特派员政策保障，以"项目经费+生活补助+权益保障"形式，推动科技特派员扎根创新创业热土。科技特派员每年安排10万元项目经费补助，每期科技特派员安排项目经费补助20万元；生活补助提高到每人每年3600元，入驻乡镇的往返交通费实行年度总额包干。另外，在待遇、评优等方面给予一定保障。

（二）构建"双库源"管理，精准对接产业科技供需。

以"夯基础"为导向，构建特派员项目库和专家库"双库源"，为科技信息互通、供需双方互动和项目精准实施奠定坚实基础。

完善特派员项目库。根据各区、县（市）和乡镇产业发展需求和科技特派员调查研究，建立特派员项目库，在实施内容上精选各区、县（市）主导特色产业，实施主体上优选各镇新兴实力企业。如2021年，依托特派员项目库，实施杭州市第九批特派员遴选和匹配工作，选派70名个人、10个团队，服务范围涵盖8个主要农业区、县（市）的50个乡镇，涉及畜牧兽医、水产养殖、农作遗传育种与栽培、园艺和林业、农产品和食品加工、生物学、经济学等广泛领域，实现特派员项目与派驻单位需求的精准对接。

建立特派员专家库。建立科技特派员登记制,实行一人一档,细化科技特派员专业特长、技术成果和服务经历等信息。拓展特派员专家队伍,鼓励市属以外科技人员、科研机构和科技服务企业注册成为个人、团队或法人科技特派员。自2019年起,杭州市科技特派员的选派范围拓展到省属高校和科研院所,第九批70名个人特派员,有40人来自省部属单位,占比达57%。

(三)打造"双平台"支撑,强化创新创业数字赋能。

以"强效能"为导向,打造科技创新和自主创业"双平台",为特派员工作开展和自我价值实现提供支撑,提升科技特派员服务能力。

打造科技创新云服务平台。结合"科技大脑"建设,打造面向科技特派员、企业农户和科研管理部门,集人员选派、项目管理和绩效评估等于一体的科技创新云服务平台。2019年,通过云平台从建德征集到"草莓病虫害防控关键技术研发及产业化示范"项目,并通过平台择估选派"草莓专家"忻雅特派员实施,研制出一套适于当地的草莓诱抗减药技术,在建德示范推广面积1520亩,示范区化药减量30%以上,草莓亩产提高7.6%,年累计增加效益85.3万元,受到当地企业、农户、管理部门一致好评。

打造农村双创服务平台。科技特派员积极参与农业科技园区、重点农业企业研究院和"星创天地"等农业科技载体和服务平台建设,依托科技特派员科研成果和技术优势,通过线上和线下销售,展示科技成果,将成熟的农业适用技术,向周边扩散、推广和普及。目前,杭州已建成国家级"星创天地"8家,省级"星创天地"15家,国家级农业科技园区1家、省级重点农业企业研究院7家。这些载体和平台在助力乡村产业发展中发挥了积极作用。如科技特派员赵进发挥专业优势,综合派出单位众多科研成果,指导桐庐"杭州安厨·星创天地"成功创建国家级"星创天地",推动企业创新"电商平台+配送中心+基地(合作社、农户)"合作模式,与县域内 109 家涉农企业和农户签订合作协议,将本地农特产品销往全国,累计实现销售收入 2.6 亿元。

(四)实施"双联动"服务,培育多元融合内生动力。

以"拓空间"为导向,深入推进农工产业和部门职能"双联动",促进乡村产业协同发展,建立上下联动协作服务模式,为乡村振兴聚合多元动力。

实施农工产业联动。借鉴农业科技特派员模式,推动科技特派员制度在工业领域落地生根。市科技局在"五员领创"活动中首创"创新协作员"概念,作为科技特派员向工业领域的拓展,旨在协助企业通过创新实现转型升级和高质量发展。2020 年,杭州市首批 17 位创新协作员进驻企业。浙江大学机械工程学院杨克己教授与杭州申昊科技股份有限公司建立"浙江大学—申昊科技特种机器人联合研究中心",该中心帮助申昊科技于 2020 年 7 月成功上市。

实施部门职责联动。打破原有省、市、县三级科技特派员单层级管理,推动全市科技特派员形成大联动、大协作格局,最大限度解决乡村振兴中面临的技术难题。如入驻临安区的省、市、县(市)特派员,借助区科技特派员工作站,加强三级联动,在水稻种植新技术推广、退化雷竹林改造、香榧造林新技术推广应用和洪涝灾后排水清土、防虫治病等方面开展协助,为临安区乡村振兴作出积极贡献。

三、创新亮点

(一)探索形成具有杭州特色的科技特派员工作创新实践模式。

自 2005 年实施科技特派员制度至今,杭州市立足项目化管理,强化组团式服务,推进全链条协同,采用"政府主导、科技牵头、部门联动、特派员服务"的方式,逐渐探索形成了具有杭州特色的科技特派员工作创新实践模式,为乡村振兴聚合多元动力。

(二)成为科技工作支持地方高质量发展的有效措施。

科技特派员制度在之江大地生根发芽、蓬勃发展，点亮了农村发展的科技之光，架通了农民增收致富的桥梁，延长了农业产业链，结出了累累硕果，科技特派员成为农民群众最喜爱的人。

（三）打造具有强大生命力和广泛影响力的"金名片"。

杭州市连续多年被浙江省委、省政府评为科技特派员工作先进单位。2009年，被评为全国科技特派员管理工作先进集体。2020年，杭州市科技特派员创新模式在省科技厅《科技创新专报》、市政府《杭州政务信息》（专报）等刊物刊登，获得省、市领导批示。2022年，《光明日报》刊发整版调研文章《躬耕乡野 大有作为》；省科技厅报送的《深化科技特派员制度优势助力共同富裕新征程》入选科技部科技体制改革案例。

（供稿：杭州市科技局）

28

"五彩大创"助力大学生杭向共富

习近平同志在浙江工作期间作出实施"八八战略"的重大决策部署，高瞻远瞩地提出建设"四个强省"的目标要求。二十年来，杭州深入贯彻推进科教兴省、人才强省建设的决策部署，把大学生创新创业作为重要的民生工程、人才工程和未来工程，探索走出一条具有杭州特色的大学生创新创业发展路子。造"红黄蓝青绿""五彩大创"，着力构建和完善党建引领、政策推动、平台集聚、梯度培养、智慧服务"五位一体"创业扶持体系，"五彩大创"被人社部评为2021年全国城市创业精品展示项目，入选2022年杭州市争当浙江高质量发展建设共同富裕示范区城市范例最佳实践（第一批）。

一、目标成效

大学生是十分宝贵的人才资源、是创新创业的生力军。杭州聚力打

二、实践内容

（一）"红色快线"彰显党建引领。

"红色快线"服务进创业园。深入开展"学党史悟初心创未来"建党百年走进百企主题活动,创新"红色宣讲+双创指导+政策解读"服务模式,发掘"学百年党史铸红色品格"等21堂红色宣讲课程,"创新创业关键(实战)要素的养成"等22堂创业指导课程菜单,向创业大学生宣讲党的创新理论,解读"双创"政策,开展"双创"指导,并授予大创园"星火孵化园"旗帜,着力解决大学生创业党建引领不够、专业指导不足等问题。

"红船领航"服务进校园。举办"红船领航 才约杭城""红船领航 激情创业"等系列活动,举办公益性校园招聘会和大学生创业大赛,为各投融资机构、大学生创业园及科技孵化器与大学生创业项目搭建对接平台。组成就业创业专家导师团,引导帮助大学生树立正确的就业创业观。

(二)"黄金政策"助力双创启航。

制定出台"黄金政策"。2008年以来滚动实施五轮大学生创业三年行动计划等"黄金政策",构建集大学生生活补贴、创业项目资助、场地补贴和创业担保贷款等"一条龙"政策扶持体系,着力破解大学生创新创业面临的缺信心、缺资金、缺场地、缺经验、缺服务"五缺"难题。

抓好政策兑现落实。全面落实本科以上应届高校毕业生生活补贴发放,在实现"全网上、零现场"办理前提下,做到线上申领、自动审核、实时拨付的"智能秒办"。自2008年首轮大创三年行动计划实施以来,累计无偿资助4109个大学生创业项目资金2.87亿元、创业场地补贴2.74亿元,发放大学生创业担保贷款598笔、金额1.46亿元,贴息476笔、金额914.21万元。

(三)"蓝海基地"打造孵化"摇篮"。

拓展大学生创业园。依托产业园区、科技园区、高校资源,采取"一区多园""一园多点"等方式,建立覆盖全市、功能完善的大学生创业园,提供"一站式、全方位"创业孵化服务,打造大学生双创"蓝海"。累计建立大学生创业园24家，入园企业1022家，孵化成功6963家。依托杭创联、陪跑基地联盟，建立36家市级创业陪跑空间，入驻企业540家。

提升园区运营孵化能力。对市级大学生创业园进行绩效评估，对评估优秀、良好、合格的园区分别给予30万元、20万元、10万元运营奖励。编制国内首个大学生创业园管理服务地方标准，通过标准化手段破解大创园在精细化、规范化管理等方面存在的问题，引领大学生创业孵化基地高质量发展。每年举办为期一周的市级大学生创业园高质量发展研修班，突出科技创新、孵化指导、数字化运营等方面研修，提升园区孵化能力。

（四）"青荷工程"培育"新锐杭商"。

深化校企战略合作。推进大学生就业创业"师友计划"，深化与108所国内重点高校创业就业战略合作，在巩固提升46所在杭高校就业创业指导站基础上，首次在上海财经大学、南京大学、东南大学、南京理工大学和宁波大学等5所长三角双一流高校建立就业创业指导站，为长三角优秀大学生来杭就业创业搭建新平台。推出"万朵浪花"全球大学生实习计划，仅2021年海康威视等名企名院就推出实习岗位16.7万个。

加强创业人才培育。举办中国杭州大学生创业大赛，七届大赛共吸引全球1.8万余个大学生创业项目参赛，580个优质项目在杭落地转化。培育对象所在企业中，13家企业上市或被上市公司收购。大学生创业代表方毅创办的浙江每日互动网络科技股份有限公司成为深交所上市的首家数据智能企业。评选大学生创业之星10名；选拔大学生杰出创业人才培育对象20名，每人给予50万元培育资金。

（五）"绿色智服"优化双创生态。

以"五彩大创"为抓手，把杭州打造成为大学生双创人才集聚地、双创成果转化地、双创文化引领地。

深化双创数字化改革。将数字化改革融入大学生创新创业工作全

2022年杭州创业马拉松

链条，开发"杭州人才引力波"系统（杭州人才数智平台），推出人才码"青荷"版，对来杭就业创业的应届高校毕业生发放"青荷礼包"。深化大学生创新创业"一件事"网上联办，该项目入选浙江省人社系统十大创新案例、杭州市最佳创新案例。

营造大学生双创氛围。推出"杭帮彩"大学生双创智慧服务品牌，推出"春雨计划"，成立杭州乡村振兴人才银行，5年为大学生农创客等提供不少于500亿元信贷资金，助力大学生参与乡村振兴。联动杭州大学生创新创业发展研究院、大学生创业企业发展促进会、大学生创业联盟、创业陪跑基金会等社会组织，为大学生创业企业送服务、解难题，助力大学生创新创业。

三、创新亮点

（一）率先打造大学生创业人才集聚地。

"五彩大创"吸引了一大批大学生来杭创新创业。近三年新引进35岁以下大学生100万以上，2022

年新成立毕业五年内的大学生创业企业近7762家，带动就业1.52万余人。

（二）率先构建共富型大学生创业高质量发展体系。

以"五彩大创"为抓手，率先构建"五位一体"共富型大学生创业高质量发展体系。全市备案大学生创业企业销售额逾160.25亿元，纳税3亿余元，其中销售额百万元以上企业1257家，千万元以上267家，亿元以上20家。涌现出一批大学生创业致富典型。如李晓军带着1200元和"让中国人喝上健康茶"的梦想，从安徽到杭州来创业，目前每年创造税收近3000万元，带动就业400余人，带动农民增收2万人。

（三）率先打造大学生创业标志性成果。

杭州被国务院授予全国创业先进城市称号，被教育部列为全国首批国家大学生创业示范基地，在2022年全省高质量发展建设共同富裕示范区推进大会上作专题汇报。

（四）率先开展大学生创业园国家标准化试点。

编制国内首个大学生创业园管理服务地方标准，并被列为国家社会管理和公共服务改革标准化试点，实现国家、省、市三级标准化项目立项全覆盖。

（供稿：杭州市人力社保局）

29

共护百里配水线　联融共建共富村

党的二十大报告中指出:"中国共产党领导人民打江山、守江山,守的是人民的心。"杭州市水务集团牢记"配水来自人民,配水为了人民",以"饮水思源"的姿态,努力让沿线地区和人民共享水利发展成果。

一、目标成效

2003年,时任浙江省委书记习近平同志专题调研水利工作,对浙东引水和浙北引水等解决区域性水资源配置的重大课题提出要求。浙北引水就是现在的千岛湖配水工程。2011年6月,杭州启动前期研究工作,组织多家省内外权威专业机构和高校,开展49项专题研究。经过反复论证,提出了严密科学的实施方案。2014年12月24日,杭州市第二水源千岛湖配水工程(简称配水工程)开工建设,2019年9月29日建成通水,全长113公里,截至目前已平稳运行1000余天，累计取水约22亿立方米，受益人口逾千万，获浙江省优质工程（钱江杯奖）、浙江省十大最美水利工程等荣誉。

二、实践内容

杭州市水务集团党委按照"建强红色水网，打造党建高地"的要求，坚持以水为媒，与沿线二十余家单位建立"113党建联建"，打造"建强红色水网，守护原水安澜，助力共同富裕"党建联建品牌，为"红色根脉"夯土筑基，为满足千万人民对美好生活的向往提供源源不断的优质好水和国企担当。

（一）"党建联建+基建"，搭建共富快车道。

因势利导修共富路。"要致富，先修路。"杭州市水务集团综合考虑配水工程建设对沿线地区带来的影响和沿线百姓修路造富的意愿，累计投入约1.5亿元用于工程沿线的道路修复和提升工程。特别是金竹牌进水口和闲林取水口，由于施工建设车辆进出与当地村民出行共用一条路，给村民带来了不便。工程建成后，专门投入资金提升改造守护原水的"生命通道"，打造"最美"山路，极大改善了道路状况和周边环境，拓宽了共同富裕路。

因时制宜建共富村。淳安金竹牌进水口是配水工程起点，其所在的富泽村由8个自然村合并，三分之一是畲族，村民分散居住在山沟和山头，布局杂乱、环境卫生较差，但村民给予配水工程建设和运行以极大的理解和支持。市水务集团先后投入5000万元整治沿线道路、村社，帮助进行村庄规划改造，打造"最美"民居，增强了村民的获得感、幸福感，写下了共同富裕的生动注脚。

（二）"党建联建+产业"，赋能产链新动能。

改酒窖，打造"共富酒"。桐庐县母岭村以桂花酒特产远近闻名，近年来由于缺少藏酒空间，限制了特色产业发展。配水工程黄昌岭施工支洞恒温恒湿，宛若天然的酒窖，

千岛湖配水工程闲林取水口

因此被母岭村村委"相中",希望工程结束后保留支洞并移交给村里。为支持当地产业发展,在充分论证可行性及确保保护得当的前提下,杭州市水务集团将洞口至洞内近200米的空间无偿移交给母岭村,并提供资金和技术支持,改造后的支洞"变身"为桂花酒酒窖,为该村集体经济年贡献收入40万元。

引流量,探索"共富路"。推广环湖休闲引流,投入80余万建设环湖步道,培育"全杭州唯一可俯瞰最美水利工程"网红打卡点,增加桦树村曝光度。推出共富产品引流,与当地旗枪茶融合共创"闲湖茶",助力乡村致富。推动"精神共富"引流,为600余名桦树村村民点亮"回家看看"微心愿,与《都市快报》、交通918等媒体合作,不定期开展"家门口的博物馆"活动,

组织市民走进最美水利工程,丰富人民群众精神生活。

谋合作,做好"共富水"。跳出配水工程看淳安,围绕水务一体化改革、涉水项目、水产品开发、产业发展、精准帮扶等方面谋划与淳安县签订战略合作协议,共谱共富新篇章,拓展绿水青山与金山银山的转化通道,助力淳安县高质量发展。与淳安县当地包装饮用水企业合作,打造第一个战略合作"共富水"品牌,助力做强、做优、做大淳安水饮料产业。

(三)"党建联建+水网",织密共富保障网。

健全党建联建机制,强化组织保障。紧紧围绕重要节点、重大主题开展党建联建固定党日活动。实行"联席式"组织活动制度,按照"党建活动轮流办"的原则,常态化开展党建活动。配强联建党务干事力量，加强党建联盟经费保障，不断健全党建联建长效机制。

两湖一脉全面布网，守护原水命脉。以守护配水工程为核心，以"全力保亚运、护航二十大"为重点，以闲林湖和千岛湖为两端，构建配水工程运营保障联建矩阵。通过党建联建，结合沿线公安、村社力量（如护林员等），设立1个原水警务室、5支党员巡检队等，协同做好联防联控，形成集"公司巡检+属地帮巡+公安护航"于一体的配水工程保护网，全力保障1400万杭嘉人民用水安全。

定期走访结对帮扶，密切党群联系。把结对帮扶作为共享发展成果、强化党群干群关系的常态化工作，深入开展、落实落细。党员干部带头与沿线村社困难群众结对，有针对性地制定帮扶措施，通过帮助就业、资金捐赠、物资帮扶、政策宣讲等多种方式开展帮扶，着力解决实际困难。建立定期走访机制，在春节、重阳等节日开展走访慰问，履行国企社会责任。

三、创新亮点

（一）水网共建，是忠实践行"八八战略"，回应人民对美好生活向往的时代强音。

党的二十大报告指出，中国式现代化是全体人民共同富裕的现代化，是物质文明和精神文明相协调的现代化。市水务集团发挥"红色水网"网格联络效应，搭建工程推进共治共享平台，确保了工程高质量建成。

（二）水网共护，是惠民心、暖民心的重要举措，保障了杭嘉人民"品质生活"。

坚持党建统领，把党建工作嵌入配水工程安全运行，通过打造"建强红色水网，守护原水安澜，助力共同富裕"党建联建品牌，最大限度实现了资源共享，集成发挥联建最大效能，筑牢原水守护网。

（三）水网共富，是贯彻以人民为中心发展理念的实际行动，探索了助力共富的创新路径。

中国式现代化是全体人民共同富裕的现代化。在杭州在以"两个先行"打造"重要窗口"中展现头雁风采的时代背景下,将红色水网党建联建拓展成一个破难解题、资源共享、合作共赢的新平台,聚焦扩大"红色朋友圈",实现由"单兵作战"到"抱团提升",深入挖掘党建和业务相融合潜力,形成党建和共富相促进的新局面。

(供稿:杭州市城投集团)

30

建设城市 CBD 打造天堂新地标

习近平同志在浙江工作期间明确提出,"杭州不应当仅仅是浙江的杭州、中国的杭州,也应当是亚洲的杭州、世界的杭州"。杭州钱江新城的建设发展,是杭州全面贯彻落实习近平新时代中国特色社会主义思想的生动实践,也是忠实践行"八八战略"、奋力打造"重要窗口"的标志性成果。

一、目标成效

二十多年来,杭州市钱江新城管委会坚持以人民为中心的发展思想,一张蓝图绘到底、一任接着一任干,坚定不移地沿着"八八战略"指引的路子走下去,将钱江新城打造成为杭州政治、经济、文化新中心,用实干和实绩彰显"八八战略"的真理光芒、实践伟力和时代价值。

钱江新城作为杭州政治、经济、文化新中心,实现了"杭州CBD、天堂新地标、服务业主平台"的建设目标。特别是 G20 杭州峰会后，成为浙江乃至全国展示新时代城市发展成果的一张"金名片"。功能布局上，钱江新城集聚了全省数量最多、规格最高、门类最全的金融机构和企业，成为现代化大都市经济活动最频繁的集散地。生态环境上，坚持"以人为本，以活动为中心"理念，充分利用河道及沿江自然景观打造现代、大气的城市开放空间，并规划了多处大型集中绿地公园。文化兴盛上，注重运用本土文化元素，打造极具杭州特色的高品味公共文化空间，为市民群众提供多元文化服务。

二、实践内容

（一）发挥体制优势，凝聚强大创新合力。

钱江新城是杭州城市发展从"西湖时代"迈向"钱塘江时代"的主标志，充分体现了社会主义制度集中力量办大事的制度优势。

牢固树立"大杭州"意识。坚持"一盘棋"的系统思维，摒弃"拆旧城，建新城"的原有思路，确立"保老城，建新城"的发展模式，坚持"高起点规划、高标准建设、高强度投入、高效能管理"的"四高"方针，借鉴国内外优秀中央商务区规划建设经验，有效推动杭州城市建设中心转移到钱塘江两岸，成为体现 21 世纪杭州现代化城市景观的城市中心区。

持续强化队伍建设。践行"5+2""白 + 黑"的奋斗理念，弘扬"星期六保证不休息，星期天休息不保证"的新城精神，坚持"今天你下工地了吗？今天你完成任务了吗？"的新城观念，发扬"走进千家万户、说尽千言万语、想尽千方百计、历尽千辛万苦"的"四千"精神，系统快速推进征迁工作、工程建设，多措并举，精准招商，全方位提升综合管理水平。

科学规划产业布局。着力发展以现代金融、楼宇与总部经济、商贸服务与会展旅游为主的高端服务业，不断完善电子商务、信息技术、物流等配套产业体系,加快打造更具核心竞争力的现代产业集群。如今,作为钱塘江金融港湾核心区的主核,钱江新城改变了杭州原有小、散、乱的金融、商务产业布局,成为全省金融机构区域总部、金融要素交易平台、金融专业服务机构、金融研究机构最为密集的区域,三度荣膺"中国楼宇经济十大活力中央商务区"。区域内1900万平方米楼宇集聚了129家省级以上持牌金融机构、877家高端服务业企业和超过三分之二的证券、保险、期货浙江总部,财政总收入从"十三五"开局的32亿元到"十四五"首年突破性达到64.5亿元,实现翻番。

(二)发挥生态优势,营造城市和谐空间。

统筹生产、生活、生态三大空间布局,努力建设人与自然和谐相处、共生共荣的宜居城市,让人民有更多获得感。

打造特色滨水景观。通过精心规划,以核心区块内百余幢高层建筑群构建新城核心区沿江气势恢宏的天际轮廓线,并与钱塘江垂直方向的纵向组群式布置形成错落有致、通透、多视角而富有韵律感的滨江景观,呈现了钱塘江沿岸磅礴大气、独具魅力的美丽风景线。充分利用钱塘江自然资源,打造核心区标志性滨水景观工程——城市阳台,主阳台部分以钱塘江堤岸为底线、外挑江面80米,最大限度地接近水体,成为市民亲水游憩的最佳滨水休闲空间,也是钱塘江上唯一伫立于江面的建筑物。

营造诗意环境空间。注重商业旅游功能与绿化功能的复合,通过降低单个楼宇绿化率,提升公共绿化空间来实现环境的改善和景观的均好性。结合区内水系布局,核心区集中建设富春路—新塘河绿化带及世纪花园、森林公园等绿地空间,区域内绿化面积达1000亩以上,绿化率达46%以上。

强化沿岸风貌管控。依据《杭州市钱塘江综合保护与发展条例》,对《杭州市钱塘江综合保护与发展实施导则》涉及的重点地区、重要节点风貌管控等内容进行评估,合理统筹城市整体空间形态、建筑布

杭州钱江新城

局和视线通廊等。

（三）发挥人文优势，推进文化繁荣兴盛。

高度重视文化建设，为高质量发展建设共同富裕示范区注入强大文化力量。

构建高品质文化空间。重视高度公共文化空间的打造和共享，开展多样化的公共文化服务，杭州图书馆、杭州大剧院、青少年活动中心等，让群众有了更多可知、可感、可及的共富文化体验。在城市阳台引入市党群服务中心、乾嘉书房等"小型—开放—美好—多态"的"嵌入式"新型公共文化空间，不断丰富高品质文化供给。

举办复合型文化活动。以城市阳台、波浪文化城等开放式空间为平台，钱江新城每年举办"钱塘江文化节""宋韵文化节""博物馆奇妙夜""拥江发展摄影展""荧光徒步夜走活动"等文化活动，让宋韵文化、钱塘江文化、亚运文化等在此相互交融、相映生辉。不定期举办浙音城市阳台系列音乐会、"流浪椅子新生计划"限时展览等艺术展演活动，满足市民游客文化需求。

打造城市文化金名片。2016年G20杭州峰会以来，以沿江31幢现代化建筑为屏幕，倾力打造城市文化金名片——钱江新城灯光秀，在重大节日和重要事件节点持续推出百余个不同主题的灯光秀及无人机编队表演，通过丰富立体的璀璨光影弘扬主旋律、传播正能量。

三、创新亮点

（一）发展理念和思路创新。

钱江新城是杭州市委、市政府创新发展理念、发展思路的试验成果。从"拆旧城、建新城"到"保老城、建新城"，钱江新城成为杭州城市建设史上首次由正局级事业单位为主体进行规划、设计、建设、经营、管理的建设项目。钱江新城建设以准国家级开发区模式，按照"政府主导、企业主体、市场化运作"的原则，通过对土地等各类城市资源的经营，走出了一条建设资金自求平衡的新路。

（二）规划设计理念创新。

采用中轴对称的规划布局，中间低、两边高，并引入楔形绿地，形成"双轴、双核、两带、八片"的规划空间布局。作为国内首个在新区建设中进行地上、地下空间一体规划建设尝试的工程，钱江新城着力做好地下空间与地上空间的有机结合利用，形成了地面为主、地下和空中为辅的立体步行系统。首次规划并建设"共同沟"，对地下管线进行立体综合开发，让地下空间为城市防灾服务。

（三）开发建设机制创新。

管理机制方面，成立大项目指挥部管理体制，把各项重点工程建设任务落实到指挥部，责任到人。行政审批管理方面，实行项目"审批不出新城"，建立政府职能部门派驻机构和人员审批机制,落实规划联席会议联合审批制度以及社会性投资项目立项备案制度。融资运作方面,以政府为依靠,实现"自我借贷、自我建设、自我出让、自我还贷"的资金自求平衡。钱江新城建设启动后的短短三年内,建设资金达到动态平衡,吸引了大量社会资本,带动了千亿元投资,建设融资水平在全国同类新城新区中名列前茅。

(供稿:杭州市钱江新城管委会)

31

高质量打造未来社区共富单元

习近平总书记高度重视基层基础工作，对城乡社区工作提出了一系列新观点、新论断，为未来社区建设提供了遵循、指明了方向。以党建为统领，建强基层组织、建好未来社区，是推动习近平总书记关于城乡社区工作的重要论述精神在杭州落地生根、开花结果的重要举措，对于开创城市基层党建引领基层治理新局面，具有重要的政治意义、实践意义。杭州深入贯彻习近平新时代中国特色社会主义思想和党的二十大精神，全面贯彻落实习近平总书记对杭州工作的重要指示批示精神，踔厉奋发、鼓足干劲，深入实施"八八战略"，坚决扛起高质量发展建设共同富裕示范区的使命担当，聚焦缩小"三大差距"主攻方向，推动共富成果可及可感。

一、目标成效

社区作为城市居民生活和城市治理的基本单元，是党和政府联系、服务人民群众的"最后一公里"，是承载居民共同富裕美好生活的社会基底。2021年，浙江被赋予高质量发展建设共同富裕示范区的光荣使命，杭州提出争当浙江高质量发展建设共同富裕示范区城市范例，并把创建未来社区作为贯彻落实党中央决策部署的有力举措和创新实践，一体推进物质富足、生活富裕、精神富有。

计划到2023年底，全市累计建成100个未来社区；到2025年底，全市累计创建未来社区500个左右，覆盖40%左右的城市社区，全域高质量推进未来社区建设取得实质性进展，未来社区成为城市社区新建、旧改的普遍形态和普适性要求。

二、实践内容

（一）高起点规划，描绘全域共富新图景。

构建分级分类的规划体系。对全市1200余个城镇社区公共服务设施进行调查，划分15分钟生活圈344个、5分钟生活圈1690个，将城镇社区专项规划中的配置要求细化落实到国土空间详细规划、规划设计条件，建立城镇社区建设专项规划—国土空间详细规划—规划设计条件的传导实施机制。

完善全要素保障的制度体系。在全省率先制定施行市级《城镇未来社区验收办法》，强化党建引领和文化彰显，突出需求导向，推动形成"大胆创新、百花齐放"的建设格局；出台全省首个市级财政性资金专项奖补办法，累计拨付奖补资金1.77亿元，充分发挥奖补资金"四两拨千斤"作用。

谋划全域覆盖的创建体系。制定《杭州市未来社区创建三年行动计划（2023—2025）》，建立"全域规划+年度计划"的项目实施机制，努力使未来社区成为城市完整社区的普遍形态，推动以"一统三化九场景"为标志的优质城镇公共服务从局域供给向全域覆盖布局。

（二）高标准建设，打造品质宜居新空间。

全面开展公共服务补短板行动。在深入调查居民需求基础上，以创建儿童友好城市、青年发展型城市、老年友好型社区和无障碍社区等为契机，进一步加强托幼、教育、医疗、健身、文化、养老、助残、物

老年食堂

流、商超、物业等设施的统筹配置，补齐公共服务短板。

全面联动老旧小区改造。聚焦小区空间腾挪难、公共服务下沉水平低、邻里交流活动载体少等问题，以"一老一小"为重点，通过"建设一批、改造一批、腾挪一批"等多渠道加快场景织补升级，落实各类公共服务和普惠服务。

全面加强社区文化挖掘与特色营造。以社区综合邻里中心为主要载体，注重文化基因提炼、传承与发展，将文化元素融入场景建设与社区风貌打造，推动物质富足和精神富有和谐共生，打造了"幸福荟""邻里坊"等一批共富品牌。

（三）高质量服务，构建幸福生活共同体。

将党建优势转化为共富优势。在全省率先出台《关于开展未来社区党建分类试点工作方案》《党建统领未来社区工作规范指引(试行)》

《关于深化区域党建联建助力未来社区建设的通知》，加快构建"党建统领、多跨融合、数智赋能、共建共享"的未来社区治理新格局，将各类资源下沉到社区，助力党建统领未来社区建设工作有的放矢、高效推进。

将数字优势转化为治理优势。充分发挥杭州数字化基础好、数字治理水平高的优势，制定《杭州市未来社区数字化建设指南》，按照"共性普惠"和"个性可塑"标准指导各地低本高效构建智能便捷的未来社区一体化平台：纵向高效链接"浙里未来社区""浙里康养""浙有善育"等数字化系统，打造智慧就餐、托育一件事等便民场景，实现优质资源落地未来社区；横向打通与区级治理平台的数据壁垒，串联商家、物业、居民等主体，以绣花功夫提升社区智慧治理水平。

将运营优势转化为服务优势。充分发挥杭州优质服务商云集、供给侧质量过硬的优势，推动"有为政府"与"有效市场"双向发力，相向而行。发布全省首个未来社区优秀服务商名单，动态引进培育综合运营、"一老一小"等重点领域的服务商，发展壮大未来社区产业联盟，激发市场供给潜力。

三、创新亮点

（一）探索建立城镇老旧小区改造与未来社区创建的联动机制。

在规划统筹、项目建设、技术标准、政策资金上加强联动，形成良好的互动互促关系。鼓励老旧小区片区联动建设未来社区，杭州成为全国首个提出将行政事业单位、国有企业存量用房提供给街道、社区用于老旧小区未来理念功能配套的城市，累计盘活国有存量用房约3.4万平方米。2022年10月19日，《人民日报》刊发《改造老旧小区 满足居民所需》专稿，对杭州以居民需求为导向，引入未来理念，连片谋划公共服务设施布局给予肯定。

（二）推进"2+X"老幼融合服务场景建设，一体化解决"顾老＋看小"难题。

"2"是指提供护理、中医药等医养结合服务的社区卫生服务中心（站）和满足多龄段需求、提供学习课程的幸福学堂。"X"是指因地制宜开展住房设施和适老化住宅改造、打造婴幼儿照护服务驿站、搭建社区育儿一件事掌上服务应用等。

（三）在全国范围内首个发布《党建统领未来社区工作规范指引（试行）》。

积极推进区域党建联盟建设，在不改变原有组织管理架构、关系隶属的前提下，由各创建单位所在镇街党组织牵头，汇聚市、区两级住建部门和有关条线下沉力量，吸收街道社区周边共建资源，成立区域党建联盟。联盟成员在组织、资源、业务等方面全方位融合，建立常态运行机制、条块联动机制、清单管理机制和服务评价机制，在加强未来社区系统谋划、统筹项目推进、赋能长效运营等方面切实发挥作用，将党建工作贯穿未来社区创建全过程，形成"党建统领、多跨融合、数智赋能、共建共享"的未来社区治理新格局。

（供稿：杭州市建委）

32

深化山海协作　奋进共同富裕

山海协作工程是浙江沿海经济发达地区支持浙西南山区、海岛等欠发达地区发展的一项重大战略，是习近平同志在浙江工作时亲自谋划、亲自部署、亲自推动的一项重要工作，是"八八战略"的重要组成部分。

21世纪初期，时任浙江省委书记习近平同志从全省全局出发，深刻认识到山区发展是现代化进程中必须补上的"最短的那块板"，并敏锐地观察到欠发达地区蕴含的独特山海资源优势与培育新的经济增长点的潜在空间，明确指出："我们应该看到丰富的山海资源优势，念好'山海经'，把欠发达地区和海洋经济的发展作为我省新的经济增长点。"山海协作工程应运而生，成为推动山区、海岛等欠发达地区的发展"助推器"，走出一条具有浙江特色的区域经济协调发展新路子。

一、目标成效

杭州忠实践行"八八战略"，扛起省会担当，先后与衢州市、丽

淳安县乡村振兴示范点项目

水龙泉市和缙云县、温州泰顺县等地结对,携手推进山海协作。二十年来,杭州遵循"政府推动、市场运作,互惠互利、共同发展"原则,以产业项目合作为中心,推动产业链共创、公共服务共享、生态环境共保、乡村振兴示范点共建,形成以政府引导、企业参与、市场运作、互利双赢的多渠道、多层次、全方位的协作机制,山海协作工程取得丰硕成果。

二、实践内容

(一)高政治站位,健全协作

机制。

杭州坚持高站位、大担当、宽眼界，统筹谋划协同推进山海协作工程，建立健全组织领导体系，形成市、县（市）、乡镇、村四维"山海协作网"，实现部门协同、区县(市)协心、同频共振。

建立高位推动机制。杭州市委、市政府主要领导谋划推动，每年召开市委常委会、市政府常务会议和全市对口和山海协作工作领导小组会议，专题研究部署山海协作工作。党政领导定期率团访问、开展交流，与协作地区共同推动实施山海协作各类合作项目，累计开展各类对接活动600余次。

建立定期沟通机制。坚持定期对接、分析和通报，及时沟通相关信息，分析问题、研究对策，加快项目合作进度。

建立季度通报制度。市对口和山海协作工作领导小组办公室每季度通报全市山海协作工作指标完成情况，激励先进、鞭策后进。

（二）高协作效能，做实平台项目。

始终坚持以协作平台建设为主阵地，充分发挥各自特色优势，积极探索产业协作平台建设，增强内生发展动力和发展空间。

做实产业合作项目。为促进杭州产业梯度转移和企业扩大再生产，实现"腾笼换鸟"，杭州与衢州、丽水等地区累计签订合作项目4048个，到位资金1901.21亿元。

抓实产业园主平台。实施山海协作工程以来，杭州先后投资18.85亿元，推动柯城—余杭、龙泉—萧山山海协作工业产业园和淳安—西湖、缙云—富阳山海协作生态旅游文化产业园建设，其中柯城—余杭工业产业园、缙云—富阳生态旅游文化产业园连续多年获省级考核优秀等次。经过近十年发展，产业园已成为助推协作地区经济发展的加速器。

谋实"飞地"平台载体。近年来，协作地区依托杭州人才、技术、市场、资金优势，大力发展"飞地"经济，先后在杭州建成衢州海创园、余杭—柯城未来科技产业园、江干—江山"科创飞地"、丽水数字大厦、淳安智谷大厦等项目。35个"科创飞地"、5个"产业飞地"、5个"消薄飞地"落地杭州，成为协作地区引进高端人才、促进产业升级和科技成果转化的窗口与桥头堡，成为推动高质量发展的重要引擎。比如，衢州海创园两期总投资15.27亿元，占地75.66亩，共有11栋建筑，园区以"产业发展的新引擎、人才聚集的新高地、山海协作的新典范"为目标定位，已吸引61家企业入驻。丽水数字大厦依托"研发在杭州，生产制造在丽水"互动模式，累计引进企业80家。

（三）浓协作氛围，夯实民生事业。

杭州充分发挥省会城市优势，与协作地区全方位开展民生和公共服务领域的合作，不断提高百姓幸福指数。

教育协作有活力。引导浙江大学"两院"、杭州电子科技大学"四院"、浙江中医药大学落户衢州联合办学，杭州776所学校全部与协作地区结对。

医卫协作有作为。依托医共体建设，杭州56家医疗卫生单位与协作地区建立合作关系。联手打造中西医结合肾病联盟衢州诊疗中心，总投资约4亿元的树兰（衢州）医院项目落成，全面开展医疗健康信息化（钉钉未来医院）协作，推进城市大脑医疗健康应用。

文旅协作有成效。杭州市总工会在协作地区设立40个疗休养基地。钱塘江诗路之旅游轮开通，打开杭衢水上旅游新通道。

振兴乡村有亮点。杭州累计投入4亿元用于支持协作地区乡村振兴示范点建设，帮助对接杭州市场，培育和带动发展一批绿色产业项目，探索实践党建引领、市场运作、产业培育、人文兴盛等助力乡村振兴新模式，推动乡村面貌变化、农旅产业融合、群众消薄增收。衢州柯城张西村、江山长三源村、龙游浦山村等一批乡村振兴示范点得到国家、省、市领导及相关部门的充分肯定。余杭区依托全国首个阿里村播学院，协助柯城区万田乡弈园村建成"村播基地"，带动1000名以上新农人就业。

三、创新亮点

杭州立足发挥"山""海"比较优势,结好山海情、奏响协作曲,为缩小省域发展差距、促进浙江山区 26 个县跨越式高质量发展贡献了杭州力量。

(一)山海相拥,推动山区县跨越式高质量发展。

2003 年以来,杭州在项目、资金、人才等资源要素上全方位支持协作地区发展,签订山海协作战略合作协议 200 余个。抓住产业项目牛鼻子,推动杭州产业项目优先向山区县转移。支持龙头企业布局落点,发展"地瓜经济"。引导链主企业延链、补链,与协作地区企业建立山海协作产业链关系。真金白银支持产业平台建设,有效激活山区县造血功能,成为当地经济发展工业主平台。在全省山海协作工作考核中,杭州历年均获优秀等次。

(二)山海联动,探索双向合作互利共赢模式。

充分挖掘山区县生态价值和资源要素,惠及杭州发展。加强土地要素合作,以耕地代保等方式,协作地区累计为杭州提供各类土地要素指标 30 多万亩。注重产业互补,杭州企业在山区县得以发展壮大。2014 年落地衢州江山的"娃哈哈",依托江山优质水资源,先后布局 6 个品种水饮,已实现年产值近 2 亿元,有力反哺了杭州"娃哈哈"母公司。共保绿色生态,建立钱塘江上下游生态环境共保机制,衢州等地先后开展劣五类水整治工作,确保钱江出境水质在三类以上,保护了共同的母亲河。共享生态旅游,先后开展绿色生态、红色资源保护开发等领域合作,在衢州、丽水等地建立杭州疗休养基地,协作地区成为杭州市民休闲游玩目的地。

(三)山海共生,结出携手推进共同富裕幸福果。

推进山海协作乡村振兴示范点建设,累计拨付 4 亿元财政资金,支持淳安县大下姜村振兴联合体、胡家坪村"企业+村集体+农户"的共富模式、衢州柯城沟溪乡七个村"一心一带两翼"乡村振兴共同体等建设,乡村振兴示范点村集体经营性收入均突破30万元。推进科教文卫等领域合作，实施医共体、教共体、名师专家师徒结对，全面提升山区县卫生、教育水平。衢州江山的学军班依托杭州学军中学资源，先后斩获全国奥赛决赛金牌1枚、银牌3枚，不断在国家、省、市级学科竞赛中取得各类奖项，获奖层次和人数逐年提高。

（供稿：杭州市对口支援和区域合作局）

33

东西部协作助力乡村振兴示范村建设

2002年12月,时任浙江省委书记习近平同志致信广元市委、市政府,提出"我们手拉手,共同奔小康"。2004年5月,习近平同志带队赴四川广元等地调研考察对口帮扶工作,明确指出,要把对口帮扶工作作为自己的"责任田"来种,对口工作要长期扶持,越做越好。

一、目标成效

2021年新一轮东西部协作启动以来,杭州市拱墅区与广元市昭化区牢记习近平同志的殷殷嘱托,全面开展天雄村"乡村振兴示范村"建设,立足天雄村村情实际,大力实施"四个三"战略,助力果蔬产业发展,打造浙川东西部协作乡村振兴的新时代样板。

二、实践内容

(一)"三引"创"三园",产业振兴促发展。

坚持协作带动,实施产业振兴"三引"行动。

"吸引"创草莓园。通过东西部协作平台,吸引杭州、宁波等地

5名浙江业主种植草莓250亩,建立163个大棚,形成初具规模的浙川草莓产业园,带动周边农户种植草莓30亩,实现年均收入750万元。

"回引"创水果园。紧抓东西部协作契机,回引在浙江等东部地区发展的青年人才返乡创业21人,创办浩腾农业、虎头寺等一批经济组织,建立水果大棚60个,种植火龙果100亩,枇杷、柑橘150亩。

"招引"创菜博园。发挥财政资金"四两拨千斤"作用,整合东西部协作等各类资金,形成了天雄村特色产业"菜博园",重点打造四川芥香商贸无土栽培有机蔬菜60亩,辐射招引洪绿家庭农场等5名业主种植昭化有机蔬菜450亩,实现年均收益1000万元左右,带动稳定务工就业120余人,人均收入达5000元左右。

(二)"三变"助"三收",农旅融合搞经济。

依托昭化古城丰富的旅游资源,结合天雄村特色农业产业,实现产业多元化向集约化转变。

田园变庄园。投入东西部协作资金,引导建设集农、旅、游、娱、购于一体的"果然多"农旅采摘体验园1000余亩,按时节梯次种植火龙果、黄瓜、草莓、红提等有机果蔬30余种,设有亲子采摘、苗圃培育、休闲观光等区域,实现一年四季业态常青。

园区变景区。引导村集体、农户积极发展4家农家乐、民宿等新业态,开发研学体验等功能,综合开发路边花坛、游步道、文化小品等,实现年乡村旅游接待游客5万人次,收入400余万元,人均增收近6000元。

农户变租户。集约利用农用地,发挥土地更大效益。流转土地800亩,年流转收入达144万元,村集体经济经营性收入达12万元以上。

(三)"三改"提"三质",人居环境大提升。

2022年实施东西部协作乡村振兴示范村建设项目,补齐村建设短板,村容村貌得到大幅度改变。

"改亮"提升出行质量。新增配套居民小区太阳能路灯20盏,实现村主干道两横两纵光亮全覆盖,

四川广元天雄村

补齐居民夜间出行短板,保障居民夜间出行安全。

改厕提升生活质量。规范完善4处生活垃圾分类收集点、垃圾箱、清运工具等,按照"三净两无一通"(地面净、墙壁净、厕位净、无溢流、无臭味、水通)要求,改造农村户用卫生厕所41户,改善了生活条件。

改污提升环境质量。建设"污水一体式"集中收集处理利用设施1处,三级化粪池3处,污水管网300米,打造"前庭后院、瓜果蔬菜、鸡犬相闻、鸟语花香"的生态微田园(果、菜、花)35户。

(四)"三化"促"三治",优化布局强服务。

通过数字化、集约化、规范化,进一步完善健全自治、法治、德治相结合的乡村治理体系。

功能布局集约化。围绕村史馆建设,集中布局党群服务、老幼服务、农事服务等功能,支持打造妇女儿童之家、养老活动中心、农事服务超市等,打通基层服务"最后一公里"。

基层治理数字化。引入杭州"最多跑一次"改革经验,打造村能办平台,实现"村代办"到"村能办"的转变,让村民在村内就可完成大部分便民审批事项。在此基础上,进一步探索打造"1+5+N"数字乡村系统。1个平台,即天雄村数字乡村平台;5项服务功能,即党务、村务、商务、事务、服务等"五务合一";N个终端,村民可通过小程序进行办事、阅览,推动乡村公共服务数字化。

乡风民俗规范化。建立道德积分制,广泛开展"星级文明户""好公婆""好儿媳"等评选活动,群众参与制定评选标准,评出大家参与、群众认可的"星级文明户"207户、"好公婆"2个、"好儿媳"3个,签约村社法律顾问1名,培育法律明白人7人。开展法治宣传进社区活动,建立规范化的调解室和法治宣传室,有效抵制不良社会风气。

通过抢抓东西部协作机遇,在天雄村大力实施"四个三"战略,取得了较好发展成效。村容村貌大幅改善,村内道路、房屋、路灯等均有提升,村民屋内厨房、厕所环境显著优化。村集体经济规模实现快速增长,带动周边群众通过多种方式实现增收致富。村民文明素养有了进一步提高,村民之间关系和谐。群众满意度和获得感进一步增强,各项公共服务供给能力显著提升。

三、创新亮点

(一)创新东西部社会共建模式。

改变过去东西部协作以政府支持为主的模式,突出政府引导、社会共建的发展模式。东西部协作财政资金在天雄村的发展中主要起到托底、引导等作用。如在草莓园建设中,将东西部协作资金用于发展村集体经济,主要建设资金来源于杭州建德等地的企业投资,取得了良好的引导效应;妇女儿童之家、老年活动中心等项目由东部企业爱心资金建设,改厨、改厕等由财政资金托底。

(二)创新柔性引才助力乡村发展。

通过东智西用、柔性引才等方式,帮助天雄村快速转变发展思路,提升发展效益。借力东西部协作,用好杭州智力优势、数字优势和美丽乡村建设经验，如聘用数字农业专家为昭化数字乡村技术顾问，助力天雄村数字乡村系统建设；引进建德草莓种植专家，帮助当地种植草莓，提升种植技术，改良草莓品种；邀请拱墅区企业、经合社等与天雄村合作，指导集体经济发展，提升集体经济发展质量。

（三）创新数字乡村平台。

在数字乡村系统基础上，借鉴杭州"最多跑一次"审批改革经验，创新"村能办"功能，实现数据多跑路，群众少跑腿。村民可不出村办理便民服务高频事项141项，村民跑路减少70%，时限缩短85%。创新开发农事用工服务功能，村民足不出户便可了解周边用工需求，实现就近就业、零散就业，提高村民收入。

（供稿：杭州市对口支援和区域合作局）

34

厚植农创沃土　激发共富动能

人才振兴是乡村振兴的基础。习近平总书记强调："要推动乡村人才振兴，把人力资本开发放在首要位置……激励各类人才在农村广阔天地大施所能、大展才华、大显身手，打造一支强大的乡村振兴人才队伍。"在浙江省"五路人才促振兴奔共富"人才谱系中，农创客是启动乡村振兴的引擎，赋能乡村特色产业发展的关键。近年来，建德市大同镇深入贯彻落实"八八战略"提出的"积极推进科教兴省、人才强省"的要求，聚焦农创客培育，通过系列举措大力引导广大高校毕业生和在外青年返乡创业，助力农创客成为加快实现农业农村现代化与农民农村共同富裕的生力军。

一、目标成效

2016年，以"稻香小镇"建设为契机，建德市大同镇开始招引农创客前来创业，逐步形成乡村创业创新的浓郁氛围。2018年，大同镇成立全省首个"农创客"党支部，吸引优秀青年农创客向党组织靠拢，并提供各类创业服务。2019年，大同镇投资1600余万元建成农创客中心，供农创客免费入驻以及各类交流共享。同年，该镇出台农创客创业创新奖励扶助政策，从公共服务、资金扶持、政策奖励三方面对农创客进行扶持。通过多项扶持举措，截至2022年底，大同镇农创客中心孵化农创客团队多达124家，人数达488人，经营范围由单一的农产品生产加工销售拓展到生态农业、乡村运营、农文旅融合、电商直播等多领域，销售额连年破亿。

经过七年多的探索，大同镇不仅培育了一批充满激情的农创客，也收获了一系列荣誉和成绩。省、市主要领导实地调研大同镇农创客中心，并对农创客引育工作给予充分肯定。CCTV-1《焦点访谈》、CCTV-10科教频道、CCTV-17农业农村频道，以及《人民日报》、《中国组织人事报》、《CHINA DAILY》、《农民日报》、中国新闻网、中国日报网、《光明日报》、中国网、央视频、《浙江日报》等主流媒体多次报道大同镇农创客返乡创业的励志故事。"三式"引育农创客相关探索，入选浙江省共同富裕最佳实践案例。

二、实践内容

将人才工作贯穿于乡村振兴工作始终，以"引""育""留"全环节助力农创客成长，是大同镇厚植农创沃土，不断激发乡村共富动能的重要举措。

（一）优服务燃梦想，让农创客"引"得进。

出台农创客扶持政策，保障到位。连续四年出台、完善《大同镇农创客创业创新奖励扶助政策》，从初创资金、项目运营、公共服务等方面进行针对性扶持。每年投入的政府扶持资金多达100余万元，截至2022年底累计为农创客创业链接金融贷款多达850万元。

构建农创客培训体系，孵化有形。构建"成长营+培育基地+N场系列活动"的培训体系。以"长三角大学生农创客成长营"为支点、以农创客培育基地为抓手，定期邀请农创领域专家达人举办沙龙分享会，为农创客开展一系列前沿性、针对性、专业化的创业培训辅导活动，不断提升农创客的综合素质和

农创梦工场

技能水平。

　　聚合农创客科技力量，逐梦乡村。与中国水稻研究所合作建设水稻育秧中心，引入全国领先的水稻叠盘暗出苗育秧技术和全自动流水线，为农创客发展现代农业提供科技支撑。与浙江省农科院合作，引进"建德红""建德白露"等草莓新品种，为农创客的草莓繁育提供"芯"动能。建设苞茶展示中心，为茶创客带动周边村集体、农户增收提供全频道加持。

　　（二）搭平台助成长，让农创客"育"得好。

　　聚焦党建引领，加强组织保障。成立全省首个"农创客"党支部，围绕农业产业发展、闲置资源开发、土地综合利用等内容为党员创客提供各类帮扶，实现了强党建与促发展双赢。在此基础上，由市级层面统筹推进，联合机关部门、行政村、农创党组织，组建了建德市"稻香小镇"农创大党委，为农创客成长保驾护航。

　　聚焦基地平台，建设创客中心。搭建农创客中心，在供农创客免费入驻的同时，持续完善农产品展示展销、农创客办公培训、农村公共服务、金融助力、创意拍摄、企业策划等诸多功能，为农创客提供家的温馨。

聚焦品牌谋划，推动创业创新。升级农产品为农创品，塑造"梅干菜大王""苞茶界的李子柒""电商达人"等农创客代言人，打造"稻香小镇·农创梦工场"区域公共品牌，推出"喝山泉的大米""不说假话的酒""环游世界的山茶油"等农创产品。

（三）拓路径强推广，让农创客"留"得住。

打通农业链条，激发农创客新活力。高标准建设大同现代化农事服务中心，从水稻育秧中心、农机服务中心、粮食烘干中心、粮油精深加工中心、秸秆综合处理中心，再到农产品展示展销中心，延长农业产业链条，为农创客提供广阔发展空间。

持续升级系统，开辟农创客新赛道。通过打造农创客数字化共富系统，将农创客特色产品、酒店住宿、游乐打卡、研学路线等内容统一到小程序上，形成镇域共富数字单元，为青年农创客提能"地瓜经济"注入"强心针"。

强化宣传推广，引爆农创客新热潮。连续多年举办长三角大学生"农创日"、丰收节、稻香嘉年华等系列活动，持续扩大区域影响力，为农创客提供多样化的展示舞台。以农创客为原型，由中宣部、国家广播电视总局在大同取景拍摄的《我们这十年·心之所向》二十大献礼剧在浙江卫视、江苏卫视等各大主流媒体热播热映并引起强烈反响。大同镇农创客团队作为神秘嘉宾亮相浙江卫视大型综艺《奔跑吧·共同富裕篇》。

三、创新亮点

（一）以共同富裕为目标，实现从"个人创富"到"群体带富"的辩证转化。

一方面，"个人创富"自然延伸出"群体带富"的结果。当地政府对农创客进行培育扶持、助推农创客创业发展的过程，本身也是农创客助力当地经济发展、解决农民就业增加农民收入、吸引更多青年人进入农村创新创业，从而带动更多农民走向共同富裕的过程。另一方面，"群体带富"又进一步转化为"个人创富"的动能。农创客带动村集体经济发展壮大、带动更多农民就业，促进村强民富的相关事例，经过宣传报道之后，让更多农创客意识到创业不只是实现自我价值的过程，更是超越经济利益，贡献文化价值、社会价值的过程。这种认识转变和价值升华，又在不断推动农创客为本地经济发展、产业升级作出新的更大贡献。

（二）以平台搭建为保障，实现从"重点培优"到"全域服务"的链式延展。

区别于许多地方在引育农创客时有针对、有重点的扶持，大同镇通过搭建"物理空间"与"社会服务"两大支持性平台，为农创客创业创新提供全域服务链条。在物理空间支持端，搭建集办公、培训、公共服务、产品展销、金融代办等功能为一体的农创客服务中心，不仅让农创客"有家可驻"，同时也形成了聚合优势，低成本供给农创客创业中的大量外部性公共品。在社会服务端，通过成立"农创客"党支部吸引更多优秀创业青年向组织靠拢；打造人才服务驿站，为农创客提供法律援助、健康娱乐、心理疏导等多项服务。这两大支持体系相互耦合，构成了一个从农创客招引、项目落地、培育孵化到发展壮大的全环节与全周期的服务网。

（三）以利益联结为抓手，实现从"单向引育"到"三方互促"的有机循环。

在推动乡村创客发展过程中，除了强调政府单向引育、扶持外，大同镇还特别重视将农创客引育、产业发展与共富工坊构建成一个稳定的三角系统，实现三者之间相互促进、有机循环。一方面，深化共富工坊新模式，以"一链十坊"推动农创客升级2.0版，搭建一个以农创客为核心引擎，集产业延伸、文创开发、研学路线等多元业态为一体的工坊矩阵,为农创客创业提供良好的机制支撑。另一方面,随着越来越多的农创客加入三方体系,又反过来推动形成更多产品、更优质量、更广市场的乡村创业格局,由此进一步凸显出稻香小镇的综合优势,助推农创客在全力推进农业农村现代化建设的新征程中阔步前行。

(供稿:建德市)

35

以"强社惠民"助推城乡社区现代化建设

2003年,时任浙江省委书记习近平同志在擘画"八八战略"时指出,要进一步发挥浙江的城乡协调发展优势,加快推进城乡一体化。习近平总书记始终关心浙江城乡协调发展,2015年5月来浙江考察时,要求浙江在推进改革开放和社会主义现代化建设中更快一步,继续发挥先行和示范作用。为深入学习贯彻习近平总书记关于城乡社区工作的重要论述,认真落实省、市党代会和城乡社区工作会议精神,切实推进现代社区建设工作,作为杭州市首批"强社惠民"集成改革省级试点地区,钱塘区迅速行动、细致研究、抓好落实,从盘活资产、筹措资金、整合资源入手,积极探索发展社区集体经济新路径新模式,有效提升社区惠民便民的内生力和自转力。

一、目标成效

自2022年7月试点工作开展以来,钱塘区全力推进城乡现代社区建设迭代升级,已实现"一街道一试点社区",覆盖四大城乡社区类型,建成一批标志性强社惠民项目,并力争到2023年底,基本形成一套可复制可推广的社区集体经济发展路径，培育一批全省优秀试点案例，以点扩面形成具有钱塘辨识度的强社惠民攻坚成果，实现社区全覆盖，品质大提升，为忠实践行"八八战略"、奋力打造"重要窗口"，高质量发展建设共同富裕示范区打下坚实基础，为加快推进"四个全域"、勇当"两个先行"时代先锋贡献钱塘力量。

二、实践内容

（一）深挖内部潜力，发挥资产效能。立足资源禀赋，创新思路、多措并举，深度挖掘社区自身潜力。

摸排闲置资产，高效盘活利用。通过社区摸底自查、行业部门协查、市级部门核查等方式，对辖区内国有企业和行政事业单位闲置资产、前期安置剩余房产等开展全覆盖排查，建立登记台账。针对不同房屋权属特点，区级层面统筹制定分类使用的指导政策，加强盘活使用。共排摸社区可用闲置用房270处，建设惠民停车场、24小时无人服务点等10余个项目，为居民生活提供了更多便利。

唤醒沉睡资源，赋能经济发展。梳理社区内多级资产，建立14张闲置资产清单及专业人才库，通过孵化公益、项目创投、公开招租等形式，实现资源整合和资产复合利用。如义隆社区将闲置15年、总建筑面积约4200平方米的老义盛镇政府大楼重新规划设计改造，打造集办公、商务、休闲、体验于一体的数字贸易创意园区，并配套人才公寓"蓬客公寓"74间，带动周边区域共同发展，解决就业问题。项目改建并投入运营后，预计年新增产值3424万元、亩均产值超过500万元，可实现税收超过274万元、亩均税收超过40万元目标。

创建强社公司，实现自我造血。针对城市型社区社会服务功能外部依赖性强的特点，探索通过"社社联合""村社联合""街社联合"等形式成立强社公司，采取公司化运营模式，为社区居民提供物业、养老、托幼、仓储、家政等服务，以"直接经营、资产盘活、服务创收、

邻里社区嵌入式幼儿园

合作运营"等方式实现创收。如义蓬街道组织包括义隆社区在内的5个社区联合成立强社公司，引入职业经理人运营模式，签订物业管理、商铺运营等意向性项目4个，为居民解决就业岗位200个，实现社区"集体经济发展、惠民服务落实、居民稳步增收"等多方共赢。

（二）外引多方支撑，激发资源活力。链接辖区各类资源，提供多项惠民举措，助力增强社区集体经济。

借力国企优势，开展合作开发。鼓励撤村建居社区的经合社与国企合作开发建设留用地项目。充分发挥企业在开发建设、招商运营等方面优势，打造优质项目。社区获得对应面积约定的租赁收益回报，租赁价格高于市场平均价且逐年递增，从而实现互利互惠，合作共赢。如中沙、七格社区联合区内国企产业集团，对56亩留用地进行统筹开发，实现年均新增集体收入4500万元，比市场价增加的500万元直接用于居家养老服务等阵地设施建设。

借力党建联建，打造共富工坊。以党建联建为抓手、产业升级为导向，搭建"家门口"的共富工坊平台，开展技能培训、企业结对，拓展社区产业空间，持续推动居民增收、企业增效、集体增富。如邻里社区依托社区筑梦工作室，设立e富工坊，为周边有来料加工需求的企业免费提供场地，吸引社区及周边的灵活就业人员进行计量工作，既帮企业解决用工难题，又推动居民在家门口致富。

借力乡贤能人，集聚慈善资源。撬动社会各界慈善资源，充分发挥乡贤能人引领带动作用，成立公益慈善基金会，完善资金扶持机制，促进社区集体经济可持续发展。如下沙街道凝聚社会力量，募集资金400余万元，其中中沙社区基金"蓄水池"约50万元，用于社区首批"五扶五助"项目。

（三）集体经济反哺，拓展惠民矩阵。通过社区集体经济反哺，持续完善社区服务体系，拓展惠民便民功能。

强化社企联动，共建惠民联盟。加强社企联动，成立强社惠民联盟，签订合作协议，滚动发布居民关注度高的幼儿养育、家长课堂、金融宣讲等项目，由成员单位进行领办服务。如义隆社区"隆·心"强社惠民联盟，16家企业成员采用轮班值守方式，为社区持续提供小哥驿站运维等23项优质服务。

部门资源下沉，办好惠民教育。推动部门行政资源和项目资源下沉，依托教育政策突破，社区利用国企闲置房产，打造社区公办嵌入式幼儿园，为产业工人、人才子女提供托幼一体化教育服务，实现政府、企业、社会三方共赢。如邻里社区2300平方米的嵌入式"幸福里公办幼儿园"于2022年11月开园，设置4个班可容纳110名学生。

聚焦一老一小，优化惠民配套。结合居民实际需求，将社区服务用房打造成集健身、娱乐、学习为一体的多功能服务场所，满足不同年龄段居民的日常需求。如田城社区聚焦一老一小，打造云上澜苑邻里活动中心，为社区居民提供专业化、个性化、便利化的服务，弥补安置房小区配套服务设施不足的问题。

三、创新亮点

（一）健全长效机制，聚力攻坚克难。

"强社惠民"集成改革试点工作开展以来，钱塘区成立由区委常委任组长、20个部门协同推进的强社惠民领导小组，抽调4名人员组成专班办公室实行脱岗集中办公，深入开展调研部署、协调论证、定期会商，上下联动一体研究问题、理清思路。街道、社区联动成立工作专班，主动作为，精准发力，结合社区实际进行试点，切实扛起"强社惠民"集成改革试点建设主体责任。

（二）创新工作方法，坚持精准施策。

坚持以点带面，在全区61个社区中，选定邻里、中沙、义隆等7个具有代表性的社区作为试点，制定"一社区一方案"。在充分调研基础上，制定"强社惠民"工作十法，为街道、社区提供有效的探索路径。特别是通过推行"社区闲置资产造血法"，社区自有的130处、2.5万平方米面积空置资产得到高效租赁，增加社区收入150万元。

（三）勾画发展蓝图，重塑业态布局。

制定《钱塘区社区业态提升三年行动计划（2023—2025年）》和《钱塘区社区服务业态整合提升建设指南》，分期分类有序推进，指导社区合理布局业态。通过招商引资、置换腾挪等方式，打造生活缴费、银行、通信、商超、餐饮等便民服务一条街，实现便民服务一站式办理，通过存量更新、补齐短板等手段，力争实现城镇社区公共服务现有评价指数明显提升。

（供稿：钱塘区）

36

打造妇女助力共同富裕的千鹤样板

习近平主席在2015年全球妇女峰会上指出:"在中国人民追求美好生活的过程中,每一位妇女都有人生出彩和梦想成真的机会。"而早在20世纪50年代,毛泽东同志就为建德千鹤村妇女打破传统旧俗、投身生产凸显价值、倡导男女同工同酬的典型事迹题写了512字按语,首次明确提出"中国的妇女是一种伟大的人力资源"。千鹤妇女精神应运而生,建德千鹤从此成为"妇女能顶半边天"思想的重要发源地。近年来,建德市守好红色根脉,团结带领广大妇女忠实践行"八八战略",与时代同频共振,在高质量发展中建功立业,打造妇女助力共同富裕的千鹤样板。

一、目标成效

为进一步擦亮千鹤妇女精神"金名片",2020年5月,建德市按照"立足浙江、面向全国、展示新中国妇女运动发展重要窗口"的思路定位,高质量建成千鹤妇女精神教育基地。

建德市千鹤村妇女制作晒面

该基地先后被列入浙江首个全国妇女爱国主义教育基地、浙江省爱国主义教育基地、浙江省巾帼爱国主义教育基地。建德市以此为契机,将传承千鹤妇女精神与实现共同富裕的时代命题紧密结合,坚持以"红"引流、以"红"带富。在千鹤妇女精神引领下,全市涌现出一批巾帼创业新星,带动3.2万名妇女创业就业,人均年增收4.8万元。5名巾帼典型被评为全国"三八红旗手"、全国"巾帼建功标兵",3家巾帼农创企业被评为全国巾帼现代农业科技示范基地。

二、实践内容

(一)红色文化引流,激活妇女助力共同富裕的"源动力"。

重统筹多联动，绘就强"红"带富图景。坚持党建带妇建，牢固树立全市"一盘棋"思想，由市委领导领衔，组建千鹤妇女精神品牌建设领导小组，实行专班化运作。统筹千鹤村周边乡镇农旅资源，成立"梅城千鹤环三江口"大党委联盟，做到规划联动、设施联动、产业联动。创新行政壁垒打通、各类资源共享的联盟机制，实现优势互补、互利共赢，用红色文化加速推动"区域美丽"向"全域共富"转变。

链平台聚资源，放大强"红"带富磁场。探索校地合作、区域联动，与中华女子学院、浙江省妇干校签约合作，承办第三届全球女性发展论坛等全国、省、市活动，11个国家地区60余名专家学者围绕"发挥'半边天'作用、实现共同富裕"主题研究探讨，不断凝聚"千鹤共识"；与韶山毛泽东同志纪念馆、"五四宪法"历史资料陈列馆合作共建，通过红色资源共享、红色基地共建为千鹤引人流、促产销。

强体系塑品牌，解锁强"红"带富密码。以千鹤妇女精神教育基地的培训流量引擎，做大千鹤妇女精神培训产业。通过挖掘千鹤史料、纪实千鹤妇女故事，开发男女平等、乡村振兴、女民兵体验等女性元素鲜明的教学课程，形成以基地为核心、呈放射状向周边乡镇延伸的"一点多元"式现场教学体系，同时引进社会资本，配套完善培训所需的餐饮、住宿设施，释放文旅发展潜力。截至2023年3月，基地累计承接发展中国家女官员、省内外妇女干部、党员干部参观培训27万余人次，带动村集体增收370余万元。

（二）红色文化强基，形成妇女助力共同富裕的"推动力"。

建组织重引领，激发妇女"主角意识"。在两新组织、共富产业链上建立妇联，在妇女生产生活最小单元广泛建立妇女小组，在各类妇创企业、妇创联盟、妇创产业园内打造"三八红旗手"工作室、执委联络站，推行村（社）妇联第一主席工作机制、"妇女议事会"工作制度，将妇联组织优势转化为推动妇女干事创业的有形之手。

建联盟聚优势，鼓励妇女抱团

发展。聚焦女创客生产生活需求，全市共打造"千鹤嫂创业联盟"等妇创服务平台14个。组建以女企业家、女科技工作者为主体的"巾帼共富导师库"，截至2023年3月，已为130余名女创客、应届女大学生提供思想引导、技能传导、管理指导、心理疏导等服务，突破妇女创业单打独斗、势单力薄的瓶颈，实现抱团取暖、共同发展。

搭平台促供需，拓宽妇女创业渠道。依托妇创客、低收入妇女、再就业妇女等多元主体，将"共富工坊"建设与妇女典型选树、妇创产业发展相融合，聚焦"产品加工+"的订单模式打造"来料加工式"共富工坊，延伸预制菜制作、来料加工、非遗女红等产业链条，同步实现妇女"家门口就业""多渠道就业"。截至2023年3月，建德市"巾帼共富工坊"累计实现年产值2.4亿元，带动妇女就业3000余人，人均年增收超3.5万元。

（三）红色文化赋能，增强妇女助力共同富裕的"驱动力"。

扶助赋能，开辟共富赛道。制定实施《关于传承弘扬千鹤妇女精神激励巾帼建功创业的实施意见》，在妇创产业展示区为入驻创业女性提供租金"三免两减半"的政策优惠，着力解决女创客融资难问题。2020年，建德市妇联与金融机构联合开发免担保小额信用"巾帼贷"授信1亿元，截至2023年3月，累计为1.9万名妇女授信贷款42.1亿元。

数智赋能，培育共富先锋。拓宽妇女"云端创业"平台，构建"巾帼云创客+N场系列活动+云创大赛"的培训体系，依托"千鹤嫂直播间"等培训基地，链接高校、女性社会组织，整合全市电商女主播资源成立"巾帼云创客"团队，截至2023年3月，累计开设"巾帼主播训练营"系列培训70余期，800余名妇女走进直播间，通过电商带货为共富探路。

融合赋能，孵化共富产业。将千鹤妇女文化与建德文旅产业相结合，编制实施《千鹤一线红共同富裕示范区五年行动计划（2021—2025）》，高质量建成"千鹤嫂创业街""千鹤传习所"等妇创产品展示区,探索推进"一核三级多组团"全域共富产业带,通过资金共担、项目共建、盈利共分,形成以千鹤村为圆心,辐射周边镇村的"千鹤一线红"共富产业联盟,集红色研学、文旅体验、农特产品开发等多元业态为一体的妇创产业集群初具雏形。全市240余名女创客归巢反哺,带动乡村精品民宿、研学体验等文旅产业提质升级。

三、创新亮点

(一)聚焦共建共富,在文化创新中实现"羊群效应"。

建德市将千鹤妇女精神的"先进性"与共同富裕的"时代性"紧密融合,增强红色文化引领力,实现守正创新。一方面,通过校地合作、基地共建等模式发展红色培训产业,增强红色文化的感召力、传播力和影响力,引领妇女建功立业;另一方面,用新时代先进妇女事迹、现场教学课程滋养红色文化,赋予新的时代内涵,推动千鹤妇女精神在共同富裕的大背景下实现创造性转化、创新性发展。

(二)聚焦共创共富,在协同创新中形成"雁阵效应"。

建德市在传承千鹤妇女精神助推共同富裕的过程中,最广泛地动员、组织、团结妇女。以妇联组织、"导师制"为载体,有效改变了妇女原子化状态,提升妇女干事创业的意识和能力,同时推行"头雁领航、联盟抱团、全域共富"的发展模式,以巾帼共富工坊为载体,延伸产业链条、新增就业岗位,形成"先富带后富""头雁+雏雁"的巾帼雁阵,真正让妇女成为共同富裕的推动者、享有者、受益者。

(三)聚焦共享共富,在机制创新中激发"乘数效应"。

建德市着眼于千鹤妇女精神教育基地红色妇女主题的唯一性,整合资源要素,将红色文化资源转化为红色共富品牌。一方面,通过政策保障、数字赋能激励广大妇女家门口创就业,在擅长的领域内崭露头角,实现自我价值;另一方面,坚持以文兴业,以"培训链"赋能"产业链",推动千鹤妇女精神与特色产业深度融合,做大做强千鹤IP,吸引女创客、女大学生返乡创业,推动妇创产业集群,构建返乡妇女与本地妇女双向发力的"千鹤模式",进一步彰显了千鹤妇女精神的感召力,形成了妇女助力共同富裕的千鹤样板。

(供稿:杭州市妇联、建德市)

37

当好共同富裕排头兵

作为走在全国村级经济前列的先进村,萧山区瓜沥镇航民村始终认真贯彻上级党委决策部署,忠实践行"八八战略",厚植"集体共富"的先发优势,坚持一二三产业协同发展,让企业始终姓"公",让全体村民员工共享经营成果,也为周边村、中西部村携手共富贡献力量。

一、目标成效

航民村发挥体制机制优势,让产业发展成果更多惠及全体村民。用好得天独厚的区位优势,主动融入长三角,探索经济发展新模式。发挥块状特色产业优势,做大做强主业,实现产业协同发展。践行城乡一体化理念,让村民变市民,让农村变城镇。扛起区域发展使命,推动先富帮后富。扩大教育、人才、文化领域支出,为精神富裕提供不竭动力,书写了"创业创新、共享共富"的时代答卷。

二、实践内容

（一）深化农村集体产权制度改革，让"造富全体村民"成为现实。

在20世纪末，在经济转轨的大浪潮中，航民村的当家人朱重庆坚持村集体控股51%以上，把另一部分股权全部量化给村民和管理骨干，逐步搭建起共同富裕的体制机制，将"天上的月亮"变成"手里的月饼"，既看得见，也摸得着，真实可感，让村民、职工得到真真切切的实惠。截至2022年，航民村已进行四次配股。依托集体股权分红所得，村民职工的社会福利得到切实保障。

（二）坚持产业多元发展，共富基础不断夯实。

航民村依靠集体企业发展起来后，并未"分光用光"，而是用"母鸡生蛋"的办法，大厂带小厂，老

航民村村民小区

厂带新厂，向产业链上下游拓展。村级经济从单纯的农业生产向农工商综合经营转变，实现了一二三产业全面协调。航民村的经济体量从12万元增长到112亿元，年工业总产值从38万元增长到140多亿元，最近三年，实现利润年均达到10亿元，年上缴国家税收超过5亿元，拥有全资、控股、参股工商企业35家，实际控股的浙江航民股份有限公司在2004年成功上市。村民年人均收入逐年增加，2022年村民人均收入76800元，企业员工人均收入87800元。航民村在新产品研发、新客户拓展、新领域布局等方面持续挺进，集团印染分公司基于物联网理念率先开展数字化改造，老牌工业走出创新发展道路。航民百泰被杭州亚运会组委会确定为首饰类特许生产企业，借亚运预热向市场推出诸多主题的产品。集团旗下的非织造布公司将客户领域延伸到新能源汽车内饰。

（三）坚持农村城镇化导向，实现村民生活水平全方位提升。

围绕"生产美、生态美、生活美"目标，持续提升村民、职工的幸福指数，率先成为全国新农村建设典范。村民户户住上庭院式楼房和别墅，人均居住面积100平方米以上，家庭轿车保有率90%。除了劳动收入和股权分红，村民每人每年发放福利费3000元，男满60岁、女满55岁的村民另加3000元。2019年航民创业40周年庆典，举办丰收宴，给村民、职工发放有纪念意义的金条、银条，让大家感受到共同富裕的喜悦感和幸福感。

（四）坚持先富帮后富，助力实现更大范围共同富裕。

四十多年来，航民村累计上缴国家税收70亿元，提供丰富的就业岗位，同时积极参与各种社会公益活动。怀着"助一名学子，赢一片希望；献一份爱心，圆一个梦想"的美好心愿，航民村从2003年开始结缘希望工程，参与大学生助学计划，援建希望小学，资助希望小学教师培训等，向地方慈善总会等捐赠5000多万元。自2001年起，航民村每年组织村民、职工开展无偿献血活动，二十年来，参与无偿献血人数达 3000 人次。本着"一方有难，八方支援"的精神，航民村坚持发动村民、职工进行爱心捐款，在 2020 年新冠肺炎疫情期间第一时间捐资捐物，与政府、群众共渡难关。航民村不仅结对扶持萧山区内多个经济薄弱村，以及淳安、建德等县（市）的贫困村庄，而且还到省外的地震灾区等地开展帮扶工作，并通过对外投资的方式，帮助其增强造血功能，带动周边及经济欠发达地区经济社会的发展，实现精准扶贫。

（五）持续加大教育、人才、文化领域投入，不断提升精神润富成色。

1996 年，航民村就建造了设施一流的幼儿园，全村从幼儿园到大学实行免费教育，村民上大学享受奖学金及生活补贴。航民村拥有 1 万多名外来员工，为了让他们在此愉快地工作、幸福地生活，先后建设了三处职工公寓，共 10 万平方米，其中于 2013 年投资 2 亿元新建了 7 万平方米的外来员工居住中心。占地 1 万平方米的航民文化中心于 1996 年投资 1700 万元建成。经过多次扩建，目前已成为拥有综合楼、影剧院、游泳馆、室内篮球场、老年活动室等设施，集剧场表演、城市书房、体育健身、艺术培训、民俗活动、老年活动等功能于一体的大型文化综合体。通过持续开展文体活动，极大地丰富了村民、职工的精神生活，营造了幸福快乐、健康向上的文化氛围。近年来，在省、市、区乡村文化礼堂和文化馆等的推动下，航民村对村庄的文化设施进行了整体布局，由文化中心延伸拓展出航民田园广场（设有智慧跑道）、航民山前广场、集团展陈馆和航民村史馆。三个主题公园构建起航民 5 分钟文体休闲圈，并与瓜沥镇文体休闲圈形成无缝衔接，被评为"浙江省五星级"的文化礼堂，成为"航民人的精神家园"。

三、创新亮点

（一）推进传统产业数字化转型，打造先进制造业基地。

航民股份"布点达"线上报单系统启用,印染行业供应链平台效果显现。与相关单位合作搭建"双碳大脑"平台,精准分析设备能耗,追踪产品碳足迹。各企业结合自身实际,通过智能化手段,让传统企业老树发新芽,焕发新的生机。

(二)推进共富机制不断完善,打造集体经济样板。

将村集体49%的股权量化到所有村民和经营管理骨干,形成利益共同体。构建"充分就业+按劳按资分配+社会福利"的共富模式。集团多次增发扩股,二十多年来村民人均累计分红达到40万元。

(三)推进加速接轨长三角,打造村级组织跨区域合作典范。

航民村与上海九星村、浙江东阳花园村、台州方林村、奉化滕头村组建五村控股公司,通过创建合作平台、资源共享平台、互动交流平台,共同推进乡村经济和文化产业发展,扩大村企知名度和影响力。

(四)推进福利制度走深走实,打造共富共享区域标杆。

全村从幼儿园到大学实行免费教育,上大学享受奖学金及生活补贴。村民年年有分红,每人每年发放福利费3000元,60岁以上老龄村民每人每年加发老龄生活补贴3000元,大米、菜油全年免费供应,节日发放物资。村民家家户户住上别墅,建有外来员工居住中心,享受小区式管理的住房保障,村民、职工统一享有养老保险制度,享有"从产房到墓地"的全生命周期福利,共富成色进一步提升。

(供稿:萧山区)

38

坚持执政为民 践行"民呼我督"

2004年以来,杭州市纪委市监委持之以恒贯彻落实习近平同志在浙江工作时关于"加强机关效能建设"的重要论述精神,坚持以人民至上为出发点,聚焦"急难愁盼",以基层监督机制改革为突破口,一以贯之、与时俱进、逐年深化,不断实践、总结、完善、提升,形成"群众点题、部门答题、纪委监督、社会评价、数智监管"五位一体的"民呼我督"长效机制。该做法作为杭州市本级案例入选全省党史学习教育"百法百例"。

一、目标成效

实现基层监督全覆盖。在全省及全国省会城市率先实现派出监察办公室全覆盖,首设村社监察联络员,率先创设基层监察工作系列机制,设立村社监察工作联络站3128个,聘请监察联络员3284名,构建了贯通市县乡村的监督网络。

实现干部作风大提升。构建村级"三小"监督体系,持续开展漠视侵害群众利益专项治理,深入整治"不担当、不作为、不落实"问题,

纪检监察干部走访种粮大户

严肃查处群众身边不正之风和腐败问题，全市反映基层乡科级及以下党员干部和村社党员干部检举控告件连续3年下降。

实现群众诉求及时办。打造"家门口的纪委监委"，开发"监督一点通"数智应用，让老百姓的诉求在家里甚至远隔重洋也能一键直达，想看的能看到、想说的能说出来、有诉求的能及时回应。仅党史学习教育期间，就督促办理群众反映问题3万余个。

二、实践内容

（一）打造"家门口的纪委监委"，让监督守护在群众身边。

扎实推进监察办公室规范化建设，构建与基层治理体系相适应、相融合的基层监督体系，让老百姓感受到纪检监察就在身边。

高标准建设"前哨站"。规范机构设置，按照"九个有"标准，对监察办公室办公场所、标识标牌、工作证照等进行统一建设。建好监察队伍，任命派出监察办公室主任、副主任、监察员，建立村社监察联络员队伍，从村社、独立运行的经合社聘请监察联络员。加强业务培训，开展全员大培训、岗位大练兵和实战大比武等活动。

高密度织绘"监督网"。针对六类监察对象开展全面排摸，准确掌握新增监察对象和重点监察对象底数，建立廉情档案2.1万余份。出台村社监察联络员管理办法，下沉、拓宽群众反映渠道，及时了解群众诉求，当好群众的贴心人。建立健全片组协作、交叉巡察等工作机制，推动派出监察办公室与派出机关、派驻机构、巡察机构的统筹衔接，凝聚监督合力。

高质量发挥"治理力"。制定派出监察办公室履职办法，完善日常监督、线索处理、调查处置、案件剖析等方面工作流程，确保派出监察办公室依法履职。探索推进村社主职干部、集体经济组织负责人"提级监督"，制定《杭州市村务日常监督工作要点》，细化明确"30个看"具体要求。自2018年全覆盖以来，全市派出监察办公室运用第一种形态处理1.17万余人次，发现问题提出监督意见2.44万余条。

（二）构建村级"三小"监督机制，管好群众最关心的事。

从群众最关心的基层行权行为入手，制定出台《关于建立健全村级"三小"监督体系深入推进清廉乡村建设的指导意见》，让基层治理权力在监督下公开规范高效运行。

推行村级小微权力清单制度。将村社重大决策、工程项目建设、民生保障服务等事项全部列入权力清单目录，为村级组织和村社干部行使权力定下"边界"。同时，按照于法周全和于事简便的原则，绘制形象直观的小微权力运行流程图，让村社干部群众一看就懂，实现看图操作、按图监管。如萧山区探索建设"智慧印章"，推动小微权力从"随意用"到"规范管"，入选全省"一地创新、全省共享""一本账 So"。

加强村级小型工程全过程监管。探索将村级小型工程建设情况纳入县、乡信息公开平台或构建统一的工程管理平台,主动接受社会各界监督。将村社干部及其近(姻)亲属参与本村工程项目建设、非法转包等行为列入负面清单,对违规单位和个人,定期给予不良行为记录和公示,严重违规的纳入"黑名单"惩戒,一律不得参与工程建设领域招投标活动。如余杭区探索简易工程"直包到匠"模式,实现对镇村30万元以下小额简易工程全过程各环节监管,小额工程项目周期平均缩短60天以上,项目预算资金平均下浮12%,项目信访量比上年下降71%。富阳区针对老百姓特别关注的农村建房问题推出"农民建房公开码",实现"全流程公开、全方位监管",近年来涉及农村建房的纪检信访下降幅度达7成以上。

健全村社小额资金拨付监管。推行惠农补贴"一卡通"、村级公务卡,实现对惠农补贴直补直拨、直接到账和村社公务消费非现金化、过程可追溯化。完善村级财务"逐笔公开"制度,定期组织开展村级财务季度联审和年度评议,加强对村级报账员队伍的统一管理,有效遏制"人情账、关系户"现象。

(三)创新应用"监督一点通",实现群众诉求"一键智联"。

以数字化改革为契机,在全省率先探索数字赋能清廉村居建设,构建"监督一点通"数智监督平台,实现群众诉求码上知、码上办、码上督。

一屏展现"廉情地图",村级事务"码上知"。依托城市大脑,多维度汇集部门数据资源、村社实时数据,让村社事务以数字化的形式直观呈现,并运用数据叠加、三维建模方式,打造智慧监督平台,面向镇村下沉操作平台,实现村社事务一图集成、一图尽管。

一键打造线上窗口,群众关切"码上办"。运用信息化技术优化村务、财务公开方式,开放村级信息二维码,支持多种入口、多种形式,实现村社事务一码覆盖,提高群众获取信息的便捷度、知晓率。同时,在后台开通信访举报、民情直达等模块,受理发生在群众身边、侵害群众利益行为的问题。

一舱监控"三小"运行,民生问题"码上督"。在智慧监督平台建立问题处置一键下达、专责监督在线跟踪机制,对群众线上反馈的问题和意见建议,及时分类处置,对涉及相关部门办理事项,实时在线交办、在线跟踪、预警督办;对检控类信访按规定进行处置,严肃查处相关违纪行为。

(四)打好治理"组合拳",集中化解群众"急难愁盼"。

常态化机制化开展漠视侵害群众利益问题专项治理,向基层治理痛难点、民生领域微腐败精准"亮剑",以"小切口"监督推动基层"大治理"。

"三公开"强化精准施治。选题邀请群众公开参与,利用"今日关注""民情观察室""民情热线"等市级主流媒体,广泛收集群众反映问题和意见建议,让治理项目更契合群众身边的痛点难点;过程面向群众公开,向社会公开治理项目、牵头部门及受理投诉举报电话等信息,最大化公开透明专项治理进展;成效接受群众公开评判,通过社会评价、民意调查、媒体问效等形式主动接受群众监督评判,提升群众有感度。

"四机制"明晰破难路径。建立定期会商机制,召集相关职能部门定期会商治理工作推进情况、协调解决困难问题;建立线索移送机制,督促职能单位认真落实线索移送机制,及时查处群众身边不正之风和腐败问题;建立挂牌督办机制,对突出问题、典型问题实行挂牌督办、重点督办、提级办理;建立以案促治机制,用好纪检监察建议书等方式,推动职能部门深化专项治理成果运用,健全完善务实管用的长效机制。

"三清单"压实工作责任。制定专项治理项目目标清单、职能部门监督联系分工清单、纪检监察机构监督工作重点任务清单"三张清单",形成分工明确、运转顺畅、配合有力的责任链条,确保每项任务都有人抓、有人盯、有人促,实现最佳的综合效果。

三、创新亮点

（一）探索形成监督融入治理的实践路径。

深刻把握"监督是国家制度和治理体系有效运转的重要支撑"内涵，围绕强化监督在基层治理中的直接保障、完善格局、提升效能作用，探索形成了一条党内监督和群众监督同向发力、监督与基层治理同频共振的实践路径。

（二）探索形成数字赋能监督的实践路径。

在全省率先将数字信息技术应用于监督赋能，有效破解基层监督事项繁杂与监督力量有限矛盾，传统监督方式"够不着""管不住""慢一拍"困境，形成智慧监督的杭州样板，其中"萧山模式""建德模式"在全省推广，并纳入中央纪委国家监委工作试点。

（三）探索形成基层群众自治的实践路径。

从健全党组织领导的自治、法治、德治相结合的城乡基层治理体系入手，进一步激发群众自治热情、畅通群众自治渠道、发挥群众自治创造性，形成了线上线下贯通融合，更富活力、更有效率的"微治理"路径。

（供稿：杭州市纪委、杭州市监委）

39

打造海外高层次人才首选地

杭州始终把学习贯彻落实习近平总书记关于做好新时代人才工作的重要论述和对杭州工作的重要批示指示精神,作为做好人才工作、推进人才发展的首要政治责任。特别是对标"四个杭州""四个一流"要求,以办好杭州国际人才交流与项目合作大会为抓手,全力打造海外高层次人才首选地,建设创新创业新天堂。

一、目标成效

"杭州国际人才交流与项目合作大会"是立足浙江、服务长三角、辐射全国、面向全球的综合性人才交流盛会。2009年以来,以办好杭州国际人才交流与项目合作大会为抓手,全力打造海外高层次人才首选地。全市人才总量突破300万,占全市常住人口的四分之一;累计入选省"鲲鹏行动"计划31人,占全省42.5%;省特级专家8人;国家级、省级领军人才1500人(不含省部属在杭单位)、省领军型创新创业团队55个。2020年以来新引进35岁以下大学生累计超120万。连续12年入选"外国专家眼中最具吸引力的中国城市",全球创新指数

2022 杭州国际人才交流与项目合作大会

城市排名跃升至第 14 位。

二、实践内容

（一）整合资源渠道，努力构建高质量办会格局。

全力争取多方支持。积极争取科技部、工信部、国家乡村振兴局、欧美同学会、学习时报社等中央和国家部委单位的支持，并邀请相关部门作为大会以及各项重点活动的主办单位、指导单位。2020 年起，邀请欧美同学会作为联合主办单位。积极发挥专家优势。李树深、姚檀栋、李林、王建宇、陈十一、施一公、俞书宏、王坚、吴汉明、曼弗雷德·迪特、默罕默德·萨万、斯图赫利亚克·佩特罗等数十位海内外院士，联合国驻华协调员常启德、联合国教科文组织驻华代表欧敏行等先后或多次参加大会开幕式及各项活动。

广邀科研机构资源。自 2019 年开始，中科院直属研究所、省实验室、在杭新型研发机构等共70余家，浙江大学、国科大杭高院、西湖大学等在杭高校20余所参与大会各环节。2022年，中科院16家直属研究所携项目来杭洽谈，是历届大会科研"国家队"组团最多的一次，有力提升了大会"含金量"。

推动多元主体参与。阿里巴巴、网易、吉利、海康威视、大华、华为、新华三、荣盛等重点龙头企业，美国湾区委员会、日本科学技术振兴机构、德中卫生组织、麻省理工科技评论、海外中国学联等外国学会、协会组织积极参与大会，为人才项目引育提供市场渠道和专属服务。启用杭州全球青年人才中心，在美国、英国、加拿大、澳大利亚建成4个海外分中心。

（二）全力打造人才蓄水池，建设英才汇聚新高地。

注重高端引领。坚持高层次高质量办会，借助人才智力优势为杭州科技和产业发展建言献策，每年数十位院士参加大会活动。组织百名院士联合发起"弘扬科学家精神 推动高质量发展 建设共同富裕示范区"倡议。开展"院士专家杭州行"活动，大力弘扬爱国精神和新时代科学家精神。创新推出"西湖对话"国际高端人才对话品牌，建设立足长三角、面向世界的高端国际交流平台。

注重以赛选才。2015年以来，"创客天下·海外高层次人才创新创业大赛"已成功举办8届，累计征集到来自30余个国家和地区的近9000个项目参赛，目前已有数百个项目在杭落地创办企业，部分已发展成为准独角兽企业。涌现出一批创新能力强、创业素质高的人才，其中不少已成长为入选国家、省级人才计划的人选。

注重论坛聚才。先后举办各类形式的论坛活动近160场。2020年开始，连续三年举办中国留学生论坛，来自哈佛大学、剑桥大学等海外知名高校的900名留学生现场参会，30万留学生线上参与。连续多年举办世界科技青年论坛，发布《麻省理工科技评论》"35岁以下科技创新35人"亚太区榜单。

注重岗位招才。坚持线上线下

融合，举办高层次人才招聘大会。2019年大会现场，长三角地区1561家企业设展招聘，5.1万余人应聘。线上累计推出就业岗位671.95万个，服务长三角地区用人单位81.41万家次。

（三）促进项目交流合作，激发四链融合新动能。

专家领衔高端项目。近年来，杭州着重引进医疗健康、智能制造、新材料等重要领域产业带动强、技术含量高的人才创新项目，累计近2000个海内外院士团队、高层次人才领衔项目签约落地，金额超380亿元。

揭榜挂帅攻关项目。连续多年举办"揭榜挂帅·全球引才"科洽会，以"企业张榜"形式，向全球发出人才征集令。自2020年实施以来，已征集到自主发放项目2403个，标的额71亿元，攻克重大难题423个，揭榜金额超过10.2亿元。

校企合作催化项目。支持高校、科研院所、新型研发机构与企业开展产学研深度合作。发布杭州人才科创数智平台，汇聚1.6亿条数据，归集中科院体系104个院所的5366位专家信息，其中院士115位，助力推进"科技需求链""科技供给链""科技金融链""空间保障链""政策扶持链"五链融合。

（四）提升大会品牌影响，展示创新创业新天堂。

全面展示人才成果。先后举办"外国人才在杭创业创新成果展"（2017）、"十年硕果·杭向未来"人才创新成果展（2022）。通过实物展陈、现场演示、图片视频等形式展现党的十八大以来，各地在人才引育、科技创新、文化传承方面的重要成果。全省各市127家单位展出近150件前沿科技展品。

持续做精活动品牌。精心策划推出大学生"潮创季""人才日""山乡荟"等丰富多彩的主题活动，形成"杭向未来"人才工作品牌矩阵。市直部门、各区县（市）踊跃承接特色鲜明的重点活动，形成"中国留学生论坛""西湖对话""世界科技青年论坛""乡村人才振兴促进共同富裕大会"等一系列子品牌。省、市、区三级联动百花齐放，"才以城聚、城以才兴"的生动局面充分展现。

注重强化宣传推广。新华社、《人民日报》、《中国日报》、中国国际广播电台等主流媒体连续多年面向全球报道大会情况，新浪微博话题阅读量持续出圈，2019年以来大会开幕式24小时话题阅读量均破1亿，持续向世界发出杭州集聚海内外高层次人才的"引力波"，得到专家人才、海外留学生、顶尖高校学联社、政商学界精英群体高度赞誉。

三、创新亮点

（一）突出围绕中心，服务重大战略聚人才。

大会始终坚持服务大局，围绕推动国家、省市委重大战略部署落实，不断丰富办会内容、提升办会实效。围绕推进长三角一体化发展国家战略，举办长三角地区规模最大、参与面最广的高层次人才招聘会。围绕打造服务全省人才高地，邀请浙江大学、中国美院等28所浙江高校组织应届毕业生应聘，邀请省内十地市、长三角城市组团来杭设展，推介各地创新创业环境。围绕数字化改革，迭代推出杭州人才码、数智人才平台等数字化工作成果。围绕服务杭州产业发展，聚焦五大产业生态圈，举办产业人才论坛、路演等活动，有效对接本地产业平台、龙头企业、重大项目。

（二）突出市场主体，助力用人单位引人才。

以市场化推进人才工作，以主管部门引领办、市场主体承接办、各类主体合作办的形式，调动国际国内各方资源，让用人主体走到前台。深入与全球化智库（CCG）等知名智库合作，联合打造"西湖对话"品牌。与浙江大学、国科大杭州高等研究院、中科院院所等科研院所，麻省理工科技评论、中国医药企业管理协会等机构协会等合作举办活动。组织赛伯乐、永和资本、中科优势资本等风投机构，参与遴选人才项目，充分发挥市场评价作用。

（三）突出人才主角，集聚智

力资源用人才。

始终把人才作为大会主角,汇聚全球顶尖人才打造"智力引擎",真正让人才走到舞台中央发挥才智。聘请施一公、王建宇、曼弗雷德·迪特、王坚等顶尖人才为杭州市全球引才顾问,助力杭州招才引智。表彰杰出人才、杰出青年人才,为聚才用才先进单位颁发金巢奖,勉励以先进为榜样,不断勇攀高峰。为青年人才、卓越工程师、技能人才、乡村振兴人才等各类人才策划招聘、赛事、论坛等活动板块,以大会为主载体,加快打造人才雁阵。

(供稿:杭州市委组织部)

40

城市大脑赋能城市治理现代化

2020年3月31日，习近平总书记在杭州城市大脑运营指挥中心考察时作出重要指示："运用大数据、云计算、区块链、人工智能等前沿技术推动城市管理手段、管理模式、管理理念创新，从数字化到智能化再到智慧化，让城市更聪明一些、更智慧一些，是推动城市治理体系和治理能力现代化的必由之路，前景广阔。"杭州牢记习近平总书记殷殷嘱托，大力推进城市大脑建设，在城市治理上取得明显成效。

一、目标成效

《中国大数据发展报告(2021)》显示杭州大数据发展指数位居全国第一。清华大学互联网治理研究中心发布的《中国城市资源数字化配置指数研究报告（2022）》显示杭州位列第一。杭州一体化智能化公共数据平台被国际大数据公司（IDC）评为2021年度亚太地区优秀应用案例。依托城市大脑推进法治政府数字化转型被中央全面依法治国委员会办公室评为全国法治政府建设示范项目。首席数据官制度得到国务院肯定,"杭州城市大脑"荣获 2022 年浙江省数字化改革"最强大脑"。2020 年,杭州健康码专班被党中央、国务院、中央军委授予"全国抗击新冠肺炎疫情先进集体"称号。杭州市城市大脑运营指挥中心被列入浙江省习近平新时代中国特色社会主义思想研究中心首批调研基地。

二、实践内容

(一)数字防疫方面,实现"健康码"到"疫情防控数字化工具及平台体系"的跃升。

杭州首创的健康码在国内外广泛推广应用。此后,又率先开发上线"场所码"(辅助快速流调)、橙码(重点人群核酸检测提醒)、行业码(医护、家政等 20 余个特殊行业从业人员核酸检测提醒)。同时,积极使用并不断优化浙江省疫情防控精密智控综合集成应用。数字化支撑为杭州实现"疫情要防住、经济要稳住、发展要安全"目标提供了有力保障。

(二)城市治理方面,实现从"数字治堵"等局部探索到"一网统管"综合应用的跨越。

平时提供运行监测、分析预警、事件流转,从 4000 万条事件信息中梳理出 5 大类 36 个子类 980 个城市生命体征指标。初步建成战时应急指挥平台,综合集成"防汛防台""数智林水""应急救援处突"等城市应急指挥数字化应用 33 个,实现突发事件接报后 30 分钟内现场可视化。

(三)政务服务方面,"一网通办"助力政务服务实现新拓展。

从"一件事"联办入手,推出 75 个"一件事",再将其中的出生、入学、就业、生活、救助、养老等人的全生命周期中 50 个最高频的"关键小事"集成为一个应用,实现服务"省心办、无感办、快速办"。"一网通办"上线以来,全市政务服务办件量突破 176.5 万件,网办率 97.5%,掌办率 93.44%,平均好评率

开启城市大脑2.0时代

达99.93%，得到李克强同志批示肯定。工业项目全流程政府审批时间控制在9个半小时。电子证照由143类增加到413类851种，累计调用1.37亿次。制发区块链电子印章50.5万枚，上链记录155万次，形成"掌上办事、掌上办公"的新局面。

（四）便民惠企方面，实现从"先看病后付费"到"医疗结果互认"的新提升。

实现93项医学检验、180项医学影像检查结果院际互认，现已覆盖全市250家医疗机构，累计开展互认99万项次，节约医保资金4303万元。"医疗结果互认"向全省1448家医疗机构推广，互认1395万项次，节约医保资金6.1亿元，得到李克强、孙春兰同志批示肯定。"亲清在线"实现惠企政策补贴、审批许可24小时不打烊，兑付政策3783条508.4亿元，惠及企业56.5万家。开发上线"民生直达"，惠及特殊困难群众171万人，累计智能秒达助困资金76.8亿元。

（五）大型赛事方面，构建"亚运在线"指挥保障服务综合集成应用。

建设"亚运在线",为亚运赛事不同用户群体提供一站式便捷服务。"任务在线"将亚运任务拆解为1.9万个工作包,其数字化工具被拓展到杭州政府工作报告、党代会报告、稳进提质攻坚行动等重大任务拆解。"工程在线"实现亚运重点工程项目临期提醒、逾期预警功能,保证了工期节点的有效控制。"智能亚运一站通",用户超3000万。"亚运PASS"发布文旅惠民卡,探索数字人民币亚运服务。"场馆在线",实现312个场馆惠民开放,为市民提供线上一站式服务,下单量超75万。

(六)城市大脑新领域方面,围绕特大型城市治理中的普遍性难题,探索提供数字化系统解决方案。

聚焦系统破解特大城市出行、住房、养老、育幼等领域的痛点难点问题,体系化推进"智慧交通""数智宜居""一老一小"等重大应用场景建设,加快建构完善政务服务"一网通办"、城市运行"一网统管"、社会治理"一网共治"城市大脑2.0"三个一网"体系架构。

(七)区域一体化发展方向,数字化助推城市群区域协作有突破。

落实习近平总书记唱好杭甬"双城记"的重要指示,杭甬旅游公园卡实现互通、"亚运在线"实现共建共享。长三角"一网通办"实现44项对企事项、54项个人事项、6项诉讼事项的跨区域办理。G60科创走廊"一网通办"实现信息共享。

(八)数字智能方面,数据底座不断夯实,智能化稳步发展。

数据全量全要素归集快速推进。梳理市本级99个部门总目录数5040个,发布共享数据接口6318个,截至2022年12月,已归累计集219.64亿条数据。全域物联感知网基本形成。建设杭州城市物联感知网一体接入121种185.7万个终端,收集数据230.7亿条。智能要素沉淀初显成效。解耦并上架智能组件184个,覆盖应用565个,被调用2234.9万次,均列全省第一。建设全市视频共享平台,开发29类75个智能算法模型。建设人工智能算力中心。首批建成40P人工智能算力中心。

（九）数字产业方面，数字经济发展持续推进。

成立杭州国际数字交易有限公司，举办国际数字服务与数字产品论坛，成立数字交易联盟、数字交易专家委员会、数据协同创新未来实验中心，推动数据要素市场合规有序发展。杭州国际数字交易中心已与215家企业建立合作关系，上架产品428件。

三、创新亮点

（一）以城市大脑为载体和特色标识，集成大数据、云计算、区块链、人工智能等前沿技术提高城市治理能力。

杭州立足城市是个有机体理念，首创城市大脑，坚持"平台＋大脑"体系，统领数字化改革，有序推进政社银企等数字技术发展，建立城市数字化发展的构架，打造了具有杭州标识度的数字化改革成果。

（二）完善数字化改革组织领导体系，确保改革有力有序推进。

成立由杭州市委、市政府主要领导牵头的数字化改革领导小组，试点首席数据官制度，在全市115家市直部门和市属国有企业设立首席数据官、数字专员，出台制度规范，确定专岗专责，为推进数据资产化和城市大脑建设等提供专业人才支撑。

（三）注重理论总结和制度建设，城市治理体系和治理能力现代化的路径正在逐渐形成。

出版城市大脑相关多部专著，发表学术论文、传播类文章20余篇（其中EI、SCI收录12篇）。制度规范体系不断完善。梳理形成相关制度成果56项，理论成果23项，其中《个人健康信息码》《智慧城市建筑及居住区智慧社区数字化技术应用》被列为国家标准。示范效应明显，累计接待各类考察团2250批次5万人次。

（供稿：杭州市数据资源管理局）

41

推进线上线下政务服务融合发展

习近平同志在浙江工作时强调努力建设服务型政府、法治政府、有限政府。2022年4月19日，习近平总书记在中央全面深化改革委员会第二十五次会议上强调，要全面贯彻网络强国战略，把数字技术广泛应用于政府管理服务，推动政府数字化、智能化运行，为推进国家治理体系和治理能力现代化提供有力支撑。《国务院关于加快推进政务服务标准化规范化便利化的指导意见》（国发〔2022〕5号）指出，持续优化政务服务是便利企业和群众生产经营与办事创业、畅通国民经济循环、加快构建新发展格局的重要支撑，是建设人民满意的服务型政府、推进国家治理体系和治理能力现代化的内在要求。

一、目标成效

按照习近平同志在浙江工作期间作出的建设服务型政府和"数字浙江"部署要求，杭州坚持以人民为中心的发展思想，从"放管服"改革到"最多跑一次"改革，再到数字化改革，敢为人先、干在实处、勇立潮头，在推进线上线下政务服务融合发展方面，形成一批杭州经验、杭州做法并向全省全国复制推广。

杭州始终坚持问题导向、需求导向，以便民利企为出发点和落脚点，持续推出线上线下融合发展的政务服务改革举措。2005年，杭州市行政服务中心应运而生，并与公共资源交易中心同场办公，实现了行政审批与公共资源交易的无缝对接。2009年，杭州市"市民之家"成立并开创了双休日开放便民服务的先河。2014年和2017年，在全省全国领跑权责清单制改革和"最多跑一次"改革。2018年，着力打造"移动办事之城"，各级行政服务中心开辟"自助服务区"，杭州便民服务实现"24小时不打烊"。2020年，优化完善"线上行政服务中心"，实现企业开办"分钟制"和工业项目审批"小时制"，让"群众少跑腿"。

二、实践内容

杭州市审管办把满足人民对美好生活的向往作为服务型政府和数字政府建设的出发点和落脚点，通过业务协同、系统对接、数据共享，推动实现政务服务"一窗受理""一件事一次办""一网通办""一键审批"。

（一）不断深化"一窗受理"改革。

2017年，统一全市15个行政服务中心"投资项目""商事登记""不动产登记"和"社会事务"等领域的综合窗口设置，并将"一窗受理"扩展到公积金、市民卡、出入境、交通违法处理、医保社保、公用事业（燃气和水业）等领域。2019年，协调水电气报装事项纳入市、区县（市）两级投资项目综合窗口，市政公用服务实现"一窗受理""最多跑一次"。2020年，市、区县（市）行政服务中心推行公安事务"一窗通办"改革，依托政务服务2.0平台，实现85项多警种高频办理的公安业务"一窗受理、集成服务"（包括出入境、户籍、车驾管等）。

（二）持续开展"一件事一次办"改革。

2019年起，围绕公民个人和企

业办事全生命周期，以"一件事"联办为突破，组织市直各有关部门在"减事项、减环节、减材料、减时间、减费用"方面持续发力，以场景式集成服务为抓手，推出出生、就学、就医、养老等35项公民个人"一件事"以及企业开办、投资审批等40项企业"一件事"联办事项，全部接入浙江政务服务网和"浙里办"App，全面实现"网上办""掌上办""一窗办"，突显集约化、高效化、便利化改革效应。2022年，开展交警、城管违法处罚"一号联办"，医保、社保参保登记业务"一窗联办"，破解部门职能交叉问题，让群众排一次队办多件事。

（三）积极推进"一网通办"应用落地。

2017年，坚持"无条件归集、有条件使用"的原则，推动政务信息数据归集共享，打破"信息孤岛"取得实质性进展。2018年，以需求为导向，推进数据"全归集、全打通、全共享"，在"网上办"上取得重大突破，除去5种例外情形，权力事项100%"网上可办"。2020年，积极推进政务服务2.0平台落地应用，开展市、区两级行政服务中心大厅智慧化改造，建设"网办掌办专区"和"24小时自助服务区"，强化线下大厅推进"网上办""掌上办""自助办"的引导功能，培养群众形成线上办事能力和习惯，推动"网上办"从"可办"向"好办""易办"转变。2022年，推动政务服务向基层延伸，全市"一网通办"收件率达96.04%，村（社区）政务服务2.0平台开通率100%。

（四）做优做强"线上行政服务中心"。

围绕企业办事全生命周期，按照"流程再造、数据协同、全程在线"的建设思路，以"一键审批"结果为导向，以"一件事"联办为标准，以"零纸质、零人工、零时限、零跑次"为最终目标，从企业视角和数据协同思维重塑业务流程，引入信用承诺机制，建设完善"亲清在线"数字化平台，实现了政策兑付"秒级到账"、许可事项"一键审批"、企业诉求"一键直达"、政企交流"一窗对话"、绩效评价"多维量化"。

"一照通办"事项清单

组建覆盖全市域的"亲清 D 小二"队伍,"亲清"驾驶舱贯通市、区县(市)、镇街、园区四级,为企业提供全生态、全链条的 24 小时在线政务服务。

三、创新亮点

(一)由集成服务替代单线管理,是杭州在政务服务"一站式""一窗办"改革上的迭代升级。

以"一件事"联办为标准,在

线打破部门职能边框，结构性糅合重组业务流程，变被动等办为主动推送，"批管服"相结合，真正实现"一件事"全流程"一次告知、一表申请、一套材料、一窗受理、一网办理"。如"工业项目全流程审批"在"亲清在线"平台上实现了投资项目在线审批监管平台3.0、"多规合一"平台、土地招拍挂、施工图联审等各条线业务系统的互联互通，配套实施标准地、区域评估、许可告知承诺等改革举措，开工前政府审批时间压缩至7小时。

（二）由信息采集替代纸质申报，回应了企业、群众办事减材料的呼声。

通过强化业务系统深入对接、扩大电子证照共享应用范围，在服务端进一步简化申报流程、为企业群众减负；在审批端实现企业开办、招标投标、项目审批、政府采购、货物报关等政务服务全流程电子化，大幅提高审批效能。截至目前，杭州已归集电子证照413类851种，累计调用达1.77亿次，助力实现585项公民个人事项凭身份证"一证通办"、251项企业办事事项凭营业执照"一照通办"。

（三）由多元服务替代窗口坐班，切实为企业群众办事打开便利之门。

依托浙江政务服务网和全市、区县（市）、乡镇（街道）、村（社区）四级政务服务体系建设，形成大厅端、电脑端、移动端、自助端四端服务矩阵，推进政务服务"全城通办"。全市域双休日开放便民服务，实现"周末办事不打烊，群众办事不请假"。持续开展"就近办"改革，80%以上公民个人事项可在驻地附近的乡镇（街道）、有条件的村（社区）、银行网点办理。午间值班、预约服务、上门服务、代办服务等机制满足企业群众个性化需求，有效提升企业和群众的获得感、满意度。

杭州构建线上线下相融合的行政服务体系工作取得显著成效。2019年6月13日，李克强同志实地考察了杭州市行政服务中心并对杭州市"最多跑一次"改革工作给予充分肯定。在2019年全国营商环境测评中,杭州"政务服务"指标位居全国第一。2021年9月,杭州入选国家首批六个营商环境创新试点城市。继2019年、2020年连续两年获得全国32个重点城市一体化政务服务能力(政务服务"好差评")第二名后,2022年杭州继续位居全国第一方阵,其中服务成效度指标为全国第一。在2022年度全省设区市"放管服"改革考核中,杭州排名第一。

(供稿:杭州市审管办)

42

数字化改革破解群众就医"急难愁盼"问题

2003年,时任浙江省委书记习近平同志提出并部署推动"数字浙江"建设,并把它作为推进全省国民经济和社会信息化、以信息化带动工业化的基础性工程。杭州卫生健康领域融入全省大局,结合行业特征,持续推进卫生健康信息化建设和数字化改革,从"智慧医疗"到卫生健康领域"最多跑一次"改革,到城市大脑"舒心就医",再到卫生健康数字化改革,一脉相承,接续发力。

一、目标成效

杭州市卫生健康委聚焦群众"看病烦""看病难""看病贵"等看病就医"急难愁盼"问题,加强顶层设计、创新工作机制、重塑就医流程,通过数字赋能提升卫生健康服务的可及性、便捷性,切实为群众提供优质高效的全生命周期健康服务。自2004年推广市民卡就诊一卡通以来,全市整体推进"互联网+智慧医疗",不断优化就诊流程,提升患者就医幸福感、获得感。尤其是2021年数字化改革系统开展以来，依托全民健康云和城市大脑，对照省卫健委智慧医疗、智慧公卫、数字健康管理三个跑道，加快打造"1+3+N"健康大脑体系架构。改革开展以来，患者入院就诊时间平均缩短1小时，市属医院人工收费窗口约减少50%，自助机从1323台减少至784台，全市二级以上医院早高峰排队时间由9.53分钟缩短至2.7分钟。

二、实践内容

（一）创新体制机制，流程重构破解"看病烦"。

首创国内智慧医疗模式，简化群众就医流程。2012年下半年，杭州利用信息化手段，通过创新创优，相继推出分时段预约诊疗、诊间结算、出入院病区结算、网上查询检验检查报告、远程会诊系统、双向转诊系统等便民惠民举措。特别是全国首创的智慧医疗诊间结算服务，给群众带来了实实在在的好处。全市所有公立医疗机构统一预约服务平台，开展分时段预约诊疗服务，提供网上预约、电话预约、手机预约、社区预约等多途径预约。持续推进"两卡融合、一网通办"。基于电子健康卡和电子社保卡（医保卡）的应用基础，实现"浙里办"服务端应用融合，用户通过"浙里办"扫码实现预约挂号、就诊报到、检验检查报告查询、医保结算、移动支付等功能的"一网通办"。

推进信用就医，院内"最多付一次"。针对患者就医过程中挂号、检查、取药等多次付费的情况，市卫生健康委通过与市发改委、医保等部门间的信息互通，创新性地引入城市信用体系，根据"钱江分"对市民授予一定的信用额度。同时改造结算流程，患者看病时任何一个环节都无需提前付费，就诊结束后即可在医院自助机一次性支付费用，也可以不付费直接离开医院，在48小时之内手机支付，真正实现"最多付一次"。随着工作推进，市卫生健康委联合市医保局、市数据资源管理局印发了《关于印发舒心就医"先看病后付费"标准化建设指南的通知》,明确先看病后付费、移动支付、诊间支付、自助机支付等多种支付方式均为"舒心就医"服务,并编制了《先看病后付费平台应用规范》杭州市地方标准。全市共有343家医疗机构进行"舒心就医"服务改革,实现了所有公立医疗机构全覆盖。

整合服务链,提供掌上健康服务。2021年12月起,在浙里办提供"健康杭州"数字化改革服务窗口,通过建设统一的应用入口,为"检查互认""托育一件事"等重点应用场景和"预约挂号""报告查询""健康档案"等常态化便民服务提供接入,就医所需事项均可通过专区办理。目前,"健康杭州"专区已汇聚智慧医疗应用40余项,打造了"善育在杭""数智杭中医""体检预约"三大专栏。截至目前,"健康杭州"专区累计访问量达1300余万次。

(二)强化医疗监管,服务提质破解"看病难"。

提供资质信息,引导规避"医

杭州市医学检查检验结果互认共享智能系统

疗陷阱"。近年来医疗美容行业发展迅猛，美容需求和美容机构业务量激增，但非法医疗美容、医疗美容机构超范围诊疗、医疗事故投诉等相关问题也逐渐暴露。为此，杭州建立了以政府为主导的医疗美容信息综合服务数字化平台——医美查查，提供包括机构信息和医师资质查询、医美普法、专业知识科普（医美专家讲座、医美器械介绍）等服务，并提供一键投诉服务，引导大众参与行业监督，进一步强化互联网医美服务质量和安全管理。后续又上线"医护查查"，通过构建医护人员信息查询平台，提供医疗机构、医师护士执业地点和执业范围等内容查询服务。

强化诊疗行为监管，规范医疗服务。为进一步打击非法行医，提升医疗机构规范服务能力，杭州市卫生健康委加快打通卫健、医保数据"孤岛"，开发建成杭州市医疗机构诊疗行为智能预警监管系统，实现从线下执法向线上精准监管的转变。目前系统已建成28个诊疗行为违法预警模型，包括医疗机构违法接诊发热病人、开展限制类医疗技术、开展计划生育技术、使用抗菌抗肿瘤药物、超范围开展诊疗活动、使用无处方权医师开具处方等。系统运行一年余，已累计完成4亿余次诊疗行为的筛查，累计核查434家机构，吊销诊疗科目6家，警告机构82家，责令停业24家，罚款168万元。同时利用相关线索，协助市医保局暂停5家机构医保协议，追回医保基金150余万元。

（三）推动协同发展，互联互通破解"看病贵"。

推动优质资源共享，家门口就能看名医。2013年起，杭州创新实施"县域城乡优质资源共享"和"市属医院与城区社区卫生服务中心优质资源共享"两大卫生实事工程，着力提升社区和农村基层医疗机构的医疗服务水平。在主城区，依托市属三甲医院与社区卫生服务中心建立影像、心电、消毒、慢病联合诊疗等"四大中心"；在县域，由县级医院与基层医疗卫生机构建立临床检验、影像、病理、心电、消毒供应等"五大中心"，实现优质医疗资源的共建共享。同时，依托杭州市第一人民医院集团，建立辐射县级医院的杭州市域医学影像、病理、产前筛查诊断中心和危重孕产妇抢救远程会诊中心，进一步联结了市、县和乡镇（街道）三级诊疗服务体系，促进优质医疗资源纵向流动。2014年，杭州在国内率先推行医养护一体化全科医生签约服务，建设全市统一的连接省、市医院和区县（市）医院、社区卫生服务中心的双向转诊平台，形成号源池、检查池和床位池，40%的专家专科号源通过转诊平台专供基层，支持慢病在基层、疑难转医院、急慢分治的分级诊疗体系构建。

在全市推广医学检查检验结果互认共享数字化改革，从源头减少"重复检查""多头检查"问题。2021年，杭州在富阳区试点成功的基础上统一互认标准、建立数字体系、重塑互认制度，在全市域推进医学检查检验互认共享数字化改革。目前，已有436项检查检验项目纳入互认，全市250家市、区两级医院和社区卫生服务中心（乡镇卫生院）、1042个社区卫生服务站（村卫生室）开展医学检查检验结果互认共享，实现了省、市、县（市、区）、街道（乡镇）、村（社区）全贯通。截至目前，全市累计互认109.34万项次，累计节省医保资金和患者自费支出4540.54万元，互认率达到69.11%，实现了老百姓得利、医务人员受益、医疗机构满意的改革目标，得到浙江省委领导的批示肯定，被杭州市委改革办评为2021年杭州市改革创新最佳实践案例特等奖，为全国性医学检查检验结果互认共享提供了"互通、互认、互信"的数字化改革样板。

三、创新亮点

（一）智慧医疗成杭州特色。

2012年起，杭州市卫生健康委利用互联网信息化手段，相继推出了一系列"智慧医疗"应用，特别是在全国首创"智慧医疗诊间结算"杭州模式，挂号、付费都不用排队，颠覆了沿袭几十年的传统就医模式，让病人享受到了便捷的就医服务。2015年，杭州健康医疗信息惠民工程的创新与实践被国家发改委作为唯一的示范样例印发国内80个试点城市学习借鉴。2016年，经中央全面深化改革领导小组审定，国务院深化医疗改革领导小组将杭州借助信息化改善医疗服务的做法作为医改典型案例向全国推广学习。2017年12月，杭州"智慧医疗"工程被评为"2017民生示范工程"，得到了刘延东同志的肯定。

（二）医检互认全国推广。

杭州在富阳试点的基础上，面向全市推广医学检查检验结果互认共享数字化改革，变"不能认"为"方便认"，"不好认"为"智能认"，"不愿认"为"主动认"。2021年10月，将杭州富阳经验上升为"浙医互认"。2022年1月，中央改革办向全国推介"浙医互认"改革，得到李克强、孙春兰同志的批示肯定。

（供稿：杭州市卫健委）

43

构建新型行政执法体制

习近平同志在浙江工作期间,高度重视行政执法工作,将行政执法体制改革作为法治浙江建设重要内容来部署和推进,推行市、县两级相对集中行政处罚权工作,努力从源头上解决多头执法、重复执法、交叉执法的问题。党的十八大以来,以习近平同志为核心的党中央大力推进法治中国建设,对推进行政执法体制改革作出重大决策部署。杭州认真学习贯彻习近平总书记关于行政执法的重要论述精神,系统总结近年来的经验做法,立足新形势新要求,全面推进"大综合一体化"行政执法改革,努力打造综合行政执法改革的"杭州样本"。

一、目标成效

杭州坚定不移贯彻落实习近平同志在浙江工作时对行政执法作出的各项部署要求,精简整合提升执法队伍,深化拓展跨领域跨部门综合执法,加快推进执法数字化改革,不断加强基层行政执法工作力量,初步构建了权责统一、权威高效的"大综合一体化"行政执法体系,基层执法效率大幅提升,信访投诉量和执法扰企问题大比例下降。

2022年，杭州市在营商环境评价中位列全省第一。

二、实践内容

杭州"大综合一体化"行政执法改革着眼于市县乡三级工作职能、机构队伍、人员编制、业务流程的系统性重塑、整体性重构，推动形成"横向集中精简、纵向下沉做实"新型行政执法体制。

（一）执法职能实行"清单式"管理，不断强化行政执法权力运行全流程监管。

健全完善行政执法事项清单管理机制，在细化事项颗粒度的基础上科学分类梳理事项，推动审批监管执法事项关联，促进依单执法履职。

加强执法监管事项颗粒化管理。按照"谁审批谁监管，谁主管谁监管"和"处罚事项划转、监管责任不减"思路，组织47个部门认领执法监管事项10253项，认领率100%，确保相关执法监管职责不出现缺位、错位情况。在形成执法监管事项清单基础上，将发生频率高、与群众生活密切、专业适宜的执法事项以及相关行政检查权、行政强制权纳入综合执法，推进跨领域跨部门综合执法。

理顺执法全链条协同机制。构建行政许可、行政检查、行政处罚事项关联机制，事前审批完成后即将相关信息推送进入事中事后管理环节，强化源头管控、全程监管。建立行政执法职责争议协调机制，解决"多头管""三不管"问题。

推动乡镇（街道）执法事项赋权。按照"赋权、派驻、辐射"三种形式推进行政执法权下移。全市191个镇街中159个镇街采取"赋权"模式，32个镇街采取派驻和"1+X"辐射等模式实现乡镇"一支队伍管执法"。同时，依据体量规模、地域禀赋和产业特点，对中心镇、小城市培育试点镇加大赋权力度。

（二）机构队伍实行"融合型"设置，充分形成行政执法领域工作合力。

按照"瘦身与健身相结合"原则，

市县联动完成执法队伍机构编制调整工作，优化机构编制资源布局。

撤并精简专业执法机构。在充分摸清案件量、办案难度的基础上，全市撤并执法队 50 支，实现市县执法队伍控制在"1+8"之内。其中，市本级撤销民政、林水、能源、劳动监察等 4 支执法队，整合交通运输（陆上）、港航（水上）2 支执法队。区县（市）同步撤销执法队 45 支。纳入综合执法的执法事项扩展到 25 个领域，占整体执法领域 62.5%。

划转编制转隶执法人员。按照"编随事走、人随编走、人岗相适"原则，从原执法部门划转或统筹置换参公编制和执法人员，划入综合执法队。全市共划转执法参公编制 198 名、转隶执法人员 103 名。

优化执法队伍机构设置。优化调整市综合执法部门职能配置、机构设置，强化执法协调、基层指导工作职能。市和区县（市）执法队伍除必要的法制、政工机构外，不再设置内部事务管理的内设机构，推动编制资源切实配置到基层执法一线。

（三）人员力量实行"金字塔"分布，有力推动执法层级优化和人员力量下沉。

按照执法重心下移、贴近基层的原则，积极调整优化执法层级体制，完善执法人员管理机制。

理顺执法层级。研究分析专业执法体制状况，对相关领域执法体制和机构进行调整优化。市场监管、文化市场、农业等 3 支执法队的主城区机构，均已下放属地城区管理。除生态环保、交通运输等垂直执法的领域外，市与市辖区全部实行以区为主的执法层级体制。

推动力量下沉。目前，县、乡两级执法人员占全市的比例为 89.77%；下沉乡镇（街道）执法实有人员占县以下执法人员的比例为 71.78%，已实现人员下沉重心下移的目标。

开发数字模块。为破解"虚假下沉""下沉后又抽回"等问题，开发全市下沉人员机构编制实名制专项管理模块，对县级部门下沉的编制和具体人员进行锁定，确保人员"真下沉、真融入"。

桐庐县分水镇综合执法队

（四）业务流程实行"平台化"运行，全面构建市县行政执法统筹协调指挥机制。

高度重视市、县行政执法统筹协调指挥机制建设，所有执法相关职能、工作流程、考核机制均在平台上在线运行，运行率达100%。

健全行政执法协调机制。健全县级部门与乡镇街道监管执法配合协作机制，明确县、乡两级职责分工，推动全域重大执法上下配合、统一行动。

建设执法统一指挥平台。建设市县乡一体化行政执法统一指挥平台，全领域全要素集成基层治理四平台、12345热线、110社会联动、掌上执法终端、数字城管等各部门数据资源，构建全流程在线运行体系。

试点建立行政执法改革职责透

视平台。萧山区试点构建"大综合一体化"行政执法改革职责透视平台，形成"一屏两端两指数"，从治理端、群众端分别建立评价体系，以改革质效指数和群众满意度指数赋能执法改革。

三、创新亮点

杭州"大综合一体化"行政执法改革通过"四个一"，推动执法主体、执法权力、执法指挥和执法体制的全面规范管理和优化提升，解决执法乱象和监督乏力问题，进一步优化法治营商环境。

（一）一支队伍管执法，推动执法主体从"九龙治水"到"攥指成拳"的转变。

全市191个乡镇（街道）全部组建综合执法队，较好承担高频、高发、易处理执法工作，解决"看得见的管不着"执法盲区问题。推动"一支队伍管执法"向园区、站区、景区等功能区延伸，如淳安县推进"一支队伍管千岛湖"，整合渔业、港航、公安、生态环保等执法力量组建水上综合执法队。

（二）一张清单管执法，推动执法权力从"边界不清"到"闭环运行"的转变。

建立全市统一的执法事项目录（5861项），综合执法目录（1933项）、专业执法目录（3034项）和乡镇执法目录（2337项）实现清单化管理和全覆盖，"1+3"执法事项管理体系基本成形，有效提升行政执法的规范化水平和政府公信力。

（三）一个平台管执法，推动执法指挥从"条块分割"到"整体智治"的转变。

建设市县乡一体化行政执法统一指挥平台，推动构建"监管检查—处罚办案—复议诉讼—执法监督—效能评价"全流程执法闭环，改善执法职责、事项、人员力量和执法行为的碎片化，综合执法部门信访投诉量下降14.72%，执法扰企问题数量下降35.5%，简易案件平均办结时间由15分钟下降至5分钟。

（四）一套制度管执法，推动执法体制从"局部探索"到"系统改革"的转变。

杭州市委编办会同相关部门制定《关于深化"大综合一体化"行政执法改革加强乡镇（街道）执法队伍和执法能力建设的意见（试行）》和《杭州市深化基层管理体制改革实施意见》，将行政执法改革与基层管理体制改革联动，更加突出乡镇（街道）源头治理、一线处置的功能，确保将社会矛盾在最小网格单元内精准化解。

（供稿：杭州市委编办）

44

从"数字城管"到"一网统管"

2003年1月,时任浙江省委书记习近平同志以极具前瞻性的战略眼光作出建设"数字浙江"的重大决策部署。同年7月,省委十一届四次全会将"数字浙江"建设上升为"八八战略"的重要内容。2005年11月,习近平同志作出批示,"'数字城管'是'数字浙江'的重要举措,是更新城管观念,提高城管效率,提升城管水平的重要手段",要求以此为载体,"全面提升我省城市日常和应急管理水平"。

一、目标成效

2006年3月建成的杭州数字城管,作为"数字浙江"的应用成果,立足城市管理问题解决机制的创新,用网格化管理的方式,形成了问题快速发现、高效处置、客观评价的闭合回路,实现了"三个第一"(第一时间发现问题、第一时间处置问题、第一时间解决问题)。数字城管运行十余年来,已覆盖杭州市域各区、县(市)和75个建制镇,覆盖面积799.77平方公里，累计解决城市管理问题2672.23万件，实现了速度最快、覆盖最广、功能最优和全国领先"三最一领先"的目标，树立了数字城管"杭州模式"的全国标杆。2021年2月，浙江启动实施数字化改革，推动"数字浙江"建设进入新阶段，杭州数字城管乘势而上，锚定"城市运行安全高效健康，城市管理干净整洁有序，为民服务精准精细精致"目标，推动"数字城管"向"城市运行一网统管"迭代升级，推进城市运行"一网统管"。

二、实践内容

（一）守住安全底线，让城市运行更有保障力。

开展运行数据监测。以"数字驾驶舱"为载体，汇聚117亿条数据，对城市基础设施、街面事件、队伍力量、办事和便民服务等"人、事、物、服"的实时数据"一屏展示"，通过对城市污水处理量、供水量、管道燃气销售量、垃圾处置量、数字城管及时解决率、公共自行车租用量、停车指数、道路照明率等关键指标进行监测，确保城市安全稳定。

强化运行风险预判。搭建城管领域物联感知平台，构建"政府搭平台，企业接数据"的模式，已接入物联感知设备2万余套，共享视频10万余套，汇聚19类物联感知设备，日均产生物联感知数据140余万条。试点建设桥隧安全在线、云上坦途、超限车辆监测、内涝预警、燃气安全在线、人流密集区域人流量监测等场景，对城市运行风险进行早期识别预警。如在全市5座重要桥梁安装超重监测设备，实现对各种正常行驶车辆的动态称重和抓拍，并在检测点显示提醒，超重车通行数量环比下降75%，全天候保障城市桥梁安全运行。

高效组织"应急处突"。依托城市管理应急指挥平台，通过数字集群、融合通信、移动视频等技术支撑，形成市区协同、部门协作、政企联动的指挥体系。一旦发生道路沉降、管道破坏、燃气泄漏等突发事件，指挥中心可通过一部手机远程指挥就近的数字城管网格员和执法队员，按照1分钟接收指令、3分钟响应、5分钟到达现场的要求，第一时间维护秩序、回传画面；按照专业处置力量10分钟出动、30分钟到达现场、60分钟处突，执法力量24小时立案查处的要求，快速控制事态，追根溯源、依法查处。目前，已收集各类信息来源7550件，成功处置各类城市运行紧急突发事件48件，转执法查处25件。

（二）强化管理底层，让环境品质更有支撑力。

搭建"大平台"。首创信息采集市场化机制，快速发现问题，设定12个大类288小类的城市运行管理服务标准，在城市化管理区域全覆盖的基础上，稳步向乡镇一级拓展，初步实现运管服平台时间、空间、行业全覆盖。将市、区、街、社四级共2497家单位纳入平台，确保问题件件抓落实。

拓展"全行业"。完成全市5202个停车场库资源统一接入、动态发布、综合利用，实现全市"一个停车场"。对全市25万余辆共享单车以"总量控制、动态调控"的方式进行管理，通过集中扫码对企业违规投放情况进行处罚，实现无备案单车"一网打尽"。完成全市生活垃圾全链条、全流程、全方位监管，及建筑渣土源头出土、过程运输、末端消纳全流程监管，畅通渣土信息共享渠道，开展在线交易，实现全市"一条龙"监管。在全国首创户外LED大屏联网、联控、联播安全管控模式，实现全市273块大屏"一个画面"。完成全市路灯及景观灯集中控制，实现全市"一把闸刀"。完成手机端的综合执法案件信息自动生成、询问问题自动推送、执法要素自动关联、自由裁量自动匹配、法律文书电子送达等，实现"一部手机全执法"。

执法"全闭环"。通过集成全领域全要素执法数据资源，构建横向协同、纵向贯通的"王"字形综合执法指挥体系，横向统筹联动综合执法、专业执法、行业监管部门力量，纵向打通市、县、乡三级指挥架构，形成联动合力，实现"监

"先离场后付费"应用场景

管+执法"闭环管理,着力从根本上解决动态事件"反复排查、反复整改、反复出现"的问题。

(三)彰显服务底色,让共治共享更有渗透力。

服务共享。上线"贴心城管"应用,提供人行道违停罚缴、找车位、找公厕、找便民服务点等14个在线服务事项,实现民生事项"掌上办",民生服务"掌上享",注册市民达157万人,响应市民服务需求超过1.5亿次。

城市共治。打造城市治理有奖举报平台,在浙里办、支付宝、微信等平台开通统一入口,全天候受理"危害公共安全、侵害公共利益、损害公共环境"事项,并根据城市治理要求,拓展疫情管控、义务教育阶段"双减"、养老领域涉诈等举报事项,通过"亲清在线"平台对有效举报市民给予现金奖励。平台上线以来,共收到举报超过84.4万件,发放奖励261万余元。

便民共惠。打通为民服务"最后一公里",首创"先离场后付费"停车服务,接入全市公共停车场库

81.1余万个泊位,做到"一次绑定、全城通停、长期使用"。推出"找找车位"服务,即时发布停车场库泊位忙闲信息,解决"找位难"问题。累计服务1.42亿次,有效缓解"停车难"。创新违停温馨提醒模式,运用AI视频算法智能识别车辆违停行为,以短信和语音方式通知车主限时驶离,平均每月发送短信温馨提醒约1万条。打造犬证办理"一件事"服务,市民只需上传犬只照片、填报免疫证号码,就可以在线申办,从原来的起码跑三次到"一次也不用跑",每月在线办理和年审犬证事项1500件左右。

三、创新亮点

(一)健全法规制度,强化运行刚性。

出台全国第一部关于数字城管的地方规章《杭州市数字化城市管理实施办法》,为数字城管的日常运行提供法治保障。编制修订《杭州市数字化城市管理部件和事件立案结案规范》《杭州市数字化城市管理处置流程》等10余部行业标准,杭州首创的事、部件立结案规范上升为国家标准,成为指导全国数字城管运行的"蓝本"。

(二)推进资源整合,发挥整体实效。

按照"整合、共享、节约"原则,搭建全市统一的城市运行管理服务平台,融合既有"市、区、街道、社区"城市管理网络,实现了全市2497家城市管理网络单位的互联互通,建立了"市级监督、两级指挥、按责处置"的城市管理工作机制,兼顾了市、区两级的管理需求,避免了职能交叉,实现了资源共享,统一了城市管理标准,提高了城市管理效能。

(三)形成管理闭环,强化协同作战。

贯彻整体政府理念,打通监管和执法数据双向流通渠道,建立"城市管理协同工作平台"和"行政执法协调指挥中心",形成"管理+执法"的新两轴,加强跨部门、跨层级重大、疑难案件联审联调,实施常态化联合监管、联合执法、应急配合、信息共享、证据互认、案件移送等监管执法协作,形成监管和执法的闭合回路,达到源头治理、标本兼治效果。

[供稿:杭州市城管局(杭州市综合行政执法局)]

45

深化知识产权全链条改革

习近平同志在浙江工作期间，十分关心知识产权工作。党的十八大以来，习近平总书记就知识产权保护工作多次作出重要指示，引领我国知识产权事业不断向前发展。杭州认真学习贯彻习近平总书记关于知识产权保护工作的重要论述精神，全面落实中央和省委关于知识产权工作的决策部署，持续深化知识产权全链条集成改革，提升知识产权创造、运用、保护、管理和服务水平，知识产权强市建设实现良好开局。

一、目标成效

杭州先后获批建设全国首批知识产权示范城市、国家知识产权运营服务体系建设试点城市、全国知识产权中小企业战略推进工程试点城市、国家知识产权强市建设示范城市、"西湖龙井"国家地理标志保护示范区、全国首批知识产权保护示范区等。2020年、2021年"知识产权创造、保护和运用"指标在国家营商环境评价中连续两年位列全国第五，其中政策体系被评为全国最佳表现。连续七年获全国知识产权行政保护工作绩效考核优秀，2021年全省设区市知识产权保护工作考核排名第一。在世界知识产权组织发布的2022年全球创新指数排名中，杭州跃升至第14位。

二、实践内容

（一）加强知识产权工作整体部署。

2021年、2022年，杭州市委、市政府连续两年高规格召开知识产权保护大会，成立以市政府主要领导为组长的知识产权示范城市工作领导小组。出台《关于推进知识产权高质量发展的实施意见》等政策文件，制定知识产权发展五年规划。杭州市政府与浙江省市场监管局专题会商知识产权工作，出台《数字化改革引领共建知识产权强市工作要点》。万人高价值发明专利、知识产权保护全链条集成改革和"知识产权创造、保护和运用"指标连续纳入综合考评高质量发展指标、杭州市牵一发动全身重大改革项目和营商环境评价体系。

（二）提高知识产权工作法治化水平。

出台《杭州市专利管理条例》，制定《杭州市西湖龙井茶保护管理条例》，开创地方性法规保护驰名商标的先河。在《杭州市科技进步条例》《杭州市质量促进办法》等地方法规中将知识产权纳入其中。加大知识产权司法保护，对重复侵权、侵权持续时间长、地域范围广等侵权情节严重的行为加大损害赔偿力度，2022年，全市法院共受理各类知识产权案件9934件，约占全省知识产权收案总数34%，审结各类知识产权案件10073件，服判息诉率达91.85%。加大知识产权行政保护，深化知识产权以信用为基础的分级分类监管试点，开展知识产权纠纷行政裁决"简案快办"试点，实施打击假冒专利、会展知识产权保护等专项执法行动。2022年办理专利侵权案件2311件，案件办理周期比上年缩短20%以上。

（三）强化知识产权全链条

保护。

杭州市市场监管局与杭州市中级人民法院签订《专利权保护行政司法对接机制框架协议》，成立知识产权纠纷行政调解中心，建立专利纠纷行政调解司法确认机制，成功获批国家级知识产权保护中心。针对全市高端装备制造产业开展专利快速预审和维权服务，实现创新成果快速保护，其中发明专利授权周期从20个月缩短到81天。成立浙江（杭州）知识产权诉调中心、杭州知识产权纠纷人民调解委员会，搭建中国（杭州）知识产权·国际商事调解云平台，成功入选国务院服务贸易创新发展试点"最佳实践案例"。设立知识产权巡回审理庭5个，实现申请人"一窗"提请，维权环节自动连接，调解、仲裁、行政处理三条救济途径流转互通。引入技术调查官参与专利侵权纠纷行政裁决的工作，为行政裁决提供

杭州高价值知识产权创新创意大赛

技术辅助,确保技术事实查明的中立性、客观性和科学性。

(四)深化知识产权工作体制机制改革。

完善市场化运营促进机制,成立杭州知识产权交易服务中心,搭建供需对接平台,上线知识产权交易系统,实现知识产权交易信息同步挂牌、交易实时联网、数据对接共享等功能。建设国家物联网和人工智能产业知识产权运营中心。开展数据知识产权保护制度改革试点,制定全国首个《数据知识产权交易指南》地方标准,入选全省营商环境改革创新十佳案例。印发《杭州市推进地理标志富农集成改革工作方案》,将地理标志富农改革工作纳入杭州市委共同富裕重大改革工作,扎实开展地理标志保护专项行动。探索地理标志产品全链条溯源,据中国茶叶区域公用品牌价值评估报告,西湖龙井品牌价值连续3年蝉联榜首。

(五)推进区域内知识产权合作交流。

发挥浙江自贸试验区(杭州片区)先发优势,建设国家级知识产权服务业出口基地。加强知识产权保护国际交流合作,承办中国知识产权年会、中国—东盟知识产权局局长会议,国家知识产权局申长雨局长及40余个国家的万余名代表参会,提升杭州知识产权影响力。建设知识产权海外维权法律服务中心,建立知识产权海外维权政策库、信息库、专家库和案例库,加强知识产权海外维权指导。成立对外贸易知识产权预警援助中心,发布海外知识产权风险预警报告,指导企业应对海外知识产权风险。

(六)推进知识产权高质量发展。

围绕数字经济、生物医药、高端装备等重点产业开展专利导航、专利预警工作,推动实施知识产权管理国际标准。聚焦重点产业培育高价值专利54个,生物医药、高端装备、数字经济产业发明专利拥有量位居全国前列。实施知识产权强企战略,培育国家和省市优势示范企业1266家、贯标认证企业1317家、托管小微企业3421家。完善知识产权服务体系建设，建成国家级知识产权服务业集聚示范区1家，省级知识产权服务业集聚区5家。

三、创新亮点

（一）核心指标全国领先。

2022年，全市有效发明专利拥有量12.3万件，居省会城市第一；每万人高价值发明专利拥有量42.86件，比上年增长28.3%；累计PCT国际专利申请量1.06万件，有效注册商标118.3万件，居省会城市第二。2022年，获中国专利奖20项，其中金奖2项。知识产权质押融资金额300.66亿元，比上年增长62.71%。省创造力百强企业榜单占54席，前十强包揽8席。

（二）创新知识产权金融模式。

在全国率先设立知识产权质押融资风险补偿基金，帮助1061家企业获得知识产权质押贷款151.8亿元，助力轻资产企业实现"轻松融资"。出台全国首个数据知识产权质押团体标准，落地全国首单基于区块链的数据知识产权质押，切实帮助中小微企业将数据知识产权成果转化为实打实的企业核心资产。发行全省首单知识产权证券化项目，首期在深交所融资1.1亿元，为企业节约融资成本50%以上。设立1亿元知识产权重点产业引导基金。杭州知识产权金融创新入选国家首批知识产权质押融资及保险典型案例，获浙江省政府落实有关重大政策措施真抓实干成效明显督查激励。

（三）知识产权营商环境创新试点成效明显。

持续完善知识产权市场化定价机制，成立杭州知识产权交易服务中心，2022年转移转化知识产权848项，交易金额3.78亿元。梳理高校院所建设专利许可项目资源库，共征集数个领域可推广转化的有效发明专利9050余件，面向全社会中小科技型企业推广发布10批次专利清单。上线知识产权交易系统，2022年，通过系统成交项目274项，涉及606件知识产权和科技成果，累计成交金额2.2亿元。杭州知识产权质押融资风险分担机制和质物处置机制、畅通知识产权领域信息交换渠道等获国务院发文全国推广，国务院职转办简报刊发杭州知识产权创新经验做法。杭州知识产权交易服务中心获评奋进新时代 建设新天堂——2022年杭州生活品质总点评"十大现象"之一。

（四）深化知识产权"放管服"改革。

高效运行杭州知识产权创新产业园、知识产权综合服务中心，入驻专利局杭州代办处、商标局商标受理窗口、商标局商标质押登记浙江受理点、浙江省知识产权研究与服务中心、知识产权巡回审判庭等机构，以及市场化高端服务机构110余家，构建"全门类、全链条、一站式"的知识产权综合服务体系。建设杭州市知识产权公共服务线上平台，建成涵盖全球126个国家和地区，拥有1.5亿条专利数据的大数据中心，免费为企业提供优质数据服务。梳理发布知识产权公共服务"一件事"清单，优化企业知识产权办事效率。

（供稿：杭州市市场监管局）

46

创新监管和服务　助力平台经济健康发展

习近平同志在浙江工作期间作出建设"数字浙江"的重大决策，成为"八八战略"的重要内容。二十年来，从阿里巴巴的一骑绝尘到独角兽企业的万马奔腾，杭州平台经济发展势头迅猛。杭州市市场监管部门"摸着石头过河"，通过多年探索，形成了一套具有鲜明杭州特色的平台经济监管制度和机制，助力杭州平台经济健康发展，成功入选首批全国网络市场监管与服务示范区。

一、目标成效

（一）成为全国电子商务领域的领跑者。

经过二十年发展，目前全市共有电商平台128个，2022年国内市场年交易额超8万亿元，杭州企业在天猫、淘宝、京东平台销售额8152.3亿元，阿里巴巴平台内网店超1000万家。2022年全市网络零售额首次突破万亿大关，达10496.3亿元，比上年增长5.5%。全市跨境电商卖家超10万家，规上跨境电商企业数量832家，跨境电商企业注册商标数4371个，跨境电商服务商2237家，已上市、独角兽和准独角兽企业107家。杭州企业设立跨境电商海外仓335个，面积714.76万平方米，海外仓数量和面积分别约占全国的1/6和1/3。常态化运营国际货运航线17条，跨境支付交易额近6000亿元，占全国七成。

（二）成为产业动能转换的推动者。

全市共培育省级工业互联网平台71个，建成省级重点平台5个，建成工信部试点示范项目10个，连接工业设备216万台，服务工业企业9.3万家，覆盖9大领域25个行业。全市拥有直播平台30个，直播相关企业超5000家，数量居全国前列。

（三）成为新型智慧城市建设的赋能者。

围绕"互联网+"国家战略，强力推进国际新型消费中心、国际金融科技中心的建设，发布新电商、快递产业等平台经济重点领域的现代服务业政策体系。首创"城市大脑"，以数字化改革为牵引打造了健康码、亲清在线等众多惠民利企应用场景，探索形成政务服务"一网通办"、城市运行"一网统管"的整体智治格局。

（四）成为优化网络营商环境的培育者。

扎实推进国家营商环境创新试点，完成153项509条改革措施，12项原创改革经验在全国复制推广。入选国家知识产权强市建设示范城市，连续四年在全国工商联的营商环境调查中排名第一。

二、实践内容

（一）变革重塑，夯实"监管与服务并重"思想根基。

坚持高位统筹和深化改革相结合。深刻感悟"进一步发挥浙江的体制机制优势，大力推动以公有制为主体的多种所有制经济共同发展，不断完善社会主义市场经济体制"的丰富内涵和实践要求，将促进平台经济发展与全面深化改革、推动创新发展、促进共同富裕通盘考虑，把"鼓励创新，严守底线，线上线下一体化监管"作为改革目标，分解改革任务，协同市级相关部门持续推进改革。

坚持系统谋划和重点突破相结合。按照"三位一体"推进市场监管现代化先行的要求，一体谋划、一体部署、一体推进改革，探索出一套可操作、可落地的工作标准，结合数字化改革要求，共梳理出10项需求清单、8项场景清单、4项改革清单，力求实现平台治理精细化、消费维权便捷化、数据交互自动化、区域协作一体化、监管执法智能化的杭州平台经济监管与服务特色。

坚持固化经验和持续探索相结合。在注重归纳提炼现有网络监管成熟经验和有益探索的同时，及时调查研究新事物新热点。2010年起，

杭州市外卖配送新规发布

连续发布网络市场年度分析报告,形成《网络交易平台中的品牌保护研究》《工商网监平台应用现状分析及对策思考》《杭州市新经济新业态发展和治理状况调研报告》《新冠肺炎疫情防控背景下完善网监突发事件管理的思考》《建设互联网执法办案平台破解涉网事件"四难"问题》等多类调研分析材料近百项。

(二)融通发展,构建"多维共赢共生"网络生态。

提振市场主体发展信心。在深化商事登记制度改革中,放宽新兴行业企业名称登记限制,允许使用反映新业态特征的字词作为企业名称,推广分类信用公示和在线信用修复。科学评估精准把握新业态发展特点,出台《杭州市经济稳进提质攻坚行动政策补强20条实施方案》等政策,在守住安全底线的前提下,为直播电商、元宇宙等新兴经济的发展留足空间。

激活创新创业发展要素。鼓励平台、龙头企业和科研院校组建创新联合体,加强基础研究,夯实底层技术。针对杭州市平台企业科技属性偏弱的问题,研究出台推动平台经济转型升级的支持政策。依托中国(杭州)知识产权保护中心,缩短发明专利平均授权周期,建立杭州市重点商标保护名录,创建保护商业秘密示范基地,探索知识产权纠纷行政调解协议司法确认机制。依托高层次人才直通车评定等政策,大力引进海内外高层次人才。

赋能未来产业发展升级。加快新一代网络基础设施建设,利用数字技术促进传统工业转型升级,支持"链主工厂"建设工业互联网平台,组织推进省级"未来工厂"等试点工作。开拓数字文旅消费等新领域,探索杭州文旅产业与数字科技创新结合,培育数字农业平台新应用,促进数字藏品规范化交易平台新发展。

(三)数字智治,开启"全链条集成式"监管治理。

聚焦智慧监管,丰富内核智治体系。开通调解处理效率全国领先的绿色通道"红旗渠",快速在线分流网购纠纷,联通15个平台,2022年快速化解网络消费投诉举报

11.1万件。建立全国首个政企智能协作项目"红盾云桥",2022年交互39万条次政企数据,协查案件线索19.5万件。利用"监管宝"实现远程全流程在线办案,异地执法一次不用跑,2022年处理网络违法案源6100余件。全面依托总局电子商务12315投诉维权(杭州)中心和网络商品质量监测(杭州)中心,2022年处置网络消费投诉举报86.9万件,监督抽检网络产品超3000批次。

强化服务要素,争创最优治理环境。以平台点亮整治工作为抓手,推进平台治理常态化,建立"平台自查自规、行政管理部门检查指导、第三方监测评价"多维度评价机制。以包容审慎理念为抓手,制定轻微违法行为轻罚、免罚清单。积极探索新业态党建工作,成立杭州市外卖平台党建联盟,开展"五员先锋骑手"评选活动,以党建引领新业态健康发展。

坚守监管底线,加强重点领域执法。开展知识产权保护专项行动,整改问题336个,下架不规范商品2000余件。查处多起头部平台违法案件,罚没款超百万元以上3件,重点案例多次被选入全国网络监管典型案例。开展新型违法行为监管,查办了一批刷单炒信、流量劫持、利用云控技术进行视频流量造假等具有全国影响力的新型违法案件。

三、创新亮点

(一)创新治理理念,主动适应不同发展阶段。

根据发展阶段调整治理理念:从网络经济起步期的"多包容、多调研、多指导",到高速发展期的"鼓励创新、包容审慎",再到"加强反垄断和反不正当竞争,反对资本无序扩张"前提下的"鼓励创新,严守底线,线上线下一体化监管"的治理理念,不断促进网络市场健康高质量发展。

(二)创新治理模式,促进网络市场高效监管。

促进异地协作,发挥总局"两中心"作用,加强跨区域执法和维权协同。促进行业自律,通过行业协会探索网络市场标准化建设,协同第三方机构开展"平台点亮"工程。促进部门协同,依托市网络市场联席会议制度,治理外卖平台、知识产权、网络水军等问题。

(三)创新规则制度,推动创新举措扎实落地。

及时将改革创新成果以制度规范形式予以固化,构建可复制、可推广的网络市场监管和服务制度体系。出台《杭州市网络交易管理暂行办法》等政府规章2部,出台《关于促进平台经济健康高质量发展的实施意见》等专项政策4项,出台《绿色直播间管理规范》等行业标准5份。此外,协同长三角地区市场监管部门推出多项协作制度。

(供稿:杭州市市场监管局)

47

创新重大项目跟踪审计
为政府投资保驾护航

杭州围绕忠实践行"八八战略",坚持守正创新,全面推进投资审计转型,创新具有"浙江示范、杭州经验"的重大项目跟踪审计模式,为高质量推进政府投资项目建设提供强有力的审计支撑。

一、目标成效

2021年,杭州市审计局被审计署确定为投资审计转型发展六家试点单位之一,投资审计转型发展工作被杭州市委改革办列入2021年改革试点清单。按照审计署和市委部署要求,杭州市审计局积极探索,初步形成"三阶段、八环节"("三阶段"是指前期审批阶段、建设实施阶段、竣工决算阶段;"八环节"是指投资估算与设计概算编制、征地拆迁、招投标、合同签订、工程变更、工程款支付、工程结算、财务竣工决算)重大项目跟踪的"杭州审计"模式,相关做法两次在审计署召开的全国性会议上作经验介绍,报送的试点报告和信息专报累计获得省市主要领导批示48次。《转型不转责任》被《中国审计报》头版采用，《杭州：审计监督助推项目建设全过程管理》被人民网采用，信息专报被审计署工作动态、省政府"每日信息"等采用共计41篇次。《浙江杭州以"五个一"为载体推动投资审计转型发展取得实效》得到审计署固定资产投资审计司认可，"五个一"做法得到推广。跟踪督查市本级652个已竣工验收、投入使用但尚未完成财务竣工决算的项目，涉及账面投资1579.31亿元，通过审计节约财政资金2.56亿元。

二、实践内容

（一）"审结果"和"跟过程"相结合，推动重大项目审计全覆盖。

服务全市发展大局，以全面反映重大项目建设领域存在的体制机制和制度方面存在的问题为目标，持续加强对重大项目的跟踪审计，有力保障亚运会场馆项目、轨道交通工程和西站枢纽工程等一批重大建设项目的实施。在审计实践中，根据新形势下投资审计转型的需要，探索构建了既"跟"又"审"的跟踪审计模式，通过重点关注"三阶段、八环节"，对重大公共投资项目自立项批准至竣工投产全过程依法进行审计。同时，通过开展专项审计调查，对全市重大项目建设情况进行摸底，发现材料设备、工程投资控制等方面存在的100多个问题，涉及违纪违规损失浪费和管理不规范金额共计149.30亿元，移送大要案线索11件，11人受到党纪政务处分。推动市级层面、主管部门出台制度19项，实现对全市重大项目审计的高质量全覆盖。

（二）"疏卡点"和"解难点"相结合，保障重大项目建设进度。

能否保证工程进度关乎项目能否如期投用发挥经济效益和社会效益。杭州市审计局在重大项目跟踪审计过程中，既如实反映项目建设进度滞后的问题，又注重剖析从源头破解制约进度的难题。对不同建设进度的工程项目分阶段、分环节、分重点进行监督，项目前期阶段助

杭州西站枢纽工程施工现场

推工程项目前期审批规范化，项目实施阶段助推工程项目施工管理精细化，项目竣工交付阶段助推工程项目竣工交付标准化。重点关注方案调整、工艺设计、施工组织等影响工程进度的具体问题，指出工作中不作为、慢作为和乱作为等突出问题，促进主管部门健全相关工作制度和机制，消除影响重大项目推进的机制体制问题和政策落实问题，助推重大项目按时间节点完成建设进度。如2020年，针对困扰建设市场多年的"渣土处置难"问题，向杭州市政府提交专报，得到杭州市委、市政府主要领导高度重视，推动相关部门联合研究制定有关定价机制，促使渣土消纳"老大难"问题从源头制度层面得以解决。

（三）"治已病"和"防未病"相结合，提升重大项目建设质效。

工程质量与安全是重大项目的生命线。改变以往审计结束后根据审计报告要求被审计单位整改的方式，加强过程监管，在审计中及时与建设责任主体充分交流沟通，要求审计发现的质量和安全问题在一周内落实整改，推动"即审即改"。如近两年在轨道交通工程跟踪审计中发现的涉及质量、安全、文明施工、监测和机电设备供应等方面近200项问题，均及时整改到位，切实消除了建设过程中的风险隐患。同时，坚持举一反三，对重大问题进行全面复盘和摸排，促进问题的系统性整改。如在2022年轨道交通工程跟踪审计中，以地铁金沙湖站漏水事故为线索，指出地铁结构性渗漏水、地铁保护区内施工管理安全等问题，推动建设单位开展车站漏水维修火力集中行动，累计设置地铁保护区标识标牌14685个，系统地解决了漏水问题。

（四）"强统筹"和"促协作"相结合，构建重大项目跟审格局。

为提升重大项目跟踪审计的整体性和协同性，通过上下联动、内外协作的方式，集全市审计之力构建重大项目跟审新格局。一是坚持全市"一盘棋"，制定实施《杭州市投资审计转型发展试点工作方案》，将转型试点工作范围覆盖到各区县（市），并结合区县（市）实际和特色确定具体的转型目标、内容、任务，实现全市转型试点"一盘棋"管理，提升试点工作的系统性。二是部门、内审协同，加强与市政府投资重点工程项目派驻综合监督组的联动，对地下综合管廊建设等重大项目建设中存在的问题进行深入交流，形成职能互补、信息联通、成果利用的协同监管机制。同时，进一步完善建设单位内部审计和国家审计相融合的投资审计模式，建立共建协作机制，促进建设单位履行主体责任，切实发挥建设单位内部审计在审计监督体系中的基础性作用。

（五）"抓整改"和"提成效"相结合，提高重大项目投资效益。

认真贯彻杭州市委、市政府盘

活存量资产资金、提升使用效益等要求，持续关注竣工结算资产确权问题，从制度和工作层面推动问题解决，促进有效投资。如针对市本级公共投资项目反映的"竣工财务决算工作滞后，价款结算工作效率不够高"的问题，市领导高度重视，多次召开专题会议进行部署，明确任务和完成时间。各部门协同推进，组建工作专班，落实专人，做好审计整改。针对各单位提出的历史遗留项目决算批复中存在的共性、难点问题，杭州市审计局会同相关职能部门召开各类专题会议10次，明确问题解决路径，形成会议备忘录等文件10篇次。652个历史遗留项目中，除21个为涉法涉诉项目外，其余631个项目基本完成决算批复，实现政府投资资产化。

三、创新亮点

（一）路径设计契合"八八战略"的实践逻辑。

围绕重大项目跟踪审计，构建以"三阶段、八环节"为核心的"1+5"制度体系，在2021年成为审计署投资审计转型发展试点单位后又结合实践经验形成新的工作方案。"三阶段、八环节"重大项目跟踪"杭州审计"模式，是审计护航"八八战略"引领浙江发展新境界的生动实践。

（二）跟审重点聚焦投资审计的转型需求。

创新重大项目跟踪审计，立足工程建设质量安全、资金安全、人员安全主题，发挥跟踪审计的重要作用。同时，强化关键环节审计，如在结算审计中，坚持依法审计，督促建设单位认真履行价款结算工作主体责任、依法加快工程结算工作。探索"同步立项管理、同步报送资料、背靠背同步独立实施"模式，缩短了审计周期，减轻了企业负担，保障了全市重大项目顺利推进。

（三）数字赋能放大重大项目的监督效应。

深化投资审计领域数字化改革，将审计监督方式从线下拓展至"云上"，基于"三阶段、八环节"探索建设杭州市重大公共工程全过程监管平台系统。通过大数据采集、工程资料数字化等技术手段，打通相关主管部门之间的"信息孤岛"，聚焦杭州市重大项目建设管理中存在的普遍问题、突出问题，结合大数据分析研判、预警提示，推动风险防控由事后纠治向全过程监管转变。

（供稿：杭州市审计局）

48

以试点工作为契机打造精准化服务模式

国家税务总局杭州市税务局牢牢把握忠实践行"八八战略"、以"两个先行"打造"重要窗口"的大逻辑，创新打造杭州综合保税区一般纳税人资格试点精准化服务模式，以优化营商环境的"小思路"贯彻落实习近平总书记的大思想，用帮助综保区内企业开拓内销市场的"小抓手"贯彻落实党中央"统筹利用两个市场、两种资源"的大战略，推动综保区提能升级。

一、目标成效

杭州税务部门瞄准海关特殊监管区内企业不具备一般纳税人资格，向境内销售、采购货物无权开具和取得增值税专用发票的痛点，以"杭州综合保税区增值税一般纳税人资格试点"为契机，创新推出以跨部门"精诚合作"、个性化"精准把脉"、数据链"精确贯通"、全流程"精细服务"为抓手的精准化服务模式，帮助综合保税区企业开拓内销市场消除阻碍、畅通"双循环"。该项目入选2022年第一批中国（浙江）自由贸易试验区最佳制度创新案例，在全省复制推广。

二、实践内容

海关特殊监管区域设立之初主要是面对国外市场，吸引"两头在外"的企业入区发展。随着经济形势的变化，海关特殊监管区域原有的政策功能已不能满足区内企业多元化发展需求。区内企业按照"区内境外"管理，不具备一般纳税人资格，向境内销售货物视同进口、采购货物视同出口，无权开具和取得增值税专用发票，对企业开拓内销市场造成了极大不便。试点政策赋予试点企业增值税一般纳税人身份，使其具备"保税、非保税双重身份"，建立起保税区内外企业之间完整的增值税抵扣链条，有效降低企业购销环节中的综合税负成本，助力企业充分利用国际国内"两种资源"，拓展国内国外"两个市场"。杭州市税务局深度介入试点工作，并在实践中总结推出精准化服务模式，推动试点政策落地，提升综保区纳税人涉税服务体验，提高纳税人满意度。

（一）跨部门"精诚合作"。

试点政策推出后，杭州市税务局第一时间与综保办、海关等部门组建工作专班，开展试点政策解读，牵头编写《杭州综合保税区增值税一般纳税人资格试点纳税指南》，对企业加入资格试点的申请流程、政策内容、沟通衔接等问题进行精准解读。建立信息互通和联合监管机制，定期召开联席会议，逐项研究制定细化落实举措，联合开展覆盖区内企业的政策宣讲。在后续工作推进中，税务部门会同综保办、海关等部门，就试点进展、招商和进出口政策适用等问题开展常态化沟通和配合，紧扣综保区发展需求，为综保区在招商引资、跨境电商发展、支持贸易新业态等方面做好政策辅导，助力综保区做优做强。部门间联合精准做好服务企业工作，

一般纳税人资格试点精准化服务

形成协同推进一般纳税人资格试点的工作合力。

（二）个性化"精准把脉"。

杭州市税务局既做好综合保税区内企业政策宣传全覆盖，又对意向加入试点的企业开展一对一"精准把脉"，量身定制涉税方案。将涉税服务由"针对事项开展服务"升级到"针对企业整体开展服务"，开创性地服务企业重大经营转换的决策过程。税务部门从企业的业务定位入手，分析企业内外销的比例和进项取得情况，帮助企业测算比较加入试点前后的税负成本。特别针对企业涉税政策转变过程中的操作细节和核算问题，为企业财务人员提前"开小灶"，开展税务规范化辅导，确保企业政策理解到位、操作合规。针对部分预计以原材料保税进口为主且内销占比较低的企业,经测算,这些企业加入试点后会产生较大免抵额而增加税负,提出分设试点主体以实现企业享受政策红利最大化的建议。

(三)数据链"精确贯通"。

打通税企信息双向通道,建立税企数据跟踪机制,对试点企业数据开展日常监控,通过按月监控和统计企业试点有关数据,及时掌握试点企业最新动态,协助企业算好政策经济账,降低企业在决策过程中的涉税风险。通过汇总统计,税务部门及时跟进试点工作进展和成效,及时总结经验。结合数字赋能推进"放管服"改革,深挖数据,交叉比对,防范企业涉税风险,用好核心征管系统、防伪税控系统、电子税务局等多系统税收大数据,配合税务部门与试点纳税人通过日常信息交换渠道取得纳税人"小数据",为企业构建全方位风险防控体系。同时,与海关建立涉税数据共享机制,向海关提供企业一手经营纳税数据,作为海关计征相应税款的依据。

(四)全流程"精细服务"。

在办税体验"便利化、智能化"推进基础上,全面提升个性化服务水平,为试点企业配置"全流程服务工具箱",量身打造精细化服务。具体由出口退税部门牵头,联合纳税服务、货劳、税源管理等部门,为试点纳税人提供从试点备案、一般纳税人资格认定、财务建账建制、增值税专用发票购票和开票、纳税申报、出口退税和进料加工手册核销等全方位立体化配套服务。特别是针对试点企业在涉税政策转变过程中容易遇到的政策疑难问题,指定政治素质高、业务能力强的业务骨干一对一担任"税收服务管家",为试点企业随时提供政策指导,满足试点企业问题咨询、疑难问题解惑、复杂业务办理、实时交流互动等多种需求,对试点企业提出的涉税需求进行全流程记录和跟踪,确保企业涉税需求得到快速响应。

三、创新亮点

(一)助力企业发展"全面

提速"。

截至目前，杭州综保区内共有一般纳税人资格试点企业12户，总体内销业务开展态势良好，企业发展全面提速。2022年，12户试点企业共计开具增值税专用发票6827份，开票金额累计9.80亿元，比上年增长66.17%；出口退（免）税销售收入达2.84亿元，累计申报出口退（免）税额1354.79万元。一般纳税人资格试点政策帮助企业有效应对复杂多变的外部市场，加速实现从"两头对外"向"两个市场"转型，提高了产业链、供应链稳定性和核心竞争力。

（二）助力营商环境"全面提升"。

税务部门在全流程服务过程中，同步获取试点企业等一手试点数据，并结合企业经营情况，开展政策切换前后的惠企效应调研，深化税企互动交流，确保税收政策适配企业实际需求，释放政策红利。通过优化服务，聚焦精细服务提档，激发企业发展内生动力，建立起税企之间良好的互信关系，促进纳税人满意度和税收营商环境建设"双提升"，得到纳税人广泛好评。

（三）助力区域发展"全面提效"。

试点政策有效破解了区内企业不能直接开展国内贸易、无法享受增值税抵扣的政策瓶颈，为提升综合保税区功能能级、培育产业配套等方面的综合优势提供了有力支持，有利于吸引更多优质企业进入综合保税区，将综保区打造成为高水平开放、高质量发展的"新引擎"。

（供稿：杭州市税务局）

49

以数字赋能打造人民满意的政务服务

习近平总书记2020年在浙江考察调研时强调:"运用大数据、云计算、区块链、人工智能等前沿技术推动城市管理手段、管理模式、管理理念创新,从数字化到智能化再到智慧化,让城市更聪明一些、更智慧一些,是推动城市治理体系和治理能力现代化的必由之路,前景广阔。"二十年来,杭州公积金中心践行以人民为中心的发展思想,以数字化改革为引领,持续提升服务管理水平,充分发挥住房公积金制度功能,不断增强在住房保障体系和住房市场体系中的作用,助力更多缴存人实现"浙里安居",为全国住房公积金行业提供了可复制、可推广的杭州政务服务新样本。

一、目标成效

截至2022年末,杭州市住房公积金缴存单位16.18万家,缴存人数375.7万人,累计缴存总额6340.7亿元,提取总额4542.5亿元,贷款总额3070.1亿元,年缴存、提取、贷款业务发展以20%左右的速度增长。杭州公积金中心围绕"方便群众、服务民生"导向,践行"让数据多跑路,让群众少跑腿"的理念,推出住房公积金贷款"易贷"新模式,打造全国首个"公积金智慧大脑",完善优化杭州住房公积金服务"网上办、掌上办、就近办、一次办",智慧住房公积金发展不断取得新突破,数字化发展成果惠及广大群众。

二、实践内容

(一)深化政务服务改革,践行"让群众少跑腿"理念。

高频业务"随时办"。在全国首创"支付宝刷脸提取公积金"业务,在住房公积金领域跑出"杭州速度",成为业内学习的典型经验。创新"7×24小时"在线服务新模式,突破时间和空间的限制,实现住房公积金业务在线办理不间断。推出"智能+人工"在线客服系统,提供7×24小时住房公积金政策业务语音视频解答服务。通过浙里办App、微信小程序、长三角一网通办、支付宝等平台,实现"刷脸办、零材料、无纸化",住房公积金服务事项网办率达90%以上。

关联业务"一次办"。围绕全国营商环境创新试点"进一步便利企业开立银行账户"改革任务探索创新,在企业开立银行账户时同步完成公积金"代扣代缴"协议在线签约,形成全国可复制推广的试点经验。实施企业职工退休、公务员职业生涯、贷款抵押登记等一件事集成改革,实现跨部门关联业务"一件事一次办"。通过数据共享和业务协同,实现缴存职工"五险一金"联办,引导缴存单位规范缴存住房公积金,提升办事效率和体验感。创新住房公积金贷款"带押过户"、自主交易等新业务模式,进一步降低购房交易成本。

跨省业务"当地办"。通过微信小程序、省政务服务2.0平台、长三角"一网通办"平台等渠道,实现个人缴存信息查询、退休提取住房公积金、单位缴存登记开户等5项业务"全程网办",出具贷款职工缴存使用证明和开具住房公积金贷款结清证明"代收代办",购房提取住房公积金"两地联办"。进一步推进异地贷款住房公积金按月转账服务创新，方便异地贷款缴存人提取。

（二）创新应用场景建设，打造公积金贷款新模式。

"面谈签"变"云上签"，打造贷款全程线上办模式。以客户需求为导向，针对现行办理购房贷款必须面谈、合同必须面签、购房人必须到场等问题，迭代升级"贷款不见面审批"改革成果，应用电子签章、人脸识别、云视频面签、区块链等新技术，搭建"云上签"平台，足不出户完成贷款合同面签，每项交易减少重复签名19次。合同及签名过程电子留痕上传区块链存证，并对接司法链，确保法律效力。

"窗口办"变"移动办"，实现购房现场一站式服务。针对购房时不了解贷款政策，造成后续贷款审核通不过、贷款办不下来等问题，推出移动端服务，将服务大厅"前置"到售楼现场。加强与房产交易、不动产登记、民政婚姻、商业贷款等信息实时互联，实现多跨联动，贷款合作银行服务人员在售楼现场通过移动端即时完成贷款资料电子扫描、预受理、预审批，一次性解决住房公积金贷款准入、贷款额度计算、商业贷款利率优惠等问题。

"单点问"变"全程答"，创新管家式服务理念。针对购房贷款全过程节点多、流程复杂、购房人需逐个单点咨询的问题，整合住房公积金贷款过程中涉及的贷款楼盘、委贷银行和客户经理等信息资源，推出公积金"e贷大厅"，方便公积金缴存人全面了解楼盘和贷款服务银行。引入"职业经理人"理念，通过"一对一"在线留言和电话交互式服务，为缴存人提供最长30年的"购房贷款"全生命周期服务。将缴存人与政府、房地产合作方有效联结，挖掘缴存人个性化需求，智能推送和精准定制服务。自2022年9月上线以来，已接入杭州全市1000个楼盘信息，汇集19家委贷银行、1700名客户经理提供在线服务。

（三）数据赋能科学决策，建设"公积金智慧大脑"。

强化数据监管。建设多维指标体系，建立住房公积金缴存、提取、贷款、财务等47个主题库，近1000

个分析指标,全面实时监测住房公积金业务指标变化,增强资金运作的前瞻性和主动性,有效规避资金流动性风险。对缴存职工提取、贷款等行为进行常态化监测,利用住建部数据平台、省建设厅数据高铁、长三角公积金"一网通办"平台等,实现纵向信息共享,加大风险隐患疑点排查,持续提升风险管理能力。

完善数据决策。设计住房公积金可贷额度模型,综合职工年龄、收入水平等因素,预测职工享受最高可贷额度的缴存时长,评估资金流动性风险等,为住房公积金贷款政策调整、科学决策提供支撑。建成PC端和移动端驾驶舱,实现数据指标可视化布局,全面掌握全辖业务运行情况。采集住房公积金基础数据,对比分析职工年龄、婚姻、收入、贷款等多维信息,利用数据评估政策执行效果,实现决策从"依靠经验"向"依靠数据"转变。

提升数据应用。将住房公积金缴存和使用数据与个人信用挂钩,对缴存人进行信用评级。开展与商业银行数据共享的合作,围绕缴存人全生命周期进行画像,为缴存人提供分层次金融增值服务,进一步满足缴存人多样化的消费需求。开展住房公积金企业信用报告代替无违法违规证明应用,推进"公积金信用+"普惠金融,推出公积金缴存信用惠企贷款"助企贷",自2022年4月试点已向200余家企业授信11亿元,助力企业纾困。

三、创新亮点

(一)业务办理方式实现新突破。

通过数据共享、流程再造,住房公积金业务全部实现"线上办"和"关键小事"智能速办。创新实施"7×24小时"在线服务新模式,实现高频业务"随时办"。运用电子签章、云视频面签、区块链等新技术,为无法现场办理贷款业务的缴存人提供全线上办理。促进技术融合、业务融合和数据融合,构建跨平台一体化服务运行体系,解决公积金办事中的堵点难点,提升了

"公积金智慧大脑"数字驾驶舱

公积金普惠性公共服务效能。

（二）管理服务理念实现新创新。

通过整体智治、数据赋能，建设贷款"线上办""移动办""e贷大厅"，丰富数字化应用场景，解决传统贷款业务服务单点离散的问题。创新"购房贷款全生命周期"和"专属服务职业经理人"理念，统一服务标准，确保购房贷款全生命周期流程无障碍、跑零次管理服务理念，推动杭州个人住房金融生态链的有效融合与高质量发展，实现"一地创新、全省复用"。

（三）行业治理模式实现新提升。

通过数字化改革引领行业治理，促进住房公积金领域治理体系和治理能力现代化，形成了全系统业务协同、全方位数据赋能、全业务线上服务、全链条智能监管的住房公积金数字化发展新模式。建设杭州个人住房金融业务集中运行平台，改革住房公积金贷款业务模式，推动了个人住房金融市场和产品的创新发展。构建跨行业多维指标体系,提高了决策科学化水平和风险防控能力。分析挖掘数据资源,充分发挥数据要素价值,提升了综合应用数据的能力。

(供稿:杭州公积金中心)

50

构建企业上市全链条护航体系

"打造硅谷天堂、高科技的天堂"是习近平同志在浙江工作期间对杭州作出的重要指示和殷殷嘱托。二十年来，杭州高新区（滨江）始终沿着"八八战略"指引的道路前行，一张蓝图绘到底、一任接着一任干，全力打造浙江"资本第一区"。

一、目标成效

实施"凤凰行动"计划，推动企业上市和并购重组，加快企业转型升级、推动经济高质量发展，是杭州高新区（滨江）忠实践行"八八战略"和习近平总书记重要指示精神的重要举措。该区紧盯"2025年上市公司突破百家"目标，构筑服务链、完善资本链、强化创新链，全力打造企业上市全链条护航体系。2022年，新增上市企业6家、新三板企业4家。"八八战略"实施以来，累计培育上市企业56家、新三板企业111家，现有上市企业总市值超5万亿元，上市企业增量、总量、密度、市值均连续多年领跑全省。

二、实践内容

（一）加强政府引导，完善企业服务机制。

加大政策扶持力度。多轮迭代更新《关于推进企业上市和并购重组的实施意见》，将科技型企业资产重组补贴门槛由 10 亿元降至 5 亿元，按照股改、报会、上市等环节阶段性给予企业直接资金奖励，取消境外上市须满足"募集资金 50% 以上投资我区"的奖励限制，"企业通过中国证监会发审委审核或注册成功上市，给予一次性奖励 150 万元。企业境外上市的，给予一次性奖励 300 万元。企业境内外二次上市的，再给予减半奖励"，有力减轻企业资金负担。

发掘上市后备资源。按照"储备一批、培育一批、上市一批"的思路，建立上市后备企业备案登记服务制度，将上市意愿较强、潜力较大的优质企业纳入上市后备资源库，动态储备上市后备企业百家以上。对照上市发行标准，由区领导"一对一"深入走访、跟踪服务入库企业，协助企业开展完善法人治理结构、制定上市时间表和路线图等工作。

强化部门协同联动。由区金融办牵头组建上市工作专项协调组，为拟上市企业协调解决项目审批、土地房产变更、国有资产确权等历史遗留问题。出台《上市"一件事"服务指南》，打造"一站受理、集成服务、限时办结"上市服务模式，对涉及多部门的同一事项实行"见章盖章"制度，实现审批更简便、监管更强化、服务更优质。

（二）集聚优势资源，加速企业上市进程。

专题培训破"知识盲点"。携手上海、深圳、北京证券交易所，打造上市企业培育基地，根据上市目标板块和产业导向，组织企业高管及区相关职能部门参加企业上市专题培训活动，围绕资本市场最新政策、IPO 注册制、新三板改革、股权投资与产业发展、企业上市法律问题等内容进行授课，提升部门服务能力，增强企业资本运作意识，浓厚上市工作氛围。截至 2023 年 2 月底，累计培育 15 家创业板企业和 11 家科创板企业,数量稳居全省第一。

专家问诊破"关键堵点"。积极争取浙江证监局、浙江银保监局等主管部门支持,成立区级金融顾问工作室,集聚证券、银行、保险等金融机构专家,为拟上市企业解决恶意诉讼、外汇登记等关键堵点"出谋划策"。

金融支撑破"资金痛点"。设立全省首个科技金融服务中心,围绕项目孵化期银行融资、初创期天使投资、成长期风险投资和上市前后资金需求,构建企业全周期投融资服务体系,组织投融资沙龙、银企对接会等活动,多措并举提升实体经济服务质效。探索创新型金融产品,推进数据知识产权质押融资,试点"企业创新积分制",通过数字化模型将企业经营和创新数据等转化为积分,为金融机构放贷、担保提供参考,使企业数据资产有效实现价值转化,缓解中小微企业"融资难"问题。推动区产业基金与上市企业合作设立子基金,为种子期、初创期项目提供资金支持。

(三)推动三链融合,优化企业发展生态。

打造人才链。聚焦人才"引育留用"全链条,出台《关于加强和改进新时代人才工作推进天堂硅谷人才行动的实施意见》,依托"5050"高层次人才创新创业扶持计划,打造"科技人才孵化"应用,建设人才认定、企业评级、资金兑付、产业协同等重点场景,构建了科学研判、全程跟踪、精准孵化、有效服务的科技人才孵化闭环体系,壮大一批潜力企业。通过"5151"创业陪跑计划,构建政府、企业、平台协同框架,帮助企业找资源、找技术、找资金、找伙伴。截至 2023 年 2 月底,全区共集聚各类高层次人才 1 万余人,其中高新技术人才占比约85%;"5050"计划引进和培育企业 1005 家,孵化上市企业 8 家、上市后备企业 15 家,企业存活率高达92%;"5151"计划促成合作 90 余项,惠及企业 500 余家。

强化创新链。出台《关于推动创新链产业链"两链"深度融合的实施意见》及若干措施,推进以高层次人才为牵引的"1+2+6+N"创新平台体系建设,即落地超高灵敏极弱磁场和惯性测量装置1个国家级重大基础设施,成立白马湖实验室和浙江省智能感知技术创新中心2个省级重点平台,建设北航杭州创新研究院等6个高能级产学研平台,持续释放56家省重点实验室和重点企业研究院、600余家省市研发中心的创新动能。引导平台和企业深度合作,共建34家联合实验室,集中力量攻关关键核心技术,提升企业"硬科技"含量。

拓展产业链。紧扣国家重大战略布局和产业发展客观规律,充分发挥行业龙头企业引擎作用,建立"链长+链主"产业链招商机制,引进一批产业链关键环节的核心企业、配套企业,构筑产业链上下游企业共同体,打造了一条从关键控制芯片设计,到基础软件开发、传感器和终端设备制造,再到数字安

中控技术上市

防、工业视觉等场景应用的数字经济全产业链,建设了"中国视谷""国际零磁科学谷""中国数谷"等产业集聚区,实现区域协同适配,助推企业融通发展。

三、创新亮点

通过打造企业上市全链条护航体系,实现了"金融—科技—产业"良性循环。

(一)优化创新生态,积蓄企业成长"源动力"。

打造高新产业集群。围绕做强信息软件、数字安防、通信设备、电子商务、数字传媒五大优势产业,建立"众创空间+孵化器+加速器+产业园+特色小镇"孵化体系,营造"类硅谷"创业创新生态。落实资金人才用地政策。针对不同类别产业、不同发展阶段企业和不同功能产业平台,采取差异化政策,精准帮助企业渡过"生长死亡曲线",助力企业"初创—雏鹰—瞪羚—鲲鹏—上市"蝶变壮大。做强创新平台。加快引进创新资源,探索发展新型研发机构,集中力量攻关关键核心技术,推动产学研用一体化。

(二)提供高效服务,畅通企业上市"快车道"。

推动企业股份制规范改造。2006年响应中关村股份报价转让系统试点改革,率先制定股改政策,持续鼓励和促进一大批企业开展股份制改造。提供"一站式"上市申报定制服务。建立上市工作专项协调组,精准把握企业需求,为拟上市企业提供直通式、定制式服务。打造特色投融资服务平台。设立全省首个科技金融服务中心,构建完整的投融资服务体系,为科技型中小企业提供全周期、可持续的科技金融服务。

(三)推动行稳致远,打造区域发展"新引擎"。

资本运作推动上市企业裂变式发展。鼓励上市企业通过自身裂变、横向或纵向并购等不同模式,借助资本市场持续创新壮大。强化风险防控护航上市企业稳定发展。健全风险防控机制,加强对上市公司的分类监管、精准监管、科技监管,提高信息披露质量,推动企业合理稳健运营。扩展生态圈促进企业可持续发展。制定《推进上市(拟上市)企业"双强"发展行动计划》,明确党建强、发展强"双强"20条举措,引导企业规范发展,与交易所、证券、银行等金融单位开展战略合作,促进金融资源有效对接。

［供稿:杭州高新区(滨江)］

51

打造旧改样板　探索未来社区示范

高质量发展建设共同富裕示范区是忠实践行"八八战略"、奋力打造"重要窗口"的核心任务。拱墅区和睦街道紧贴"老旧小区集中、老龄化程度严重、老国企退休职工多"的"三老"实际,聚焦"一老一小",探索打造旧改样板和未来社区示范。李克强、李强同志曾莅临和睦街道调研指导,对街道老旧小区提升改造、养老工作给予肯定。

一、目标成效

形成旧改工作全国可复制经验。街道因地制宜、敢闯敢试,在推进老旧小区提升改造中,突出民意为本、资源整合,和睦新村旧改经验成功入选国家住建部第一批改造试点案例,支持新疆阿克苏进行中西部合作旧改模式输出,全国各地考察络绎不绝。

"阳光老人家·颐乐和睦"养老服务综合街区

深耕养老托育阳光服务。融合打造老有所养、幼有所乐、智享生活的美好家园，建成百姓家门口的养老服务综合街区及普惠性托育中心。和睦街道、和睦社区先后荣获全国智慧健康养老应用试点示范街道、全国示范性老年友好型社区、中国计生协0—3岁婴幼儿照护服务示范创建项目拱墅区实施点等"国字号"荣誉。2022年，和睦社区、化纤社区入选首批浙江省共同富裕现代化基本单元"一老一小"场景。

探索旧改类未来社区样板建设。把未来社区建设作为街道数字化改革的重要展示窗口。2022年，和睦社区通过浙江省级未来社区验收，入选全省数字社会系统2022年度"最暖家园"成果。2023年，和睦街道"根植老旧小区改造，推进未来社区建设"入选为浙江省城市更新试点片区。

二、实践内容

（一）"拓展+更新"盘活"碎

片"空间,助力老旧小区逆龄生长。

坚持以提高居民生活品质为初心,做实民心工程。牢牢把握提升老旧小区居住品质,做精工程质量。积极腾挪碎片空间,做亮小微空间。推进区域城市更新与未来社区建设有机融合,做优社区新貌。经过改造,小区软硬件全面升级,环境功能双双提升,10千伏高压电和"蜘蛛网"般的弱电线纷纷入地,雨污管网彻底改造,自来水、管道煤气、照明系统、监控系统实现全域改造,停车位、道路、绿化、公园、外立面全方位提升,养老托育设施更加齐全,老旧小区焕发出年轻活力,居民居住体验大幅提升。

(二)"破难+创新"持续优化民生服务,加速打造"全龄友好"社区。

建成开放集开放型、融合型、互助型于一体的"阳光老人家·颐乐和睦"养老服务综合街区,打造医养护、文教娱、住食行一街式智慧生活圈,全面构筑起以"居家—社区—机构"为闭环的百姓家门口的养老院。先行探索普惠性婴幼儿照护服务,建成总面积达2000余平方米,共开设4个班级、提供80个托位的托育服务中心。完善5分钟一街式智慧生活圈,依托数字化建设,融合打造颐乐养老、儿童友好、邻里和睦三大特色场景,构建全龄友好社区。

(三)"线上+线下"数字赋能社会智治,精准服务更显温度。

聚焦"老幼常宜·阳光和睦"主题,构建和睦未来社区数字化体系,推动基层社会治理最小单元精细化建设,提升基层治理现代化水平。在将已有养老托育线下服务与数字化结合的同时,提升数字赋能服务精度,持续丰富以"一老一小"为重点的公共服务内涵,通过有效数据采集和分析,重点解决"精"和"智"的问题,更有针对性地满足个性化需求。

(四)"载体+机制"强化居民自治能力,构建"共同缔造"建管生态。

精心打造以"和"为理念的"和睦议事港",开设弘扬传统文化、非遗文化的和睦社区"九和"茶室、华丰社区和丰社非遗文化交流中心，围绕"决策共谋"，提升人民群众"参与感"；围绕"发展共建"，提升人民群众"认同感"；围绕"建设共管"，提升人民群众"归属感"；围绕"效果共评"，提升人民群众"获得感"，实现"共谋、共建、共管、共评、共享"新格局。着眼群众需求，用"接地气、暖人心"的方法建立志愿者团队包干、公益活动爱心轮值、志愿服务信息化管理、时间银行爱心积分、志愿服务激励评价等五项机制，有效激发居民服务热情、提升服务实效。

（五）"带动＋参与"鼓励老人发挥余热，助力实现"老有所为"。

发挥辖区老人"人头熟、地情熟、威望高"的优势，积极引导他们参与基层治理，努力把矛盾化解在前端、解决在基层。组织老年志愿者骨干成立"银龄互助跨越数字鸿沟"培训班班委会，由班委会负责向更多老人提供培训和帮助，让数字红利惠及更多老人。由加梯楼道的老年志愿者成立"加梯工作室"和"加梯帮帮团"，由"加梯导师"辅导单元楼建立"加梯自治工作小组"，由小组成员牵头楼道居民围绕加梯方案制定、出资比例分配、确定建设单位等加梯全要素进行协商、解决矛盾，最终达成一致意见，提高推进效率。目前和睦街道各社区加梯帮帮团的志愿者已达120多名。在志愿者的大力推动下，街道已投入运行、公示、签约的电梯达52台，真正实现了"邻里相携情意重，同心实现电梯梦"的美好愿景。

（六）"普惠＋融合"探索"一老一小"服务可持续发展之路。

通过深化交流对接，积极引进社会资本参与老旧小区改造和未来社区建设，解决养老托幼疑难问题，补齐老旧小区公共服务短板。和睦社区、化纤社区探索打造"2+X"老幼融合服务场景，聚焦"一老一小"关键需求，一体化解决"顾老看小"难题。采用"社区普惠＋市场运作"机制，由街道免费提供场地，降低机构运营成本，目前已有平安智慧城、公羊会、月伴湾、华数集团、杭州日报华媒维翰等多家企业和民办非企单位参与到社区老幼服务中来。

三、创新亮点

（一）坚持民意先行。

和睦街道坚持以提高居民生活品质为初心，成立"和睦议事港"和"旧改督导团"，遵循"钱要花在刀刃上，旧改要改在老百姓心坎上"的理念，收集民声民意，明确24个必改项、12个提升项。通过走访、调研，收集居民和基层的问题、诉求，以其感受和体验作为未来社区建设数字化改革目标，梳理出八大社区治理需求、七大居民服务需求。

（二）坚持问题导向。

在老旧小区提升改造中，把老百姓呼声最强烈、困难最明显、改造最迫切的项目优先改造到位。针对养老难、托育难问题，借力旧改，全面提升养老托育服务功能。在未来社区推进中，进一步完善社区全生活链服务功能。

（三）坚持资源统筹。

统筹场地，整合利用辖区资源，深挖社区可利用的外部空间和内部空间，通过科学合理规划，建成养老服务综合街区和养老托育综合体。统筹资金，街道积极撬动各方支持，争取国企对小区改造的优惠和支持，引进民间资本为居民的养老、托幼、出行等各方面作出贡献。

（四）坚持数字赋能。

通过多形式、多层面的数字化改造和整合提升，着力打造"老年友好型社会"和"育儿友好型社会"，实现对"一老一小"的普惠性服务全覆盖，从而实现"未来生活"可触可达，"共同富裕"可感可知。

（供稿：拱墅区）

52

打造高能级创新改革实践新范例

习近平同志在浙江工作期间提出,"进一步发挥浙江的人文优势,积极推进科教兴省、人才强省,加快建设文化大省"。2015年3月11日,施一公、陈十一、潘建伟、饶毅、钱颖一、张辉和王坚七位倡议人向国家领导人提交《关于试点创建新型民办研究型大学的建议》,并获得批示支持。同年6月决定建设西湖大学,集顶尖科技专家群体领衔办学,聚焦基础学术研究和科技转化应用。2018年2月,教育部同意设立西湖大学。2019年11月,西湖区与西湖大学召开工作对接会,首次提出"西湖大学城"概念构想,签订《区校战略合作框架协议》《关于进一步深化区校战略合作框架协议》,确立长期区校合作关系,全面升级区校合作。随着西湖大学云栖校区、云谷校区的相继落地,西湖区产学研迎来新的里程碑时刻,着手构建区校合作新机制新模式,奋力打造高能级创新改革实践范例。

一、目标成效

西湖区依托西湖大学优势,加大产学研合作推进力度,精心设计载体,搭建平台,营造科技创新的浓厚氛围。促进创新成果就地转化,优化提高创新驱动发展的"第一动力",打造高能级创新改革实践范例。推进技术集聚、产业集聚,促进引领性、带动性强的产学研合作成果落地,开辟发展新领域新赛道,塑造发展新动能新优势,推动高质量跨越发展。西湖区与西湖大学城产学研合作长效机制初步建成,产学研合作活动推陈出新,科技人才引进服务力度逐步加大。

二、实践内容

(一)加强顶层设计,构建区校融合发展新格局。

依托西湖区位优势和高校云集的资源沉淀,对接西湖大学、浙江大学两大智源,打造科技成果转化的新模式。

在西湖大学城打造全国"产学研"发展和未来城市建设发展的新型城市增长空间。与西湖大学深化校地合作,签订《关于进一步深化区校战略合作框架协议》,全面升级区校合作,加强区校联动、资源共享、深度融合,推动西湖大学产学研项目就地成果转化,推促产学研项目落地,优化专项政策配套,培育高科技企业27家。

发挥浙江大学学科研发资源,建设高能级科技创新平台。浙大西投脑机智能研究中心、浙大—浙江交工协同创新联合研究中心、浙大—未来食品研究中心等3家亿元级交叉研究平台已落地紫金港科技城,通过研发核心技术,建设共性技术研发平台,以市场化运营模式,打开转化新路径。

把握军民融合发展机遇,全力保障115项目和智元研究院两大国家级重点项目。7个军融项目成功落地,培育金融科技生态,深化与浙大科技园、清华启迪的合作,落地清华长三角研究院金融科技研究中心、浙大藕舫天使基金。

（二）加强沟通协调，提升政产学研平台新势能。

搭建成果转化服务平台。西湖区专门组建由专业人员组成的服务专班，与西湖大学成果转化办等部门联合办公，提供工商税务、技术保护、政策咨询、法务服务、团队搭建等"一站式"服务，协助对外联系金融机构、专利代理机构、技术需求企业等各类创新资源，打通成果转化"最后一公里"。

优化专项配套政策。出台"西湖英才"引智工程、高校政策"新五条"，在"西湖英才计划"中专门开辟西湖大学科研成果产业化项目专项评审"绿色通道"。在房租补贴、装修补贴和研发补助等方面推出优惠政策，推动西湖大学城、云栖小镇、紫金港科技城实现各专项政策统一，在政策细则、兑现形式、资金来源等方面，实现全区级初创型项目政策统一。

落实项目空间保障。西湖区全面掌握辖区内楼宇空间如天堂镓谷、蘑菇街等的建筑标准、空间布局、配套设置，积极为其寻求合适落地空间，规划未来生命科学园（面积369亩）发展空间，保障项目转化落地。以整租方式承租办公空间，全力提供空间保障，统筹谋划项目落地空间，赋能初创项目释放创新潜力，加速创业成长。

（三）加大共引共育，做活聚才引智联动新文章。

建立与浙江大学、西湖大学、国科大等高校科研院所常态化对接机制，优化服务保障，打通科技成果转化和产业化通道，打造区校合作紧密共同体。精心实施国家和省市各级人才培育计划，落实招商引资与招才引智一体推进工作要求，积极培育重点产业领域、重点创新平台和重点科研岗位的科技创新人才，进一步完善区域内人才层次和结构，构建更加优质、合理的人才体系，助推"高精尖缺"人才加速集聚、"产学研用"深度融合。

营造科学、创新的产业氛围。西湖大学从17个国家和地区70余所顶尖高校及科研院所遴选引进230位学术人才，其中108人获评国家级人才，20人入选浙江省顶尖人才

西湖大学校园夜景

"鲲鹏行动"计划,成为顶尖人才的集聚地、科研成果的转化地,实现了科技创新、技术成果转化、人才培育、信息资源共享等多个领域的共赢发展。

构建高水平人才发展"生态圈"。

吸引集聚更多顶尖人才，获批建设全国首家也是目前唯一一家未来产业研究中心，牵头及参与建设6个省重点实验室、1个省工程研究中心，招收527位博士后、1273位博士生、60名本科生，累计承担国家级项目288个，推进产学研转化项目27个，总估值超100亿元。

形成产学研优势互补、互利共赢的新局面。围绕科技成果转化、科技服务、高层次人才柔性引进、科技人才培养等方面的合作进行深入探讨交流，依托高校智力和人才优势，集中力量搞好科研攻关，主动融入地方经济发展，积极促进成果转化。

三、创新亮点

（一）拓宽服务路径，打造"一站式"服务体系。

探索全面高效的成果转化服务路径，打造专业化服务团队，提供个性化、精细化转化服务。通过打造"提前介入—主动对接—全程跟进"的服务链条，从通知推送、申报指导、过程管理、政策咨询、工商及税务登记等方面提供成果转化的全流程服务，对接西湖大学、浙江大学、北京航空航天大学等产学研重点项目，加速推动产学研项目落地。

（二）释放高质量空间，打造产学研载体。

西湖区在西湖大学东侧规划配套产学研基地——未来生命科学园，预留3万平方米产业孵化空间，用于西湖大学产学研项目，一期预计2025年10月竣工。在一期项目设计中，充分征求校方意见，针对产学研项目特点加强谋划，设置兼容性强的层高、布局灵活的空间组合模式，满足产学研项目发展空间需求。同时，针对目前亟待落地的项目，西湖区明确由西湖大学城管委会牵头，以整租方式承租空间用于承接落地的产学研项目。园区内设立西湖大学城首个产学研基地——西湖大学城科研成果产业化基地（镓谷园区），用于集中培育西湖大学产学研项目。

（三）创新合作方式，拓展合作广度。

西湖区与西湖大学签订《关于进一步深化区校战略合作框架协议》等，在共建办学、成果转化、产业赋能等方面的合作达成区校发展共识，建立区校长期合作关系。西湖大学控股公司与杭州西湖投资集团有限公司设立合资公司，受让科研人员初创设立科技公司捐赠的股份，其收益将用于进一步支持西湖大学的建设与成果转化工作，合力打造科创高地。

（供稿：西湖区）

53

当好企业"娘家人" 跑出服务加速度

"八八战略"前瞻性地提出,"进一步发挥浙江的体制机制优势,大力推动以公有制为主体的多种所有制经济共同发展,不断完善社会主义市场经济体制"。企业是社会主义市场经济发展的主力军,是创新创业的主战场,也是实现共同富裕的重要力量。临平区以"八八战略"为指引,创新思路机制方法,聚焦企业服务供给侧改革,优化政府体制机制,建立企业服务中心创新载体,推动惠企政策兑现、涉企审批服务、企业诉求办理的"一门、一网、一次"改革,用心用情用力帮助企业纾困解难、稳增扩能,切实当好企业"娘家人"。

一、目标成效

自2021年10月8日成立以来,临平区企业服务中心已通过线上兑付惠企纾困资金7.49亿元,"一站式"接洽企业2.22万家次,受理企业诉求4.48万条,诉求办结率达到99.8%,企业满意度、获得感不断提高。2022年,临平区营商环境考核评价位列全市第一,临平区企业服务中心项目入选2022年度《清廉杭州建设优秀实践案例》《杭州市有辨识度有影响力法治建设成果》，相关实践案例在《人民日报》《浙江日报》等 10 余家主流媒体刊登，浙江省委改革办《浙里改》以"杭州市临平区打造一站式智能化企业服务平台提升助企纾困实效"，《竞跑者》以"杭州市临平区着力构建整体智治企业服务体系""杭州市临平区聚焦项目建设'联合验收一件事'助推项目验收提速增效"为题，刊发相关改革经验。

二、实践内容

（一）"事项整合＋数据融合"，推动涉企服务一站集成。

涉企事项集中进驻。坚持"只进一扇门、办成所有事"，全面梳理涉企审批、投资项目、公共资源交易等服务内容，增设人才专窗、惠企政策专窗，集中进驻 23 个部门 1240 余个涉企事项。建立审批协同中心，推动职能部门向派驻的后台审批人员依法依规充分授权，合理设置跨部门、跨层级、跨区域审批流程节点，梳理精简材料清单，全力打造手续最简、环节最少、效率最优的审批协同体系。线下大厅已累计接洽企业 2.02 万家次，受（办）理各类审批业务累计 25.48 万项。

信息数据互联互通。打造企业数据中心，打通浙江省一体化数字资源系统（IRS）数据接口 82 个，汇集 4 亿余条社保、市场监管、知识产权、财务税收、学信网等政务数据和产业布局、空间规划、土地、园区、项目楼宇等产业数据，形成 12 类企业主题库、16 项惠企政策库、20 类行业产业数据库等主题资源库，为政策机审校验、审批协同办理、企业精准画像、产业预测预警提供有力支撑，实现政策全量信息、资金兑付数据向省市平台实时传输。

专业服务实时在线。建设专业服务资源库，归集发布审计、财务、法务、金融、行业协会、研究院校、专家团队等 120 余个服务资源，企业可实时在线选择、在线评价。聚焦政策兑付过程中涉及的第三方鉴证需求，建立鉴证机构清单库，根据能力系数、绩效评分、鉴证工作量等规则,采用"随机抽选、随机派单"的方式确定受托鉴证机构,保障鉴证效率和公平。目前共开展37次双随机选择,为262户(次)企业开展鉴证工作。

(二)"智能速办+闭环管理",推动涉企服务提质增效。

政策兑付全量网办。通过系统比对、自动校验、匹配验算等方式重塑兑付流程,将传统审核方式下需要的12个环节压缩至6个,取消26条惠企政策的第三方鉴定需求,实现全过程线上申请、线上审批、线上打款,涉企审批时长平均压缩50%。基于企业画像及大数据沉淀,推出"政策智搜"和"政策智推"两大功能,实现"政策找企业"。

审批事项极简办理。按照"能并联办的必须并联,应串联办的无缝衔接"原则,推出并深化企业开办、水电气联动报装、企业纳税等23个"企业一件事",推动涉企审批同步办理、并联推进、即时即办。

企业诉求闭环处置。线上整合企业码、亲清D小二、"三服务"小管家等多个载体,设置诉求录入、分类交办、限期处理、跟踪回访、反馈评价5个闭环流程,建立问题处理"135"工作机制及分级协调机制,开发配套"绿、黄、红"三色预警功能模块。线下发挥助企人员一线服务作用,制定出台《开展组团式"企业大走访"活动实施方案》,组建助企"帮帮团",结对全区1837家企业,以区领导包干、动态管理、办结销号等方式,加强对企业急难愁盼问题的研判分析、会商定策,推进重点难点问题高效突破,共协调解决历史疑难诉求118件。

(三)"氛围营造+精准宣传",推动涉企服务扩面提档。

宣传推广多形式。与区委宣传部、各政策主管部门、镇街平台、行业协会、基层商会形成宣传合力,编制发放中心宣传册和各板块操作手册3600份,全覆盖发放助企纾困政策宣传单、平台推广宣传单8万余份,推出政策"随身听"48期,以短信、机器人电话、宣传单、走访等形式点对点推送信息超20万条。制作5个宣传短视频,通过线下大厅、电梯、公众号、网站等媒

临平区企业服务线上平台

介实时滚动播放。

答疑宣讲多渠道。根据话务数量潮汐合理安排咨询专席,提供24小时全天候专业咨询、在线辅导、实时解答。通过云直播、专题培训、企业座谈、沙龙、宣讲等方式深入企业,宣贯中心主要功能,有效倾听企业呼声。

品牌活动多样化。开展"企服新主播"选树,建立宣讲人才储备库。举办助企人员工作培训会,提高助企专员的服务意识和专业化能力。举办"亲临其境·企盼精彩"助企圆桌会、"亲清你我·共话企服"交流会、周年纪系列品牌活动,邀请企业、部门、学者等各界人士围绕企业诉求、经济形势、政策法规等主题,开展交流学习和经验分享,提升中心品牌知名度和社会声誉。

三、创新亮点

(一)坚持以企业需求为出发点,真正做到急企业之所急。

该项目是杭州市首个整合所有涉企职能,实现全生命周期服务的企业服务载体,是企业服务领域供给侧的"一门、一网、一次"改革,有效破解了传统模式下企业需要"多头跑、反复跑"的问题。通过全面梳理涉企审批、投资项目、公共资源交易等服务内容,将23个部门共1240余个涉企事项集中进驻企业服务中心。在事项集中进驻基础上,建立审批协同中心,推动职能部门向派驻企业服务中心的后台审批人员依法依规充分授权,合理设置跨部门、跨层级、跨区域审批流程节点,梳理精简材料清单,打造手续最简、环节最少、效率最优的审批协同体系。

(二)坚持以整体融合为着力点,不断强化惠企服务效能。

建立服务企业工作领导小组,由区委、区政府主要领导担任"双组长",相关区领导担任副组长,区委办、区府办、区委组织部、区委改革办、区审管办等51个部门(机构)主要负责人为成员,负责领导、统筹、协调全区服务企业工作,有效提升跨部门协同联动水平。设立区政府直属正处级事业单位——企业服务中心,由区审管办主任兼任企业服务中心主任,区6个主要涉经部门分管领导兼任副主任,并在企业服务中心常态办公。选派业务理论精、综合素质高的人员担任中心首席代表,并充分授予首席代表受理审核权、审批决定权、协调督办权等。推动部门建立"企业服务大科室",将涉企服务事项向一个科室集中。

(三)坚持以数据共享为切入点,形成多跨协同的服务体系。

率先实现政策"一键兑付",实行"企业线上申报、部门线上审核、财政线上兑付"的全流程网办模式。实现在线许可"一键审批",1240个涉企服务事项全程线上办理。实现企业诉求"一键直达",形成诉求办理工作闭环。实现区情信息"一屏全览",归集发布各部门涉企服务信息。实现绩效评价"多维量化",开设"在线评估窗口",开展全区营商环境、政策效果、服务效能的评估工作。

(供稿:临平区)

54

打造"钱塘技工"应用 助推技工兴业安居

2006年7月,时任浙江省委书记习近平同志在杭州经济技术开发区(今钱塘区)调研时,专门到有数千名产业工人生活居住的邻里社区考察指导,对做好产业工人服务保障提出明确要求。钱塘区始终牢记习近平同志嘱托,持续加大产业工人特别是技术工人服务力度,以此助推产业高质量发展。"钱塘技工"数字化应用是在浙江高质量发展建设共同富裕示范区大背景下,推进全面深化改革、数字化改革和共同富裕改革"三改"融合的一项实践探索。

一、目标成效

以习近平新时代中国特色社会主义思想为指导,深入贯彻党的十九届五中、六中全会精神,党的二十大精神和中央、省委人才工作会议精神,坚持人才强省、创新强省首位战略,以技术工人成长成才需求为切口,搭建"钱塘技工"应用平台,综合提升"留得下、过得好、干得棒"的公共服务体系，提高钱塘产业工人共富竞争力，有效推动制造业稳进提质发展。目前全区共有技能人才9.7万余人，高技能人才4423人，其中省技术能手4人，省青年工匠23人，市技能大师工作室15家，市级以上高技能人才先进个人16人，市级以上劳模工匠126人，区技能大师工作室10家、首席技师10人，金牌工人50人。"钱塘技工"应用自2022年5月在"浙里办"和"浙政钉"上线以来，注册人数达4.5万人，涉及企业2695家，治理端涵盖技术工人1.01万人；主动参与技能等级自主认定的企业数量同比增长420%，技工流失率下降16%；全区技术工人同比增长65%，高级技术工人占比达45%，居杭州市第一。

"钱塘技工"应用获时任省委书记袁家军批示肯定，时任省委副书记黄建发实地调研并听取汇报，获评2022年度浙江省改革突破奖铜奖、2022年度浙江省优化营商环境优秀实践案例、2022年度杭州市改革创新最佳实践案例特等奖，入选全省数字化改革四个"最系列"的"最佳应用"、全省数字化改革"一地创新、全省共享"S0清单、全省数字社会最佳案例、全省人社系统最佳案例。理论成果被省委改革办《领跑者》2022年第21期刊登，经验做法被国务院《全国优化营商环境专报》刊发推广。

二、实践内容

（一）聚焦重点解难题。

围绕技术工人面临的三大难题，实施技术工人提升、减负、安居、数智精准赋能"四大行动"，在全省首创"钱塘技工"数字化应用，强化优质高效、便捷可及的公共服务保障，推动形成技术工人共同成长、共减负担、共享成果机制。应用打通国家、省、市、区、街道、社区六级数据资源，贯通人社、公安、住建、卫健等10余个政府部门数据以及"浙里办"家庭码等系统应用，累计归集48类180万条数据，形成精准画像，以三维积分模型、六大

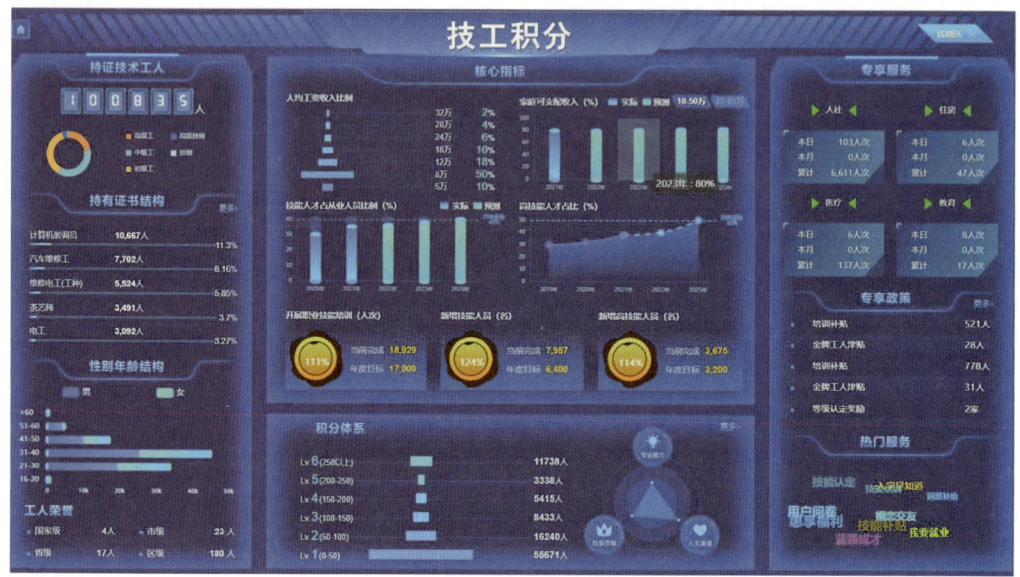

"钱塘技工"应用

领域政策体系,为技术工人科学赋分、强化激励,构建覆盖政府、企业、个人三方,涵盖分析决策、科学评价、精准服务等功能的智慧平台,助力技术工人在钱塘兴业安居,助推"扩中提低"改革,促进共同富裕。

(二)搭建架构强体系。

开发可视化大屏,构建技术工人共富核心指标、积分体系、专享服务、专享政策、热门服务以及群体画像等六大模块,实现一屏展示、一览无余、一抓到底。打造"两端",其中政府端建成技能结构、家庭画像、政策服务3个子场景,提供全周期服务,打造产业跨越发展的"定星盘"。搭建"千里眼""百宝箱""直通车"模块,提供数据分析、智能推送、政策服务等内容。升级教育、健康、住房等公共服务举措,达到一定积分的技术工人,可享受考证补贴、就业绿色通道等服务,在保障公平性的前提下实现有效激励。服务端包括企业侧及个人侧,企业侧建成技工画像、荣誉申报、需求备案3个子场景,个人侧建成成长成才、关心关爱、融在钱塘3个子场景。个人侧促进技术工人全过程成长，构筑技术工人成长全周期"人才库"，开通员工积分可视窗口，企业即时掌握员工技能水平，研判紧缺岗位。企业侧加强全方位保障，打造员工企业命运"共同体"。创新制定员工成长示范企业评价体系，并在九阳、格力等企业试点基础上逐步推广。

（三）政策集成优服务。

首创技术工人三维积分体系，从专业能力、社会贡献、核心价值三个维度，围绕文化素质、职业技能、企业评价、爱国、诚信等11个因子，通过搭建数学模型，形成对技术工人综合性、全方位的精准画像，建立新型职业能力评价机制，并构建与积分相匹配、多主体供给的政策服务体系，有效激励技工主动提升技能和融入钱塘。集成六大领域政策，分别是人社、教育、卫生、住房、交通、消费等技术工人需求最为集中的六个领域。比如在教育方面，除了鼓励支持工人积极参加技能培训外，特别在子女入学方面，钱塘区将每年安排一定数量的优质公办教育资源，按照积分排名设立"绿色通道"。此外，在技能提升、西湖益联保保费、创业担保贷款贴息、购物乘车等方面也将给予相应支持。

三、创新亮点

聚焦技术工人群体全周期服务需求打造"钱塘技工"数字化应用，通过流程再造、制度重塑、多跨集成，努力实现技工快速成长、企业高质发展、政府精准施策三个目标。

（一）创建了技术工人积分引导成长机制。

首创技术工人三维积分体系，且该机制易于复制推广，已初步形成具有公平性、引导性、时效性，能不断激励技术工人自我提升的数字模型。其他地区只需对该模型作些微调，导入相应数据项即可实现复制。

（二）构建了企业员工共同发展机制。

建立员工成长示范企业指标体系，涵盖技工积分、员工培训培育、晋升激励、文化关爱等方面，鼓励企业参与技工成长，激发企业、员工和培训机构三方积极性。

（三）重塑了技术工人引育机制。

基于技工信息数据仓，实现对技术工人群体的精准画像。特别在技工结构方面，通过对区内企业用工需求和人力资源变动的大数据分析，应用定期预测生成紧缺工种红、橙、黄三色预警，为政府精准引育技术工人提供有效依据。

（四）探索了政府数字化服务新模式。

数据采集、比对、分析均依托政府部门数据归集，企业、技术工人无须填报个人信息，即可实现个性服务自动匹配、智能推送。目前，正积极对接"浙里家"，以期能创造性地实现从"个体激励"到"家庭激励"的新变革。

（供稿：钱塘区）

55

医检结果互认共享的富阳实践

2020年9月，习近平总书记在中央全面深化改革委员会第十五次会议上强调，进一步规范医疗行为、促进合理医疗检查，要从规范医疗主体行为入手，加大对医疗机构和医务人员行为的监督管理，统筹推进医疗管理体制、运行机制、服务价格、绩效分配等综合性改革。富阳区聚焦群众跨医院重复检查检验的顽症，瞄准数字化医改主攻方向，通过构建"互认标准、数字应用、制度保障"三大体系，撬动"医疗、医药、医保"三医联动改革，在全国率先开展医学检查检验结果互认共享改革，打造了"互通、互认、互信"数字化医改样板。

一、目标成效

为进一步规范医疗行为，促进合理医疗检查，提高医疗资源利用效率，改善人民群众就医体验，富阳区先行先试"医学检查检验结果互认共享改革"，实现医生患者共减负，医疗医保同增效，先后获评中国改革2021年度案例、2022年度浙江全省改革突破奖银奖，有关调研文章被国办《"放管服"简报》和《国家发展改革委信息》刊发，改革成果先后在杭州市、浙江省推广应用，并上升为"浙医互认"，成为"一地创新，全省共享"的数字化改革典范，获得李克强、孙春兰同志批示肯定，中央改革办向全国推介。

二、实践内容

（一）完善科学规范的互认标准体系。

增加互认项目。按照"群众所需、高频应用、风险可控"原则，从文件规定、质量控制、诊疗规范、专家把关、医生实践5个维度，分类分批确认互认项目。目前全区31家公立医疗机构已实现436项互认项目共享调阅、实时提醒、精准互认。

完善互认规则。探索检验检查结果互认规则，结合省市专家指导意见，将检验检查项目细化到最小颗粒度，以县域为标本制定互认项目遴选规则，明确每个项目互认时限、适用范围和例外情况，实现互认项目标识明确、同步实施、区域一体。后续全省推广后，省医学影像临床检验、质控中心统一编制436个项目互认规则，国家层面也于2022年统一互认项目编码规则。

扩展互认领域。推进"医检互认"向"医档共享"升级，打通卫健、医保等部门数据，实施健康证、驾驶证等办证体检跨部门、跨领域互认共享，创新一次不用跑健康证申领、不见面评残应用场景建设。目前，已开展"一键互认、医检多证"等互认共享服务2万余人次。

（二）构建智慧协同的数字应用体系。

健康档案一秒共享。互认项目数据统一名称、统一代码、统一源池、统一存用、统一质量，放射、CT等影像信息按照全区统一标准格式，上传"健康富阳医学影像云"平台，实现标识统一、数据同池、秒级共享，确保共享数据及时、完整、质优、可用、管用。全区已归集可互认共享检查检验报告、影像资料680余万份，极大提升互认便捷度。

结果互认一键直达。建立"结果互认智能匹配"模块，医生通过插卡或扫码的方式"一键导入"患者病历，实现已检报告智能提醒、快速调阅、结果互认"一站响应"。建立"结果互认知情告知"模块，患者在医生诊间或通过"浙里办"等应用一键查询互认项目、减免开单、费用节省等情况，切实提升就医获得感。目前，"浙里办"富医互认平台累计访问 4000 余人次，调阅查询共享检查检验档案 120 万余人次。

互认共享一舱智控。建立"区域检查检验结果互认共享智控系统"，运用"结果互认智控"数字"驾驶舱"，实时显示调阅互认次数、态势感知和预测分析，分析共享率、调阅率、互认率三个指数，开展实时监督、智能预警、同步审查、定期通报、考核评价，倒逼医生落实"首诊负责制"，促进合理检查。目前，富阳全区已累计实现有效互认 58 万余项次，精准互认率达 90%。

（三）打造权威高效的制度保障体系。

创建信息共享唯一 ID 标识制度。联动卫健、医保、人社等部门，横向打通健康卡、医保卡、社保卡等系统数据，纵向贯通 6 家区属医院 20 套业务系统，建立以身份证为唯一标识的患者 ID，实现"一个 ID 溯源"，解决群众看病就医"认卡不认人"、重复建档建库问题。目前，富阳区域平台已实现在库 93 万余人"一个 ID 溯源"。

构建结果互认医保激励制度。通过出台医保激励、财政补助等配套管理制度，针对因结果互认减少的收入，由节约的医保基金和财政补助至 70%。如胸部 CT 项目，互认后每减少检查一次节约费用 180 元，节省检查用时 3 个小时以上，2021 年至今，全区已累计节省患者个人及医保基金费用 2400 余万元。

构建医患互认互信制度。创新医学检查检验结果互认共享质控管理、绩效考核等举措，出台《医学检查检验互认共享职业责任险》等 11 项制度，保障医患双方在医检结果互认中的合法权益。目前，区财政已投入 47 万元，为 3000 余名医务人员购买年度赔付总额高达 1000 万元的"医学检查检验互认共享职

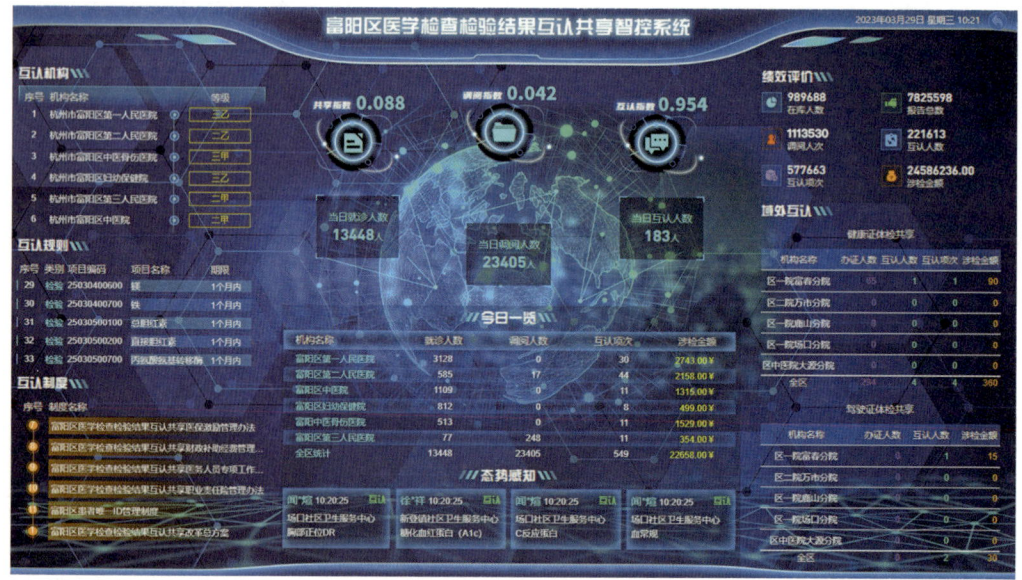

富阳区医学检查检验结果互认共享智控系统

业责任险"。

三、创新亮点

"民之所盼,我必行之"。富阳医学检验检查结果互认共享改革的实践与探索,是全面深化医药卫生体制改革的破冰之举,也是推进"全民健康、共同富裕"的创新之举。

(一)破除数据与组织壁垒。

横向打通医药、医保等五大部门数据,纵向贯通医院间20余套业务系统,搭建医检互认共享数据库、医学影像云、智控系统,构建互认项目一个标准、健康档案一云共享、结果互认一键直达、互认评价一舱智控等多跨场景,以互认共享为医改支点,协同推进三医联动改革,形成数据端、服务端、治理端三端赋能的数字应用体系,优化医检互认流程、规范,让医疗服务更高效、资源更优化,弥补基层检查检验技术人员紧缺难题,实现了医生不因互认增加诊疗环节,患者不因互认减损健康知情权利,政府不因互认放松质量监管。

(二)防范服务与监管风险。

通过互认前质控把关,互认中资金激励,互认后风险防控,制订出台医学检查检验结果互认共享质控管理、绩效考核、医保激励、财政补助、专项奖励等举措,创新《医学检查检验互认共享职业责任险》等11项制度,从源头上打消了医生"不敢认、不愿认"的顾虑,从机制上保障医患结果互认的合法权益。形成的《规范医疗行为 优化诊疗流程 重塑制度体系——富阳探索医学检查检验结果互认共享改革》《医疗卫生体制改革的一项重大突破——富阳区在全国率先实现检查检验结果互认共享》等理论成果。

(三)聚焦共同富裕应用场景。

作为全省首批共同富裕示范区28个试点之一,富阳区充分利用医检互认"原创地"先发优势,纵深推进"医检互认"向"医档共享"升级,不断扩大公共服务优质共享,让全民共享更多的医疗健康数字化改革红利。试点实施健康证、驾驶证等办证体检跨部门互认共享改革,创新一次不用跑健康证申领、不见面评残应用场景,实现"一键互认、医检多证"等互认共享服务2万余人次。推进健康体检信息一体化和大数据分析、人工智能辅助慢性病智慧健康管理,启动"2+3慢性病全周期健康管理"项目。对标"浙有善育"牵一发而动全身改革,启动"5G+基层妇幼智慧健康管理"部级试点,破解计生政策调整后妇女儿童"孕育、生育、养育"等生命周期难点问题,打造"好孕富育"公共服务优质共享体系,实现全民健康共富路上"一个不少"。

(供稿:富阳区)

56

遵循"四种人"要求
深入实施"领雁工程"

争做"发展带头人、新风示范人、和谐引领人、群众贴心人",是 2006 年 5 月 25 日时任浙江省委书记习近平同志在淳安县下姜村调研时对杭州基层党员干部提出的鲜明要求。通过 17 年的探索实践,杭州市基层党员干部特别是村社带头人队伍的整体政治素养和能力素质不断增强,涌现出一批有影响力的村社干部,下姜村党总支书记姜丽娟作为全省唯一村社党组织书记代表亮相二十大"党代表通道",向全国展现了新时代杭州村社"领头雁"的良好风貌。相关工作先后多次在中办信息刊登,受到新华网等主流媒体广泛关注。

一、目标成效

认真贯彻习近平同志"四种人"要求,深入实施"领雁工程",通过大培训、大比拼、大帮带,分层分类抓好镇街、村社干部全员培训,以"集中轮训"精准提能,以"擂台比武"搭台聚能,以"导师帮带"聚才赋能,提升干部抓共富示范、基层治理新能力,打造更多领军型村社书记。强化党建统领,突出抓人促事,将"四种人"要求充分融

淳安县万名党员干部争当"四种人"践诺行动

入基层组织建设、党员教育管理、推动村社发展全过程。严格落实"一肩挑"后村干部监督管理若干规定,及时调整不担当、不作为、不胜任的村社干部,夯实筑牢队伍根基,着力锻造践行"四种人"标准、勇立潮头的基层党员干部队伍。

二、实践内容

(一)深悟"四种人"内涵,细化明确"领雁"具体标尺。

召开工作推进会、理论研讨会,全面开展"四种人"要求理论研究。以"践行'四种人',区域共同富"为主题,举办"百名村书记话共富"主题峰会,邀请全省具有代表性的村党组织书记、专家学者进行研讨交流、圆桌对话,推动"四种人"标准不断细化为具体要求。"发展带头人"就是要求村社干部主动提升发展理念、增进发展能力、激发发展干劲、争当发展标杆,"新风示范人"就是要求村社干部带头建设清正党风、营造清廉政风、醇化清明社风、涵养清白家风,"和谐引领人"就是要求村社干部着力抓好班子团结、加强隐患排查、开展矛盾调处、维护基层稳定，"群众贴心人"就是要求村社干部常态联系走访群众、听取群众意见、维护群众权益、化解群众愁盼。这十六条易于操作的标准已成为基层普遍共识，并在实践中逐步形成"争做'四种人'、争当排头兵"长效机制，制度化、规范化水平不断提升。

（二）践行"四种人"要求，选优配强"领雁"骨干队伍。

在2020年全市村社组织换届中，创新"选贤任能六法"，以"四种人"标准持续推动换届与发展一体抓、选人与干事一体抓。通过换届，全市"一肩挑"率从换届前的15.6%提高到99.7%。新进"一肩挑"主职干部1008名，占比32.3%，新进"两委"班子成员7684名，占比38.8%，村社干部队伍得到有机更新。强化"以事择人，凭实绩选人"的鲜明导向，5475名在外优秀人才、农村致富能手、退役军人、回乡大学生、两新组织负责人，3387名在疫情防控、复工复产、防汛救灾等工作中勇于担当、表现突出的优秀人员被选拔进"两委"班子。特别是村党组织书记中，在外务工优秀人才、有经商办企业经历人员和农业经营能手有1156名，占比60.1%，较换届前提高了18.8个百分点。在此基础上，以"开门一件事"撬动"选后大干事"，全市村社书记共领办实事11565件，解决问题6742个，迅速展现出村社新班子战斗力。

（三）淬炼"四种人"成色，着力锻造"领雁"过硬本领。

开展"争做四种人、争当排头兵"主题活动，通过抓培训精准赋能、抓比拼争先创优、抓帮带携手共进，锻造了过硬基层党员干部队伍。开展"大培训"，按照"市级示范培训、县级村社书记全员培训、镇街两委全员轮训"的模式，每年对村社干部开展全覆盖培训，有力推动村社干部队伍提能增能。开展"大比武"，全面推行县乡村三级书记"一季一会"工作交流机制，搭建村社书记"晾晒比拼"平台，广泛组织打擂比武、创先争优、比学赶超活动5000余场，有效激发干事创业活力。开展"大帮带",推荐推选省市兴村治社名师32名,评选首批市级兴村治社名师20名、以80后为主体的县级兴村治社导师164名,为1008名新任村社书记精准匹配"成长导师",确保有人帮有人带。同时,在全市面上开展践行"四种人"模范干部、"好班子"及"好搭档"选树等活动,通过选优配强一批、教育培养一批、结对帮带一批、关爱激励一批,促进全市村社干部队伍整体提升。

(四)树立"四种人"规范,持续加强"领雁"严管厚爱。

坚持把政治标准放在首位,在2020年村社组织换届中,30名"五不能六不宜"人员被取消参选资格或劝退,477名届末考评较差的、群众基础一般的村社干部在换届中予以调整。换届后,全面推进"阳光治理"工程,及时出台新时代规范村级组织运行二十条等"1+3"政策,进一步规范村级组织议事决策和村社干部权责边界,特别是全面实行村社干部县级备案管理,出台"一肩挑"后村干部监管10项规定,明确12种底线情形,全面推行村社党组织书记个人重大事项报告、常态化资格联审等制度,进一步推动村社干部规范用权、干净干事。同时,持续加强对村社干部关心关爱,全面落实社工"三岗十八级"薪酬体系,动态调整村干部报酬、社区工作者薪酬,不断加大从优秀村社干部中考录、招聘镇街公务员和事业单位工作人员力度。研究出台优秀社区党组织书记纳入专项周转事业编制管理政策,137名社区书记纳编并享受街道事业中层待遇,进一步拓宽上升空间,让村社干部有奔头、有通道。

(五)抓实"四种人"评价,大力推动"领雁"争先示范。

坚持"定期考评"与"动态研判"相结合,在开展好年度考评的基础上,县级层面每年1次、镇街层面每半年1次对村社干部队伍专题分析研判,全覆盖选派联村联社干部近距离动态了解村社干部,全面推行季度排名、后进约谈制度,明确不适任村干部退出程序和办法,畅通村干部"下"的渠道。坚持"上考下"与"下评上"相结合,"一肩挑"主职干部每年向镇街党（工）委、本村全体党员和村民代表开展"双述双评"，对连续两次评议不称职的按照有关规定终止其职务。坚持"考人"与"考事"相结合，全面建立村社干部履职清单，将走亲连心、基层治理、乡村发展等工作任务量化列入，以履行职责和目标任务完成情况为主要依据，重点考核工作实绩和群众满意度，推动村干部2/3以上精力在村工作、社区干部50%以上时间精力直接联系服务居民。坚持"评个人"与"评班子"相结合，大力开展"争星晋位、全域建强"行动，逐村逐社分析研判短板弱项，推行村社干部挂包破难制度，把村社整体建强实效与村社干部履职实绩紧密联系，创评结果直接与村社干部待遇挂钩，有力激发村社干部的争先意识。

三、创新亮点

（一）"全链条"加强村社干部管理。

以"四种人"要求为根本指引，从强化村社干部队伍建设入手，聚焦从哪里来、怎么激发活力、如何提能提质等方面内容，建立完善村社干部"选、培、管、用"工作链条，有力推动村社干部特别是村社党组织书记队伍的整体提升，为全面落实抓党建促乡村振兴、基层党建引领基层治理等各项任务提供了坚强的人才支撑和组织保证。

（二）"全覆盖"推动基层组织建强。

以建强"四种人"村社干部队伍为牵引，积极推动村社党组织积势蓄能、夯土筑基，特别是大力推进村社党组织"争星晋位、全域建强"行动，对3179个村社进行两轮"地毯式排摸、过筛子研判"，精准补强村社短板，全市40%以上村社达到四星标准，161个后进村社有效整转，基层基础进一步巩固、战斗堡垒作用进一步激发。

（三）"全方位"推动比学赶超争先。

通过大力开展"四种人"系列打擂比武行动、落实赏优罚劣政策，普遍调动起村社党组织书记工作积极性,村社干部对制约村社发展的问题、群众关系关注的问题主动想办法、找对策,变"要我干"为"我要干",身先士卒、担当作为的干事氛围更加浓厚,有效推动基层治理由"难"变"易",党群干群关系由"疏"变"亲",得到了基层群众的普遍好评。

(供稿:杭州市委组织部)

57

宪法宣传教育的"金名片"

习近平总书记强调，宪法是国家的根本法，坚持依法治国首先要坚持依宪治国，坚持依法执政首先要坚持依宪执政。习近平同志在浙江工作期间，亲自擘画"八八战略"，推进"法治浙江"建设。杭州是新中国第一部宪法——1954年宪法的起草地。为深入践行"八八战略"，推进法治浙江建设，发挥"五四宪法"起草地旧址的独特资源优势，经中央批准，2016年12月4日即第三个国家宪法日，"五四宪法"历史资料陈列馆建成开放，填补了我国宪法类纪念馆的空白。

一、目标成效

习近平总书记先后两次对"五四宪法"历史资料陈列馆作出重要指示，为陈列馆开展宪法宣传教育指明了前进方向、提供了根本遵循。开馆以来，陈列馆时刻铭记习近平总书记的关怀厚爱和殷切期望，充分发挥独特阵地作用，成为宪法宣传教育的一张"金名片"。张德江、栗战书同志莅临陈列馆考察指导，陈列馆先后入选全国爱国主义教育示范基地、全国法治宣传教育基地、全国青少年教育基地、全国关心下一代党史国史教育基地,荣获全国重点文物保护单位、全国普法工作先进单位等称号,入选法治浙江十五周年"十大法治事件"。

二、实践内容

(一)构建文物保护体系,当好红色根脉守护者。

精心守护"五四宪法"起草地旧址。"五四宪法"历史资料陈列馆所在的北山街84号大院30号楼是毛泽东主席当年在杭州起草宪法时的办公地,有一幢平房和一幢二层楼房,建筑面积共756平方米。陈列馆按照"最小干预"原则和"有文化、有历史、有看点、有特色"要求组织修缮和陈列布展,达到了保护最优化和展陈有特色的效果,入选了第八批全国重点文物保护单位、全国革命文物保护利用优秀案例。

广泛征集"五四宪法"相关史料。陈列馆先后赴10余个省、市,对"五四宪法"史料和档案进行收集,抢救性记录了申纪兰等12位"五四宪法"制定亲历者的口述历史。另外,接收了中央档案馆提供的1954年宪法"西湖稿"多个版本毛泽东主席批注手稿。截至目前,陈列馆共征集到各类史料和档案6400多件。

深入开展史料活化利用研究。围绕"五四宪法"史料,开展"五四宪法"历史资料征集与运用、毛主席在杭州的七十七天行迹考、新中国宪法口述史研究等,让收藏在馆内的文物、记录在档案中的文字活起来。围绕宪法宣传教育,开展"五四宪法"在中国共产党历史上的地位和价值研究、"五四宪法"历史资料陈列馆主题展览改陈内容研究、青少年宪法教育的组织模式和体系的分层建构研究等,为进一步开展宪法宣传教育提供理论支撑。

(二)构建陈列展览体系,当好宪法故事宣讲者。

打造主题鲜明的基本陈列。陈列馆展出《西子湖畔制宪奠基》基本陈列,讲述"五四宪法"从起草、讨论、通过到实施的全过程,生动展现党领导人民制定新中国宪法的光辉历程。举办《宪法就在我们身边》主题展览,讲述什么是宪法、宪法规定了什么、宪法如何实施等问题,让观众对宪法的基本内容听得懂、记得住、用得上。

开展富有成效的专题巡回展览。陈列馆持续开展"宪法十进"活动,精心谋划宪法修正案、民法典等专题展览,进企业、农村、机关、校园、社区、军营、网络等,让宪法走入日常生活、走近人民群众。目前,巡回展览已走进600多家单位,吸引了40多万名干部职工和市民群众观看。2019年12月,全国总工会主办的"全国'宪法宣传周''宪法进企业'主题日活动启动仪式"在陈列馆举行。2021年,巡回展览首次走出浙江,走进四川省甘孜藏族自治州。

推出永不落幕的云端展览。陈列馆主动顺应时代需要,以数字化改革为突破口,整合"法治大讲堂"云课堂等资源,打造24小时不闭馆的线上宪法宣传教育阵地。2022年"宪法边疆行"活动,陈列馆还精心设计"云参观"路线,以线上直播方式让远在新疆温宿县第二中学等学校师生身临其境参观展览,感受新中国第一部宪法的诞生历程。截至目前,各类线上活动参与人数达到350万人次。2021年,陈列馆入选中宣部中华文化基因库红色基因库建设试点单位,通过新技术将文物史料数据纳入国家大数据平台,让红色法治基因代代相传。

(三)构建宣传教育体系,当好宪法精神传播者。

常态开展党员领导干部的宪法宣传教育。紧紧抓住党员领导干部这个"关键少数",浙江省和杭州市专门印发文件,把到陈列馆参观学习作为各级领导干部法治教育的必修课。浙江省委、杭州市委领导带头到陈列馆参观,省委理论学习中心组、市委理论学习中心组先后集体参观陈列馆。2021年,以"追随总书记的脚步"为主题,充分挖掘和运用陈列馆特色资源,获得杭州市干部教育现场教学精品基地称号。截至2021年底,全省共有6900余家单位组织党员干部走进陈列馆,总人数超过61万人次。作为重要的宪法宣誓场馆，陈列馆已累计组织7.7万余国家工作人员开展宪法宣誓活动2300余批次。

创新开展青少年的宪法宣传教育。紧紧抓住青少年这个祖国未来，陈列馆组织开展中小学生宪法主题艺术作品评展等纪念现行宪法公布施行40周年暨国家宪法日系列活动、中小学生宪法主题书法篆刻作品评展、"学宪法讲宪法"比赛等活动，推动"一个学生参赛，带动一个家庭学法，影响一片区域尊法"。与教育部政策法规司、省教育厅、杭师大共建"青少年法治教育中心"，与在杭高校共建大学生思政教学实践基地，打造市青少年学生第二课堂活动五星级基地。陈列馆累计接待青少年观众总人数超过45万人次。2022年8月，陈列馆被教育部办公厅公布为全国首批"大思政课"实践教学基地。

务实开展全社会的宪法宣传教育。陈列馆持续招募"宪法宣传使者"，组建宪法宣传教育专家团队，成立普法志愿者服务队，共有各类志愿者300余人，累计为观众提供

"2022寻访新中国第一部宪法起草地"活动

咨询和讲解服务超过1.9万小时。多部陈列馆参与制作的微视频在司法部、国家网信办、全国普法办联合举办的"我与宪法"优秀微视频征集展播等活动中获奖。2018年，陈列馆成为首批杭州国际媒体采访点，40余家海外华文媒体集中到陈列馆采访。连续三届成为9月5日"杭州国际日"活动观摩体验点，接待来自80多个国家和地区的境外观众8000多人，促进了宪法文化的国际交流。

三、创新亮点

（一）传承红色根脉，将新中国制宪历史转化为中国首家宪法主题纪念场馆。

"五四宪法"起草地旧址被誉为新中国制度建设的历史地标。通过深入挖掘、保护、利用"五四宪法"起草地旧址相关宪法文化资源，建成我国首家宪法主题纪念场馆，为全国人民了解宪法、学习宪法、尊崇宪法，更好开展宪法宣传教育，提供了一个新场所、新平台。

（二）汲取智慧力量，建立贯彻落实习近平总书记重要指示精神的闭环管理机制。

深刻领悟"两个确立"，坚决做到"两个维护"，把深入、持续学习贯彻习近平总书记对"五四宪法"历史资料陈列馆作出两次重要指示精神作为首要政治任务，认真学习贯彻习近平法治思想、习近平总书记关于纪念现行宪法公布施行40周年的重要文章，把握精髓要义，对标找准差距，确保陈列馆在学习、研究、宣传、实施宪法上走在前、作表率。

（三）创新手段机制，着力建设常学常新的宪法宣传教育重要阵地。

以陈列展览和宣传教育活动相结合的方式，全面展现党领导人民制定实施宪法的真实历程和光辉业绩，引导观众坚定历史自信、弘扬宪法精神。坚持建设、管理、使用并重，结合党团学习教育和青少年思想道德建设，规范运行管理，引导社会参与，提升接待能力，努力将陈列馆建设成为普及宪法知识、增强宪法意识、弘扬宪法精神、推动宪法实施的重要阵地。2022年9月，杭州市人大常委会大力推动宪法宣传教育的相关做法，在《中国人大》杂志、"全国人大"公众号上报道推广。

（供稿：杭州市人大常委会）

58

数字赋能新时代"枫桥经验"

2006年10月,时任浙江省委书记习近平同志指出:"基层组织和基层干部要提高构建社会主义和谐社会的能力,就要大力提高通过民主方法来解决基层矛盾的能力,自觉加强民主作风的修养,不断创新领导方式和工作方式,综合采用政治、经济、行政、法律和民主协商等多种手段,提高将矛盾化解在基层、消灭在萌芽状态、控制在局部的能力。"杭州深入学习贯彻习近平总书记关于矛盾纠纷化解的重要论述精神,忠实践行"八八战略",对标对表"两个先行",以"平安杭州"建设为主线,以创建全国市域社会治理现代化标杆城市为目标,以推进数字智治体系建设为总抓手,以"三源共治"为载体,做深做实县、乡、村三级矛调中心建设,全力打造新时代"枫桥经验"杭州样板。

一、目标成效

以"最多跑一次"改革的理念、方法、作风,深化县、乡、村三级矛调中心建设。截至2020年12月底,全市三级矛调中心全部建成,三级矛盾纠纷流转办理机制进一步健全完善,最大限度将矛盾纠纷化解在萌芽状态，取得"五降两升"的良好效果，即全市信访走访总量、来市去省进京越级上访人次、一审民商事案件收案量、民商事案件万人成讼率、人民调解组织调解纠纷量大幅下降，纠纷调解成功率稳居在98%以上，人民群众满意率达94%以上。

二、实践内容

（一）全盘统筹推进，强化组织领导。

建立领导小组。市级层面，成立由市委分管领导任组长的杭州市县级社会矛盾纠纷调处化解中心建设指导组，统筹协调和指导矛调中心建设。指导组下设工作专班，抽调精干力量集中办公，承担协调推进、上传下达、分类指导、专项督查、总结宣传等职责任务。县级层面，各地矛调中心建设领导小组及工作专班相继成立并实体化运行，其中上城区、西湖区、滨江区、富阳区、淳安县等地党委书记亲自担任领导小组组长，其他区、县（市）参照市里模式一体化推进矛调中心建设，确保取得实效。

健全领导负责制。由党委政法委负责牵头抓总，强化顶层设计、资源整合、数据赋能；信访部门负责具体落实，强化业务指导、日常推进、考核督导。

开展专项监督。近年来，杭州市人大常委会主任、市政协主席多次到各地矛调中心开展社会矛盾纠纷调处化解"最多跑一地"改革专项监督，掌握第一手资料，客观评价工作成效，提出有针对性的推进措施。

（二）坚持问题导向，强化"三源共治"。

全面部署开展。2021年6月召开全市数字赋能矛盾纠纷化解推进会，将滨江区"一码解纠纷"（诉源治理）和余杭区数字赋能警源、访源治理等工作经验一并推广，各地各相关单位全面推进落实。

明确工作目标。2020年8月，杭州市委政法委印发《关于数字赋能社会治理推进"三源治理"工作

临平区法官现场调解矛盾纠纷

若干意见》，明确要求通过"七个率"的实时动态监测，倒逼数字赋能矛盾纠纷化解，倒逼各地各部门发现问题、解决问题，实现民商事诉讼案件量、"民转刑"案件量、群体访进京访事件量"三下降"。

突出警源治理。在全市推进构建以乡镇（街道）综治指挥中心为"小脑"，以执法力量、综治力量、矛调力量、网格力量为"手脚"的基层治理工作体系，建立健全"镇街小脑发出指令—综治手脚快速响应—职能部门协同处置—村社网格跟进落地"的基层治理闭环，乡镇（街道）快速处置应急力、矛盾纠纷调解力均得到极大提升。临平区南苑街道以"小脑+手脚"警网协同运行机制为切入点，构建形成以街道社会治理综合指挥中心为核心、"基层治理四平台"为枢纽、综合执法力量为基础、"警源治理"为突破口的指挥联动体系，有效提升基层治理效能。2023年以来，南苑街道有效警情数同比下降13.5%，各类纠纷警情化解率由59.6%提高至95.3%，纠纷调解群众满意率达

96.5%。

(三) 实行多元调处,注重调解实效。

以人民调解为基础,筑牢矛盾纠纷"第一道防线"。巩固以乡镇(街道)、村(社区)人民调解组织为主体,企(事)业单位、区县(市)和行业性专业性人民调解组织为重要组成部分的人民调解组织网络体系。完善调解员选拔、培训、保障、激励机制,深化领导干部带头进中心化解纠纷。鼓励调解组织通过"浙江解纷码"、道交纠纷"网上数据一体化处理"等平台进行线上调解。

以行政调解为抓手,推动行业领域专业化调解工作。坚持各类矛盾纠纷"谁主管谁负责"的原则,公安、民政、规划与自然资源、生态环境、交通运输、卫生健康、市场监管等7个部门成立行政调解委员会,对行政复议、诉讼案件积极进行案前调解。同时鼓励社会力量参与调解工作,有效发挥矛盾纠纷化解专业力量的优势和作用。

以律师调解为补充,有效推进矛盾纠纷调解市场化。杭州市律师协会出台《律师调解引导类案件收费标准(试行)》,积极探索律师调解市场化。上城区司法局组织3家律师事务所调解工作室入驻区矛调中心,每月由1家律所指派律师值班,将案件标的大、案情疑难复杂、专业性强的纠纷引调到律师调解。

(四) 下沉网络机制,夯实基层基础。

突出实战实用。街道和乡镇分步推进矛调中心建设,对功能定位、挂牌名称、力量整合、闭环管理、规范延伸等十个方面提出明确具体的意见。加大对乡镇、街道人财物特别是力量资源的支持力度,推动社会治理重心向基层下移,实现政府治理和社会调节、居民自治良性互动。

坚持因地制宜。把务实管用、解决实际问题摆在首位,不搞"一刀切",不搞"花架子",扎实做好乡镇(街道)、村(社区)两级矛调中心建设。如临安区以18个镇街矛调中心为平台建立"镇街连锁店",在12个远离集镇但人口较为集中的片区建立"四联民坊"的"片区加盟店",依托 274 个村(社区)矛调中心平台建立"村社便利店",配备信访代办员 1563 人,打通服务群众"最后一公里";富阳区分三年推进村(社区)矛调中心建设,在基础型、标准型基础上推进示范型建设,并给予一定资金补助。

注重调解实效。发挥"一中心、四平台、一网格"社会治理体系作用,切实做到"小事不出村,大事不出镇,矛盾不上交"。如拱墅区探索建立矛调专家团,2021年下沉街道指导、参与并成功化解精装修楼盘质量等疑难复杂矛盾纠纷 53 起。

(五)加快迭代升级,构建智治体系。

推进县级社会治理中心建设。经市委编办批复同意,将县级矛调中心迭代升级为县级社会治理中心,打造集运行监测、矛盾调处、分析研判、协同流转、应急指挥、督查考核于一体的社会治理中心。通过建立功能集成、综合研判、统一指挥、扁平高效的综合指挥体系,协助开展应急突发类、疑难复杂类事件的联动指挥和协调处置。

迭代升级"基层治理四平台"。将原有"综治工作、监管执法、应急管理、公共服务"四个平台,统一迭代为"党建统领、经济生态、平安法治、公共服务"四个平台,构建党委领导、党政统筹、平台运行、岗位管理的组织体系和运行模式。加强镇街综合信息指挥室建设,科学设置岗位,配备专门力量,赋予指挥权、督导权、考核权,建立健全信息汇总、研判会商、分类处置、联勤联动、督考评价、交流培训等日常管理运行机制,对上承接县级社会治理中心,对下负责网格的管理和评价,横向推动四个平台间高效协同,实现闭环管理。

深化基层网格治理。推进党建统领网格智治规范化建设,调整优化网格设置,明确网格八大项主要职责和 30 个小项履职清单,细化网格管理服务体系,提升网格治理实效。全市共划分约 1.4 万个网格,约 9.3 万个微网格(楼道长),每个网格按照"1+3+N"配强网格力量,共约 32.5 万人。疫情防控过程中,滨江区建立的"街道—社区—网格—

楼幢—管控小格"五级网格矩阵，每一小格管控50—100人，共划分为6044个管控小格，有效弥补了基层治理在楼中楼、户中户、街中街等微领域覆盖的盲点、堵点，展现了网格力量的超强战斗力。

三、创新亮点

（一）推广"统一地址码"应用。

通过统一地址库建设，给每一栋房屋赋予一个27位"身份证"编码，实现"一码多址"管理和人、房、企、事、物等社会治理要素的有效关联，并以网格为纽带，形成"网络＋网格"动态地址采集、更新、救济、入格、上图闭环。全市统一地址突破1136.8万条，统一地址服务调用4.7亿次，有效解决了"地址归一"难题，有效赋能精密智控、精准预警、精准治理、精准服务和企业发展，逐渐成为市域社会治理的重要"塔基"，建设成效居全国前列，工作经验在全省推广。

（二）实行"五色图"预警。

充分运用统一地址库建设成果，以访源、黄赌毒、偷盗、纠纷警情、电诈、火警、交通亡人、命案等八类社会治理重点事件为突破口，将已归集的社会治理要素数据落图至区县（市）、乡镇（街道），形成镇街级"块数据"，通过红、橙、黄、蓝、绿五种颜色，对各区县（市）和191个乡镇（街道）社会治理单元进行分级预测预警，为属地党委政府决策提供参考和支撑。

（三）加强社会治理"全量信息视图"建设。

基于统一地址库，推动人、房、企、事、物等社会治理要素精准下沉区县(市)、乡镇(街道)、村(社区)、网格、院落、楼栋、户室等七级治理单元，实现一图赋能，成为社会治理的作战图、精准治理的导视图和社会民生的赋能图，极大提升基层治理效能。萧山区"社会治理全量信息视图"入选2021年全国政法智能化建设智慧治理创新案例。

（供稿：杭州市委政法委）

59

"1+X"民意互动平台深度问政问效

习近平同志在浙江工作期间,三次到西湖区翠苑一区社区调研,作出"民有所呼、我有所应,民有所呼、我有所为"的指示要求,体现了深厚的为民情怀和强烈的使命担当。杭州牢记习近平同志的殷殷嘱托,坚持"人民至上"理念,扎实推进全过程人民民主的具体实践。杭州市委办公厅推动构建以"公述民评"面对面问政节目为主平台,以"民情热线""今日关注""我们圆桌会""杭网议事厅""橙柿直通车"为子平台的"1+X"民意互动平台,进一步强化了党委政府与人民群众的良性互动。

一、目标成效

连续举办十四年的"公述民评"面对面问政节目,已成为传递民情民声、解决民生问题的重要渠道。从精准选题,到深度问政,再到整改落实,环环紧扣、落地有声。其中推动解决问题,无疑是最重要的环节,也是开展这项工作的落脚点和着力点。每次问政活动结束后,要求各责任单位(地区)及时梳理问题、限期整改,对整改周期长的意见持续跟踪问效,对完成整改的意见坚持"四不两直",通过实地核查等方式进行"回头看",以整改工作的实际成效取信于民。2021年,在"公述民评"问政现场,有民评代表反映,解放路213号居民楼因被废弃仓库外墙遮挡,长年不见阳光。问政活动结束后,通过市区联动、部门协同,督促相关责任单位落实整改,对相关设施进行改造,拆"危墙"破"心墙",解决了百姓堵心难题。

2022年"公述民评"问政活动在原有基础上作了进一步优化完善,问题整改从以往关注具体点位问题,转变为以点带面推动全区、全市面上同类问题的整改,取得较好效果。"X"子平台发挥各自优势,强化联动互动,有效推动热点、难点民生问题的解决。

二、实践内容

(一)"公述民评"守正创新

公述民评

激发民意互动新活力。

"公述民评"面对面问政节目是民意互动平台的主平台(即"1"),自2009年创办至今已有十四年,在促进机关效能建设、密切党群关系、推动科学民主决策、提升城市治理现代化等方面发挥了积极作用。随着形势发展,"公述民评"面对面问政活动在继承节目宗旨的基础上大胆创新,以问题为导向,以形成党委政府与群众良性互动长效机制为目标,坚持"小切口、大民生",围绕市委、市政府中心工作,结合"民呼我为"平台、综合考评社会评价意见等反映的市民普遍关注的热点难点问题,形成"找问题—找原因—找办法"为主轴、"问—答—评"为主线的问政模式组织问政活动,受到社会各界广泛关注。2022年"一老一小""二次供水"两场问政活动,网络直播观看量超155万人次,媒体刊播报道140篇,总阅读量超1800万,其中《杭州日报》连续配发4篇头版评论,社会各界纷纷点赞杭州注重民生、主动查摆问题、剖析原因、解决问题的为民问政活动。有网友提道:"省委常委、市委书记刘捷同志在总结发言时向全体杭州'公仆'提出要求:'涉及民生的事情,要少说不能干,多说怎么办!'让我们感受到领导层对民生关键小事的重视。""活动很好,很有现实意义,可促进政府部门工作扎实有序开展,让不作为、无担当的庸政、懒政官员脸红、汗颜。""2022年问政有较大的改革,在整个环节设置上逻辑性强,问政真刀实枪实现刀刃向内,值得点赞。""关注群众反映强烈的热点、难点、焦点问题,面对面问政非常好,既是政府深入贯彻以人民为中心的发展思想,倾听百姓心声、回应群众关切,同时也宣传了党和国家的政策,拓展了政务公开形式,提升了工作效能监督,推动了相关工作开展。"

(二)各子平台凝心聚力开创民意汇集新气象。

以"民情热线""今日关注""我们圆桌会""杭网议事厅""橙柿直通车"为民意互动平台的子平台(即"X"),各平台之间实现常态与动态相结合，共性和个性互为补充的有效联动，建立民意互动平台主题策划与会商审核机制，各子平台根据民意互动平台每个月主题和各自定位、特色，围绕杭州市委、市政府中心工作确定相关选题。各子平台利用自身特点与优势，深入基层一线搜集民情民意。如"橙柿直通车"结合"杭州战疫求助平台"线索，下沉火车东站、南站等城市出入口，梳理疫情防控存在的短板，形成《关于优化城市出入口疫情防控管理的反映与建议》专报；"我们圆桌会"报送《杭州城市道路隔离设施乱象问题的分析与对策建议》，通过深入分析隔离设施乱象原因，提出解决思路。2022年11月23日至2023年2月，各子平台总计向杭州市委、市政府报送专报26个，市委主要领导批示21次、市政府主要领导批示16次。各子平台充分发挥联动效应，强力推进民意互动。一方面，紧扣"1"开展工作。在2022年的"公述民评"电视问政中，"今日关注"在线索排摸、问题搜集中发挥了重要作用；"杭网议事厅"征集网友相关提问300余条，记者现场提问，杭州网全城视频直播，浏览量超50万人次；"我们圆桌会"围绕养老问题，结合问政后的民意，开展延伸讨论。"民情热线"持续关注农村饮用水问题。另一方面，围绕"X"开展工作。"我们圆桌会""杭网议事厅""橙市直通车"联动开展关于"文二、文三路是否恢复双向通行"话题讨论，网络直播浏览量超10万人次。"我们圆桌会"开展"文明城市复检"讨论，引入"今日关注"相关内容，推动相关责任单位对嘉宾反映的问题立行立改。

三、创新亮点

（一）实现"1＋X"平台联动。

发挥各平台资源优势，打破平台壁垒，实现资源共享，增强整体合力；建立反应快速、精准有效的民意互动协同机制，引导各平台同向发力。

（二）推进社情民意互动。

探索"1+X"民意互动平台大数据自动汇集、梳理和分析系统建设。规范民意全量汇集、主题策划和选题审核、民意分析报送、问题整改督办、办理结果反馈公开、考核评价全过程全链条闭环管理；尝试与媒体平台联动，进一步实现社情民意互动的常态化、快捷化、长效化。

（三）持续擦亮"公述民评"金字招牌。

做好"公述民评"面对面电视问政活动常态化推进工作，建立"公述民评"面对面问政长效机制，聚焦全市中心工作，着眼阶段性社会热点，破解民生难题。抓好问政问题助推整改督办，进行实地核查，开展问政"回头看"，把"公述民评"面对面电视问政活动这块"金字招牌"擦得更亮。

（四）塑造平台品牌形象。

围绕"民呼我为"功能定位，引导推动各子平台错位发展，形成民意互动平台品牌集群，统一标识，整体包装，强化平台识别度，扩大品牌社会影响力。

（供稿：杭州市民意互动研究中心）

60

高标准打造新时代互联网法院

党的十八大以来,以习近平同志为核心的党中央高度重视数字中国和网络强国建设。习近平总书记强调,"互联网不是法外之地","过不了互联网这一关,就过不了长期执政这一关"。杭州中级人民法院始终坚持以习近平新时代中国特色社会主义思想为指导,深入学习贯彻习近平法治思想和习近平总书记关于网络强国的重要论述,积极探索互联网司法模式,努力推动网络空间治理法治化,主动服务网络文明建设和数字经济健康发展。

一、目标成效

2017年6月26日,习近平总书记主持召开中央全面深化改革领导小组第三十六次会议,审议通过《关于设立杭州互联网法院的方案》;2017年8月8日,最高人民法院明确依托杭州铁路运输法院,试点设立专门审理涉互联网案件的杭州互联网法院;2017年8月18日,杭州互联网法院正式挂牌成立。

杭州互联网法院努力构建互联网技术深度应用、在线诉讼规则创新、依法治网实体裁判完善三个层次互联网司法新模式,通过审理一批具有填补空白、规则确立、示范意义的典型案件,充分发挥司法裁判规范引领功能,入选改革开放40年40个"第一",写入"党的十八大以来大事记",被评为首届数字中国建设年度最佳实践成果之一,荣获"全国优秀法院"称号。

二、实践内容

(一)坚持融合创新,持续推进互联网审判新模式新机制走深走实。

持续探索创新数字司法模式。率先实现起诉、调解、立案、举证、庭审、宣判等诉讼环节全程网络化、数字化,在此基础上首创异步审理模式,制定全套在线诉讼操作指引,为疫情期间"无接触办案"提供经验样本,互联网司法对全球司法服务转型升级产生深远影响。

持续丰富互联网司法应用场景。在互联网金融、知识产权、电子商务等纠纷领域,推出"长三角司法区块链""网络作家村集体上链""西湖龙井区块链溯源"等场景化应用。最高人民法院以杭州互联网法院"司法区块链"为基础建立了全国四级法院统一的"司法链",并于2022年5月出台《关于加强区块链司法应用的意见》。

持续激发司法大数据多维度价值效能。以社会治理体系和治理能力现代化为牵引推进司法大数据深度挖掘应用,深化"互联网审判大数据中心""司法数智大脑"建设,为审判管理、风险研判、态势感知、行业预警、辅助智能服务、专项分析提供全方位支撑。

(二)坚持规则之治,有力促进数字经济社会高质量发展。

加快完善新业态新领域司法保护规则,优化科技创新法治环境。确立"智能机器人直播""5G云游戏""短视频模板"等新型知识产权认定标准,为激发数字创新活力提供司法保障。聚焦元宇宙产业中数字鸿沟、数字版权、数据安全等问题,先行探索NFT数字作品版权

互联网法院在线开庭审理案件

规范等数字准则。合理界定"算法检索服务""平台数据监测"等技术应用边界,给予网信企业开放包容发展空间。审结"数据产品法律属性及权益保护案""公共数据商业化利用案",推动建立合规高效的数据要素流通和交易制度。

深入推进网络文明建设,打造安全清朗网络空间。大力弘扬社会主义核心价值观,在司法裁判中坚定文化自信,守护英烈名誉,树立文明风尚。"董存瑞、黄继光英烈保护案"被评为弘扬社会主义核心价值观十大典型案例,写入最高人民法院全国两会工作报告。"地铁萌娃案"突出弘扬了爱国主义精神的鲜明价值导向,被《人民日报》、《环球日报》、中央政法委长安剑等主流媒体广泛报道。"平等就业权纠纷案"旗帜鲜明地否定就业地域歧视行为,入选最高人民法院指导性案例。

积极推进网络纠纷综合治理，全面提升依法治网水平。打造全国首个电子存证平台和司法区块链，推进司法区块链智能合约在互联网金融、知识产权等司法领域应用。定期发布网络服务、个人信息保护、网络知识产权、数据与算法等领域的司法大数据分析报告、审判白皮书和典型案例，召开"互联网司法与数字治理现代化""数据权益保护与算法治理"论坛等，充分发挥司法裁判的规范指引作用。

（三）坚持共治共享，不断提升互联网司法的公信力和国际影响力。

积极探索国际商事纠纷多元化解新机制。在成立跨境贸易法庭基础上，上线跨境贸易司法解纷平台，提供在线庭审、同步翻译、电子证据固定、电子送达等全方位智能服务，努力实现跨境贸易纠纷在线"一站式"解决。

持续输出网络空间司法治理规则。依法审理涉"穆迪""始祖鸟"等国际知名商标、域名等案件，"小猪佩奇案"被英国《泰晤士报》称为"中国知识产权保护方面一次具有里程碑意义的判决"，在跨境交易、数据权利、算法规制等领域形成和输出国际司法准则，杭州互联网法院成为国际网络纠纷解决的"优选地"。

努力搭建在线跨境互联网法治文化交流平台。参加"世界互联网大会"等全球性论坛，以"云参观"形式为非洲国家、阿拉伯联盟国家、古巴法官研修班开展授课与交流，法新社等外媒称"在线上诉讼领域创新方面，中国已处于世界领先地位"。

三、创新亮点

（一）创新互联网审判模式。

创设全流程在线审理模式，首创异步审理模式，制定《网上诉讼规程》《诉讼平台审理规程》《异步审理规程》等全套在线诉讼操作指引。在互联网金融、知识产权、电子商务等纠纷领域，推出"长三角司法区块链""网络作家村集体上链""西湖龙井区块链溯源"等场景化应用。成立跨境贸易法庭，上线跨境贸易司法解纷平台，努力实现跨境贸易纠纷在线"一站式"解决。深化"互联网审判大数据中心""司法数智大脑"建设，为审判管理、风险研判、态势感知、行业预警、辅助智能服务、专项分析提供全方位支撑。

（二）推进规则之治。

五年来共有1案入选最高人民法院指导性案例，6案写入最高人民法院全国两会工作报告，83案次被评为全国典型案例。发布司法大数据分析报告、审判白皮书20余篇，发布典型案例10余批。杭州市中级人民法院全流程在线审理、异步审理、司法区块链被最高人民法院出台的《人民法院在线诉讼规则》和《关于加强区块链司法应用的意见》吸收。

（三）重视调研工作。

五年来共承担省级以上调研课题14项，其中国家级课题6项。全院干警在国家级刊物上发表调研成果143篇。出版《互联网司法实践与探索（杭州互联网法院）》《互联网案件审判研究（第一辑）》《数字社会司法治理研究》等系列法治丛书，从实践创新走向理论升华。

（供稿：杭州市中级人民法院）

61

首创非羁押人员数字监控系统

习近平同志在浙江工作期间高瞻远瞩地作出了建设"数字浙江"的战略部署,致力运用大数据提升省城治理现代化水平。党的十八大以来,浙江省委坚持把建设"数字浙江"作为一项战略性任务研究落实,充分运用数字化治理手段,为高质量发展建设共同富裕示范区提供强劲动力。杭州检察系统牢记习近平总书记对检察机关提出的"敢于监督、善于监督、勇于开展自我监督"的殷殷嘱托,深入践行"八八战略",强力推进创新深化、改革攻坚、开放提升。为落实"少捕慎诉慎押",有效降低审前羁押率,化解疫情传播风险以及取保候审监管不力的"双压力",杭州检察机关首创非羁押人员数字监控系统——"非羁码",以数字化赋能非羁押人员监管和社会治理,在擘画"数字中国"的伟大画卷中留下了一抹标志性的胜景。

一、目标成效

"非羁码"研发后,一期在西湖区先行先试,二期推广至拱墅区、滨江区等地,2020年9月在杭州市范围内全面推广。系统适用以来,全市犯罪嫌疑人无一脱逃，刑事拘留人数比前三年减少4000余人，取保候审人数增加9000余人，诉前羁押率从51.5%下降至17.4%，不起诉率从16.1%上升至39.6%。该系统获评2020年度浙江省改革创新最佳实践案例、2022年度全国智慧检务创新案例，并得到时任中央政法委秘书长陈一新、时任最高人民检察院检察长张军等各级领导和司法专家的高度肯定。

经过两年多的理论和实践探索，杭州检察机关形成《运用数字监控手段降低审前羁押率》《刑事诉讼非羁押人员数字监控的实践与探索》等多篇理论研究成果，创新"实时精准定位""严格区域管理"等多项机制，推出《对刑事诉讼非羁押

监管数据实时更新

人员开展数字监控的规定》《关于进一步加大和规范应用"非羁码"监管措施的意见》等多个文件，相关先进工作经验被写入最高人民检察院工作报告，并被新华社、《检察日报》等多家媒体专题报道。

二、实践内容

杭州检察机关以"八八战略"为引领，深入践行以数字化改革驱动"两个先行"，聚焦破解司法实践的瓶颈制约，打好加强融合共治、深化机制改革、优化市域治理的组合拳，在刑事司法领域的中国式现代化道路上展现硬核担当。

（一）聚焦监管难题，彰显人权法治保障。

对非羁押人员监控手段落后是高羁押率的重要原因。由于公安机关警力不足，靠"人盯人"的方式远远无法满足有效监管的需要；被取保候审人员定期报到、及时报告等也带来诸多不便，取保候审人员失管、逃跑、重新犯罪、违规事件时有发生。高羁押率意味着财政和司法资源的高投入，也可能产生超期羁押、关押人员互相传授违法犯罪方法的"交叉感染"、因关押时间过长而造成的同案不同判等司法不公问题，以及人员聚集引发的健康风险和管理风险。一些非公有制企业高管、核心技术人员被长期羁押，可能造成企业倒闭、员工失业、地方经济受损等不良后果。经调研，近年来杭州地区被判处十年以上有期徒刑的人数比例虽有所波动，但总体趋少，大量涉案人员并无羁押必要。如何实现对保释人员的有效监管，是一个世界性难题。一些国家和地区采取电子手铐的方法，但功能单一，设施笨重，成本高昂，给被监控人带来诸多不便，还可能暴露隐私，甚至成为羞辱性标签。针对上述问题，"非羁码"通过在犯罪嫌疑人的手机安装相关App，运用大数据、云计算、区块链等前沿科技，实现全方位、全时段、无死角的监管，极大降低了监管成本，有效地保护被监管人的隐私和人权。

（二）聚焦融合共治，深化体

制机制改革。

依托业务融合、技术融合、制度融合，实现高水平的非羁押人员监管体制机制重塑。一是多方联动。职能部门层面，在杭州市委政法委指导下，杭州市检察院、市公安局等部门联合成立专班，全面融通公安执法、监所管理、基础管控平台和检察案管系统等数据。专业层面，行业权威、专家学者、律师代表共同研讨，对运用手机软件、电子手环开展数字监控的合法性、正当性、必要性和适度性进行论证，达成"非羁码"于法有据、具备可行性的共识。二是确保安全。技术层面，依托杭州"城市大脑"及相关大数据资源，发挥政企合作优势，引进阿里云、云深科技等相关企业，合力攻坚数据融通、网络交互等项目，研发"非羁码"App并对系统进行安全能力等级测试，确保网络安全、数据安全。三是严密制度。杭州市公检法司四部门联合出台《对刑事诉讼非羁押人员开展数字监控的规定》《关于进一步加大和规范应用"非羁码"监管措施的意见》，制定赋码和评分规则，明确措施适用情形，办案人员和非羁押人员居住地民警进行双重监管，严格落实打卡积分、区域管控等措施。

（三）聚焦数字赋能，推进市域治理现代化。

"非羁码"依托数字创新，兼具四大功能，助力市域治理现代化。一是实时精准定位。采用GPS定位等方式，24小时监控被监管人的位置信息，并通过回放移动路线和位置等，对被监管人移动路径进行统计、监控和预判。二是严格区域管理。被监管人离开特定活动范围或进入禁止活动范围的，立即启动自动报警、自动记录；标注同案多名犯罪嫌疑人近距离停留情况，进行聚集识别，及时报警、记录，防止同案犯串供。三是自动分级管控。强化非羁押人员日常行为管控和综合赋分，生成"绿、黄、红"三级监管码，60分以上为绿码，30分以上60分以下为黄码，30分以下为红码。系统根据监管码的颜色变化推送预警信息，指导公安机关等监管单位精准落实"飞机打卡、上门巡视、力量贴靠、上网追逃、抓捕收监"等措施。四是防止人机分离。通过被监管人每日自主远程报到或不定时对被监管人抽查报到,与已采集的人脸数据进行比对,防止人机分离,实行全方位、全时段、无死角的监管。即便监管对象不携带手机或尝试脱逃,也可通过"城市大脑"运用人脸识别、身份信息报警等方式及时发现并警示,并依法责令其具结悔过、予以罚款或变更强制措施。

三、创新亮点

(一)践行"八八战略",创新推动执法办案提质增效。

原先对羁押人员的讯问、取证等,需要在物理空间范围内开展,耗时费力。"非羁码"施行后,执法办案提质增效。如某区公安分局非羁押案件平均办案时长减少26%,非羁押人员比上年上升55.1%,大幅缓解超量羁押、超期羁押等问题。

(二)助力"两个先行",体现中国特色社会主义制度优越性。

"非羁码"的使用既严肃了法纪,又保障了非羁押人员一定范围内的人身自由。如在P2P案件以及部分经济类案件中,对企业高管进行非羁码监管,使其在严密监督前提下落实赔偿退赃工作,取得良好社会效果。目前已敦促多个平台负责人退回涉案款超16亿元,实现了惩治犯罪与保障人权相统一,有效助力中国特色社会主义共同富裕先行和省域现代化先行。

(三)续写"枫桥经验",司法资源利用更科学。

"非羁码"自动推送非羁押刑事强制措施的适用范围、适用程序等信息,有效督促落实监管责任,履行诉讼程序,倒逼规范执法,防止办人情案、关系案,确保廉洁司法。与不起诉权、认罪认罚从宽制度等司法领域的探索形成联动效应,推动了杭州检察法律监督工作变革,为续写"枫桥经验",推动国家治理体系和治理能力现代化提供了司法领域的实践案例。

(四)彰显"中国之治",中

国式现代化在刑事司法领域成效更明显。

"非羁码"的研发具有世界领先性,中国刑事诉讼法学研究会会长卞建林教授等专家对此予以高度评价,认为"非羁码具有充分的合法性、正当性,更具有独创性、先进性,符合国际司法文明进步方向,是世界范围内刑事强制措施的一场革命"。"非羁码"充分展现了刑事司法领域的中国式现代化,是杭州检察机关对"时代之问"的有力回应,更是以"杭州之窗"彰显"中国之治"的示范样本。

(供稿:杭州市人民检察院)

62

"公安大脑"引领公安工作现代化示范先行

习近平总书记历来重视公安现代化建设。2003年1月28日,时任浙江省委书记习近平同志在视察长庆派出所时强调,要与时俱进,把改革创新作为促进公安工作发展的永恒主题来抓,大力推进公安工作思路创新、体制创新、机制创新和方法创新,不断推动公安工作的发展。2019年5月,习近平总书记在全国公安工作会议上强调,"要把大数据作为推动公安工作创新发展的大引擎,培育战斗力生成新的增长点,全面助推公安工作质量变革、效率变革、动力变革"。长期以来,杭州公安始终满怀忠诚之心、感恩之心,沿着习近平总书记指引的方向笃定前行、奋勇争先,不断推动杭州公安工作现代化塑造新动能、实现新突破、迈上新台阶。

一、目标成效

近年来,杭州公安主动融入浙江省数字化改革和"公安大脑"建设整体架构,争取公安部"大数据智能化应用"首批试点,充分发挥杭州"城市大脑"先发优势,坚持技术、体制、机制"三轮驱动",建成全国地市级公安机关"第一朵"

智慧警务云，研发并迭代升级"公安大脑"智慧警务操作系统，推动公安工作质量变革、效率变革、动力变革。其中，"一窗通办""一网通办"经验做法获国务院办公厅和国家发改委专栏刊发；"水保""枪盾""惠境""一键护航"分别获公安部基层技术革新一等奖、二等奖、优秀奖和科学技术奖三等奖；智慧安保指挥平台、浙警易网办等10个应用获选省、市数字化改革"最佳应用"；杭州火车东站协同智治应用在全省数字化改革会上交流，获全省改革突破奖；"一码一图""三域智理"等12个场景参加全省数字法治成果展。

二、实践内容

（一）循序渐进夯实数智基座。

依托杭州数字产业优势，创建浙江省平安建设大数据实验室并持续发挥实验室技术矩阵作用，深度融合"算料、算力、算法"，不断推动"公安大脑·警务操作系统"迭代升级，全面夯实全市统一的数据底座和技术生态。

持续丰富"算料"。按照"人、事、物、地、组织"等基本要素，日均汇聚治理公安、政务、社会等5大类7亿余条数据，累积数据资源规模达2.7PB，生成5亿余份电子档案。

不断强化"算力"。扎实推进"天网工程"建设，建立市、区两级智算调度体系，统筹全市4800个云资源实例、1800台硬件服务器、4万个大数据计算核心，已具备100万路视频、10万路人脸、5万路卡口（车辆）接入解析能力。

迭代提升"算法"。围绕"人"建立247个维度的标签，围绕"警情、案情、稳情、舆情、社情"等"五情"，研发或迭代预警模型1400余个，推动公安社会治理由事后向事前、模糊向精准转变。预警平台和工作机制得到王小洪同志批示肯定并要求全国推广。同时，严守安全标准，建设"安全访问平台"，配套出台系列管理制度，构建"零信任"安全体系，做到数据"可用不可拿""凡用必审批"。

(二)系统集成重塑警务体系。

对标"市县主战、派出所主防"定位,以"情指行"一体化运行机制为牵引,完善杭州"135N2"体系架构,梳理全市首批56项重点建设任务,建立"挂图+挂牌""亮晒+比武""督导+考核"机制,动态更新"三张清单",持续推进警务工作系统性重塑、整体性变革。

实化跑道建设。按照同质归并原则,横向划分"处突、打击、治理、服务、保障"五大跑道分类归口公安业务,按照"线上+线下""中心+平台"双线推进路径,迭代升级"合成作战、侦查、基础管控、网办、执法办案"五大线下实体中心和"指挥安保、大数据侦查、基础要素管控、警察叔叔App、智慧法制"五大线上牵引平台,成为全省"公安大脑"建设的标准范式。

强化机制运行。健全完善情指行一体化数字实战体系,全面规范

"一窗通办""警察叔叔"App3.0上线运行

市、县两级合成作战中心运行，按照"一件事"原则，建立健全"全量采集（智能感知）、情报研判、扁平指挥、动态勤务、舆情导控、闭环处置、复盘提升"的全流程一体化的警务运行机制，串联核心业务，实现闭环运行。

深化"手脚"协同。完成151个派出所"两队一室"和92个交警中队"一队一室"勤务改革，选定上城分局、萧山分局、富阳分局、淳安县局作为试点单位，以点带面推进大部门大警种制改革。主动融入全市基层社会治理工作体系，推动全市191个镇街建立24小时运行综合信息指挥室，打通110与12345、基层治理"四平台"信息流转通道，推动非警务类报警按部门属地职责分级分类分流归口处理、源头治理。

（三）多点突破研发模型。

充分运用"小切口、大场景"推动改革突破，谋深抓实多跨协同应用场景，积极打造标志性成果，不断增强硬核实力。

赋能维护稳定。构建涉政涉稳风险处置体系，迭代优化反恐"深空"实战平台、智慧安保指挥平台等，研发重点人员入圈、失轨预警模型，不断提升高等级情报获取能力。

赋能民生发展。持续擦亮"警察叔叔App"政务服务品牌，打造"网上车管所""号牌云申领""货运导航"等多跨应用，"安企共富"应用有效提升企业风险感知能力，流调排查应用有力服务疫情防控大局，"生命援手""觅天使"模型预警防范自杀行为。

赋能犯罪打击。研发"猎手""数智哨兵""民生卫士""数智预防"等应用，全面提升物品流、资金流、人员流、通信流穿透分析和专项打击能力。"数智反诈"应用助力2022年全市反诈工作取得历史性成效，有效劝阻307.2万人，劝阻金额24.6亿元；电诈案件受理数、案损数比上年下降40.1%、36.1%，百万元以上案件比上年下降76.1%。

赋能基层基础。上线警源综合治理应用，实现非警务报警分流治理闭环。2022年分流非警务警情23.4余万起，重复报警比上年下降

25.4%。打造交通安全治理"一码一图"应用场景，对全市870万名交通参与者、3309个村社、14144家运输企业、53个网约车平台、9家外卖平台进行赋色管理，2022年全市道路交通事故死亡数下降6.12%。

赋能执法办案。深化推进执法一件事改革，升级数字法治平台，强化执法要素全流程、全方位、精细化管理。深化"案件码"应用，迭代构建起刑事强制措施、监内监外执行人员数字化监管的"一体两面"，累计管理犯罪嫌疑人5.6万人，审查羁押率下降40%。六是赋能队伍建设，建成"智慧政工"应用，试点创建"三能"积分体系，创新队伍管理"三色码"、组织管理"规范码"、警员管理"风险码"，实施"云家访"等。

三、创新亮点

（一）生态可迭代。

对标"融合迭代、确保服务、长期稳定"的演进原则，按照"分层解耦，异构兼容"标准规范，完成云计算部标接口开发，建成新一代公安信息网，对内打破警种界限，对外联动职能部门，基本实现业务数据"全打通、全归集、全共享、全对接"，形成统一调度、精准服务、安全可控的数据资源体系，有效解决了"散乱应用、各自为政、烟囱架构"的传统信息化建设痛点问题，形成了统一云上开发的大数据应用生态。

（二）能力可复用。

围绕共性需求，总结提炼搭建涵盖知识图谱、分析检索、可视开发、统一地图服务、统一权限管理、统一身份认证等19类通用技术支撑能力组件，数据开发服务、资源目录服务、数据查询服务、数据比对服务、数据加密服务等7类通用数据支撑能力组件，以及统一布控、全息档案、融合轨迹、指标中心、模型中心、要素中心等21类通用警务支撑能力组件，形成完备的组件"资源库"，实现"搭积木"式研发。目前，全警可以通过能力复用，快速建设所需的应用模型，建设周期从按年计缩短为按月计甚至更短时间。

（三）模式可复制。

持续深化"一院带多室"警企合作模式，联合阿里巴巴、海康威视、云深科技、安恒信息、中奥科技、大华股份等高新企业，优化产学研用一体化布局，分领域探索前沿技术与警务实战融合，推动战斗力生成。目前，重庆、青岛等地公安机关借鉴杭州市公安局做法推进公安数字化改革工作。

（供稿：杭州市公安局）

63

以"大综合一体化"行政执法改革营造最优法治环境

实施"大综合一体化"行政执法改革,是践行习近平法治思想的具体体现,是落实习近平总书记关于行政执法重要论述的生动实践。2022年1月30日,中央批复同意《浙江省加快推进"大综合一体化"行政执法改革试点工作方案》,标志着浙江成为全国唯一的"大综合一体化"行政执法改革国家试点。

一、目标成效

浙江省委将"大综合一体化"行政执法改革列入"牵一发动全身"重大改革,两次召开全省改革大会进行部署,出台《浙江省综合行政执法条例》。

杭州以最高标准、最快速度、最大力度推进行政执法改革。至2022年底,执法队伍进一步精简,"1+8"行政执法体系全面建立,精简执法队伍50支;执法事项进一步集中,综合执法事项覆盖25个领域,覆盖率达62.5%;执法重心进一步下移,执法力量下沉县乡和镇街分别达89.77%和71.78%。全省改革大会4次提及、肯定杭州做法,11项特色实践和4项制度入选省改革成果,初步实现"营商环境更优、法治环境更好、人民群众更加满意"的改革目标。

二、实践内容

（一）全方位重塑执法体系。

"金字塔型"队伍体系全面成形。整合执法队伍和执法事项，整合撤销执法队伍50支，综合执法事项占比32.98%，191个乡镇、街道全部成立综合执法队。

"王"字形指挥体系加快构建。市、区两级成立行政执法协调指挥中心，依托数字集群，融合通信、移动视频等技术赋能，实现指令"秒"级到达、处置"分"级实施、结果"时"级反馈。

"闭环式"监管执法回路持续完善。出台监管执法协同实施意见，探索执法办公室、执法联络员等监管执法协作新模式，构建"审批—监管—处罚—监督评价"闭环。

"枫桥式"队伍建设持续深化。精心培育省级"枫桥式"中队7个，推动综合执法队伍规范化建设水平取得新跃升。

（二）全覆盖建强执法队伍。

党建强引领。会同组织部门推进基层综合行政执法队党（团）组织组建，在镇街执法队伍组建中同步抓好党(团)组织建设和廉政监督，以党建融合促业务整合。

制度夯基础。按照急用先行原则，市、区共建立改革配套制度130项，涵盖队伍建设、人员管理、执法规范、执法协同、数字执法、执法保障等重点领域。其中，《关于深化"大综合一体化"行政执法改革加强乡镇（街道）执法队伍和执法能力建设的意见》是全省首个镇街执法队伍建设指导性文件，《杭州市行政执法尽职免责和容错纠错实施办法（试行）》为全省率先制发。

实训提能力。多形式开展执法改革专题培训、执法监管数字应用培训和新划转事项业务培训200余场次,覆盖市县乡各级10000余人次，全面提升基层执法工作能力和业务水平。连续两年举办全市行政执法练兵比武，25支行政执法队伍参与法律知识竞赛和优秀案例评选等项目比拼。四是督察促看齐。建立每周晾晒通报机制，印发改革专报60余期。通过"四不两直"方式开展三轮全覆盖督察，以市政府督查室、市综合执法办名义下达督办单3张。

（三）全流程规范执法监督。

编制"三张清单"。梳理"1+3"执法事项清单体系，其中执法事项总目录5861项，综合执法事项1933项（改革前为487项），专业执法事项3034项，镇街执法事项2337项。

贯彻"三项制度"。严格落实行政执法"三项制度"和市规范执法15项规定，推进全案网办、溯源管理。承接"行刑衔接"执法监督数字应用功能试点开发，实现事前事中事后智能定向监督，被省司法厅在全省推广。

规范"三级审核"。严格执行承办机构负责人审查、法制机构审核、执法机关负责人审批制度，全省首创建立市、区两级综合行政执法法制保障中心，加强对镇街执法法制审核支撑，为行政执法提供有力法治保障，实现全方位、全流程指导和监督，提高办案质量。

建立水上综合执法队

（四）全场景再造数字执法。

"一平台"全面统揽。全面推广使用"大综合一体化"执法监管数字应用，联合检查、线索移送、处罚办案等工作全部通过平台在线实施。通过融合试点的方式，推进"中心化"协同指挥系统建设。按照"省建市补"的原则，打造市级特色应用模块。

"一手机"移动办案。优化移动端一体化执法应用，推动文书自动生成、要素自动关联、裁量智能匹配、期限实时提醒，实现"一部手机全执法"，简易案件平均办结时间由15分钟减至5分钟。

"一件事"执法监管。全面认领省下发执法监管"一件事"主题66个，系统梳理规范操作说明，率先在市、区两级开展实操，并聚焦食品安全、安全生产等维度，拓展食用油脂安全、城市轨道交通、车辆超限、僵尸车处置等特色主题19个，汇编优秀实践案例35项。

"一张码"规范透明。锚定行政行为赋码率、电子签章使用率、平台出件率、执法线索处置率4个100%目标，全面推广运用行政行为码，推进检查处罚全程留痕、相关业务关联集成、线索全量闭环处置。

（五）全要素提升执法效能。

非现场执法降低成本。在桥梁超限等领域推行非现场执法，依托前端智能感知交互技术，实现24小时实时预警，非现场办案、"零言词"查处。工程渣土、人行道违停等领域积极探索AI执法和无人机空中巡查等执法模式。

包容审慎监管优化营商环境。出台《关于进一步加强平台经济治理促进规范发展的实施意见》，促进平台经济健康发展，打造法治化营商环境，助力打赢经济翻身仗。

柔性执法增强群众获得感。坚持处罚与教育相结合，广泛运用说服教育、劝导示范、警示告诫、指导约谈、责令改正等方式解决问题，实现执法要求与执法形式相一致，法律效果与社会效果、经济效果相统一。推行轻微违法告知承诺制，推广不予强制清单、不予处罚清单，细化轻微违法标准和不予处罚流程，让执法既有力度也有温度。

三、创新亮点

（一）"一支队伍管执法"深度拓展。

精简队伍50支，实现全市乡镇、街道综合执法队全覆盖，组建党团组织152个；向159个镇街赋权执法事项，"一支队伍管千岛湖"等基层首创深入探索。

（二）重点领域执法有效突破。

综合执法办案30.96万件，20个划转领域突破首案，办案1.75万件，"双减"、消防救援、油气管道保护等重点执法全面推进，虚拟货币挖矿等典型个案迅速突破。

（三）监管执法方式不断创新。

建成市、县两级行政执法协调指挥中心，创新成立综合执法法制保障中心，包容审慎监管、信用+执法、"1315"快速响应、"红、黄、绿"三色管理、"综合飞一次"等改革实践持续涌现。

（四）智慧执法应用迭代跃升。

建设并全面推广使用全国首创的"大综合一体化"执法监管数字应用。AI执法等数字应用快速布局，余杭区AI视频巡逻违停执法模式获评第六届全国法治政府奖提名奖。

（五）法治建设合力充分激发。

全省首发"县属乡用共管""容错纠错"等制度，高频事项裁量基准100%细化。综合执法"共享法庭"、驻综合执法局检察官办公室等机制加快探索。"1+2+4"执法监督协作获评全省县乡法治政府建设"最佳实践"。

（六）柔性善治效应持续释放。

全面推广"综合查一次"，实现"进一次门，查多项事，一次到位"，2022年累计减少检查9000余次，扰企问题下降35.5%，综合执法信访投诉降低14.72%，营商环境不断优化。西湖女子巡逻队、千鹤女子执法中队等柔性执法形成品牌。

[供稿：杭州市城管局（杭州市综合行政执法局）]

64

以地方立法保护西湖龙井茶金字招牌

西湖龙井位居中国十大名茶之首,是杭州具有深厚历史文化底蕴的物质和文化遗存,是展示杭州乃至中国独特韵味的元素印记和品牌标签,受到历届党和国家领导人的关心和关注。与其他农产品区域公用品牌一样,西湖龙井同样存在经营主体多、销售环节多、品牌小而散、市场监管难等状况,每年春茶上市之际,总有不少假冒西湖龙井茶混入市场进而销售到全国各地,屡禁不止、屡打不绝,影响了西湖龙井的品牌形象,制约了产业高质量发展和农民持续增收。2020年3月,习近平总书记在浙江杭州考察时,专门作出了"提升龙井茶的品质,注重品牌保护"的重要指示。

一、目标成效

根据习近平总书记重要指示精神,杭州以遏制制假售假为重点,坚持"技防"和"人防"并重,深入开展西湖龙井茶品牌综合保护探索与实践,取得阶段性成果,为保护好西湖龙井这一"金字招牌"奠定了基础。

二、实践内容

近年来,杭州市农业农村局会同各级各有关部门,大胆探索,克难攻坚,开展西湖龙井茶数字化管理新实践,从实践中发现问题、解决问题,并以法律的形式固化管理经验。

(一)创新数字赋能。

西湖龙井茶数字化管理系统覆盖整个西湖龙井茶生产经营领域,按照"生产过程数据化、管理过程自动化、决策系统智慧化"总体取向,运用杭州大数据、物联网、区块链等数字化优势,以"一个基础数据库、一个管理平台、一个小程序、两个门户"为框架,通过建设横向覆盖杭州市168平方公里西湖龙井茶保护基地,纵向贯穿市、区、街道(乡镇)、村自上而下四级的网络化中央控制端和基层监测溯源客户端,实现生产、加工、包装、销售的全程闭环式监管,从源头上最大化杜绝假冒滋生,对遏制制假做假现象起到了关键作用。

(二)统一政策管理。

针对制假售假、损害西湖龙井茶品牌形象的现象,各相关管理部门出台配套政策,实行统一管理。杭州市农村农业局联合市市场监管局于2023年1月出台《西湖龙井茶防伪溯源专用标识管理办法》,将"地理标志保护产品"和"地理标志证明商标"合二为一、统一使用。"西湖龙井"地理证明商标所有权由区级协会转移至市级协会统筹管理,同时建立西湖龙井茶专班机制,打破"条块分割、各自为战"的管理旧格局。建立西湖龙井茶新闻发言人制度,每年由市政府召开新闻发布会,重建官方网站,开通抖音、微信公众号等新媒体,引导消费者通过正规渠道购买西湖龙井茶。

(三)建立"龙头企业+合作社+茶农"模式。

制定发布《西湖龙井茶》团体标准。标准结合感官和客观评价,按照就高原则,首次通过数字技术和理化分析建立量化指标,提高品质检测的精度;首次建立全手工产品品质特征,弥补了空白,提高品质特征的区分度和辨识度;首次增加图像参考,建立可视化的直观鲜明的比对图像,提高检测标准科学性、有效性和可操作性。

(四)加强行业监管。

建立诚信承诺制。与农户签订协议书、与授权茶企签订做真拒假书面承诺书和许可合同,签约率达100%。建立党内监督制。杭州市委组织部将标识规范使用村级属地监管责任纳入组织部门对村级班子年度考评的重要内容,实行一票否决制。杭州市纪委监委将西湖龙井茶综合保护工作纳入纪检部门政治监督范围,防止不作为、乱作为等违法违纪行为的发生。建立红黑榜制度。通过官方网站,对诚信主体进行红榜表扬,对违法违规主体视情节予以黄黑榜通报。

(五)提升品牌形象。

提升品牌辨识度。向社会公开征集西湖龙井茶农统一包装设计,对茶农分散销售的西湖龙井茶提供

西湖龙井茶传统手工炒制技艺

统一包装服务,避免熟人市场无标销售行为。对茶企包装由协会实行备案管理,提高中小茶企的西湖龙井产品辨识度和市场知名度。成立品质鉴定机构。市农业农村局与中国农科院茶叶所、全国供销合作总社杭州茶叶研究院签订合作协议,成立西湖龙井茶质量鉴定中心,为消费市场茶叶品质提供鉴定服务。设计正品保证保险。与太平洋保险公司创设西湖龙井茶正品保险,对鉴定结果为不符合产品质量的茶叶,将进行理赔。

(六)提供法制保障。

推动地方立法,制定出台《杭州市西湖龙井茶保护管理条例》,2022年3月1日起施行。《条例》以地方性法规的形式将实践中形成的好经验、好做法固化,为制度化、法制化成果,为保护西湖龙井品牌提供法制保障。成立"西湖龙井茶保护特设共享法庭",提升地理标志品牌司法保护效能。浙江省高院设立西湖龙井茶地理标志保护联系点。召开新闻发布会,首次发布《西湖龙井茶品牌保护状况》白皮书。

三、创新亮点

(一)应用创新。

从执法指标看,依托数字化管理平台的预警信息和实时的购销监测,市场监管和公安部门可对线索进行有效梳理,精准合理地选择取证区域和案件数量,大大减少靠堆人工、搞运动式的地毯式实地排查获取线索的办案成本,使侵权案件呈野蛮式增长的状态得到有效遏制。从茶标使用指标看,制假售假得到有力遏制。依托数字化管理,对西湖龙井茶标发放、划转、流向等进行全程闭环监管,有效遏制了实物茶标买卖现象。

(二)理论创新。

通过数字化监管标签对知名品牌实施强力保护,开区域知名公共农产品品牌保护之先河,在全国区域农产品公共品牌保护中尚属首次。引入数字化智治手段,通过数字化管理系统,对区域共用品牌进行全程闭环监管,有效覆盖整个西湖龙井茶生产经营领域,实现追溯管理,属全国首创,为全国区域农产品公用品牌突围提供了可以复制、可以推广的实践样板。

（三）制度创新。

《杭州市西湖龙井茶保护管理条例》为保护和提升西湖龙井茶品质，加强西湖龙井茶品牌保护，促进西湖龙井茶产业持续健康发展提供了法制保障。该《条例》最大的亮点在于对西湖龙井茶防伪溯源专用标识进行了定义和使用规定，并采用数字化技术对其进行管理，开展原产地溯源保护，推动从源头上遏制制假做假现象，保障西湖龙井茶品质。

（供稿：杭州市人大常委会、杭州市农业农村局）

65

构筑全过程人民民主实践高地

2005年1月，时任浙江省委书记习近平同志到余杭径山镇小古城村调研"三农"工作时，肯定把"为民作主"变成"让村民作主"的做法，并作出"村里的事情大家商量着办"的重要指示。十八年来，余杭区始终牢记习近平总书记殷殷嘱托，推动"众人的事情由众人商量"（以下简称"两众"）先行实践，努力为全省打造全过程人民民主实践高地提供余杭样本。"两众"法宝夯实了基层社会治理基础，为余杭区经济社会发展创造了和谐稳定的社会环境，助力余杭区获评平安中国示范区，并在浙江省高质量发展建设共同富裕示范区绩效考核评价中连续两年荣获优秀等次。中央广播电视总台浙江总站将省内首个共同富裕示范区观察点设在余杭区，相关经验做法先后得到央视新闻频道、《人民日报》、《光明日报》等多家央媒报道点赞，并在浙江省政府"共同富裕·浙江探索"专栏、浙江省委政研室《浙江政研（共同富裕实践探索）》上刊发。

一、目标成效

余杭区忠实践行"八八战略"，总结推广小古城村"两众"实践经验，让"盆景"变"风景"，形成了径山樟树下议事、余杭草垛议事、良渚田头协商、仁和"大禹治水式"议事等全过程人民民主基层实践品牌矩阵。2015年4月,中央办公厅对小古城村十年来"积极探索建立村级事务民主协商制度,村里的事情大家商量着办"再次予以肯定。2017年10月,"众人的事情由众人商量"写入党的十九大报告。习近平同志重要指示在余杭大地得到生动实践,展现出强大的真理力量、思想力量、实践力量。

二、实践内容

建立健全党建统领的全主体参与、全领域覆盖、全过程规范"三全"协商机制,探索优化"四议六步法"。以"议什么、谁来议、怎么议、议的效力""四议"明方向,以"六步"明举措,工作由"群众提",议题由"支部审",方案由"网格议",决策由"代表决",过程由"专人督",结果由"群众评"。

(一)党建统领"两众"理念实践方向。

始终将党的领导贯穿全过程人民民主基层实践,由村社党组织成立民主协商议事会,村社党组织书记担任协商议事会主任,成员中党员代表平均占比达50%以上,在村社党组织领导下对村社事务进行协商,牢牢把握全过程人民民主的领导权。以建强支部为着力点,强化网格支部主体作用发挥,在"四议"每个环节都把牢方向,协商一般由村社"两委"班子成员主持会议,确保基层民主协商始终朝着正确的方向有序进行。村社党组织对年度重点工作议题、日常收集议题、群众诉求反映议题等进行研究筛选,把牢议题源头关,确保协商方向不偏。

(二)全主体参与"两众"理念实践过程。

以严密的组织体系牵引网格协商自治,在每个基层网格设立议事小组,搭建百姓议事会、乡贤商事会、调解和事佬、创业分享会、圆桌畅聊会等协商议事平台,协商议事会根据议题内容向网格议事小组或议事平台派单。协商过程坚持多元主体参与,统筹经济社团组织、原乡人、归乡人、新乡人和旅乡人共同议事,形成多层次、全方位的开放协商格局。累计建立村社民主协商议事会358个,产生议事会成员3673名,建立网格议事小组1368个,开展协商5300余次,有效提升了基层社会治理能力。

(三)全领域覆盖"两众"理念协商内容。

坚持"三议三不议"原则,梳理村内"大局大事"与"民生小事",建立制定符合村、网格、小组自身特点的民主协商目录,把好基层民主协商议题源头关,提升专题协商精准性。通过"两委与代表谈出来""村民小组提上来""1/4骨干力量摸上来""上级任务交下来""线上发过来"等多渠道收集议题,由村协商议事会对收集的议题分类梳理,从党建引领、环境提升、平安护航、集体经济与民生工程等五个方面推出基层社会治理"径和指数",形成全领域覆盖的"协商菜单"。比如,疫情期间,小古城村通过线上线下议题征集,协商并落实了防控卡点布局、居家隔离管控力量配备、出租房管理等议题27个,为确诊病例"零发生"奠定了扎实基础。

(四)全过程规范"两众"理念实践机制。

遵循大事大议、急事急议、小事小议的原则,协商前村协商议事会提前贴出公告,让村民知晓协商会议的时间、地点、议题、初步方案。协商中组织各方代表充分讨论,群众提建议,村社组织作解答。协商后提交户主会审议签字或村民代表大会决议,公示无异议后组织实施。协商事项由民主协商议事会建立"一事一档"制度,运用村务公开栏、"众人议事厅"App等载体对协商事项和协商成果进行全过程公示,接受群众监督。通过事前准备、事中组织、事后运用的工作制度,形成完善的闭环协商机制,从而让协商民主更加符合基层实际,更加富有生命力。

三、创新亮点

（一）畅通渠道有效激发共富活力。

壮大村级集体经济、加快推进共同富裕，是村社"热议"的议题。通过"四议六步法"，进一步激发了产业发展的新动力。小古城村通过实践"两众"理念，成功创建省级现代农业产业园，率先成立村级旅游公司，开展 AAA 级景区村庄运营，打造集田园观光、养生度假、农耕体验、文化文创于一体的现代农业发展模式。2021 年，小古城村村集体经济可分配收入 992 万元，农民人均可支配收入 49170 元，较 2005 年分别增长 31 倍和 7.33 倍。

（二）精准破题助推提升宜居环境。

美丽乡村、小城镇整治、美丽城镇等，都是投入多、要求高、涉及群众利益多的项目。通过开展"两众"协商，得到了群众更多的理解、支持，拆迁拆违、生态整治、环境美化提升等工作得以加快推

余杭区小古城村村貌

进。比如，径山镇在垃圾分类中，通过广泛开展协商，提炼总结形成党建引领基层民主协商助力垃圾分类工作"十法"并在全区推广，先后获得国家AAAA级旅游景区、省AAAAA级景区镇、省级美丽乡村示范乡镇、省级美丽绿道、"美丽浙江十佳特色体验地"和高标准生活垃圾分类示范片区等荣誉。

（三）"三全"机制持续夯实"两众"基础。

通过全主体参与、全领域覆盖、全过程规范的"三全"协商机制，让群众成为镇村事务决策的知情者、建议者、监督者和受益者，实现了由"要我商量"向"我要商量"，"干部干群众看"向"干部群众一起干"，"政府主动、百姓被动"向"政府引导、百姓主动"三大转变。建成启用民主协商展示馆，建立"1+3+N"三级联动矛调中心，挂牌成立"共享法庭"，实现了"小事不出网格、大事不出村社"。村级事务全过程民主协商参与率、村级重要决策法律顾问参与率均达100%，群众"烦心事"办结率达98.9%，群众满意率达99.1%，径山镇获评全国乡村治理示范乡镇，《打造"三三三"共富治理体系　众人的事情由众人商量》入选浙江省共同富裕最佳实践案例（第一批）。目前，"两众"实践经验已在全区推广，全区村社民主协商议事会建设完成率达100%。

（供稿：余杭区）

66

创建"共享法庭" 聚力社会治理

习近平同志在浙江工作期间,多次对"枫桥经验"作出重要指示,要求充分珍惜"枫桥经验",大力推广"枫桥经验",不断创新"枫桥经验"。临安区深入学习贯彻总书记指示精神,创新发展新时代"枫桥经验",为大力推进诉源治理工作,把便捷高效的司法服务送到群众家门口,推动形成办事依法、遇事找法、解决问题用法、化解矛盾靠法的法治生态,在全省首创"共享法庭",将其打造成撬动矛盾纠纷多元化解、基层治理现代化和法治社会建设的最小支点。

一、目标成效

2018年9月,临安区法院在临安区上田村设立全省首家"微法庭"。"微法庭"是设置在村社一级的微型法庭工作室,通过助力培养一批"乡村法治带头人",突出多元解纷、智能便捷、资源下沉三大特征,实现纠纷化解、诉讼服务、基层治理等六大功能,被老百姓称为"家门口的法庭"。2019年11月,"微法庭"在杭州全市推广;同年12月,入选浙江省法院诉源治理十大典型案例;2021年9月,入选最高人民法院《新时代人民法庭建设案例选编》。2021年,"微法庭"迭代为"共享法庭"。同年9月10日,时任省委主要领导批示肯定"共享法庭"是法治浙江建设中的创新探索,值得推广。2021年11月,浙江省委办公厅、省政府办公厅印发《浙江省全面加强"共享法庭"建设健全"四治融合"城乡基层治理体系的指导意见》,"共享法庭"作为基层治理领域的重大改革项目在全省推广。

二、实践内容

临安区作为"共享法庭"的发源地,近年来不断深化改革实践,探索功能拓展,持续推进"共享法庭"迭代升级。以"实用管用好用"为导向,突出实战实效,强化数字赋能,着力打造一站式诉讼服务、一站式多元解纷、一站式基层治理的最小支点。

(一)坚持党委领导,有序推进"共享法庭"建设。

加强组织领导。临安区委高度重视,区委常委会和区委主要领导专题研究、带队调研"共享法庭"工作,成立由区委副书记任组长的"共享法庭"建设协调小组,党委领导、部门协同、多方参与的工作格局不断完善。

分层分类推进。对标镇街村社全面覆盖、行业组织广泛延伸的建设目标,充分考虑各村社之间的不平衡和差异性,坚持实事求是、因地制宜的原则稳步推进,避免建而不管、建而不用。根据场地、设备配置等实际,分一类、二类、三类进行设置,其中一类"共享法庭"占比约30%,主要是镇街"共享法庭"以及基础条件较好的村社"共享法庭",其功能侧重于调解指导、线上诉讼、基层治理等方面;二类和三类"共享法庭"占比分别约为60%和10%,主要为基础条件一般、纠纷数量较少的村社,其功能主要侧重于普法宣传和基层治理。

坚持数字赋能。在全省率先开发上线"共享法庭"应用，目前已基本完成 18 个镇街"共享法庭"一体机的覆盖以及 100 余家村社"共享法庭"1.0 版终端或电脑版本的安装和使用，开展"共享法庭"2.0 版试点 50 余家。

（二）聚焦实体运行，有力规范"共享法庭"管理。

健全制度体系。按照省里出指引、市级抓统筹、县级定标准的原则，在不偏离省、市法院"共享法庭"建设制度标准总体框架基础上，结合临安实际，推动出台《星级"共享法庭"建设实施方案》《"共享法庭"工作"以奖代补"实施细则》《关于人民调解融入"共享法庭"的实施意见》等制度性规范，探索具有临安特色的"共享法庭"制度体系。与浙江农林大学、浙江省标准化研究院等院校合作，探路"共享法庭"标准化建设，加强"共享法庭"理论研究和制度体系建设。

注重协同推进。将"共享法庭"纳入全区平安创建考核，开展星级"共享法庭"评定。依托三级矛调中心建设，精准甄别矛盾纠纷，属地纠纷分流至镇街调解，行业纠纷分流至行业调解组织调解，努力将矛盾纠纷化解在基层。发挥人民调解的作用和优势，壮大解纷力量。推动镇街、行业通过向社会购买调解服务的方式，引入"寸草心""蒲公英"社会工作服务中心等调解组织，充实专职调解力量。强化镇街、行业主管部门对村社、特设"共享法庭"的管理，确保"共享法庭"常态运行、庭务主任积极履职。

落实主推责任。临安区法院建立"共享法庭"工作团队，以"总对点"模式负责统筹协调全区"共享法庭"工作。加强业务指导，每起纠纷调解指定一名法官负责对接，并在办案办公平台中嵌入自主开发的"指导调"模块，准确量化法官指导调解的工作量。坚持目标导向，制定年度"共享法庭"工作要点及责任分工方案，明确法院各部门责任，保障"共享法庭"各项任务有序推进、有效落实。

（三）突出实战实效，有效推动"共享法庭"运用。

临安区上田"共享法庭"开展远程化解

做强纠纷化解。推动一般纠纷由属地自行调解,复杂纠纷由法院指导调解,提升调解员能力水平,切实将矛盾纠纷化解于萌芽、吸附在当地,助力形成矛盾纠纷化解"136"工作格局。2022年,全区"共享法庭"成功化解未诉纠纷3283件,参与化解法院委派纠纷3930件。

做实基层治理。聚焦"141"基层治理体系全面对接"162"体系,推动"共享法庭"建设与三级矛调中心建设相结合,把"共享法庭"打造为一站式基层社会治理的最小支点。注重发挥镇街、村社"共享法庭"优势,结合临安辖区镇街"源头有约""阿煜工作室""四官有约"等特色基层治理工作品牌,增强基层干部群众法治观念和依法办事能力,助力培养一批乡村"法治带头人"。2022年,开展调解直播、现场授课等培训520场,覆盖庭务主任、调解员5800余人次,不断夯实基层治理的法治底座,推进"四治融合"。

做优行业治理。注重发挥行业特设"共享法庭"优势,充分结合前端需求,不断向物业、婚姻家事、环境资源、金融以及中小微企业等领域延伸,打造更多差异化、个性化的"共享法庭",实现包括纠纷化解、行业治理等功能在内的更多跨部门、跨层级的业务协同。目前,已在婚姻家事、物业等领域设立特设"共享法庭"22家,2022年全区特设"共享法庭"共参与化解纠纷3705件。

三、创新亮点

(一)实现纠纷化解流程再造,打造一站式多元解纷的最小支点。

群众遇到专业性较强、涉及行业和跨域纠纷时,可以通过"共享法庭"开展线上调解。基层调解遇到疑难案件时,法官可以通过"共享法庭"开展远程指导调解。调解成功的,在线进行司法确认。

(二)创新网上参与诉讼方式,打造一站式诉讼服务的最小支点。

开发上线"共享法庭"智慧协同应用,提供在线调解、网上立案等在线服务,满足群众在"家门口"进行诉讼活动的需求。引入智能咨询功能,实时解答群众法律咨询问题。

(三)开放共享法治资源,打造一站式基层治理的最小支点。

构建线上信息中心,收集各"共享法庭"问答记录,汇总各类调解组织、律所、鉴定机构掌握的情况,实现各"共享法庭"之间服务信息共享共用。搭建普法资源共享中心,通过检察官说法、警官说法等形式,实现职能部门普法资源共享共用。归集区法院、区司法局等平台纠纷数据,"一屏展示"万人成讼率、纠纷化解率等诉源治理指标。对矛盾纠纷情况进行分析研判,形成"个性化"基层法治报告,为精细化治理提供依据,提升基层治理能力。

(供稿:临安区)

67

创新"杭州模式" 打造"动漫之都"

2005年4月,时任浙江省委书记习近平同志在杭州就加快文化大省建设开展调研时指出,要积极探索动漫产业集约化、规模化、现代化、国际化发展的模式,努力把动画、游戏等方兴未艾的新兴高新技术文化产业办好。杭州始终牢记嘱托,以成功举办中国国际动漫节为标志,开启动漫产业创新发展之路,动漫产业从无到有,"动漫之都"蜚声海内外。

一、目标成效

"八八战略"实施的二十年,也是杭州动漫产业持续发展壮大的二十年。2003年中南卡通等第一批原创动画公司设立以来,杭州先后创建滨江、西湖两大国家级动漫产业基地,浙江大学、中国美院、浙江传媒学院等三大国家级动漫教研基地,引育网易、电魂网络、顺网科技等一批国内动漫游戏领域领

中国国际动漫节产业博览会

军企业，吸引蔡志忠、朱德庸等动漫名家落户扎根。2022年，杭州拥有动漫游戏企业274家，从业人员12431人，生产动画片5245集、31229分钟，实现主营业务收入408亿元，境外销售收入85亿元，成为全国动漫产业发展的标杆。动漫产业发展的"杭州模式"得到李长春同志等多位党和国家领导人的肯定，引起新华社、《人民日报》、《光明日报》等主流媒体高度关注。

二、实践内容

（一）政策牵引，形成宣传部门统筹的体制机制。

2004年，国家广电总局出台《关于发展我国影视动画产业的若干意见》，为全国动漫产业发展提供了政策依据。杭州抢抓机遇，出台一系列扶持政策，支持发展动漫产业。2005年，在全国率先出台《关于鼓励和扶持动漫游戏产业发展的若干意见（试行）》，明确提出打造"动漫之都"目标，设立动漫游戏产业发展专项资金5000万元，滚动用于对动漫游戏产业的奖励、资助、贴息等。2007年，杭州市委、市政府作出打造"全国文化创意中心"的决策部署，加快发展以动漫游戏业等八大行业为重点的文化创意产业。

2008年,按照"有人办事、有钱办事、有房办事、有章理事"的"四有"要求,成立杭州文化创意产业办公室(中国国际动漫节节展办公室),机构改革后更名为市文创产业发展中心(市动漫游戏产业发展中心),归属杭州市委宣传部管理。各区、县(市)也相继成立相应机构。市级层面,还先后成立了市文创委、动漫节执委会等工作推进机构。党委、政府的高度重视和有效支持,为杭州动漫产业发展提供了有力保障。

(二)平台创新,探索动漫节展带动的发展模式。

2005年2月,杭州获得中国国际动漫节的主办权,这是中国首个国家级国际性的动漫专业节展。同年5月,时任浙江省委书记习近平同志出席开幕式并致辞。他在致辞中表示,力争高起点、高标准地把"动漫节"办成"动漫的盛会、人民的节日",为振兴中国国产动漫产业,发展先进文化生产力作出我们应有的贡献。在习近平同志的大力支持和全力争取下,2006年,经国家广电总局批准,中国国际动漫节永久落户杭州。截至2022年,杭州已经连续成功举办18届中国国际动漫节,吸引了全球五大洲80多个国家和地区参与,参展企业和机构累计达17451家,参与人数累计达1767.34万人次,交易额累计约1632.94亿元,连续4次被国家文化发展五年规划纲要列为重点扶持的文化会展平台,成为国内规模最大、人气最旺、影响最广的动漫专业盛会。按照"政府主导、社会参与、市场运作"的方式,动漫节在确保社会效益、提升活动品质的基础上,加大商务合作和市场运作力度,使动漫节不仅成为一年一度的动漫狂欢,更成为动漫产业展示、交流、合作、竞争、发展的广阔平台。世界动漫学会创始人波尔多先生赞誉"最富有想象力的事业,在世上最美丽的地方"。

(三)筑巢引凤,打造名家名企集聚的动漫天堂。

依托动漫节,众多海内外动漫领军人物、龙头企业以多种形式集聚杭州。2009年9月,台湾漫画家蔡志忠入驻杭州之江国际创意园，成立蔡志忠工作室。他表示，"我生于台湾，希望老死于杭州，我到杭州是来奉献一生的"。此前，另一位台湾漫画家朱德庸已在杭州设立工作室。动漫领军企业中南卡通、游戏产业领军企业网易、全国首家A股上市游戏企业电魂网络、国内领先的互联网娱乐平台顺网科技、国内电竞战队老牌劲旅LGD（老干爹）俱乐部等头部企业或在杭州发展壮大，或落户杭州发展。动画电影《大圣归来》总制片人刘志江、国内领先的综合性文娱企业魔铁集团先后在杭州设立影视动漫公司，日本东京电视台投资在杭州成立都之漫公司，中国动漫集团、"哔哩哔哩"，以及国内最大的漫画在线阅读平台快看漫画在杭州布局业务板块。杭州不仅成为动漫游戏产业的人才高地，也成为发展动漫游戏产业的"风水宝地"。

（四）跨界传播，走出讲述中国故事的特色之路。

动漫是跨越国界的国际语言，也是中华文化"走出去"的重要路径。自2005年起，美国迪士尼、日本集英社、法国达高集团、英国BBC等国际知名企业纷纷参展参会，中国国际动漫节与法国昂西动画节等15个国际知名节展签订战略合作协议，杭州动漫作品远销80多个国家和地区，杭州企业境外销售额占浙江省文化服务贸易出口总额的55%。疫情防控期间，杭州动漫人以动漫的方式向世界传递中国抗疫经验，《土波兔宝贝战"疫"》等动画作品被翻译成多种语言在海外传播，科普动画片《打造生命防线》被联合国教科文组织收录和推广。

三、创新亮点

（一）社会效益凸显。

2005年4月，时任浙江省委书记习近平同志在中南卡通考察调研时指出，动画不是用钱来衡量的，它能够为青少年提供健康的精神食粮。在发展动漫产业过程中，杭州始终把社会效益放在首位，深耕优质原创IP，杭产动漫精品力作持续领跑全国。《郑和下西洋》等作品获得中宣部精神文明建设"五个一工程"奖，《秦时明月》《下姜村的绿水青山梦》等作品入选国家广电总局推荐播出的优秀动画片，杭州入选推荐作品数量连续5年位居全国城市第一。

（二）赋能产业升级。

习近平总书记对浙江动漫产业寄予厚望，希望把动漫、游戏等新兴高新技术文化产业办好，推动全省经济和社会事业更加协调发展。动漫产业的快速发展，有力带动了杭州文化产业能级的快速提升。2022年，全市文化产业增加值实现2420亿元，占全市GDP比重12.9%，居全国前列。动漫游戏产业浓郁的人文特色带动城市的繁荣发展，杭州新经济业态不断涌现，以新产业、新业态、新模式为主要特征的"三新"产业增加值占全市GDP的比重已接近40%。

（三）全城动漫浸润。

除了一年一度的动漫节，杭州还建成开放全国首家"国字号"动漫博物馆，设立国内首个动漫地铁车站，推出动漫公交、动漫航班、城市箱体美化、动漫居民墙，举办青少年漫画大赛、动漫毅行、动漫迎新年、动漫进校园、动漫进商场、动漫进乡村等贯穿全年、覆盖全域、辐射全年龄段的动漫主题活动。"动漫我的城市，动漫我的生活"理念深入人心，"永不落幕的动漫节"以润物无声的方式涵养杭州城市的人文气质。

杭州动漫产业是在习近平总书记的亲切关怀下发展起来的，也是杭州忠实践行"八八战略"的生动体现。杭州将坚定不移沿着"八八战略"指引的路子前进，坚定文化自信自强，坚持"一张蓝图绘到底"，坚持把社会效益放在首位、实现社会效益和经济效益相统一，开启新时代文化新征程，书写"重要窗口"文化新篇章。

（供稿：杭州市委宣传部）

68

西湖文化遗产保护管理的突破和创新

习近平同志在浙江工作期间,高度重视西湖保护管理工作。2002年11月,习近平同志刚到浙江工作第一次到杭州调研时指出,杭州的灵魂在于历史文化名城,杭州的"生命线"精华所在是西湖。把西湖建设好,实施西湖综合保护工程,使西湖的历史面貌得以还原,得到恢复,这是德政,也是得民心的善举。2003年9月,习近平同志调研西湖综保工程时强调,杭州因西湖而发展,因西湖而闻名,因西湖而生辉,因西湖而充满灵秀之气。2005年5月,习近平同志在考察西湖博物馆建设时强调,西湖既是杭州的,也是浙江、全国和世界的。杭州始终牢记习近平总书记对西湖保护工作的殷殷嘱托,以强烈的政治责任感和历史使命感做好西湖文化景观遗产保护工作。

一、目标成效

截至2022年6月,中国拥有世界遗产数量56处,居世界第一,是名副其实的遗产大国。杭州拥有世界遗产3处,分别是杭州西湖文化景观、大运河（京杭大运河杭州段）和良渚古城遗址，是国内为数不多的、拥有多个世界遗产的城市。杭州西湖文化景观是杭州第一个申遗成功的世界遗产，是展示世界遗产保护管理的重要窗口，体现了杭州致力于保护好、传承好、利用好历史文化遗产的担当作为。

从2002年启动实施西湖综合保护工程，到西湖申遗成功后对"西湖模式"的探索，杭州始终忠实践行"八八战略"，实现了还湖于民、保护生态、传承历史文脉的目标，进一步提升了杭州城市的知名度和美誉度，增强了杭州旅游业的核心竞争力，为打造世界一流的社会主义现代化国际大都市作出了积极贡献。

二、实践内容

（一）实施西湖综合保护工程。

2002年起实施的西湖综合保护工程，以申报世界遗产为目标，以保护西湖、还湖于民为宗旨，以积极保护、淡妆浓抹、三水贯通、突出文化为要求，坚持积极保护的方针，在充分展现西湖原有风貌和特色的基础上，形成"东热南旺西幽北雅中靓"的西湖新格局，把西湖风景名胜区打造成为自然景观优美、人文景观丰富、服务设施一流、交通便捷通畅、环境整洁卫生、管理科学合理的世界级旅游景区，成为世界遗产。

2002年西湖环湖南线整合工程。打通西湖南线各大公园，取消沿湖公园收费，恢复雷峰塔、万松书院等景点，形成了与西湖景致相映成趣、与环湖景点相得益彰的"十里环湖景观带"，更好地体现了杭州"三面云山一面城"的城市特色。

2003年西湖综合保护"三大景区"（杨公堤景区、新湖滨景区、梅家坞茶文化村）建设工程。恢复茅家埠、乌龟潭、浴鹄湾、金沙港等水面共约0.79平方公里，挖掘历史文化景观36个，基本复原了500年前西湖的原貌。

2004年西湖风景名胜区十五景建设。2004年起对西湖北线（主要

西湖博物馆

是北山街）以及散落在西湖周边的"一街、二馆、三园、四墓、五景点"等历史文化景点进行整治改造，重点打造了北山街历史文化街区。

2005年西湖两堤三岛、龙井茶文化景区、西湖博物馆等项目。至此，基本完成西湖核心景区综合保护，西湖"东热南旺西幽北雅中靓"的新格局基本形成，"一湖映双塔""湖中镶三岛""三堤凌碧波"的世纪全景之梦成为现实。

2006年至今各区域整治工程。对灵隐、吴山、龙井、九溪—杨梅岭等各区域开展整治，改善景区整体面貌，恢复西湖自然和历史原貌，提升了整体游览品质。

西湖综保工程恢复、重建、修缮了180余处自然和人文景点，"一湖两塔三岛三堤"的西湖全景重返人间；完成西湖疏浚工程以及引配水工程,西湖平均水深由疏浚前的1.65米增加到2.27米,西湖水质极大改善,透明度从以前的50厘米提高至94.7厘米,先后荣获中国人居环境范例奖、迪拜国际改善居住环境最佳范例奖。

(二)构建西湖世界遗产监测体系。

2011年6月24日杭州西湖申遗成功,开启世界遗产保护新篇章。围绕世界遗产的保护、管理、研究、利用,按照《保护世界文化及自然遗产公约》及相关法律法规的规定,杭州创新理念、大胆实践,持续推进世界遗产监测管理工作。

做制度的推动者。编制《杭州西湖文化景观保护管理条例》,为西湖世界遗产地的保护和管理提供强有力的法制保障。完成《杭州西湖文化景观保护管理规划》《杭州西湖文化景观"西湖十景"、代表性文化史迹保护规划》、西湖风景名胜区九大景区控制性详细规划等规划的编制并获批复实施,积极开展《西湖风景名胜区总体规划》和《杭州西湖世界文化遗产保护管理规划》修编工作,为世界遗产保护管理提供有效依据。

做技术的探路者。构建西湖文化景观遗产预警监测系统平台。2012年,着手开发建设西湖世界遗产预警监测系统平台。从价值保护出发,明确监测对象内容,根据价值和风险评估,明确监测等级,合理选择监测指标、方式和周期,建立全面、系统、多层级的世界遗产保护评估和预警监测体系。建立西湖文化景观遗产区视频监控指挥系统。通过整合各种信息数据平台资源,建成实现动态视频监控系统、气象因素监测系统、防汛抗灾系统、船舶 GPS 定位系统、交通视频监控系统、高清智能卡口系统、可视化调度系统等七大功能于一身的智能化指挥平台,实现对西湖文化景观遗产区全方位、可操控式的监控。建立游客量监测管理系统。应用先进的红外热成像感应技术,科学有效开展西湖游客容量的管控工作。建设特色植物监测管理系统。从保存状况、保护措施和生态环境三个方面开展日常监测,构建西湖特色植物监测管理系统平台。建立遗产监测基础信息管理系统，实现3大类32小项的遗产各类基础信息及时、快速、全面检索和管理，为西湖文化景观遗产的监测、保护与研究提供强大的信息支撑，推动西湖文化景观遗产规范化、精细化管理。有重点地开展专项监测。对六和塔、保俶塔、飞来峰造像、清行宫遗址等进行专项监测、本体病害监测及应急监测，进一步完善世界遗产监测体系。

做承诺的履行者。积极落实西湖申遗承诺各事项。完成香格里拉饭店拆降工作。启动"西湖十景·双峰插云景观"恢复工程。积极探索遗产影响评估工作，截至2022年底对遗产区范围内81项建设项目依法进行了影响评估，有效保护西湖文化景观不受破坏。

三、创新亮点

（一）始终尊重自然和历史文化。

在西湖综合保护中，始终坚持保护第一，遵循道法自然、尊重历史、传承文化原则，力求原生态展现，最大限度减少人工痕迹，保持自然与人文景观精致和谐、相得益彰。

（二）创新世界遗产科学监测管理体系。

杭州西湖文化景观是一个大型活态遗产，无论从景区管理还是遗产保护管理角度，建设一套科学的监管体系都显得十分必要和重要。杭州建立了实时监测管理系统，整合各种平台资源，在一个平台上实现对西湖的动态监控和管理。建立了世界遗产监测体系，以遗产预警监测系统平台、特色植物监测管理系统、游客量监测管理系统、地理信息系统、遗产专项监测为主体，搭建遗产监测体系基本框架，实现了对西湖世界遗产的全方位监测。

（三）推动公众参与西湖世界遗产保护管理。

坚持问计于民。在世界文化遗产保护中注重发挥公众作用，建立切实有效的公众参与机制，建立项目公示机制，引导和激发市民的参与热情。建立专家咨询制度。《杭州西湖文化景观保护管理条例》明确规定"遗产区内的建设项目，应当组织遗产影响评估，并实行专家咨询论证制度"，对遗产区、缓冲区内各类建设项目和重大活动进行遗产影响评估。推进志愿服务。以西湖文化特使为代表的西湖志愿者，为实现西湖文化景观管理无死角提供了时间、空间、人员补充。

（供稿：杭州西湖风景名胜区管委会）

69

"美丽之洲"闪耀五千年文明之光

习近平总书记对良渚古城遗址保护研究传承利用高度重视,曾两次进行实地调研、多次作出重要指示批示。余杭区牢记习近平总书记的殷殷嘱托,忠实践行"八八战略",切实加强良渚遗址保护,2019年7月6日良渚古城遗址成功列入《世界遗产名录》,成为展示全面真实的古代中国与现代中国的"重要窗口"。

"圣地"青山还绿、遗址重生,良渚古城遗址成为全国首批国家考古遗址公园,入选"百年百大考古发现"和考古遗址保护展示优秀项目(全国仅5项),良渚文化密集亮相《人民日报》、新华社、《光明日报》、央视《新闻联播》、《求是》杂志等国家级媒体,展现中华文化非凡魅力。在中华文明探源工程成果中,良渚遗址不仅是实证中华五千年文明史最为直接和典型的例证,也为提出判断文明标准的中国方案提供了有力支撑。

一、目标成效

通过多年努力,良渚古城这片

良渚古城遗址莫角山宫殿区

二、实践内容

落实"保护第一、加强管理、挖掘价值、有效利用、让文物活起来"的新时代文物工作方针,瞄准"世界遗产、文明圣地"定位,精心守护中华文明圣地,全力打造世界遗产保护典范。

(一)遗产保护提档升级。

把法治思维、法治精神贯穿大遗址保护始终,推动良渚遗址保护走上依法治理的良性轨道。申遗前后,制订修订10多个规划,实现全域规划管控。坚守文物安全底线,完善"人防+物防+技防+犬防+制度防"工作体系,持续开展"文物安全365行动",全面提升保护能级。围绕文物"发掘—保护—研究—利用"全生命周期,打造"良渚遗址5000+"数智应用平台,实现跨部门多业务整体协同,构建良渚遗址文物智慧治理体系,该应用入选 2022 年度浙江省数字化改革"最佳应用",经验做法在省委改革办专刊《领跑者》刊登。与浙江大学、河海大学等多个高校和科技机构开展合作,与敦煌研究院签订战略合作协议,挂牌成立"国家古代壁画与土遗址保护工程技术研究中心东南分中心"。实施古城墙保护工程,潮湿环境土遗址保护的世界性难题取得新突破。

（二）学术研究持续深挖。

突出考古先导,与浙江省文物考古研究所联合组建良渚遗址考古与保护中心,良渚文化遗址多次入选"全国十大考古新发现"。积极参与中华文明探源工程,《光明日报》称"考古确认了 5000 多年前的良渚文明是中国第一个国家文明"。出版"中国早期文明丛书"、《良渚文化研学读物》、《建构神圣——良渚文化的玉器、图像与信仰》等著作。良渚作为中国复杂社会形成的代表,入编国际权威考古学著作《考古学：理论、方法与实践》。以"良渚讲堂""良渚课堂""良渚沙龙""良渚对话"等良渚系列品牌为载体,邀请学界大咖交流互鉴。举办重温习近平总书记关于良渚遗址重要批示精神理论研讨会、"良渚与中华文明起源"学术研讨会暨公众分享会、纪念《世界遗产公约》50 周年系列活动、中华玉文化中心第七届年会暨第九届中国古代玉器与传统文化研讨会、遗址博物馆与中华文明探源主题论坛、2023 年国际古迹遗址日主题论坛等重量级学术活动,持续解码良渚文化基因。承办世界考古论坛、文化遗产世界大会良渚分会场等国际活动,推动国际考古学泰斗科林·伦福儒先生在国际顶级权威期刊《古物学》上发表论文,论证良渚古国是东亚地区最早的复杂社会形态,发出良渚实证的国际表达。

（三）展示方式不断创新。

在全国率先建立"专职机构＋法律法规＋政策制度"的大遗址保护"特区"模式,构建起"1+3"（良渚博物院加良渚古城、瑶山、老虎岭三大遗址公园）完整价值展示体系,实现考古遗址"像公园般美丽"。良渚博物院两度获评全国十大精品陈列,并推出"意象良渚——跨媒体现代艺术沉浸展""郁郁乎文哉——西周晋国玉器精品展""早期良渚——良渚遗址考古特展"等展览展示,拓展良渚文化展示内容。发布良渚博物院教育IP品牌"良良",出版系列儿童科普绘本和情景剧,推出"良渚玉器"专题科普视频。良渚古城遗址展先后亮相进博会、服贸会、文博会、国家考古遗址公园博览会等重大国内国际交流活动平台,习近平总书记在第二届上海进博会上亲自向各国元首介绍良渚古城遗址。加快文物资源数字转化,初步建成"良渚文化玉器数据库""良渚博物院数字图书馆",上线"鸟迹虫文——良渚文化的刻画符号"线上虚拟体验展。4集大型历史文化纪录片《良渚》登上中央广播电视总台。科普读物《良良的世界》入选全球世界遗产教育创新优秀推荐案例,"一起:寻找文明之光"计划荣获2022年"全球世界遗产教育创新案例奖"卓越之星奖。

(四)活态利用蓬勃发展。

常态化举办"杭州良渚日"暨良渚文化周活动,良渚文化品牌持续打响。联合西湖、大运河推出杭州三大世界遗产串联三日游线路以及杭州"三遗套票",举办三大世界遗产主题文创集市,持续丰富文旅产品供给。精心策划推出考古公益研学营、传统音乐演奏和公众体验等活动,推出良渚古城遗址公园"文明圣地·朝圣之路"深度体验游,不断优化公园业态。成立"良渚MEI"生活美学联盟,累计开发文创产品500余款。与知名企业达成授权合作,持续跨界联名开发产品,良渚文创箱包作为中国奥运代表团官方行李箱亮相东京奥运会和北京冬奥会。杭州亚运会、亚残运会火炬设计中大量使用良渚元素。以"文物+文艺"形式,创新文物活化文章,《良渚揽秀》跨界表演吸引超过400万海内外观众线上观看。交响乐《良渚》赴葡萄牙、西班牙等7个海外地区公演。《良渚符号》荣获2022罗马国际舞蹈大赛舞蹈影像金奖。

三、创新亮点

作为中华文明探源工程之一，杭州致力于让良渚遗址更多文物和文化遗产活起来，生动展现五千多年前古代中国的自信从容，在大遗址保护、利用、传承之路上不断探索创新。

（一）开创了大遗址保护管理的"文物特区"新模式。

成立杭州良渚遗址管理区管委会，率先在全国开创了大遗址保护管理的"文物特区"模式。出台《杭州市良渚遗址保护管理条例》，成为全国首个大遗址保护地方性专项法规。省、市、区三级分别给予专项财政保障，同时引导社会资本成立良渚文化保护研究基金会，为遗产保护管理提供资金支持。探索实践"以奖代补"的大遗址保护补偿机制、"群众自愿、政府引导、规划调控"的农户外迁鼓励政策。

（二）构建了数字化提升赋能的"文物智治"新体系。

建立大遗址保护监测系统，逐步实现"一屏展示、一屏分析、一屏联动、一屏闭环、一屏透视"功能，推进遗产数字化建设。开发"良渚遗址5000+"数智应用，搭建"1+4+N"架构体系，建立大数据中心和智能算法库，打造大遗址保护利用全生命周期平台，重塑良渚遗址保护利用工作流程。通过"整体智治"建立大遗址保护标准体系，形成可复制可推广的大遗址保护利用新经验。

（三）探索了文旅融合的"共同富裕"新路径。

完成遗产区环境风貌修复、遗址现场保护展示、良渚博物院陈列改造等项目，串珠成链打造良渚文化艺术走廊。建成开放三大遗址公园，形成包括城址、祭坛、水利工程在内的良渚古城整体展示窗口体系，累计吸引500多万人次实现沉浸式体验，成为全国一流的文化旅游目的地，带动周边群众增收致富。推出儿童情景剧、交响乐、民族管弦乐等一系列良渚主题文艺精品，以"文物＋文艺"的形式，讲好良渚故事，传播中国声音。

（供稿：余杭区）

70

打造大运河国家文化公园的杭州样板

习近平同志在浙江工作期间，曾考察京杭大运河（杭州段）综合整治与保护开发工程并作出重要指示，要求把大运河打造成"人民的运河""游客的运河"。杭州牢记习近平同志的殷殷嘱托，高标准推进大运河文化保护传承利用，打造大运河国家文化公园的杭州样板。其中，桥西历史文化街区是杭州深入推进大运河文化保护传承利用和大运河国家文化公园建设成果的缩影。

一、目标成效

桥西历史文化街区位于大运河拱宸桥畔，是2008年实施的杭州市运河综保工程重点项目。街区保护充分结合人文与生态特色，围绕遗产保护、文化传承、生态修复等重点，形成历史文化街区、居民居住区、博物馆群落、滨水公共空间等功能区域，改善了整体景观环境，提高了居民生活质量，营造了可持续发展的街区氛围，为大运河国家文化公园建设积累了经验。2014年6月22日，中国大运河成功入选《世界遗产名录》，桥西历史文化街区成为大运河杭州段重要遗产点之一。2023年3月，桥西历史文化街区被文化和旅游部确定为国家级旅游休闲街区。

二、实践内容

从19世纪末开始，街区依托古老的拱宸桥和京杭大运河逐渐形成规模并繁盛起来，发展了一批商业与近现代工业，逐步形成了以拱宸桥为中心、依托运河产生的独特的杭州平民居住文化和近现代工业文化。街区保留的建筑反映了清代以来沿运河古镇民居建筑的传统风貌，留存着近现代工业遗存、仓储设施，各个历史时期的城市中下层居民住宅，传统商业、民间崇祀和传统城市公共建筑。但也存在一些比较突出的问题：一是环境脏乱差；二是古建筑群未得到妥善保存；三是居民居住条件差。2008年，杭州将桥西历史文化街区建设纳入运河综保工程，全面启动桥西历史文化街区保护。

（一）以"保护第一、应保尽保"为主旨，高质量保护文化。

在桥西历史文化街区保护与改造中，坚持以"保存历史的真实性、凸现风貌的完整性、体现生活的延续性、显现人文自然的融合性"为原则，对街区内不同类型的建筑进行保护和修缮，包括民居、商铺、工业建筑及民俗建筑，总计保护了超过4万平方米的工业遗存与民俗建筑。这些工业遗存、传统民居，逐步成为桥西历史文化街区最具特色的亮点和最为鲜明的符号。

（二）以"以人为本、还河于民"为准则，高质量改善民生。

街区保护改造完成后，约有1122名原住民回迁原址，居民最小居住单元面积提高到48平方米，户均面积达到66平方米，且现代化的基础设施齐备，水、电、网、气等生活配套完善，显著改善了人居环境，原来的"棚户区"变成了世界文化遗产旁的"幸福家园"。

桥西历史文化街区

（三）以"生态优先、水清岸绿"为标准，高质量提升环境。

在桥西历史文化街区的改造中，将整个街区的总平面布置设计为"一带三区四节点"，即沿运河景观带，工业文化区、里弄生活区、仓储文化区，桥头商业中心节点、张大仙庙节点、财神庙节点和货运码头遗址节点。通过截污、清淤、驳墈、配水、绿化、保护、造景、管理"八位一体"，开展水体治理、路网建设、景观绿化等工程，修复提升生态环境。通过上述措施，街区周边的水系水质明显改善，打造形成长度约1公里的沿河滨水绿道以及面积约5万平方米的公园绿地空间。

（四）以"文化传承、活化为要"为理念，高质量传承历史。

在街区改造中，将原有杭一棉、红雷丝织厂、桥西土特产仓库等工业厂房，通过保护与修缮改建成国家级博物馆群落，包括杭州工艺美术博物馆、中国刀剪剑博物馆、中国伞博物馆、中国扇博物馆以及手工艺活态馆等五大馆，整体建筑面积超过4万平方米，拥有丰富多样的非物质文化遗产体验项目，如张小泉锻剪、天竺筷、杭州刺绣、油纸伞等20多项传统非遗手工艺，保护运河工业遗存和传承非物质文化遗产活化利用实现完美结合。

（五）以"水岸互动、文旅融合"为策略，高质量发展旅游。

桥西历史文化街区在传统观光旅游基础上，以"水岸互动、文旅融合"为策略，对街区沿岸的景观、文化、业态、亮灯进行改造提升，通过做精做优街区内的文化建筑与景观绿化，做深做细街区内的文化碎片呈现和体验，做靓做美以"水墨丹青"为主题的夜景亮化，做大做强以水上游船为亮点的休闲旅游产品，成为市民游客喜爱的"最江南、忆杭州"的文旅融合目的地。2012年，包括桥西历史文化街区在内的京杭大运河杭州景区成为中国大运河首个AAAA级旅游景区。

（六）以"产业引领、文创驱动"为核心，高质量发展经济。

通过街区内工业遗存的改造利用和博物馆、手工艺活态馆等文创与非遗场馆的建成开放，浓郁的文化特色和水清岸绿的生态环境成为桥西历史文化街区产业发展的核心竞争力，街区逐步集聚起一批热衷于创意创新的年轻群体。目前，桥西等三大历史文化街区内分布着文化创意、休闲体验、中医康养等业态，经营商家共计243户，年接待游客约1100万人次，营收规模约3.6亿元。文化创意和旅游产业在区域内的集聚与发展，带动了居民百姓就业，提升了街区经营效益。

三、创新亮点

（一）融入百姓生活。

历史街区是居民的生活场所，"有机更新"的原动力来自居民生活，全部推倒重来的大规模改造和居民异地安置，将导致原有历史街区结构的变异和文化的灭失。在资源允许的前提下，让一定数量的原住民以自己特有的生活方式留居在原居住地内，有利于街区传统文化的传承。桥西历史文化街区保护改造完成后，有1122名原住民回迁原址，延续了运河人家的市井传奇。

（二）活化工业遗存。

桥西历史文化街区将保护运河工业遗存和传承非物质文化遗产活化利用相结合，通过保护与修缮改建的杭州工艺美术博物馆、中国刀剪剑博物馆、中国伞博物馆、中国扇博物馆以及手工艺活态馆等博物馆群落，拥有丰富多样的非物质文化遗产体验项目，是保护与利用工业遗产的典型范例。文博和非遗的集聚发展，使桥西历史文化街区整个街区成为一座"没有围墙的博物馆"。

（三）擦亮生态底色。

桥西历史文化街区保护从居民现实需求出发，通过截污、清淤、驳墈、配水、绿化、保护、造景、管理等措施改善环境，让浓郁的文化特色和水清岸绿的生态环境成为街区的核心竞争力，吸引高质量文化创意和旅游产业在街区内孵化、发展、壮大。原来没落的工业区摇身一变成环境水清岸绿、文化厚重彰显、创新活力强劲、居民安居乐业的大运河国家文化公园，成为丰富人民精神文化生活、厚植共同富裕文化氛围的实践范例。

结合大运河国家文化公园建设，桥西历史文化街区保护经验在大城北示范区的规划建设中得到延续与迭代。2019年以来，杭州在3.5平方公里大城北示范区探索实践"生态优先、文化引领、产业培育"的保护和开发模式，充分发挥区域内运河沿岸生态、文化资源优势，高品质打造公共环境，高标准完善文化功能，使生态、文化成为大城北区域的核心竞争力，通过宜居环境和优秀文化吸引高端人才流入，进而引导带动数字经济和文化创意等人才密集型的高端产业发展和集聚，打造具有杭州特色的数字文化创意桥头堡，将生态文化优势转化为产业优势，实现产城融合发展。

[供稿：杭州市商旅集团（杭州市运河集团）]

71

以三大"国字号"品牌打造全国网络文学重镇

随着互联网的不断普及，网络文学在我国蓬勃发展，并且逐步与出版、影视、游戏、动漫等产业融合发展。以习近平同志为核心的党中央高度重视网络文艺事业发展。2014年10月，习近平总书记在文艺工作座谈会上指出，要适应形势发展，抓好网络文艺创作生产。2015年10月，中央印发《关于繁荣发展社会主义文艺的意见》，明确提出"大力发展网络文艺"。

一、目标成效

浙江对网络文学高度重视，实施"网络文学引导工程"，探索网络文学"浙江模式"。2014年1月，浙江在全国率先成立省级网络作家协会。杭州作为全国互联网发展第一方阵城市，充分发挥区位和互联网资源优势，大力推进网络文学事业发展，加强文化产业创新创优，形成富有特色的网络文学"杭州模式"，助力打造"中国网络文艺之都"。

二、实践内容

（一）加强组织建设，不断提升组织力。

杭州一直高度重视网络文学的组织工作。2007年1月，杭州市作协成立全国首个市级网络类型文学创作委员会。2008年5月，杭州推出全国首个类型文学概念读物《MOOK流行阅》。2011年2月，杭州市委宣传部与浙江省作协、文艺报社、杭州师范大学共同设立首个华语领域覆盖网络文学的类型文学专业大奖"西湖·类型文学双年奖"。2015年11月，杭州市网络作家协会正式成立，成为全国省会城市中率先成立的网络作协。2017年11月，杭州市文联设立全国首个市级文艺家工会——杭州文艺家联合工会，网络作家是联合工会会员中的重要组成部分。同时，在中国网络作家村先后建立党支部、工会、团委、妇联等组织。

（二）打造三大平台，引进"国字号"品牌。

主动与中国作协和省级有关部门沟通对接，中国作协网络文学研究院、中国网络作家村、中国网络文学周等三大"国字号"品牌相继落户杭州。中国作协网络文学研究院是全国首家实体化运作的网络文学研究机构，2017年挂牌，聘任10名全国知名网络文学专家为特聘研究员，重点对中国网络文学最前沿的发展态势和创作现象开展研究。中国网络作家村由中国作协授牌，位于滨江区白马湖产业园，2017年12月正式挂牌开村，旨在打造网络文学集聚服务、创作交流、作品研讨、作家孵化、产业对接的综合性平台，至今已吸引全国各地两百多位知名网络作家入驻。首届中国网络文学周于2018年5月成功举办。2023年5月，中国作协、浙江省政府、杭州市政府联合主办中国国际网络文学周。

（三）加强服务管理，推动网络文学出人才。

深入实施青年文艺家发现计划，把优秀网络作家纳入杭州市文艺人才库。依托中国网络作家村，唐家三少、月关、蝴蝶蓝、猫腻、酒徒、玄色等一批头部网络作家进村入驻。加强与高等院校合作对接，在杭州师范大学设立网络文学实践基地，积极推进与浙江大学、浙江传媒学院等高校的合作，吸引优秀大学生参与。探索开展网络作家职称评定工作，积极与组织人事部门沟通，根据网络作家的特点，完善职称申报评审办法。积极创造条件，提升网络作家的社会荣誉感。推荐优秀网络作家加入各级青联组织和知联会、新联会、网联会，推荐网络作家成为省委、市委统战部重点联系人选，推荐网络作家申报全国和省市高层次人才。网络文学评论家夏烈入选"浙江省高层次人才特殊支持计划"人文社科领军人才；著名网络作家烽火戏诸侯获得"杭州市杰出青年人才"称号；管平潮、烽火戏诸侯、陆琪、疯丢子等一批网络作家分别当选省、市政协委员。

（四）加强扶持引导，助推优秀文学作品创作。

服务中心大局，围绕全面建成小康社会、建党100周年、共同富裕等重大主题，精心谋划创作题材，组织网络作家参与创作，《东方欲晓天将明》《青春无悔奔革命》《那江 那河 那城》《逆流而上的力量》等一批红色主题网络文学作品取得较好社会反响。加强青年网络作家扶持和培养，依托中国网络作家村，举办"好故事训练营"暨中国网络作家村高级研修班、"白云荟"线下采风等活动，共计800余名网络作家参与。加大扶持和孵化力度，为中国IP市场输送更多富有潜力的原创内容，涌现出一批影响力大的优秀作品。《龙符》《燃魂传》《血歌行：学府风雷》《镜•朱颜》《忘川》《百年家书》等作品先后入选近五年国家新闻出版广电总局（国家新闻出版署）"年度优秀网络文学原创作品"。沧月、流潋紫、南派三叔、烽火戏诸侯等多人获茅盾文学新人奖•网络文学奖等网络文学奖项。依托中国网络作家村，设立"版权纠纷服务站"，成立"数字文化知识产权促进会"，入驻杭州互联网法院司法区块链，多渠道帮助解决版权纠纷难题，消除网络作家的后顾之忧。

（五）紧盯产业转化，构建网络文学产业生态。

创新设立国内首个以新型文化产业链为主体的 IP 路演机制"网络文学 IP 直通车"，推出"构建沉浸式文创新文化，开启短剧内容新赛道""数字内容，数字保护""携手共富、文化出海"等专场活动共计 15 期，服务作家 320 余人次，对接企业 270 余家，促成合作 45 项，交易金额突破 6 亿元，《庆余年》《盗墓笔记》《芈月传》等一批优秀网络小说成功转化为火爆全网的影视作品。做大做精"中国网络文学周"，从第二届开始，同步举办国内最大规模的网络文学博览会，围绕网络文学作品，举办影视、动漫、游戏、周边产品、二次元文化等综合性展览展示活动，立体化构建网络文学全产业链矩阵。截至 2022 年底，中国网络作家村入驻作家已有 60 余部作品实现转化改编，累计交易金额逾 9 亿元。一批文创产业头部企业孕育而生，"发飙的蜗牛"创办的动漫企业若鸿文化已成为动漫行业的领军企业，目前正筹备上市。

三、创新亮点

（一）充分发挥中国网络作家村"国字号"品牌效应，人才吸引集聚成效明显。

作为新兴文学形式，网络文学题材广泛、从业者和受众年轻化、成果转化率高。杭州牢牢把握网络文学这一发展机遇，立足本地自然文化底蕴和互联网产业优势，成功引进三大"国字号"品牌，在白马湖畔打造由中国作协授牌、全国唯一的中国网络作家村，完善优化服务配套，吸引集聚了一大批优秀网络作家和相关行业从业者，形成了杭州领跑全国的网络文学人才优势。

（二）多维度深化文艺精品扶持，优秀作品不断涌现。

为网络文学从业者创造优质的创作环境。如通过"好故事训练营""白马荟"等正向引导、注重实践的做法，帮助网络作家获得创作灵感、提升自我修养。积极组织引导网络作家参与重大主题创作，用网络作家的视角和语言弘扬社会正能量。市级宣传部门、文联组织

首届中国网络文学周开幕式

把网络文学作品作为文艺精品扶持的重要内容，不断加大扶持力度。

（三）以中国网络文学周为龙头推动产业化发展，网络文学产业优势凸显。

积极对接中国作协、浙江省委宣传部、浙江省作协等单位，成功举办中国网络文学周和网络文学博览会，成为国内最大规模的网络文学盛会。通过网络文学周，人才不断汇聚，产业交流平台不断优化，网络文学作品转化、文创产业发展的路径不断拓宽，推动杭州网络文学发展走在最前沿。

（供稿：杭州市文联）

72

传承千年文脉 打造宋韵文化新高地

2006年6月10日，时任浙江省委书记习近平同志在考察"文化遗产日"活动时指出，要"从加快建设文化大省的要求出发，正确处理文化遗产保护和经济社会发展的关系，正确处理文化遗产保护、传承与管理、利用的关系"，"加快抢救速度，加大保护力度，抢救为主、保护第一，切实保护好不可再生的文化遗产"。作为宋韵文化的重要承载地和南宋文化的发祥地，上城区深入贯彻落实省委打造新时代文化高地的部署要求，紧扣"研究、传播、转化"三个环节，探索传承千年文脉展示和创新转化路径，奋力打造宋韵文化新高地。

一、目标成效

宋韵文化辨识度"日日新"。2022年11月，南宋德寿宫遗址博物馆正式对外开放。清河坊文化街区获评首批国家级夜间文旅消费集聚区和旅游休闲特色街区，宋韵文化标识区建设成为全省示范。"宋韵薪传"工作站入选省级传统工艺工作站，宋韵最杭州传统风貌区列入全省城乡风貌样板区试点。

人民群众满意度"节节高"。

公共文化服务和非遗保护两项指数均进入全省前十。建成20余家宋韵主题书房，南宋书房被市民高票选为"全省最美文化空间"。

精神共富体验度"年年丰"。宋韵文化节入选全省55个节庆品牌，金牌导游大赛、宋韵非遗日、皋亭山观桃节等品牌活动深入人心，《华灯夜宴》《钱塘里》等宋韵文艺精品广为传播。

二、实践内容

（一）布局"宋韵＋规划"，找准理论研究新定位。

以规划编制夯实宋韵文化建设保障。以南宋皇城遗址综保工程建设为总抓手，整合梳理全域宋韵文化资源，串珠成链画好"上城宋韵文化地图"。省、市、区三级共建宋韵文化研究传承中心，重点实施宋韵文化理论研究工程、宋韵文化遗址保护展示工程等六大行动。编制"十四五"专项规划和三年行动计划，架起宋韵文化传承发展的"四梁八柱"，举全区之力打造串珠成链、古今辉映的"宋韵文化高地"。

以基因解码深挖宋韵文化丰富内涵。推进文化基因解码工程，以757个基本文化元素数据库为基础，统筹海内外文化智库力量，科学解码宋韵文化元素，培育宋韵文创企业，确定重点IP转化元素，全方位、立体化、系统性地提炼宋韵文化核心内涵与经典表达。做优"云上社科"科普品牌，推出"夜听宋韵"电台、《尚书房社科三分钟》等栏目，开展"智者面对面"宋韵主题线上专家访谈节目12期，直播关注人次突破百万。

以专家智库推动宋韵文化研究升级。全面启动宋韵文化八大形态课题研究，"宋韵文化生活系列丛书"入选浙江文化研究工程。编纂出版《宋风物语》《宋风流韵》等110余部著作。组建专家团队和宋韵品牌联盟，围绕宋韵文化实体项目、传承重点、疑难困惑，立项街道层面应用性课题研究13项，首次实现街道级宋韵文化研究全覆盖。

（二）做强"宋韵＋产业"，

释放文旅消费新动能。

加强文艺精品创作。 发挥辖区影视产业集聚优势，大力推进国家（杭州）短视频基地、凤凰山南影视基地建设，聚焦宋代人文风貌、历史典故，开展文艺精品创作。区文化馆三年创作30部宋韵原创作品，原创舞蹈《华灯夜宴》获第十一届杭州市"风雅颂"民间舞蹈展演金奖。联合浙江小百花越剧院和京昆艺术中心，打造《钱塘里》等宋韵文旅项目，获各界广泛赞誉。2022年，纪录片《苏东坡》等9部作品入选杭州市文艺精品工程扶持项目。

推动文创产业发展。 引导鼓励辖区企业从宋韵文化中汲取灵感，实现创造性转化，通过政企合作、政策扶持、活动推广，加快把"文气"转化为"财气"。聚焦"宋潮"IP转化，助力全区320余家企业实现创造性转化、创新性发展，推出毛戈平"气蕴东方"宋韵美妆、万事利·宋庭印象丝巾等400余种"宋创"系列产品。聚焦宋代人文风貌开展文艺精品创作，电影《济公之降龙降世》院线上映，文旅真人秀《还有诗和远方2》气韵·杭州篇、"宋韵十二时辰"文旅主题宣传片获得好评。坚持数字化发展理念，打造"云上宋韵"数字化应用，着力提升宋韵文化的创新度和美誉度。

全面提升消费能级。 充分利用"三圈三街"辐射效应，推进文商旅融合发展。围绕景点打造、非遗体验、惠民演出等内容，形成宋宴、宋玉、宋香、宋茶等宋韵文旅闭环体验体系。以弄潮夜市、会展活动、文艺展演等形式，线上线下结合带动消费新风尚。做好"宋韵+"文章，实现宋韵文化全方位助力经济发展。

（三）点亮"宋韵+生活"，绘就精神共富新图景。

打造"传世精品"工程。 高标准推动德寿宫遗址保护展示工程暨南宋博物院建设，运用新兴科技手段复原遗址原貌，设置数字化展陈，打造最具辨识度的宋韵文化新地标。创新开展宋韵风貌集中展示区建设，加快推进219个、477万平方米老旧小区改造，精雕细琢以德寿宫为核心的11平方公里的宋韵风貌展示

"风雅宋韵　茶香上城"第十届南宋斗茶会

区,全域开展"韵味百巷"创建。升级打造清河坊、南宋御街等文化标识,"宋韵文化·南宋皇城"入选首批"浙江文化标识"培育项目。

实施"标志品牌"项目。连续举办宋韵文化节、杭州国际工艺周、吴山庙会等品牌活动,开展"宋韵大秀场""清河坊奇妙夜"等群众性宋韵主题文化活动15000余场,生动再现宋韵风雅。首创金牌导游大赛,设计推广"北宫德寿""南宋有约"等宋韵研学游线10余条。成立"悦读宋韵联盟",推出全国首张"宋韵书单",开展"宋韵书香"系列阅读活动2500余场,打造经典宋韵与现代生活"美美与共"的文化新格局。

优化"群众共享"体验。与中国美术学院校地携手打造"精神共富"范例,将"琴棋书画词酒茶"等宋韵元素融入城市标识场景,将宋韵美学成果应用到老旧小区改造、幸福邻里坊建设。深入实施宋韵文化惠民工程，打造鼓楼南宋书房、宋代玉器馆等杭式雅生活基地，推动宋韵文化"飞入寻常"，实现物质富裕和精神富有"双丰收"。

三、创新亮点

依托宋韵文化资源优势，着力破解优秀传统文化传承过程中学术研究与成果转化错位、呈现形式与时代发展脱节等难题，以全过程重塑、多领域协同、新思维引领打造颇具影响力的宋韵文化标志性成果。

（一）传承方式创新。

加强顶层设计，充分发挥专家学者智囊团作用，准确把握文化发展传承规律，对各个环节流程进行重塑与整合，探索出一套文化研究、传承、转化的有效机制，点亮宋韵文化标识，提升社会影响力。

（二）工作思维创新。

将数字化思维和系统性思维运用到工作全过程，打造数字文化应用，通盘考虑经济发展、社会治理与文化传承关系，不断提升工作的系统性、专业性、有效性。

（三）呈现形式创新。

构建线上线下融合的展示模式，打造以南宋德寿宫遗址博物馆为代表的传世地标，培育以宋韵文化节为代表的群众性品牌活动，开展形式多样的线上科普与融媒宣传。

（四）合作模式创新。

加深跨界融合，打通政、企、校、社合作通道，将宋韵元素作为旅游推介、产业振兴、城市更新的重要抓手，开拓出一条多元赋能、多方共赢的宽阔道路。

（供稿：上城区）

73

"一键借阅"公共图书馆线上服务新模式

习近平同志在浙江工作期间,强调"努力建立健全公益性文化事业服务体系,提高公共文化服务能力,把为人民服务、为社会主义服务真正落到实处"。杭州图书馆积极践行"八八战略",解放思想、守正创新,聚焦公益性、全域性,着眼新时代、新任务,探索利用数字化改革推动公共图书服务创新发展,为全省现代化公共文化服务体系建设贡献杭州经验和素材。

一、目标成效

杭州图书馆从满足用户需要出发,以解决图书馆服务场景、文献资源等供给与市民阅读需求之间矛盾为主旨,以"城乡一体化、区域全覆盖、智能更便捷"为目标,联合区、县(市)图书馆打造"一键借阅"杭州地区公共图书馆线上服务一体化平台,为市民提供"服务全覆盖、共享无差别、借还零距离"

的公共图书馆服务，实现全市图书馆资源服务共建共享，打通平台线上线下通借通还，成为公共图书馆线上服务新模式。项目运行至今，新增用户、借阅人数和数字资源访问量均呈现增长趋势，相当于在线上为杭州市民多增加了一座24小时服务不停歇、可借阅超过百万册图书的"虚拟图书馆"，初步实现了"一键借阅，满城书香"目标。

"一键借阅"公共图书馆线上服务新模式不仅受到市民欢迎，也吸引了各级媒体的关注，中央及省市主流媒体报道超过200篇。2020年荣获"改革在身边·浙江公共场所服务大提升新闻行动"11—12月亮点项目、杭州市改革创新最佳实践案例；2021年入选全国出版界图书馆界全民阅读推广案例并作分享交流、杭州市"民呼我为"首批最佳实践案例和品牌杭州·生活品质总点评年度事件、杭州市首批接入浙里办50件"关键小事"，获评浙江省数字赋能新业态新模式典型平台、浙江省文化和旅游厅"文旅赋能共富经典案例"和"提振文旅消费、促进共富共享"实践经验。浙江省委改革办《竞跑者》专题推广"一键借阅"建设经验。2022年获得全国文化和旅游数字化创新实践十佳案例。

二、实践内容

为满足市民多样化的阅读需求，提升公共图书馆的服务效能，提供更智慧、更便捷的图书馆服务，2020年杭州图书馆从操作步骤简化、增加平台入口、缩短送书上门时间等方面入手，迭代升级原有"线上信用借书"服务，并将"数字阅读"融入其中，推出"一键借阅"项目，社会反响良好。

2021年，杭州图书馆以"数智杭州、宜居天堂"数字化改革为目标，联合各区、县（市）图书馆打造2.0版"一键借阅"杭州地区公共图书馆线上服务一体化平台，为市民提供全体、全域、全时段覆盖的跨场景联动图书馆线上服务。2021年7月28日，"一键借阅"一体化平台

"一键借阅"平台将打破线上线下壁垒

"一键借阅"应用场景

正式上线,"云"集杭州市14家公共图书馆"线上借书""书店借书""数字阅读"三大服务场景,在杭州市任何地区,市民只需登陆"一键借阅"平台,就能足不出户地享受"手机下单,图书快递到家""书店选新书,图书馆买单""百万数字资源免费读"的新型图书馆服务,成为市民的"家庭书房"。

(一)坚持问题导向,满足市民阅读需求。

"一键借阅"公共图书馆线上服务新模式坚持以人为本,突出问题导向,从供给侧进行改革,以数字赋能为手段,提升图书馆服务的"质"与"量"。杭州图书馆主动收集用户反馈,进行统计和数据分析,加大专项经费投入,提升平台资源扩容,优化用户使用体验,常态化推出"一键借阅读书日"、免邮券、新书推荐等优质服务,市民在杭州任何一家合作书店办理相关手续,都可以将新书免费带回家阅读,费用由图书馆买单,还可在离家最近的图书馆还书。在杭州比较偏远的地区,市民只需手机下单,纸本书籍就能快递到家,打通阅读的"最后一公里"。

(二)坚持技术创新,提高线上服务效能。

通过应用一系列先进技术手段,增强图书馆线上服务能力和总体效能。应用微服务架构搭建全新的一体化平台,实现不同业务模块的解耦,既确保单项业务边界清晰,又形成统一整体。以数字化改革推动业务流程再造,将原先线下找书借书的7个环节缩减至"登录平台—选择图书—下单借阅"3个环节,并由EMS配送借还图书,实现一键下单、送书到家。

(三)坚持制度创新,提升有效治理能力。

编制《"一键借阅"杭州地区公共图书馆线上服务一体化平台使用指南》,统一全市图书馆线上服务标准与规范,进行服务标准化实践。明确接入"一键借阅"平台的资质要求和条件,制定技术标准和数据安全标准,以此管理图书馆、书商、物流企业等平台入驻单位,形成准入机制,确保平台运行有序

安全可持续。"一键借阅"平台产生的各类数据经过智能分析给出"用户画像",有利于图书馆合理分配文献采购资金,开展精准服务。

三、创新亮点

(一)聚焦需求创新供给,统一全市"云"资源。

"一键借阅"以市民需求为中心,通过统筹市和区、县(市)两级图书馆线上线下资源,融合打通地区范围市民欢迎的三大借阅服务,实现线上线下通借通还,形成实体馆可借、自助可借、书店可借、线上可借等多渠道"智慧借阅",让市民享受全体、全域、全时段覆盖的多跨场景联动图书馆服务。

(二)聚焦技术优化服务,统一全市用户体验。

"一键借阅"集成三大服务场景,创建全新的"1+13+N"图书馆线上服务模式,构建覆盖全市的高可用性、高伸缩性、高扩展性的一体化服务平台。采用大数据算法和

人工智能辅助决策等技术，为市民提供"无差别"的图书馆线上服务。推动业务流程再造，简化操作，实现手机下单，快递送书上门，大大降低了市民的时间成本和出行成本。

（三）聚焦制度重塑管理，统一全市服务标准。

编制全市性统一的服务标准，实现市、区两级图书馆提供"一键借阅"服务同入口、同流程、同标准、同账号、同体验。制定平台技术标准和数据安全标准，形成准入机制。通过智能分析"一键借阅"相关数据，为杭州市公共文化服务的精准投入和文化设施的合理布局提供基础数据和决策依据。

（供稿：杭州市文广旅游局）

74

打造全国城市社区现代公共文化服务新样本

2005年7月,浙江省委作出关于加快建设文化大省的决定,这是习近平同志在浙江工作期间作出的一项重大决策部署。杭州认真贯彻省委决策部署,积极推进文化事业繁荣发展,维护人民群众文化权益,满足人民群众精神文化需求。近年来,拱墅区以创新社区文化建设为抓手,从发挥社区自治组织的优势和保障人民群众基本文化权益出发,在全国首创社区公共文化服务绩效评估机制,努力构建全国城市社区现代公共文化服务新样本。

一、目标成效

2012年至2021年间,拱墅成功实现全省公共文化绩效排名由第68名到第4名的跨越式、连续性发展,入选浙江省首批公共文化服务标准化样本单位。《社区公共文化服务动态评估体系》项目成功创建第四批国家公共文化服务体系示范项目。

二、实践内容

（一）建立需求反馈机制，解决公共文化服务供不适求问题。

坚持需求导向、问题导向、满意度导向，率先在全省乃至全国开展群众需求反馈机制的探索实践。

创新"6431"需求反馈机制。通过六个渠道（走访了解、召开座谈会、发放调查表、开设服务专线、设置意见箱、开设微信公众号）、四个环节（征求、梳理、实施、反馈）、三种评价（常规评价、跟踪评价和总体评价），建立了一套比较完整的基层文化需求征集和评价反馈机制，实现公共文化服务内容与群众需求的良好对接，使公共文化服务能够做到按需配送。

打造"互联网+"互动平台。开发了一套集合数据填报、你点我送、需求征集、评价反馈、活动预告、在线预约、图书推荐、资源共享、互联网公开课等内容于一体的公共文化资源供需平台，通过社区文化数据系统与公共文化供需平台的无缝对接，实现公共文化"互联网+"模式的精准服务，全面提升公共文化服务体系运作效能。

构建按需配送模式。创新推出公共文化产品按需定制，形成网络化管理、菜单式服务、个性化配送等运营模式，为老年人、少年儿童、特殊人群提供分门别类的文化产品和服务，基本实现不同群体文化服务的全覆盖。

（二）建立绩效评估机制，解决公共文化服务不均衡问题。

创新绩效评估机制。构建包含指标体系、计算公式、数据平台、制度设计在内的"四位一体"城市社区公共文化服务绩效评估机制，实现"文化管理、文化投入、文化设施、文化队伍、文化服务、服务质量和创新创优"等7大类30项指标的动态评价。

制定实施评估规范。发布国内首个社区公共文化服务绩效评估地方标准——《社区公共文化服务动态评估规范》，有效夯实社区公共文化服务标准化建设的基础。

建立第三方评估机制。在国内率先制定并发布《公共文化服务第三方评价规范》，填补了第三方评价公共文化服务的机构资质、考核机制、评估方式等方面的空白。

启用动态管理系统。搭建社区公共文化服务动态绩效管理系统，面向全区174个社区开放填报功能，实现实时数据统计和21个主要指标的动态排名，为及时调整公共文化服务工作思路提供最真实的参考依据。2022年将系统后台数据并入浙江智慧文化云。

发布《白皮书》和《蓝皮书》。在动态管理系统和第三方测评数据基础上，发布全面展现社区文化发展的综合数据报告《社区公共文化服务绩效评估白皮书》，以及全国首个区县级《公共文化服务群众满意度蓝皮书》，真实反映各社区开展公共文化服务的实际情况。

（三）建立整合协调机制，解决公共文化管理条块分割问题。

科学梳理全区公共文化服务资源，打破部门、行业壁垒，实现共建共享。

整合多部门文化资源。由文化主管部门总牵头，工、青、妇等单位联席会商，打破部门壁垒，实现资源整合共享，形成公共文化服务全区"一盘棋"。目前全区公共文化设施总面积达23.18万平方米，每万人设施面积2067平方米，基本形成区—街道—社区—新型文化空间的多维公共文化服务网格。

打造高品质文化圈。以社区为核心，推出80个集教育、展示、传播、娱乐、科普、体育、文明倡导等多种元素于一体的"15分钟品质文化圈"，打通文化惠民最后一公里，让居民在家门口就能享受文化大餐，实现重心下移、资源下移、服务下移。

擦亮家门口的文化品牌金名片。与省市业务主管部门合作，办好中国大运河文化旅游大会、浙江省"文艺星火赋美"工程启动仪式、"杭州·上海"双城街头艺术节等一大批影响力大、活动面广的活动，办精"春走大运、夏品民俗、秋逛庙会、冬赏花灯"运河文化四季歌传统民俗

拱墅民星大舞台：深受老百姓喜爱的家门口舞台

活动,办活大运河戏曲廊道演出季、社区文化月、运河好声音等基层文化活动,年均开展千场以上线上线下活动,参与人次超千万。

（四）建立社会参与机制,解决公共文化服务资源不足问题。

积极引导社会力量参与,使公共文化服务从政府体制的"内循环"转变为全社会的"大循环"。

完善政府购买服务。将政府购买公共文化服务纳入"为民办实事",将资金纳入财政预算,全面实现为民办实事项目向社会购买服务。每年根据群众需求划拨专项资金,用于采购文化惠民送演出、送电影、送培训、送图书、送体验等服务项目。

搭建文化联动桥梁。扎实推进区域文化联动和城际、省际文化交流,促进优秀文化资源共享、互惠互利。与山东省济南市历下区、沈阳市和平区以及省内的武义、淳安等地开展"文化走亲"活动。

组建文化联盟队伍。目前,全区拥有基层文艺团队667支,区级以上星级团队100多个,文化志愿者3.5万名,成立运河文化红盟、武林艺术商圈联盟、大运河文化旅游交流中心,近90家艺术院团、文化企业、图文美博通过联盟形式,成为满足群众文化需求从"缺不缺、够不够"提档升级为"好不好、精不精"的重要力量。

三、创新亮点

（一）实现产品由群众"说了算"。

推广以"个性订制"为主导的服务供给模式,服务产品由群众"说了算",实现公共文化服务内容与群众需求的良好对接。以群众需求、百姓满意为导向,有效形成群众对政府提供的公共文化服务"参与—评价—反馈—再参与"的良性互动模式,入选第三批浙江省公共文化服务示范项目。

（二）实现服务由标准"说了算"。

在全国率先发布实施《社区公共文化服务评估规范》《公共文化服务需求调查规范》《公共文化服务第三方评价规范》等七个标准规范,初步形成了"1+N"的标准支撑体系,提高了公共服务的精准度及规范化。通过"浙江省首批基本公共文化服务标准化建设"认定,为项目的复制推广提供了标尺和准绳。

（三）实现好坏由第三方评议"说了算"。

开展评议性评价和第三方评估,避免了在服务绩效评价中文化部门"既当运动员,又当裁判员"的尴尬,有效克服了服务绩效由文化主管部门自圆其说的诟病,形成压力下沉、动力上升的局面。社区公共文化动态评估体系入选浙江省第二批公共文化服务示范项目,"社区公共文化服务动态评估体系"入选第四批国家公共文化服务体系示范项目。

（四）实现谁来服务由多方参与"说了算"。

制定实施《关于社会力量参与公共文化服务的奖励扶持办法》《鼓励社会力量参与大运河文化传承保护利用的若干意见》等政策文件，实现办文化从体制"内循环"向社会"大循环"转变，形成各方参与、共建共享的局面。

（供稿：拱墅区）

75

擦亮"最美"品牌 弘扬"最美"精神

作为"最美现象"的发源地，杭州始终坚持以习近平新时代中国特色社会主义思想为指引，忠实践行"八八战略"，大力培育和弘扬社会主义核心价值观，持之以恒"发现美""倡导美""培育美"，先后涌现出"最美妈妈"吴菊萍、"最美司机"吴斌、"最美爸爸"黄小荣等一大批"最美人物"，"最美现象"从"盆景"变"风景"成"风尚"，"最美"成为杭州城市的响亮品牌，"向美而生""从善如流"的城市"最美精神"成为杭州城市精神文明的重要组成部分。

一、目标成效

杭州始终致力于倡导践行社会主义核心价值观，致力于以"最美"引领风尚、共筑温暖善城。2013年6月21日，杭州市"最美现象"思想道德建设先进经验报告会在北京人民大会堂举行。截至2023年4月，全市累计涌现出"时代楷模"1位、全国"诚信之星"1名、全国道德模范7名、浙江省道德模范22名、杭州市道德模范180余名、"中国好人"37例、"浙江好人"280例，各级各类"最美人物"3万余名，

第十八届杭州市道德模范（平民英雄）第十届"最美杭州人"发布仪式

先进典型数量位居全省第一，杭州实现全国文明城市"四连冠"，连续十六年入选"最具幸福感城市"。

二、实践内容

（一）健全完善法规政策保障长效化机制，构建全市上下齐抓共管的工作格局。

践行社会主义核心价值观，培育和弘扬"最美现象"，不仅要靠思想教育、实践养成，更要用法规政策和体制机制来保障。杭州先后制定出台《杭州市公民道德建设纲要》《杭州市道德模范关心关爱制度若干规定（暂行）》《杭州市培育和践行社会主义核心价值观，深入打造"最美现象"精神文化品牌行动计划（2015—2020）》《杭州市文明行为促进条例》等40多个地方法规和政策文件，为培育和弘扬"最美现象"提供了可靠的制度和政策保障。2016年颁布施行的《杭州市文明行为促进条例》，是全国首批出台的促进文明行为的地方性法规之一，在文明行为教育引导和实践养成、提升公民文明素养和社会文明程度中发挥了重要作用。2021年，杭州在全国率先修订《杭州市文明行为促进条例》，进一步推动形成"亚运会、大都市、现代化"背景下精神文明建设的常态长效保障机制。同时，杭州把"最美现象"纳入全市精神文明建设、思想道德建设指标测评体系，推动形成"党委政府倡导弘扬、体制机制配套促进、各行各业齐抓共管"的工作格局。

（二）健全完善思想道德教育长效化机制，凝聚见贤思齐、向上向善的精神力量。

加强公民思想道德教育，是践行社会主义核心价值观、培养和弘扬"最美现象"的重中之重。杭州持续开展"我们的价值观"主题实践活动，分月确定"民生、礼仪、诚信、感恩、奉献、关爱、信仰、责任、科学、爱国、创新、和谐"等12个实践主题，每月策划推出主题实践活动，引导市民在践行"最美"中弘扬社会主义核心价值观。突出加强对党员干部和青少年等重点人群的教育，引导广大党员干部争当"最美公务员""担当作为好干部""优秀党员"，引导广大青少年争做"美德少年""最美学生"。2011年以来，市级财政累计投入约2.2亿元，持续推进农村文化礼堂、社区文化家园、企业文化中心"三位一体"的公民思想道德教育平台建设，让农村、社区、企业美德教育有场地、有内容、有活动，用高尚的精神教育人、优秀的文化鼓舞人、丰润的道德滋养人。全市累计建成农村文化礼堂1954个、社区文化家园1705个，500人口以上行政村实现农村文化礼堂全覆盖。

（三）健全完善先进典型选树长效化机制，倡导"人人争当最美、处处尊崇最美"的社会风尚。

典型引路、示范带动，是践行社会主义核心价值观，培育和弘扬"最美现象"的重要路径。杭州持续深化"最美"系列人物选树，形成市、区县（市）、街道（乡镇）、社区（村）和市直部门、市属媒体共同参与的"三合力"选树机制。持续开展"最美杭州人""道德模范（平民英雄）""最美教师""最美医生""最美家庭""美德少年"等20多个领域的"最美"选树，不断丰富"最美"群像。2013年以来选树的3万余名"最美人物"，年龄最大的93岁，年龄最小的10岁，既有来杭州工作学习生活的外地人，也有在外地乃至国外学习工作生活的本地人，他们把杭州的"最美声音"不断传播到全省，传播到全国，传播到全世界。杭州学军中学原校长陈立群，退休后婉拒年薪200多万元的邀约，选择到贵州省台江县民族中学任校长，不领一分钱，把四十年从教心得毫无保留地奉献给扶贫支教，培养了近200名校长和教师。2019年，中宣部授予陈立群"时代楷模"称号。

（四）健全完善舆论宣传长效化机制，营造积极健康、文明向上的浓厚社会氛围。

践行社会主义核心价值观，培育和弘扬"最美现象"，必须在全社会大力营造见贤思齐、崇尚英雄、争做先锋的浓厚氛围。杭州高度重视新闻宣传、舆论引导，《杭州日报》、杭州电视台、杭州广播电台等市属媒体开辟《感动杭州》等"最美"专题栏目，通过媒体联动、原创报道、网络视频、网络评论、网络访谈、微博微信互动等多种方式，持续弘扬"最美现象"正能量。截至目前，中央、省、市属媒体累计宣传报道杭州"最美人物"1500余人次。以"最美人物""最美现象""最美精神"为主题，广泛开展电视短片、微电影、动漫短片、墙景彩绘、灯箱广告等创作征集活动，形成主流媒体引领、网络媒体传播、户外大屏滚动、公交地铁覆盖、社区楼宇发布的"最美"常态化宣传机制。成立"最美"宣讲团，开展"最美人物"巡讲，累计赴社区、农村、机关、企业等宣讲7000多场次。"最美"宣讲团荣获"全国基层理论宣讲先进集体"称号。以委托研究、课题申报、调查研究等多种方式，组织专家开展理论研究，为打造"最美"品牌、弘扬"最美精神"提供理论支撑。

（五）健全完善文化熏陶长效

化机制,推动"最美"基因融入社会发展、融入日常生活。

践行社会主义核心价值观,培育和弘扬"最美现象",必须建立在丰厚的文化滋养上。学习改变城市,阅读改变人生。作为全国首个加入联合国教科文组织全球学习型城市网络的城市,杭州积极倡导全民阅读、终身学习,以杭州学习节、西湖读书节、全民终身学习活动周和"书香杭州"系列活动为抓手,加快建设"书香杭州"和学习型城市。2023年4月23日世界读书日当天,第二届全民阅读大会在杭州盛大开幕。大会以"深化全民阅读 建设书香中国"为主题,贯彻习近平总书记致首届全民阅读大会举办的贺信精神,共举办论坛交流、推荐发布、展览互动、阅读主题推广等四大类30多项活动,中共中央政治局委员、中央宣传部部长李书磊出席开幕式并讲话,媒体报道总传播量达5.43亿次。大会前后,市域集中联动开展线上线下阅读活动1664场次。推进"最美"文艺精品创作,推出《最美妈妈》《1分16秒》《永远的雷锋》等一批主题文艺作品。电影《岁岁清明》、电视剧《东方》等10余部作品获中宣部精神文明建设"五个一工程"奖。抓好"最美"展示工程,全市乡镇(街道)、村(社区)实现"最美"光荣墙(廊、栏、室)全覆盖,"最美人物"先进事迹得到充分展示。

(六)健全完善文明实践长效化机制,打造新时代文明实践闪亮品牌。

社会主义核心价值观要在实践中涵养,"最美现象"要在实践中培育。杭州深入开展群众性精神文明创建活动,打造了一批标志性、引领性精神文明实践闪亮品牌。2013年"礼让斑马线"一经推出即轰动全国,2017年聚焦"一老一小"创新探索"孝心车位",2021年实施志愿服务"救在身边"行动……"喇叭不乱鸣""爱国主义教育红色公交专线"等新时代文明实践润物无声,"15分钟新时代文明实践圈"加速形成。坚持把社会主义核心价值观融入市民公约、乡规民约、家训家风、学生守则等行为准则,让文明实践融入日常、做在平常。创新推进"杭州市文明帮帮码"数智综合服务平台，完善高效精准的志愿服务触达体系，实现志愿服务"点单—派单—接单—评单"全流程在线管理，推动志愿服务制度化常态化运行。全市5万余个志愿服务组织和300余万名志愿者，成为杭城"最美精神"的倡导者、践行者和传播者。

三、创新亮点

（一）始终坚持以社会主义核心价值观为引领，不断培育弘扬"最美精神"。

杭州在培育"最美现象"、弘扬"最美精神"中，始终把社会主义核心价值观贯穿到"最美现象"发现、培育、传播、选树全过程，不断强化社会主义核心价值观的引领作用，在实践中赋予"最美现象"强大的生命力、凝聚力、感召力。

（二）始终坚持以法规制度为保障，不断创新完善"最美机制"。

杭州深入学习贯彻习近平总书记"要发挥政策导向作用，使经济、政治、文化、社会等方方面面政策都有利于社会主义核心价值观的培育"重要指示精神，积极探索"最美现象"培育和弘扬的内在规律，不断健全完善法规和政策体系，在"最美现象"从"盆景"变"风景"成"风尚"过程中不断强化激励保障作用。

（三）始终坚持以先进典型为榜样，不断凝聚壮大"最美力量"。

榜样的力量是无穷的。当初作为"盆景"的少数"最美人物"，是践行社会主义核心价值观的榜样，他们的言行举止发挥着重要的示范引领作用。如今覆盖全市域各行业各层级的"最美"选树，让"最美精神"有了更加丰富、更加鲜活的载体，进一步引领形成"人人争当最美、处处尊崇最美"的良好社会风尚。

（供稿：杭州市委宣传部）

76

推进建管用育一体化
打造乡村文明主阵地

习近平同志在浙江工作时指出："只有把精神文明建设好，才能满足人民群众多样化的精神文化生活需求。"作为农村文化礼堂策源地，临安区高度重视农村精神文明建设，把"乡风文明"作为乡村振兴的紧迫任务，通过创新开展农村文化礼堂建设，坚持物质文明和精神文明一起抓，丰富农民群众精神文化生活，滋润人心、德化人心、凝聚人心，培育良好家风、文明乡风、淳朴民风，不断提升乡村社会文明程度，焕发乡村文明新气象。

一、目标成效

临安区坚持以习近平新时代中国特色社会主义思想为指导，深刻领会和全面把握"八八战略"，以"文化礼堂·精神家园"为目标，2012年创新启动农村文化礼堂建设。建设过程中，坚持设施建设与内容建设相同步，打好"建管用育"组合拳。政府主导与多方参与相结合，充分发挥农村文化礼堂在提升农民素质、打造精神家园、繁荣农村文化、促进农村和谐中的作用，把农村文化礼堂建设成为兼具思想道德建设、优秀文化传承、基层民主推进、知识技能普及、文体娱乐活动于一体的农村精神文明建设综合体，让文化礼堂"大门常开、活动常态、内容常新"。

2013年3月，浙江省首次农村文化礼堂建设现场会在临安区板桥镇上田村召开。2014年，临安区获浙江省宣传思想文化工作特色创新奖。2016年，农村文化礼堂建设入选中宣部全国100个创新案例。2013年、2020年、2022年先后3次被评为浙江省农村文化礼堂建设示范区（县），临安经验连续以省、市政府民生实事项目的形式在全省推广。

二、实践内容

临安始终坚持"建管用育一体化"，持续为浙江省农村文化礼堂建设提供经验。

（一）强化要素保障，着力推进文化礼堂建设全覆盖。

资金保障上，形成多元参与模式。区级财政按照"新建50万元、改建30万元"的标准进行补助，镇级财政相应配套，鼓励民间资本参与文化礼堂建设，并专门出台《农村文化礼堂建设工作奖励办法》。自文化礼堂建设工作启动以来，临安累计投入区级文化礼堂专项经费近1.5亿元。

用地保障上，坚持"改建为主、盘活存量"。充分利用现有老礼堂、旧祠堂等存量建筑，以及"三改一拆"后的存量建设用地，缓解土地指标紧缺问题。全区270个文化礼堂中，改建和盘活存量的有184个，占比68%。

项目审批上，构建"最多跑一次"工作机制。简化审批程序、缩减审批环节，以镇（街道）为主体，采用统一选址、统一设计、统一联审、统一招标、统一代办"五统一"机制，有效缩短建设周期。

（二）注重群策群力，着力推

进文化礼堂管理规范化。

全国首发文化礼堂地方性标准。2017年发布全国首个文化礼堂地方性标准《文化礼堂服务管理规范》，明确文化礼堂建设、管理、服务、使用等核心要求，为各地推进文化礼堂服务管理提供了"说明书"。

深入实施农村文化礼堂星级评定。从建设推进、管理运行、内容供给等六个方面，对全区已建成文化礼堂进行综合评定、授予星级，不合格且未按要求整改的予以摘牌降星。同时，根据星级等次每年给予每个村平均2.5万元以上的运行经费，引导各村强化动态管理，注重过程规范。

创新试点"文化管家"社会化管理。通过向社会力量购买公共文化服务，聘请本土专业文化团队担任"文化管家"，在全区18个镇街推行"文化管家"社会化管理工作。"文化管家"通过驻村调研，根据本地文化资源特色，量身定制"十个一"文化服务菜单，重点做好文化活动组织策划、艺术专业培训、群众文化队伍建设等服务，提升村民的参与度和满意率，培育"草根"文化带头人，有效盘活基层文化团队资源。

（三）完善服务功能，提升群众满意度。

建好农村群众文明大擂台。广泛开展传承留记忆的礼仪活动、美德扬正气的评比活动、惠民树新风的服务活动等五大类活动，全区270个文化礼堂每年开展各类文化活动10000余次。

搭好部门服务基层主平台。推出文化、服务、培训"三进礼堂"你点我送工作机制，60余个区级部门提供161项服务菜单，供村民点选。注重供需结合，各部门还尽可能多的资源、载体，如无线网络、图书、文体器材、电子屏、气象设备等，向农村文化礼堂倾斜。

培育高校学子实践基地。浙江农林大学等区内四所高校长期参与农村文化礼堂建设，积极开展"春泥计划"支教、便民志愿服务等活动，并专门组织"小分队"，帮助文化礼堂村挖掘历史文化，开展礼堂展陈设计。杭州师范大学连续16年与河桥镇学川村结对,每年都会派出暑期社会实践小分队走进学川村开展"春泥计划"主题活动,在学川村建立"杭师大钱江学院暑期社会实践基地"。

(四)培育礼堂文化,着力提升文化礼堂价值引领力。

打造基层培育践行社会主义核心价值观主阵地。开展"立家训、传家风"活动,举办"好家风"家庭推选褒奖,推选产生区、镇(街道)村三级最美家庭和"好家风"家庭。在文化礼堂举办开蒙礼、成人礼、敬老礼等"好家风十礼",推动"好家风"乡村志愿服务队、"好家风"榜(廊)、"好家风"宣讲行政村全覆盖。2016年6月,全省"好家风"建设推进会在临安召开,"临安经验"再次向全省推广。2017年5月,临安"好家风"建设经验在全国社会主义核心价值观宣传教育工作培训会上作交流发言。

打造成为新时代文明实践的重要平台。把农村文化礼堂纳入新时代文明实践中心(所、站)建设体系中,通过与新时代文明实践中心(所、站)共建共享,增进农民群众的认同感、归属感和获得感,提升农民群众思想觉悟、道德水准、文明素养和乡村社会文明程度。全区新时代文明实践中心(所、站)实现全覆盖。

打造乡村振兴"加油站"。根据群众需求,在农村文化礼堂广泛开展农村电子商务、山核桃栽培、农家乐管理等实用技术培训,有效提高农民致富增收本领。每年开展培训活动200余场,服务1.5万余人次。实施文化礼堂提升工程,建设乡村会客厅和特色文化展示馆,将文化礼堂建设与弘扬优秀文化、展示产业特色相结合,建成索面馆、红毛狮子非遗传承馆、"三生共赢"馆等特色馆78个,打造文化礼堂"一村一品"升级版。同时,将农村文化礼堂与村落景区建设相结合,推出具有本村特色的旅游文化品牌和文创项目,增加村民收入,形成高虹龙门秘境、天目月乡、湍口索面节等30多个乡村民俗文化活动。高虹镇结合龙门秘境村落景区建设,挖掘当地红色文化,打造党史学习教育特色基地。项目实施以来，已接待游客75.3万人次，旅游总收入6026万元，村集体经营性收入增加182.7万元。

三、创新亮点

（一）首推"精神家园"建设模式，让文化礼堂更具张力。

以"精神家园"为目标，改变以往"重硬件、轻软件"的倾向，把精力更多地投入到内容建设上来，让文化礼堂更具吸引力和感染力。把家训、族训的优秀文化基因融合在村歌、村训中，把村史村情与"最美人物"同台展示，创新新人礼、开蒙礼等传统礼仪活动，使优秀传统文化的传承和先进新文化建设有机结合，达到"以文化人"的目的，让村民"处处可学、时时可学"，让村民从"看客"变成"主角"。

（二）创新"乡土化"宣传策略，让文化礼堂更显魅力。

把社会主义核心价值观和乡土文化有机结合，把展陈设施的"静态教育"与活动开展的"动态教育"和谐地融合在一起，努力打造农村群众的"精神家园"。一方面，以乡村会客厅、文化展示厅建设为抓手，提升文化礼堂建设内涵和品质，破解部分文化礼堂功能不丰富、特色不鲜明、村民体验感不强等问题；另一方面，通过礼堂"五廊"、乡村会客厅、文化展示厅等进行村史村情教育，也为村民开展"我们的节日""我们的村晚"等各类文体活动提供场地资源。展陈和活动相结合的思想教育"动静相宜"，让文化礼堂更接地气、更富凝聚力。

（三）探索共建共享新机制，让文化礼堂更有活力。

坚持因地制宜、整合资源、共建共享，高质量推进农村文化礼堂2.0版建设暨新时代文明实践阵地建设。一方面，创新全面实施"文化管家"社会化管理，通过政府购买服务的方式，全区18个镇（街道）农村文化礼堂引入专业文化团队担任"文化管家"，参与农村文化礼堂建设管理，有效破解农村文化礼堂专业管理人才缺乏、服务效能不

临安板桥镇上田村文化礼堂

高、群众需求得不到满足的难题。另一方面,着力涵养共建共治共享的良好生态,注重供需结合,搭好部门服务基层主平台,推出文化、服务、培训"三进礼堂"你点我送工作机制,组织协调各部门提供特色服务菜单,供村民点选,推动"城市反哺农村",推进城乡经济与文化统筹发展,让文化礼堂建设成为真正的"全民工程"。

(供稿:临安区)

77

创建精神文明建设县域新高地

习近平同志在浙江工作期间指出："精神文明建设特别是思想道德建设一定要通过看得见、摸得着的方式，创造实实在在的载体，寓教于乐，入耳入脑，深入人心，潜移默化。"多年来，桐庐县深入贯彻落实习近平总书记关于精神文明建设的重要论述，坚持以新时代文明实践中心建设为统领，以更高起点推动精神文明建设工作走深走实，全力塑造"文明之城""温暖之城""幸福之城"社会新风尚，呈现出围绕主题主线凝聚力量、文明培育沁润滋养人心、文明创建质效不断提高、文明实践不断深化拓展，相继入选全国首批县级文明城市、新时代文明实践中心试点县、乡村"复兴少年宫"试点县。

一、目标成效

全国文明城市：2015年，成为全国县级文明城市提名城市。2017年，荣获"全国文明城市"称号。2020年，以全省第一、全国第九的高分通过全国文明城市复评，受到中央文明办通报表扬。

新时代文明实践中心试点县：自2018年被列入全国首批新时代文明实践中心建设试点县以来，桐庐县认真贯彻落实中央和省、市委决策部署，始终坚持"文明实践、智慧治理、依法治县"三者有机统一，大力推进试点建设。截至2023年3月，已有注册志愿者12.5万人，志愿服务队2100余支。中央文明办《精神文明建设》专刊、新华社《内参选编》等相继刊载宣传桐庐工作经验。

乡村"复兴少年宫"试点县：2021年，桐庐县作为全省五个、全市唯一列入全国乡村"复兴少年宫"建设试点县。2022年全县乡村"复兴少年宫"实现村社全覆盖，活动开展5750余场，服务青少年7.86万人次。桐庐经验受到央视《新闻联播》、中央文明办工作简报点赞，获评2022年度浙江省高质量发展建设共同富裕示范区最佳案例。

桐庐县乡村复兴少年宫暑期活动

二、实践内容

（一）实施"九大攻坚"，全域文明创建"有力度"。

持续巩固全国文明城市创建成果，不断提升群众幸福感、安全感、获得感。

高位推动抓部署。县文明委专题研究文明城市创建工作，逐步将创建触角延伸至全县域，创新实施交通秩序常态化攻坚等九大攻坚行动，实现文明城市建设制度化全域化常态化和长效化。

完善机制抓落实。健全完善专班推进、议事决策、网格共建、监督检查、奖惩保障等五项常态化工作机制，细化工作标准，确保责任落实到位。优化完善文明实践网格化"七个一"管理机制以及"红黑榜"制度等经验做法，切实打通基层治理"末梢神经"。以文明城市创建为龙头，以城乡治理标准化为主轴，结合全县"美丽桐庐"建设暨"迎亚运"环境大整治行动，统揽城市日常建设管理。

高效督导促提升。统筹协调各方资源和力量，强化协调联动、督导考核和工作保障，形成齐抓共管强大合力。持续开展"小区环境大整治""道路环境大清理""市政设施大排查""交通环境大管控""农贸市场大走亲"等专项整治行动。县融媒体中心常态开设《市民体验团》《曝光台》等栏目，针对文明出行、小区管理、环境卫生等各类问题进行曝光。

（二）推进"五大行动"，全民志愿服务"有温度"。

持续深化推广"浙江有礼·暖城桐庐"县域文明实践品牌，把提升市民文明素质和社会文明程度贯穿新时代文明实践中心建设全过程。

全力推进"浙江有礼"县域实践。印发《关于推进"浙江有礼·暖城桐庐"县域文明新实践的实施方案》，重点开展"明礼立志""学礼立身""守礼立心""用礼立行""传礼立德"等五大行动。常态化开展"我是文明有礼代言人""礼让斑马线""文明共管日"等文明实践活动。《"新村夜话"促实事》《多方共育强少年》入选《"浙江有礼"省域文明新实践案例汇编》。

大力培育"暖城桐庐"金名片。举办 2022 年"暖城桐庐"县域文明实践金名片发布仪式暨"浙江有礼 幸福同行"走基层群众性宣传教育活动，培育发布家门口的"少年官"、"校门爷爷"护学情等 11 张暖城桐庐金名片，提炼宣传"校门爷爷""楼下书记"等文明实践案例 60 余个，每年投入 5 万元用于"桐享幸福 暖巢更新"贫困儿童房间改造项目。

聚力提升志愿服务活力。结合新时代文明实践中心试点建设大力推进志愿服务工作，发挥县级"志愿者之家"常驻志愿服务组织和 11 个志愿服务联盟作用，用好"暖城基金"等社会资源，打造全民参与体系，把文明实践志愿服务送到群众心坎里。广泛开展新时代文明实践"我为群众办实事"实践活动，建立网格员征单—村社报单—镇街领单—县级中心派单—服务队履单等"五单"工作流程，月均流转解决民生小事 6500 余件。利用重阳节、国际盲人节等时间节点，先后打造"秋冬第一双棉鞋""镌声文化助残有声读物"助老助残服务项目，累计送出手工棉鞋 1000 余双，盲人有声读物 500 余份。

（三）深化"三大品牌"，全面文明实践"有深度"。

着力打造具有桐庐辨识度的文明实践亮点，以文明实践的磅礴力量不断增强群众获得感、幸福感。

深化拓展新时代文明实践中心建设。率先完成新时代文明实践四级阵地建设，新建叶长庚革命事迹陈列馆、抗战时期中共大市支部旧址等红色教育基地，全县实现新时代文明实践中心、所站县乡村、重要行业、重点领域全覆盖。

探索推进乡村"复兴少年宫"试点建设。高质量建设乡村"复兴少年宫"，对标全省高质量发展建设共同富裕示范区目标，确立了"有效覆盖、精准服务、资源共享、快乐参与"总体思路，2022 年全县乡村"复兴少年宫"实现村社全覆盖，活动开展 5750 余场，服务青少年 7.86 万人次。

打造农村基层理论品牌"新村夜话"升级版。提升打造"新村夜话"数字化应用场景,通过建设一个驾驶舱、三大场景,以实现重大主题宣讲全面覆盖、"精准滴灌",推进解决群众"实际问题"与"思想问题"的双向互通,用数字赋能提升夜话宣讲办事实效。围绕"学习宣传贯彻党的二十大精神",组织开展组团服务进企业、进农村、进机关、进校园、进社区、进网站等志愿服务"六进"活动1386场,受众2.5万余人,公益服务办实事1851件。

三、创新亮点

（一）抓双全国试点,打造品牌亮点。

创新推出"新村夜话"为民办实事服务机制,"新村夜话"成为集理论宣讲、为民办事于一体的综合性服务平台。持续扩大新时代文明实践中心和乡村"复兴少年宫"全国试点效应,乡村"复兴少年宫"先后入选2022年度浙江省宣传文化领域共同富裕最佳案例、浙江省高质量建设共同富裕示范区最佳实践。通过紧抓全国双试点工作,唱响桐庐新时代文明实践的正能量旋律。

（二）抓平台机制,提升服务效能。

按照"三级设置、试点创优、全面推进"的思路,压实县乡村三级主体责任,做到有机构管事、有专人干事、有经费办事,构建起齐抓共管的工作格局。形成具有桐庐特色的"组团送戏、驻馆服务"、实践站所"季度联赛"、文明微积分等工作品牌,创设全国首个志愿信用积分贷项目、首个政企合作"志愿家"孵化站、"文明暖城基金"等工作载体,以创新平台机制为抓手,提升新时代文明实践的服务效能,探索常态化、规范化的运行机制。

（三）抓典型载体,培育文明风尚。

通过深入推进"浙江有礼·暖城桐庐"县域文明新实践,依托"我是文明有礼代言人""礼让斑马线""文明共管日"等载体常态化开展文明实践活动。全域深化群众性精神文明创建,不断夯实文明创典基础。创新榜样选树机制，积极为先进典型的成长创造肥沃土壤，以典型引领为着力点，大力营造推动学习正能量、倡导新风尚的良好社会氛围。

（供稿：桐庐县）

78

迭代升级名校集团化战略
推进教育资源共优共享

2005年10月,时任浙江省委书记习近平同志在调研杭州外国语学校、杭州文澜学校时指出:"把优质学校办好,使优质教育资源发挥更大的作用,让更多的人享受优质教育。……发挥作用的渠道很多,比如扩大办学规模,尝试优质教育资源的集团化,让一般的学校共享优质资源,调整教育资源布局和配置等等,这些要针对不同的学校,采取不同的措施。"杭州在全国率先开启名校集团化办学探索之路,打破区域壁垒、城乡藩篱,推动教育资源重组、整合、优化,不断扩大优质教育资源覆盖面,形成城乡教育融合发展、共优共享的"杭州样本"。

一、目标成效

教育是民生之基。随着经济社会发展,人民群众对基础教育的需求由"好上学"向"上好学"转变;城市化进程的加速推进,使得破解城乡之间、区域之间教育发展不平衡问题显得尤为迫切。"八八战略"高度重视提高城乡、区域发展的协调性和均衡性,要求将统筹兼顾作为根本方法,持续提升城乡发展一体化水平。在"八八战略"指引下，杭州以名校集团化战略迭代升级为主要抓手，积极探索优质教育资源供给模式改革。2006年，杭州出台《关于实施中小学名校集团化战略的若干意见》，以名校集团化办学推动优质教育资源普及化、均衡化，实现共享，着力破解"上好学难"问题，在全国开先河。

二十年来，杭州名校集团化战略经历了以优质教育资源快速扩张为特点的第一阶段、以县域内教育优质均衡发展为标志的第二阶段，现已发展到以"跨域突破、县域盘活、师资融通、技术带动、治理跟进"为主要特征的第三阶段，形成了以集团化办学为核心策略的市域范围教育资源共优共享常态化机制。目前，全市共有教育集团537个，中小学名校集团化覆盖率达70%，优质基础教育资源辐射面持续扩大，实现省基本教育现代化区、县（市）全域覆盖。"新名校集团化：市域教育供给侧改革的杭州新探索"获得第五届全国教育改革创新典型案例优秀奖。

二、实践内容

2004年至今，杭州立足优化教育供给侧结构性改革，不断深化和拓展名校集团化战略内涵，积极探索优质基础教育资源由城市向农村，由主城区向周边新区、薄弱县市扩张的新路径，实现新常态下全域优质基础教育资源的城乡互动、异地共享、精准推送，有效提升了人民群众获得感、幸福感。

（一）发展区域特色教育共同体，实现县域内优质均衡。

各区、县（市）立足实际，组建各类区域教育共同体，实现人、财、物在县域内的整体规划、资源共享，提升集团化办学实效，促进县域内义务教育高位均衡。如西湖区探索实践"紧密型学校共同体"，以优秀管理团队输出为特征，实行"捆绑式"结对，推进城乡学校理念、特色、管理的一体化；原江干区通盘考虑存量资源和增量资源，重点打造"名校新校""区域联盟""教师研训""院校合作"四类教育共同体，呈现出学校利益共享、注入

城乡学校同步课堂

优质资源、区块整体拉动三大特色。2019年起，杭州市教育局融合"互联网＋义务教育"结对帮扶要求，统筹推进新时代城乡义务教育共同体建设，丰富集团化办学路径，指导各区、县（市）以融合型、共建型教共体为重点，组织结对学校以优扶弱、共赢发展。截至2022年底，全市教共体结对学校751所，覆盖所有乡村和镇区公办义务教育学校。

（二）推进跨区域教育协作，促进县域盘活优势共生。

一方面，支持主城区条件较为成熟的中小学校以集团化办学方式，到城市新区及县（市）举办、领办、承办当地学校，成体系地输出优质学校品牌。如上城区天长小学到原余杭区（现临平区）领办天长世纪小学，拱墅区文澜中学到余杭区承办文澜未来科技城学校等。另一方面，加大市域统筹力度，"一地一策"推动区域间集成化开展教育协作。

如组织上城等五个主城区教育局以"一对一"结对形式帮扶原大江东产业集聚区五个镇街，组织主城区优质学校与建德市梅城镇学校开展组团式互助协作，协调主城区与城西科创大走廊组建 40 个义务教育名校集团、30 个学前教育名园集团，2023 年又面向西部县市义务教育学校组建跨区域教共体 85 个，持续推动优质教育资源由主城区向周边辐射，缩小城乡教育差距，提升全域优质均衡水平。

（三）发挥市属高中龙头作用，加速优质资源全域拓展。

市属省一级重点高中均牵头组建教育集团，不仅将市属新建高中学校全部纳入名校集团管理，更全面吸纳西部县市和城西科创大走廊公办普通高中作为集团成员，着力构建"不同法人单位、联校管理"新机制。2016 年起，杭二中、学军中学、浙大附中、杭十四中等杭州市属高中名校相继"出市入县""下乡联姻"，与淳安、桐庐、建德等地高中组建紧密型教育集团，重点在师资建设培养、合作办班、管理交流、竞赛指导、教育教学资源共享等方面展开深度合作。同时吸纳区属的西湖高级中学、夏衍中学、艮山中学、钱塘高级中学等分别加入学军中学、杭高、杭十四中、杭四中教育集团，提升区属高中办学质量；吸纳西湖区、滨江区有关中小学加入杭二中、长河高中教育集团等，实施跨年段合作办学，不断扩大市属优质高中的辐射引领面。近年来为积极应对市区高中入学高峰，市、区两级合作共建优质高中，进一步拓展市属高中办学空间，与余杭区共建学军中学海创园学校，与萧山区共建杭二中钱江学校，杭十四中青山湖学校 2023 年投用，学军中学桐庐学校项目 2023 年上半年开工建设，杭高临平新城学校、杭二中富春学校计划于 2024 年投用。

（四）拓宽城乡共进思路举措，打好配套支持组合拳。

在优质师资共享上加大力度。2014 年起推进县域内义务教育公办学校教师校长交流，每年参与交流的骨干教师占比达 20% 以上。2017 年起分批建设由特级教师、优秀骨干教师等领衔的名师乡村工作室120余个，构建"1+10+N"的乡村教师培育机制，助力乡村学校"校校有名师"。2022年起实施"组团式"教育对口服务行动，遴选城区110名优秀教师分4队下沉西部县市，全职开展两年一轮的教育服务，帮助当地整体提升教育教学质量。在优质学位共享上加大力度。2015年起逐步推进主城区与萧山、余杭、富阳、临安、临平等新区优质普高双向定额招生，2023年双向招生计划达到1536人，比2021年翻一番，新区学生有了更多机会享受主城区优质教育资源。在优质数字资源共享上加大力度。2013年起实施中小学"名师公开课"项目，开发涵盖初中、小学主要学科的课程资源1300余节，面向全市中小学师生免费开放，各网络平台点播量累计超过1亿人次。2021年升级建设"美好教育云"基础平台，融通各级在线学习系统。2022年实施"共享优课"活动，征集遴选覆盖小学至高中全学段的优质微课资源，通过手机、电脑、电视多渠道"晒课"共享，进一步丰富全域普惠的在线教育应用供给。

三、创新亮点

（一）迭代深化顶层设计，构建完善城乡基础教育资源共优共享"杭州模式"。

在持续推进改革实践基础上，2018年出台《关于推进新名校集团化办学共建共享市域优质基础教育资源的实施意见》，通过跨层级转编、跨区域办学、跨时空共享、跨部门协同等创新做法，推动新名校集团化办学成为全市教育体制创新、管理优化、质量提升的强大引擎。2022年制定实施山区四县基础教育优质均衡发展、山区四县普通高中质量提升两大行动方案和城西科创大走廊基础教育高水平均衡发展工作方案，聚焦重点区域强化补短提升，建立健全市域范围共建共享优质基础教育资源的常态化机制，相关工作经验在2023年省共同富裕领导小组专班例会上交流推广。

（二）有效缩短学校发展周期，推动优质教育均衡化驶入快车道。

名校集团化战略及系列拓展举措的实施，大大加快了优质教育资源扩容的速度，也大大加快了教师专业成长的速度。新建学校在名校"零距离"示范下，往往只要通过2—3年，就可在质量管理、师资建设、校园文化等方面形成基本规范，进而实现跨越式发展。县域教师校长流动、名师乡村工作室建设、组团式教育对口服务行动等措施，打破了传统办学相对封闭的格局，既促进了师资的均衡配置，也激发了教师专业成长的活力，呈现出"流动一个，带动一片，提升一校"的良好效果。

（三）精准破解瓶颈制约，推进市属优质资源跨层级融通共享。

以杭州市属高中跨层级、跨区域集团化办学为核心增长点，积极寻求改革突破，带动优质资源倍增效应。创新跨层级教师编制划转管理机制。由淳安、桐庐、建德从本地的教师编制中一次性划转部分事业编制至杭州市本级，专项用于合作办学、师资互派，实现集团内学校教师派遣、招聘、培养的统筹安排，有效化解合作办学增量不增编的矛盾，解决核心学校师资和管理团队输出瓶颈。创新市、区两级合作共建优质高中办学机制。由属地无偿提供土地，市本级出资建设，跨层级合作共建高中学校，建成后由市属高中名校领办，市和区按1∶1比例招生，既使新区学生有机会在家门口享受优质高中资源，也缓解了初中毕业生人数逐年增长带来的市区高中学位缺口压力。通过合作共建办学机制，实现了杭州市属优质高中布点全覆盖城市新区，并向西部县（市）延伸。

（供稿：杭州市教育局）

79

"春风行动"助力杭州打造温暖善城

一、目标成效

2000年,杭州瞄准破解"困难群众生活就业难"问题,率先在国内开展以"社会各界送温暖、困难群众沐春风"为主题的"春风行动",推出七大方面33项优惠政策,着力保障和改善民生,提升困难群众的生活品质。"春风常吹、常吹常新"。经过二十三年的坚持与发展,"春风行动"已成为杭州慈善工作品牌,先后荣获"全国精神文明建设100例创建新方法"、"浙江慈善奖"、浙江省总工会"创新工作"一等奖,得到中央有关部门的高度评价,被《人民日报》誉为帮扶救助困难群众的"杭州模式"。

二、实践内容

"春风行动"主要做法可以概括为"一项活动、两手并重、三力合一、四级救助、五项机制、七大援助"。

(一)"一项活动"即"春风行动"。

杭州市委、市政府每年召开"春风行动"动员大会,部署任务提要求,明确目标出政策,各区、县(市)

和市直、相关单位狠抓落实勤推进，形成党政统揽总抓、工会牵头实施、部门通力合作、社会广泛参与的综合化、社会化帮扶格局，实现常态化、制度化、长效化。救助范围扩大到全市域，救助对象扩大到外来务工人员，救助项目扩大到33项，救助时间从岁末年初"送阵温"拓展成一年四季"送恒温"，实现"春风常驻"。

（二）"两手并重"即"输血"与"造血"两手抓、两手硬。

坚持经济救助和就业帮扶标本兼治，经济救助方面，23年来累计为368.46万余户（次）困难家庭发放助困、助医、助学、反哺、应急等各类救助金38.36亿余元。就业帮扶方面，建立救助与就业联动机制，以就业困难人员、"4050"人员、失业人员为重点帮扶对象，深入开展"充分就业社区"创建、"送政策、送培训、送岗位、送技能、送服务"等活动，帮助困难群众就业创业，打造了"充分就业社区""工会星期二就业绿色通道""阳光工艺大舞台""三券一员"等一批就业帮扶工作品牌。

（三）"三力合一"即党政主导、部门主体、社会参与。

先后出台《杭州市城市特困人员生活保障优惠扶助暂行办法》《关于对杭州市区困难群众实施援助的若干意见》等政策文件，加大制度保障力度。相关部门纷纷出台困难群众费用减免政策，最大限度降低困难家庭生活成本。企事业单位、社会各界大力弘扬"一方有难、八方支援"传统美德，踊跃参与。截至2022年，"春风行动"累计募集社会资金29.24亿余元，有7.02万余家单位、347.2万余人（次）向"春风行动"捐款献爱心，"一方有难、八方支援"成为社会各界的共识。

（四）"四级救助"即市、区（县、市）、街道（乡镇）、村（社区）四级救助圈。

市本级主要对人均年收入在低保标准100%—120%之间的困难家庭进行救助；区县（市）主要对人均年收入在低保标准120%—140%之间的家庭进行救助；街道（乡镇）主要对不能纳入上述两级救助圈但

生活相对困难的家庭进行救助；社区（村）主要负责以上三级救助圈各项帮扶救助措施的落实，同时对以上三级救助圈以外的困难家庭实施临时性帮扶救助。"四级救助"圈实现了困难群众的分级管理和救助，将不同困难程度、不同致困原因的困难家庭全部纳入帮扶救助范围，真正做到困难群众"出现一个发现一个、发现一个帮扶一个、帮扶一个解决一个"。

（五）"五项机制"即动态管理、职业培训、就业帮扶、社会共建、帮扶保障。

动态管理机制：及时掌握帮扶对象变化情况，符合条件的对象及时纳入帮扶救助范围，帮扶成功的及时按程序退出，实现能进能出。职业培训机制：整合学校、就业培训中心、民办职业培训机构和企业、群众团体、民主党派等力量，开展多渠道、多层次、多形式的职业培训，符合条件的给予培训鉴定补贴，提高就业困难人员、失业人员的职业技能。就业帮扶机制：大力发展第三产业、都市型工业，积极兴办非正规就业劳动组织，建立面向困难群众和失业人员的小额贷款担保基金，鼓励困难群众自谋职业、自主创业。社会共建机制：广泛组织动员企事业单位和社会各界人士开展送岗位帮扶、捐款捐物献爱心和结对解困帮扶等，形成全社会共同帮扶救助困难群众的工作格局和良好环境。帮扶保障机制：杭州市财政进行就业专项补助，杭州市总工会负责社会资金募集，杭州市审计局进行审计监督。

（六）"七大援助"即日常生活、文化生活、教育、医疗、就业、住房、法律七大方面33项优惠政策。

日常生活援助：水电气定额补贴，半价收取燃气初装费和自来水一户一表改装费，优惠购买公交IC卡；对残疾人实施生活补助，免收小区保洁费、垃圾清运处置费、遗体火化费等。文化生活援助：二折订阅《杭州日报》，免收有线电视安装费，免费办理借书证，免收公园IC卡年费等。教育援助：减免公办幼儿园保育费、九年制义务教育的住宿费和高中阶段的学费、代

为快递员提供法律咨询服务

管费,给予全日制大学生每生每年3000元的助学援助等。医疗援助:免交重大疾病医疗补助统筹费,享受惠民医院"十免交、十减半、十减免"政策,规定病种享受零起点医疗困难救助等。就业援助:登记失业人员可优先安排在社区公益性岗位上班并享受相应岗位优惠政策,申报灵活就业的,并给予400—500元/月的补贴。住房援助:适当减免危旧房改造自负费用,实施廉租住房租金补贴等。法律援助:及时提供法律咨询,代拟法律文书,提供刑事辩护等免费法律服务。截至2022年,市本级累计发放医疗、住房、水电煤等各类补贴,减免有线电视初装视听费、小区保洁费、自来水"一户一表"改装费、公交车费等各类费用达10余亿元。

三、创新亮点

（一）理念创新。

在全国率先形成"一揽子救助"理念，将"春风行动"上升为党政"一把手"工程，将各类帮扶救助政策一揽子纳入"春风行动"总体框架，有效克服了政出多门、无序救助等弊端，更好激发和调动了企事业单位、干部职工和社会各界参与困难群众帮扶救助的积极性，实现了困难群众帮扶救助的制度化、规范化、长效化，打响了"春风行动"工作品牌。

（二）机制创新。

四级分层救助机制实现阶梯式帮扶救助，既有效解决了多头救助、无序管理、标准不一等问题，又解决了"边缘群体"和"夹心层"问题。分类救助机制根据致贫原因采取有针对性的救助方法，有效解决了救助针对性不强的问题。"春风常驻"实现由"一阵春风"到"四季春风"的跨越，为困难群众构筑了一道又一道抗风险的有效防线。根据最低生活保障标准及时调整保障机制，确保低保家庭收入增幅高于全市居民平均收入增幅。将收入水平在低保标准100%—120%的家庭纳入拓展救助机制，与低保家庭同等享受市"春风行动"各项救助和优惠政策。

（三）方法创新。

坚持组织动员与自愿参与相结合，广泛动员机关、企事业单位、干部职工和社会各界人士捐款献爱心，不断浓厚全市上下、社会各界扶贫帮困、互助互济的良好社会氛围。建立一系列荣誉激励机制，从精神和物质层面给予肯定和激励，有力推动了个性化和社会化帮扶。

（供稿：杭州市总工会）

80

画好住房保障"同心圆"

习近平同志在浙江工作期间,把解决民生问题放在一切工作的首位,强调"最实在的事就是要着力解决民生问题,特别是关心困难群体,多做、大做'雪中送炭'的事,多搞一些直接造福于民的'满意工程''民心工程',切实把老百姓家门口的事情办好"。2004年,浙江省委作出建设"平安浙江"、促进社会和谐稳定的重大决策部署,制定实施《关于建立健全为民办实事长效机制的若干意见》。住房问题事关民生福祉,解决好大城市住房问题特别是新市民、青年人住房问题是住房领域最大的"民心工程",也是为民办实事的重要举措和生动体现。

一、目标成效

党的十八大以来,杭州坚持以习近平新时代中国特色社会主义思想为指导,深入践行"八八战略",以解决新市民、青年人住房困难为圆心,以多元化、多渠道保障为半径,加快完善多元化住房保障体系,画好新市民和青年人住房保障的"同心圆",努力在更高水平上实现"住有宜居",在更广范围内实现优质共享，形成群众看得见、摸得着、体会得到的大城市多元化住房保障标志性成果。截至目前，杭州市城镇住房保障受益覆盖率已达 25.84%，居全省前列；公租房基本实现对城镇户籍家庭应保尽保，保障性租赁住房工作走在全国前列，在省内率先启动共有产权保障住房配售，相关工作得到国务院领导、省委主要领导的批示肯定。

二、实践内容

（一）扎实公租房兜底保障。

杭州自 2011 年开展公租房保障工作以来，通过实物和货币并举的方式不断满足困难群众的多样化居住需求。截至目前，已累计保障住房困难家庭 33 万户，其中以新市民和青年人为主的新就业大学毕业生、创业人员保障量占公租房保障总量的 60% 以上。

扩大保障范围。率先打破户籍限制，将部分非杭州户籍的住房困难家庭纳入保障，实现公租房保障全覆盖，让新市民和青年人在杭州就业创业吃下"定心丸"。同时，不断放宽收入准入标准，由 2011 年的家庭人均年度可支配收入低于 30035 元放宽至目前的 68666 元。

优化保障方式。针对以往实物配租轮候期长、无法及时享受保障的问题，杭州于 2022 年起实行公租房"货币补贴日常受理＋实物配租预登记"的保障模式，符合条件的保障家庭可先领取货币补贴，后续可根据家庭情况参与实物配租预登记，转为实物配租保障，实现保障方式的无缝衔接。

推进重点保障。为有效解决公共服务行业一线职工的住房困难，杭州于 2014 年起实施专项公租房配租机制，在分类分层次保障的基础上，以房源切块、定向配租形式面向环卫工人、公交司机、青年医生、青年教师、产业工人等群体开展公租房专项配租，有效解决特定行业家庭的住房困难。

加大房源筹集。2009—2010 年，杭州先后在半山田园、塘北等七个地块率先开展公租房集中建设工作，并于2011年增加了在商品住宅项目中配建公租房的筹集渠道；2021年，又进一步明确了2022—2023年集中开工建设250万平方米公租房的目标要求。截至目前，全市累计筹建公租房16.8万套，其中已交付房源5.7万套。

（二）大力发展保障性租赁住房。

2021年，根据国务院关于加快发展保障性租赁住房的要求，制定印发《杭州市加快发展保障性租赁住房实施方案》，将发展保障性租赁住房作为"十四五"期间的重点工作，明确筹集33万套（间）的目标任务，重点解决新市民、青年人的住房困难。

切实加强组织领导。围绕"十四五"目标任务，建立市、区两级保障性租赁住房领导小组工作机制，联合相关部门统筹推进保障性租赁住房工作。同时，综合全市人口、城市规划、土地、房屋等要求，按年度分解下达目标任务至各城区，加快推进筹建工作。

健全配套政策体系。加快构建保障性租赁住房"1+X"政策体系。2022年相继出台保障性租赁住房项目认定、租赁管理、水电气价格等5个方面配套政策，细化明确保障性租赁住房项目认定范围、认定程序、项目主体、房源、租赁等要求以及相关设施配套费减免等优惠政策，初步形成了集"筹集、认定、管理、支持"为一体的规范化管理体系，为深化发展保障性租赁住房工作奠定了良好政策基础。

拓宽项目筹集渠道。按照"能早则早、能快则快、能多则多"总体要求，积极开展保障性租赁住房筹集认定工作，不断拓宽房源筹集渠道，重点推动蓝领公寓、人才专项租赁住房、产业园区职工宿舍、非居住存量房屋改建、农居安置房转化筹集。截至目前，全市累计筹集保障性租赁住房项目267个、房源15.3万套（间）。

（三）加快探索共有产权住房实践路径。

2021年，杭州在浙江省率先出台《杭州市共有产权保障住房管理办法》，正式启动共有产权住房保

浙江省首个公租房集中建设项目：田园公租房小区

障工作，并于2022年先行开展人才共有产权保障住房试点工作，以探索形成共有产权保障住房建设、销售、运营、退出全流程管理模式。

强化顶层设计。以改革创新精神推进制度创新，先行先试人才共有产权保障住房配售，研究制定《杭州市人才共有产权保障住房实施方案（试行）》，明确配套政策和保障标准，确定2022—2024年筹建3万套人才共有产权保障住房、每年筹建不少于1万套的工作目标。

积极筹措房源。紧盯房源筹建目标任务，按照选址供地、方案设计、施工招投标、领取施工许可证等各环节进行细分督办。加强市区联动，倒排开工计划，落实专人动态跟踪，全面摸排政府持有存量房源进行转化。截至2022年底，通过新建和既有房源转化的方式筹集房源10241套。

推进试点先行。积极推进人才

共有产权房配售试点工作,指导钱塘区成功开展全省首个人才共有产权保障住房项目(沁香公寓)的试点销售,推出房源407套。从2023年起,将试点范围扩大至全市。截至目前,已开展试点配售项目4个,推出房源2250套。

三、创新亮点

(一)在探索发展保障性租赁住房方面走在前列。

杭州于2017年和2018年分别开始探索建设蓝领公寓和人才专项租赁住房,用于解决外来务工人员和在杭稳定就业的青年人才等新市民、青年人群体阶段性住房困难,并于2021年在国家明确发展保障性租赁住房的政策后,将上述两类房源统一纳入保障性租赁住房管理。同时,初步搭建起"筹集、认定、管理、支持"为一体的保障性租赁住房工作机制,相关工作经验多次被住建部推荐在全国推广。2022年,杭州被国务院列入发展保障性租赁住房工作激励城市名单。

(二)在推动公租房保障优质共享方面走在前列。

率先打破户籍限制,将部分非杭州户籍的新市民、青年人等群体纳入公租房保障范围;建立专项公租房分配机制,聚焦不同行业的差异化需求,制定专项分配方案,实现保障资源的精准覆盖,累计分配专项公租房4000余套;公租房建设标准参照普通商品房住宅建设标准实施,在商品住宅中配建的公租房的建设标准与品质不低于所在地块商品住宅。2022年,杭州公租房保障工作得到韩正同志批示肯定。

(三)在做优做强人才住房服务方面走在前列。

杭州从2014年起对高层次人才实行购(租)房补贴,累计发放高层次人才购房补贴1152户、9.68亿元,发放高层次人才租房补贴5429户、1.62亿元;从2020年起对新引进应届大学生实行租房补贴,累计发放补贴31.85万户、34.7亿元。2022年12月,在省内率先开展人才共有产权保障住房试点配售工作,超过90%的购房家庭为年轻人才家庭。人才共有产权住房制度，在解决中低收入年轻人才在杭首次购房问题方面发挥了积极作用。2022年，杭州人才共有产权保障住房工作得到时任省委书记袁家军的批示肯定并在省内推广。

（供稿：杭州市住保房管局）

81

探索普惠托育服务体系
打造共富标志性成果

党的十八大以来，以习近平同志为核心的党中央高度重视、亲切关怀儿童健康成长，始终坚持儿童优先原则，为发展托育服务提供了重要遵循。杭州不断推进3岁以下婴幼儿照护服务工作，构建普惠托育服务体系，努力让每一个孩子都能享受到优质的照护服务。

一、目标成效

3岁以下婴幼儿阶段是一个人全面发展的开端，是人生发展的重要时期。幼有所托，幼有善育，是共同富裕题中应有之义。杭州现有3岁以下婴幼儿25.05万人。随着国家生育政策的调整，发展普惠托育服务，成为积极生育支持措施的重要内容。然而，托育服务市场以社会资本投入为主，托育服务价格偏高，普惠托育服务尚处于培育推广阶段，无法完全满足群众需求，建立普惠托育服务体系迫在眉睫。为此，杭州将构建普惠托育服务体系纳入高质量发展建设共同富裕示范区重大改革项目，坚持体系构建、普惠导向和规划引领，从政策体系、服务体系、管理体系等三个方面，完善体制机制，破解重点难点问题，形成系统性的经验做法，探索可复制、可推广的方法路径。

二、实践内容

（一）市级统筹，建立普惠托育服务政策体系。

杭州市政府办公厅印发《关于促进3岁以下婴幼儿照护服务健康发展的通知》《关于推进产业园区嵌入式幼儿园（含托育）发展的实施意见》，杭州市直部门积极探索推出切实管用的政策举措。特别是2022年以来，聚焦"办托找房难""收托价格高""送托不放心"三大难点痛点，开展普惠托育服务集成改革，加强全市层面统筹，从机制上解决婴幼儿照护服务的要素资源保障和可持续发展问题。

杭州市卫健委会同市规划资源局、市建委、市民政局联合印发《杭州市婴幼儿照护服务设施配建办法》，在全国首创可落地、有保障的婴幼儿照护服务设施配建机制。该办法充分体现规划先导思路，明确规划配置具体要求，新建居住区、已建居住区按每百户一定面积配置婴幼儿照护服务设施，产业园区按每万人配置一处设施，并且从规划、建设、移交、使用管理多个环节将专业意见参与其中，突出部门协同性和全流程管理，保障配建用房婴幼儿照护服务用途，提高婴幼儿照护服务设施的可及性、便捷性。

杭州市卫健委、市教育局、市财政局联合印发《杭州市普惠性婴幼儿照护服务机构认定管理暂行办法》，改变"一刀切"式认定方式，考虑城乡之间、区域之间差异性，建立符合杭州实际的不同办托主体适用的普惠认定机制和精细化的财政补偿机制，同时明确托育机构申请认定、签署协议、服务提供、资金补助的具体流程。普惠托育机构认定与当地上年人均可支配收入挂钩，普惠机构补助标准与收托服务对象的年龄挂钩，具体补助金额与该机构服务质量、家长满意度挂钩，普惠收托每人每月补助300—900元不等。

制定出台《关于推进杭州市婴

幼儿照护医育结合工作的通知》，通过以医促育、医育融合、协同推进，建立医育结合的工作机制，提升托育服务质量，助力儿童早期发展。

（二）多元主体，建立普惠托育服务供给体系。

2020年以来，婴幼儿照护服务连续四年纳入浙江省、杭州市政府为民办实事项目，分别从新增托育机构、新增普惠托位、新增社区婴幼儿成长驿站、提供家庭育儿公益课程等方面，增加优质服务资源供给。

推进社区办托。积极推动社区提供场地办托，有效降低经营成本，向辖区居民提供低于市场价的托育服务。街道层面因地制宜，挖掘资源，将社区普惠托育点融入未来社区建设、老旧小区改造整体方案，并引入专业机构运营。目前，已有43个社区开办了公建民营型普惠托育园，各地正在积极推进每个街道至少有一家普惠托育机构。同时建成社区婴幼儿成长驿站431家，提供育儿技能指导、亲子游戏陪伴、儿童健康管理等服务，积极探索实施计时制临时托管、家长互助式托管服务。

支持单位办托。鼓励企事业单位、产业园区利用存量建筑，临时改变建筑物使用功能，在达到准办标准和消防技术规范的前提下举办托育机构。如海康威视集团、北部软件园、之江实验室等都开办了面向内部员工的普惠托育园，实现带娃上班。杭州市妇产科医院、市儿童医院、萧山医院等8家医疗机构腾挪空间内部办托，并成立"卫健系统托育服务联盟"，实现资源共享。

引导社会参与。杭州市本级和区、县（市）层面积极出台政策，为社会力量参与普惠托育服务供给提振信心，让普惠托育服务供给的主体更加多元，为有需求3岁以下婴幼儿家长提供更多质量有保障、价格可接受的托育服务。目前，各类婴幼儿照护服务机构已达1046家（含幼儿园办托），可提供托位4.59万个，每千人拥有托位数达到3.7个。

（三）医育结合，建立普惠托育服务管理体系。

发挥医疗机构的专业化优势，通过管理队伍的协同，服务载体的

社区公建民营普惠托育园

创设，信息平台的贯通，实现专业力量的有机导入。

建立医育结合工作制度。基层医疗卫生机构与辖区婴幼儿照护服务机构（包含托育机构、婴幼儿成长驿站）建立签约服务制度，基层儿童保健人员每两个月至少到辖区托育机构、每三个月至少到社区成长驿站实地指导1次。如闸弄口街道社卫中心与海贝托育园签订"医育结合"合作协议，成立"阳光宝贝照护工作室"，为托育园提供四个"一"服务，即"一套生长发育检测""一系列家长讲座""一个签约家庭医生""一套儿童健康手册"。

迭代"数智托育"改革。围绕托育服务"房、人、资金"三个关键节点，整合托育服务全流程数据，推动就近托、便捷托、放心托。上线"一图通览"，构建婴幼儿照护服务设施配建地图，精准匹配供需。

推动"一键直补",构建不同办托主体适用的多维度普惠托育认定补贴算法。升级"一键入托",家长可一键筛选匹配托育机构,一键预约入托体检。推动"一网监管",探索托育服务人员相关资格证照电子化、食谱可视化和监管可视化。

做优医育服务载体。各级妇幼保健院建立实训基地,岗前与职后相结合,提升托育机构从业人员照护技能。基层医疗卫生机构通过资源整合,优化布局,强化养育照护指导,打造儿童健康服务中心。城乡社区婴幼儿成长驿站每年为居民群众提供6—12次育儿公益课。特别在农村社区成长驿站,养育照护小组活动和育儿公益课,成为提升留守儿童早期发展能力的有效手段。

三、创新亮点

杭州通过建立普惠托育服务政策体系、供给体系和管理体系,为持续增加普惠供给提供了制度保障。

(一)规划落地,有房办托。

杭州明确将婴幼儿照护服务设施纳入城市规划基本配套,出台《杭州市婴幼儿照护服务设施配建办法》,在全国首创新建居住区和既有住宅分别按每百户15平方米、10平方米配置楼层采光适宜的婴幼儿照护服务用房的政策规定,在年度建设用地供应计划中保障托育用地需求。同时,结合新建项目审批、老旧小区改造、未来社区建设,差异化实现配建设施落地,为街道社区举办普惠托育机构提供要素支撑。

(二)医育结合,有人管托。

发挥医疗机构的专业化优势,通过专业力量的有机导入,促进家庭养育照护技能和托育服务质量双提升。创设婴幼儿成长驿站这一社区服务载体,依靠基层医疗卫生机构的专业力量和村社组织的强大动员力,填补0—3岁社区服务空白,构建生育友好社区支持环境。

(三)机制引导,促进普惠。

依托社区和单位两端,推动街道社区、企事业单位、产业园区和幼儿园等各类主体办托,推动各类办托模式由点及面渐成风景,可复制推广。通过建立精细化的普惠认定机制和财政补偿机制,以普惠认定和服务补贴为正向引导,为各方力量参与普惠托育服务,指明方向和路径。探索将普惠托育纳入基本公共服务试点,推动均衡发展。

（供稿：杭州市卫健委）

82

建设婴幼儿照护服务先行示范区

党的十九大报告中首次提出，在"幼有所育"上不断取得新进展。2019年5月，国务院办公厅印发《关于促进3岁以下婴幼儿照护发展的指导意见》。近年来，拱墅区聚焦全生命周期照护服务，紧紧围绕省委提出打造"浙有善育"金名片目标，用好中国计生协3岁以下婴幼儿照护服务示范区的优势，全面探索构建符合新时代特色的普惠托育服务体系，着力打造共同富裕标志性成果。

一、目标成效

拱墅区始终牢记习近平总书记嘱托，忠实践行"八八战略"，深刻领会卫生健康现代化内涵要义，找准卫生健康现代化先行基本路径，全方位全周期护佑婴幼儿健康，为推进卫生健康现代化筑牢基石。在全省率先实现3岁以下婴幼儿照护服务全领域全过程的创新突破和实质性提升，成为浙江省普惠托育基本公共服务首批试点区和杭州市数字赋能"一老一小"试点区,相关工作入选浙江省改革创新最佳实践案例、省数字社会案例集、省卫生健康信息化十大案例、2022年度省数字社会最佳应用和"浙里共富"(实践创新)专报。目前,全区共有各类婴幼儿照护服务机构160家,照护托位4363个,其中普惠性托位730个,每千人拥有托位3.89个,均处于杭州市前列。

二、实践内容

（一）多方联动,解决"空间"问题。

充分挖掘政府、市场、企事业单位各方空间资源,全区托育机构和小伢儿驿站合计超4万平方米（不含幼儿园托班）。在老旧小区中推进社区普惠性托育机构建设,通过存量用地增建、既有建筑改建、企事业单位移交,累计拓展托幼场地1.2万平方米。在企事业单位中探索嵌入式托育机构建设,杭州市儿童医院、浙大城市学院、武林杭州医院和北部软件园等建成托育中心,实现"带着伢儿去上班"。加强与教育部门协作,根据学前教育资源配置实际,鼓励有条件的幼儿园开设托班。2022年全区有39所幼儿园开设托班59个,招收适龄托班幼儿1011人,分别比上年增长103.45%、92.57%。2023年2月,创新推出寒假托班对外招生,有2个幼儿园托育部实现新招生、6个幼儿园托育部实现补充招生,共计新入托约60人。

（二）多管齐下,解决"资金"问题。

保障财政投入,连续三年将托育项目列入拱墅区"十大民生实事",区级财政累计投入1510万元用于托育机构、婴幼儿成长驿站、医育结合等各类补助。激活机制动力,鼓励机构采取公建民营、民办公助等方式参与普惠体系建设,对合规备案且符合条件的社会办托育机构按照面积和收托人数给予建设补助和运营补助,2022年发放51家机构奖补342万元,新增备案机构32家。围绕降低百姓负担,通过托育一件事、养育照护一键通等平台推动信息公示、方便群众比较，目前有58%以上的婴幼儿照护服务备案实行普惠收费。

（三）多点发力，解决"体系"问题。

建立"一院两中心三基地"，即建立区婴幼儿健康发展研究院，成立区婴幼儿照护服务指导中心和"阳光小伢儿"智慧妇幼监管服务中心，落地全国儿童早期发展进家庭项目基地、国家首批婴幼儿养育照护指导中心规范化创建基地和华东地区首个中国人口与发展研究中心托育政策实验基地等3个国家级基地，筑牢婴幼儿照护服务网底，提供专业技术支撑。探索"医育结合"服务模式，53位儿保医生发挥专业优势，进驿站、进机构提供"医育结合"指导服务。驿站"医育结合"签约54家，备案托育签约63家，实现辖区已备案照护服务机构"医育结合"签约全覆盖、18个街道"医育结合"服务全覆盖。成立全国首家婴幼儿照护服务协会，协助开展托育人员培训、托育质量管理，成员单位"以优促优、以优带差"推动托育服务自我规范、主动提升。

（四）多措并举，解决"质量"问题。

制定《"阳光小伢儿"区域规划设置标准》等行业标准，破解成长驿站、托育机构、师资队伍等发展难题。按照有统一标识、有固定场所、有完备设施、有管理制度、有人员管理、有地图可查"六有标准"，规范机构建设。试点全国托育机构膳食标准制定项目和全省基层高危儿规范化管理项目，规范项目管理。开发"拱墅区养育照护指导课程教案"AB系列，将托育服务人员纳入区职业技能提升行动规划，每年举办区级培训，2022年起连续举办培训3期，近200人获得保育员上岗证。

（五）多线创新，解决"协同"问题。

开发"阳光小伢儿·智慧妇幼监管服务平台"，绘制全域托育一张图，实时掌握全区托育资源供给、托育机构分布、托位使用情况等10项指标，用数据说话，为政府科学

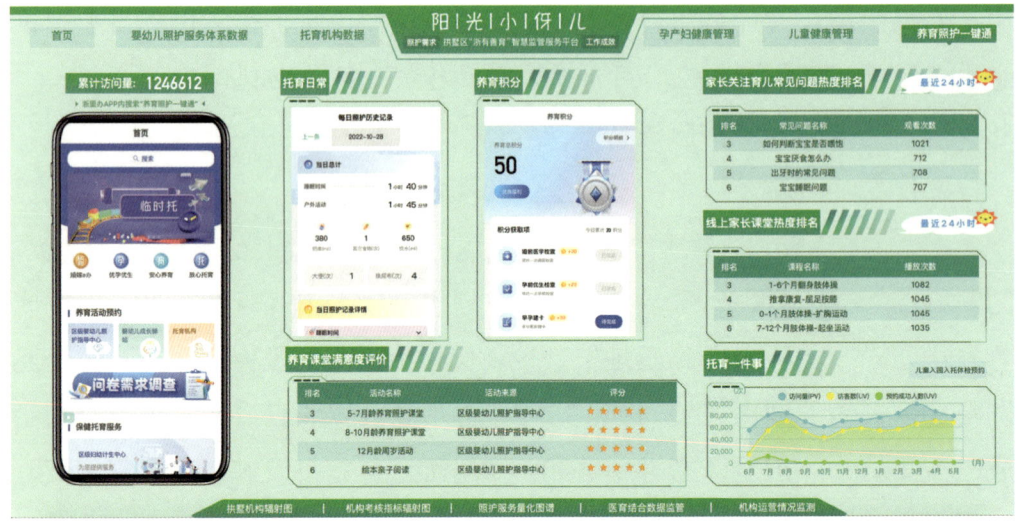

数字赋能婴幼儿照护服务

决策提供有力支撑。将AI视频接入政府雪亮工程，实现对托育机构内儿童生活情况的实时监管。在"浙里办"上线"养育照护一键通"，家长可以快速查询附近所有已备案的托育机构和相关信息，实现"机构筛选—探园申请—预约体检—正式入园"全流程闭环入托服务。开设养护课堂，指导家庭科学育儿，2022年近9000组家庭参加线下指导课，线上育儿课浏览量超过116万。在全国首推"建托指引服务"模块，实现政府—机构数据共享，机构申报人通过办托地址可以实时了解辖区的托育服务资源及其相关配套信息，为科学布局托育机构提供数据支撑。

三、创新亮点

（一）应用开发方面，数字赋能，形成服务监管决策全流程闭环。

聚焦"全周期托育服务、全流程机构监管、全方位数字决策"的目标，打通数据壁垒，开发"智慧照护监管服务平台"，"婴幼儿智慧照护"应用服务端、治理端两端架构成熟运作，实现托育服务"一键享"、托育机构"一网管"、托育资源"一图配"。

（二）理论研究方面，专业化支撑，形成"一院两中心三基地"。

通过"一院"擦亮专业金名片，邀请国内权威专家开展政策理论研究、事业发展规划和行业规范制定；通过"两中心"搭建高水平平台，实现辖区内婴幼儿健康和人员培训等动态监管；通过"三基地"发挥示范引领，做精拱墅区普惠托育体系。

（三）服务创优方面，借力数字化改革，高效赋能婴幼儿照护服务。

形成托育机构"运营前备案、运营中全程监管、运营后星级评价"闭环，实现精细化、主动化、可视化管理，为进一步优化托育资源配置、打造15分钟"幼有所育优质服务圈"提供决策依据。

（供稿：拱墅区）

83

推进慈善信托高质量发展

为全面落实《中共中央国务院关于支持浙江高质量发展建设共同富裕示范区的意见》,2021年6月浙江省委、浙江省政府印发《浙江高质量发展建设共同富裕示范区实施方案（2021—2025年）》,同年9月浙江省民政厅印发《推进民政事业高质量发展建设共同富裕示范区建设行动方案（2021—2025年）》,杭州被确定为浙江省高质量建设共同富裕示范区的唯一一个慈善信托专项改革试点城市。试点的主要任务是：在现有的政策框架下，借力数字化改革，重点探索创新税收优惠政策落地、优化备案流程、打通票据开具堵点、加大监管力度等方面工作，实现信息交互、税收政策享受等多个环节的资源共享，形成慈善信托发展"杭州经验"，探索出一条在全省乃至全国可复制可推广的发展路径，使慈善信托成为第三次分配中的有力抓手，实现慈善促富目标。

一、目标成效

杭州受领改革试点任务后，锚定任务目标，全盘谋划、狠抓落实，建立市委、市政府领导挂帅的专班化推进机制，制定出台《杭州市高质量发展慈善信托专项改革试点方案》，大胆探索、勇闯新路，将试点打造成亮点，在多个领域形成慈善信托发展的"杭州经验"，为推动共同富裕提供省域范例。

二、实践内容

慈善信托是社会各界参与慈善事业的一个重要载体，具有门槛较低、运作较灵活、资产增值保值、能更好体现委托人意愿等优势，是慈善事业发展的新增长极。大力发展慈善信托，对于扩大慈善的参与基础，丰富慈善的参与方式，拓宽慈善参与渠道具有重要意义。

慈善信托作为慈善事业发展的新领域、新途径，在发挥三次分配、推进共富建设中有着极其重要的作用。杭州慈善信托起步较早，自2016年《慈善法》、2017年《慈善信托管理办法》颁布施行以来，先试先行、改革突破，慈善信托发展走在全国前列。

（一）慈善信托规模走在前列。

杭州慈善信托主要聚焦扶贫济困、抗击疫情、抗洪赈灾等方面，同时呈现多元化发展特点，在促进科、教、文、卫等事业发展中均有体现。截至目前，慈善信托备案231单12.72亿元，备案单数和备案规模"双量"稳居全国大中城市首位。全市慈善信托财产金额预计2023年底突破13亿元。

（二）慈善信托实践走在前列。

杭州设立多个全国首单慈善信托，为慈善信托发展提供了宝贵的实践经验。一是"乐淳家族慈善信托"，为财富家族的慈善管理提供了样板；二是"家族+慈善"模式的"幸福传承慈善信托"，为高净值人士提供了家族慈善综合解决方案；三是环境保护主题的"中国水源地保护慈善信托"，为水源地保护提供了长效机制；四是"艺酷慈善信托"，为艺术品慈善信托提供了范例；五是全国信托财产金额最大的股权慈善信托"鲁冠球三农扶志基金"，对股权慈善信托的设立及管理进行了探索；六是公证处作为监察人的慈善信托"中建投信托·善泉5号（应急救灾类）慈善信托"，进一步丰富了慈善信托的参与主体。

（三）慈善信托研究走在前列。

2020年9月，中国首个慈善信托研究基地落户杭州，为慈善信托领域实践与理论研究搭建了优质平台。建立慈善信托法律顾问制度，为具体实操提供法律指导。课题研究报告《杭州市慈善信托发展现状与对策探析》，获民政部2022年民政政策理论研究三等奖。

三、创新亮点

2022年，杭州推动出台创新政策"组合拳"，全国第一张有地方政策文件支持的"穿透捐赠票据"、第一个不动产慈善信托财产登记文件、第一个全方位全流程慈善信托工作指引都出自杭州，杭州正在探索一套在全省乃至全国可宣传、可推广、可复制的经验和模式。

（一）落地慈善信托穿透开票。

引导慈善组织、信托公司"双受托"形式，落地慈善信托"前端开票"税收优惠机制。积极探索慈善信托"后端支出"给予税收抵扣，浙江省银保监局和杭州市财政、税务、民政等部门联合会商，出台《关于通过慈善信托方式开展公益性捐赠有关问题的通知》，慈善信托相关主体税收优惠政策迈出实质一步。按照委托人、受托人、受益人和货币性资产"四个本地"要求，加强慈善信托项目执行引导，在向慈善信托委托人开具全国第一张具有地方政策支持的公益性事业捐赠票据基础上，又开具第二单。

（二）推动慈善信托规范发展。

出台《杭州市慈善信托工作指引》，全面规范慈善信托的设立备案、财产处理、变更终止、绩效评估、信息公开和监督管理等工作流程。设立全国首个金融系统慈善信托项目，10家金融机构一期捐赠资金1100万元，鼓励通过"母—子基金"结构的撬动作用，引导高净值人士群体，灵活设置慈善信托项目，开展共富项目定制化服务，计划三年内基金规模达到1亿元。

全国首个金融系统慈善信托项目落户杭州

（三）加大慈善信托项目实践。

出台不动产慈善信托政策，解决了不动产信托财产登记问题，为非货币慈善信托实践提供政策依据。盘活慈善信托存量资源，2023年"鲁冠球三农扶志基金"项目对淳安特别生态功能区建设资助金额达到2600余万元。

（供稿：杭州市民政局）

84

打造新中国第一个居委会 基层治理践行范例

2004年,时任浙江省委书记习近平同志主持召开建设"平安浙江"工作座谈会,强调要开展宽领域、大范围、多层面的"平安浙江"建设。之后,省委十一届六次全会作出建设"平安浙江"、促进社会和谐稳定的决定,把"枫桥经验"融入全面建设"平安浙江"战略布局。

作为"枫桥经验"践行阵地,上羊市街社区一直秉持"传承历史第一、争创现实第一"的工作理念,以杭州首张"民意小圆桌"为重要抓手,建立并不断完善"坊治理"机制,在探索基层治理体系和治理能力现代化方面取得显著成效,充分发挥了"新中国第一个居委会"的引领示范作用。

一、目标成效

以习近平总书记关于全过程人民民主的重要论述和党的二十大精神为指引,推进"新中国第一个居委会"各项工作走向纵深。

民主协商再升级。自2019年10月杭州市首个"民意小圆桌"落地上羊市街社区以来,社区不断丰富议事协商方式方法,累计听取民情、收集民意920余件,解决问题超800

件，有效破解基层民主自治过程中普遍存在的覆盖面不足、达成共识难、举措缺乏科学性等难题。

幸福指数再提升。将评估机制引入社区建设，构建完善"议事—执行—反馈—调整"闭环循环运行的有效机制，进一步形成以问题为导向的工作机制。2021年，社区旧改项目居民满意度超90%。

示范建设再推进。在民政、公安部门的指导关心下，联动杭州电视台《我们圆桌会》栏目，以及浙江工商大学、杭州师范大学、浙江大学等高校，建立学研基地，促进学术理论与基层实践更好结合，助力社区协商民主社会化、法治化、智能化和专业化，形成可复制可推广的"上羊经验"。

二、实践内容

（一）提炼一个精神。

敢为人先、勇于探索、不断前行、甘于奉献、坚韧不拔，在探索基层治理体系和治理能力现代化的道路上，上羊市街社区工作者用自己的实际行动诠释了一种精神，这就是"上羊精神"，并以此引领基层协商民主的创新发展。

（二）树立两个标杆。

树立党建引领下的基层自治首创标杆。突出以高质量党建引领高水平现代社区建设，建立党建工作与现代社区建设互为一体的基层自治体系，推动党的政治优势、组织优势、密切联系群众优势转化为现代社区建设的动力支撑。创新党建引领下的社区与社会组织、社会工作者、社区志愿者、社会慈善资源的"五社联动"机制，有效激活多方力量参与促进社区治理。

树立全过程人民民主的时代典范标杆。在全过程人民民主中，上羊市街社区居委会在"民主选举"环节已率先走在前列，成为"历史第一"。近年来结合完整社区、现代社区、共同富裕基本单元等建设，努力成为"全过程人民民主的时代典范标杆"。

（三）塑造四大品牌。

完善"民意小圆桌"协商平台。

一是"三级体系"规范议事。由居委会牵头,在居民参与的基础上制定"民主议事主题清单",以居委会下设的五大委员会为执行主体,以社区、小区、楼栋为单位分别设立邻里圆桌会、邻里小圆桌和楼道议事组三级议事体系。二是"五大委员会"开展议事。五大委员会研

上城区上羊市街社区居委会

判确定社区、小区、楼道的公共议题，按照"必须议、不能议、可以议"三种类型议事规范，建立健全圆桌会的知情、沟通、反馈环节。三是"六民工作法"执行议事。五大委员会组建议事工作组，充分运用"民事民提、民事民议、民事民决、民事民筹、民事民办、民事民评"的"六民"工作法，通过线下的邻里值班室和线上平台的云尚议小程序收集民情民意。

深化"邻里值班室"服务机制。在社区党委领导下，打造"线上+线下"具有紫阳特色的邻里110服务体系。一是建立"1+4+N"邻里值班体系。即一个社区总值班室和四个片区分值班室、N个楼道（庭院）值班点。网格居民骨干轮流坐班，听取民情民意。二是建立"自我服务"闭环机制。建立规范的民情日记记录制度、月度问题处置通报会制度、季度联席会议制度、邻里应急情况处置流程等正向联结及自我服务机制。三是建立"邻里110"线上平台。通过"邻里110、有事叫得灵"平台，创建集中"收集、反馈、评价、数据集成"为一体的线上"紫阳邻里码"，制作数字化服务地图与治理地图，开展网格指数、社区指数双评价，解决居民问题，努力实现"二降一升"（即110、12345投诉率降下来，要求居民满意度提上来）的目标要求。

拓展"邻里公益汇"联动模式。充分发挥社区、社会组织、社会工作者、社区志愿者、社会慈善"五社联动"力量参与共建社会治理。一是邻里基金"联动"。以社区发展协会作为邻里公益汇的执行主体，成立上羊邻里基金，下设各类社会组织，协助社区发展协会日常运作。二是邻里项目"驱动"。邻里公益汇推行社区服务"项目化管理"，推行"项目领办—计划制定—项目实施—组织督办—项目评估"的标准化流程，提升"解题"效率。通过项目形式融合政府、企业、社会组织和居民等多种力量共同参与社区治理，调动居民积极性，充分发挥"五社联动"作用。三是邻里资源"撬动"。社区发展协会运用慈善手段和机制链接和筹集企业、乡贤和爱心人士、国有企业闲置资产等各种慈善资源协同解决社区公共事务和社区发展的问题，以达到改善民生福祉、促进社区发展、居民安家乐业的目的。

培育"邻里帮帮团"自治队伍。强化"选、育、用"连环扣机制，组建邻里帮帮团队伍。成立社区组织"邻里帮帮团"作为自治队伍的执行主体，成员由社区居民骨干组成。一是选出来。通过楼道单元推荐、自荐、线上征集等方式，把一批能干事、愿干事、会干事的骨干"选出来"。二是育起来。通过"居民骨干力量培育"项目的培训，增强邻里帮帮团服务意识，提升整体业务能力，使其能带头承担便民志愿服务、社区民情收集、居民矛盾调解、社区政策宣传、社区事务监督等。三是用起来。明确居民骨干在网格中的作用，设置"一长六员"，"一长"即邻里值班室值班长，"五员"即政策宣传员、民情信息员、纠纷调解员、便民服务员、管理督查员。第一时间发现报告、协同处置楼道内的突发事件。

三、创新亮点

（一）注重迭代升级。

升级完善左邻右舍社区治理创新园，结合现有邻里客厅、邻里话坊、邻里公益、邻里学苑等邻里系列场地的功能，分别嵌入并一一展示协商民主"邻里四大品牌"的四个场景。

（二）注重提炼总结。

在机制创新、平台构建、模式打造、队伍建设四个方面入手，提炼总结出具有上羊特色且能让群众信赖并运用的基层治理体系，提供可学习、可复制、可借鉴的居民自治实践样板。

（三）注重宣传推广。

开展"第一居"品牌建设系列宣传，以"时代""首创""典范"为关键词，通过微电影、情景剧、沉浸式体验等新方式开展宣传，同时设计推出上羊IP，全方位立体式宣传第一居品牌特色。

（四）注重成果研讨。

发布基层治理上羊成果，举办"新中国第一个居民委员会"寻访成果发布十五周年论坛，邀请民政领域领导和专家参与。

（五）注重互动体验。

以点线结合方式，创新元宝街、金狮苑"议事协商体验点""基层治理实验点"等沉浸式体验点，讲好胡雪岩故居、朱智故居等坊巷故事，打造"第一居特色风貌街"，形成常态化的个人体验打卡点和综合团参观线路。

（供稿：上城区）

85

以"66810"建设共治共享大运河幸福家园

2003年,习近平同志在浙江工作期间,先后三次深入拱墅区长庆街道王马社区视察,对社区基层党建、平安创建、为民服务等工作给予充分肯定并提出殷切希望。长庆街道遵循习近平同志的谆谆教诲,在全国首创"支部建在楼道"基础上,探索以"六必到、六必访、八必报、十条为民服务线"为主要内容的"66810"为民服务工作法,不断完善具有长庆辨识度的共建共治共享社会治理体系,入选民政部100个优秀社区工作法。

一、目标成效

长庆街道持续探索新时代党建引领下的社区治理工作,全面深化"66810"为民服务工作法,凝聚、发动楼道党支部、楼宇自治会、群众性社团等力量,将养老、托育、物业管理等群众最为关注的民生问题由窗口服务延伸至上门走访,实现精准化、靶向化服务全覆盖,打造幸福家园、创造美好生活,荣获"全国五好基层关工委先进集体""全国学习型社区示范街镇""全国先进基层党组织""全国文明单位""全国民主法治示范社区""全国首批和谐社区建设示范社区""全国百佳学习型社区"等近百项国家级荣誉称号，走出了一条符合城市社区特点、具有示范意义的善治之道。

二、实践内容

（一）健全组织网络，凝聚为民服务关键力量。

聚焦新形势下"如何干好社区工作"这一课题，长庆街道不断深化"66810"为民服务工作法新内涵，有效发挥党员干部、基层单位与居民群众的合力，把党的政治优势、组织优势不断转化为基层治理和为民服务的效能。

组织力量精准下沉。坚持系统性重塑，建设变革型组织，完善"街道—社区—小区—楼道"四级党组织网络，建强楼网融合"一核多堡"树状组织体系，探索党建、治理、服务"三位一体"片区化管理体制改革，推动19个小区党组织、51个网格、82个楼道党支部成为"党员活动主阵地、在职党员报到地、党建共建实践地、凝聚群众核心地、矛盾纠纷调处地"。

群众力量有效覆盖。结合"上统下分、强街优社"改革，织密以小区党组织为核心、楼道党组织为延伸、牢牢吸附各类群众性社团的"两支部一社团"组织网络，不断夯实"66810"为民服务力量。春燕服务队、"三和"交流室、红色咔咔团、"半月谈"讲师团队等社团成为文娱体艺、矛盾调解、为老服务的生力军，居民群众从"甩手"变为"帮手"，党组织统筹领导、群众性社团积极响应、居民群众广泛参与的良好局面全面呈现。

社会资源全面汇聚。广泛建立党组织牵头，周边商户楼宇、驻区单位、结对单位、居民达人领袖共同参与的党建微盟，建立资源调度机制，认领微实事、微心愿，推动浙江日报、浙一医院、杭州市老干部大学等60余家党建联建单位由"参与者"变"主办者"，发挥各自优势助力"66810"为民服务。

"百姓事、百姓议、百姓决"的百姓议事机制

（二）建强工作机制，摸清居民群众关键需求。

"66810"为民服务工作法聚焦居民群众需求，通过组织发动社区工作者、骨干人员、志愿者串百家门、知百家情、解百家难，力争在第一时间了解信息、发现问题、解决问题。

创新"民意直通车"走访机制。通过来访来电、社工走访、社区意见箱等多种民意摸排载体，常态化梳理民众提出的各类意见建议，做到底数清、需求明。每位社工每月走访30户家庭、每季撰写一篇调研手记，社区每月建立一批问题清单、每月解决一件群众关心的民生实事、每半年梳理一条发展思路，及时掌握群众特别是重点人群的生活工作情况及思想动态。

建立"一站式"受理机制。推出"一站式受理"工作模式，来访居民在社区前台统一受理,并通过"一台两册"流转单,将需要后续跟进的事务转接到责任片社工和条线社工手中,提高办事效率,增强社区服务效能和合作协同水平,真正做到"事事有回音,件件有着落"。

健全百姓议事协商机制。牵头组建由楼道骨干、在职党员、辖区单位代表和热心居民组成的百姓议事团,落实每周一例会、每月一商议、每季一审议、每年一评议制度,做好事前议事、事中监事、事后评事等工作,通过"听百姓说事、请百姓议事、为百姓办事",助推老旧小区电梯加装113台,受益居民1700余户,形成"琐事不出楼道、小事不出网格、大事不出社区"的基层治理新格局。

落实社情民意监督机制。推出居民点评会、哨点监督队、监察信息交流会等特色举措,对居民需求落实情况进行全过程监督,对服务绩效进行随机抽查、实时回访、定期追踪,从根本上提升群众的获得感、幸福感和安全感。

完善"靶向问诊"处置机制。全面整合信息资源,建立动态数据库定期加以统计、整合、分析、评估,精准对标、靶向处置居民群众反映的热点、难点问题,提出针对性解决举措,做到动态管理、闭环问效。

(三)突出共富示范,办好民生服务关键小事。

"66810"为民服务工作法始终坚持"民有所呼、我有所应,民有所呼、我有所为",从解决关系群众切身利益的问题入手,增创福祉场景,探索民生共富新路径。

构建物质共富新场景。围绕"七有"真实需求,部署推进党建统领共同富裕现代化基本单元建设,做强全国计生协婴幼儿照护示范点——奶牛城堡托育园,办好阳光老人家·幸福颐养园和阳光小伢儿·婴幼儿成长驿站,在杭州市率先投用"全城通""百膳惠老"助餐送餐系统,全力打造"一老一小"大运河幸福家园特色场景。深化党组织领导"三方协同"小区微治理,打响"红色物管"品牌,实现物业费收缴率80%以上。

绘制精神共富新画卷。坚持以

文化人、以文育人,以初心小巷为轴,打造红色集群服务带,形成"人人讲初心、人人讲奉献"的良好氛围,辖区汇集全国首批"枫桥式公安派出所"长庆派出所等全国先进单位4家,涌现抬车救人外卖小哥等长庆好人30名,形成"三和"交流室、长宁工作室等一批特色品牌和公益组织20余个。

探索数字共富新蓝图。依托杭州城市大脑长庆微脑"数字驾驶舱",借助各类智慧治理载体,一头链接党员干部,一头链接百姓群众,提升基层治理的科学化、智能化、精细化水平。将97家餐饮企业全部纳入信用驾驶舱,引导企铺诚信经营,保障群众食品安全和健康。

三、创新亮点

(一)"满天星"聚成"一团火",党建统领激活基层治理"神经末梢"。

"66810"为民服务工作法始终坚持"群众需求在哪里,党组织就跟进到哪里,党员先锋作用就发挥到哪里",为基层党组织围绕中心抓好党建提供了新的有效载体,把社区党员为民服务、保持先进性的要求进一步具体化、日常化,激发了党员自我教育和自我提高的内在动力,增强了党员全心全意为人民服务的宗旨意识,推动广大党员更加主动地在服务群众中当先锋、走前头。

(二)"坐等办"变成"主动跑",精准服务打通为民办事"最后一公里"。

"66810"为民服务工作法始终坚持"群众需要什么,我们就干什么",以服务居民为重点,以群众满意为目标,进一步丰富了服务群众的内容,深化了服务群众的载体,完善了党员服务群众的工作机制,成为党员联系和服务群众的有效途径。社区党组织和党员深入群众,了解民情,加强与群众的沟通联系,有效增进相互间的了解、信任和感情,进一步密切了党群干群关系。

(三)"绣花针"穿成"千条线",多元参与奏响唱响共治共享"合奏曲"。

"66810"为民服务工作法始终坚持"难点痛点出现在哪里,治理'绣花针'就落在哪里",充分发挥党组织的领导核心作用,引导物业、业委会、党员代表、社会组织等多方力量积极参与小区治理,推动共建共治共享体制机制逐步完善,人人参与、人人尽力、人人共享的"治理共同体"理念逐步形成并牢固树立,有效激发了社区治理的内生动力。

(供稿:拱墅区)

86

践行"民呼我为" 建设未来社区

西湖区翠苑一区是时任浙江省委书记习近平同志保持党员先进性教育活动联系点。2003年,习近平同志多次到社区调研指导,作出"民有所呼、我有所应,民有所呼、我有所为"的重要指示,2003年和2010年又两次给社区回信,提出殷切期望。二十年来,翠苑一区社区牢记嘱托,切实践行"民呼我为"重要指示,全力打造幸福美好家园。

一、目标成效

针对"呼"得不便捷问题,全面拓宽"民呼我为"反映渠道。将"线下呼"延伸至"线上呼",创新推出"民呼我为·西湖码"平台,通过扫二维码,即可实现"码上呼、马上办"。

针对"应"得不高效问题,创新完善"民呼我为"运行机制。建立街道数字化指挥中心,实行24小时运转,确保群众"呼"声第一时间回应。通过数字赋能,建成街道数字驾驶舱,打破数据烟囱,与省、市、区数据共享,全面实现指挥中心"一网统管、一屏掌控、一仓归集、一键直达"。

针对"为"得不扎实问题,系统研究、分类处置。聚焦老旧小区物业管理问题，首创"三位一体"物业服务模式，实施大物业改革，将民生综合体运营服务、未来社区数字化运营服务和物业的基础运营服务进行整合。对于基层"看得见、管不着"的事情，在全省率先开展大综改试点，实现了"一支队伍管执法"目标，提升群众满意度。

二、实践内容

"民呼我为"工作法的核心是"一领三环九步"。"一领"即党建统领，"三环"是"呼""应""为"三个环节，"九步"是线上呼、线下呼、全程呼，及时应、精准应、联动应和贴心为、大家为、高效为这九步组成。

（一）践行"民呼我为"思想，推进高起点规划。

坚持党建统领。深化社区"大党委"制，社区265名在册党员，分布到小区七个网格，建立"一会双网双覆盖"工作机制，形成"1+2+4"的走访服务模式，开辟上情下达、下情上报的"绿色通道"。建强翠苑一区"呼应为"党建联盟，社区党委联合辖区17家单位，通过"一键呼、一桌议、一综应、一哨集、一体办"工作模式，整合辖区单位资源，形成党建资源联用共享、党员队伍联抓共管、社区治理联动共振、现代社区联建共育的工作格局。

坚持问需于民。落实"四问四权"工作机制，充分保障居民知情权、选择权、参与权、监督权。在未来社区设计方案定稿前，社区党委先后召开22次居民议事会、圆桌会，听取居民意见建议，解答疑问诉求。通过入户调查、"西湖码"问卷等线上线下相结合的方式，向一区3100多户居民征求意见，确保建设项目顺利推进。

坚持谋划场景。根据"三化九场景"要求，按照15分钟生活圈理念，结合老旧小区的特点，坚持建拆并举，扩大生活空间，增添服务设施，改善居住环境，建设以高品质生活为主旨，具有归属感、舒适感、未来感的生活社区。精心谋划《"新风拂翠 民呼我为"翠苑一区未来社区创建方案》《翠苑一区未来社区数字化建设方案》等未来社区建设方案，先后进行20余次评审和修改完善，重点优化屋顶修缮、立面改造、主要道路拓宽、主要景观等。深入开展V型分析，建设数字化平台和驾驶舱，同步上线居民端、运营端，开发便民服务、邻里服务等模块。

（二）筑牢"两个重在"理念，推进高品质建设。

关注未来社区建设品质需求。构建"红色生态"未来邻里场景，全方位展示一区红色文化。构建"学习型"未来教育场景，做好与社区外义务教育资源衔接，扩大优质幼小资源覆盖面。构建"艺术与风貌交融"未来建筑场景，开展市政道路、公建配套拆复建等工程，完善便捷的社区公建配套。构建"5、10、30分钟出行圈"未来交通场景，对接杭州市公交集团，对小区交通线路进行调整。打造"优质生活零距离"未来服务场景，设置24小时无人超市、邻里之家等，聚焦全生命周期的服务保障。

关注"一老一小一弱"需求。打造"幸福荟"珠链式民生综合体，囊括居家养老照料中心、老年食堂、幼托园等民生服务，建立"孤寡老人家必访、情绪激动时必访、邻里纠纷时必访、生病住院时必访、特殊困难时必访"的"五必访"机制，打造金牌助老员队伍。加快推进托育机构和社区婴幼儿成长驿站建设，扩大养老托育服务有效供给。

关注精神富裕需求。打造社区"善文化"品牌，满足居民精神文化需求。依托翠邻里，为居民提供文化休闲场所。修缮"善"文化公园和寓意"人之初性本善"的《母与子》雕塑。发挥"善文化"先锋人物作用，引导居民向身边典型学习。如杭州市道德模范（平民英雄）、96岁高龄的达式华奶奶，三十余年不间断地致力于社区居民的保健服务，服务居民近10万人次。解决社区周末子女回家探望老人停车难问题，率先推出"孝心车位"，让子女常回家看看。

（三）创新"共建共享"机制，推进高效能治理。

创新数字化改革机制。依托"民呼我为·西湖码"平台，用数字化改革的思路，全面推进群众诉求就地高效解决。通过24小时智能分派系统自动派单处理，实现群众上报事件1分钟签收、30分钟流转处置、24小时办结反馈，用户可像查收快递一样进行实时查看，做到过程可见、结果可查、服务可评。

创新大物业管理机制。为有效解决老旧小区物业管理存在的履职不到位、规范性不强、收支失察失管、协同性差等诸多实际问题，翠苑一区创新打造大物业管理示范区域，以小区应急保障、生态环境、公共服务等十个方面的服务为主要内容，建设实用性高、操作性强的大物业管理数智化平台。

创新群众参与机制。社区党委积极引导和动员社会力量共同参与社区治理。组建"红之善"党员志愿先锋队，设立党员巡逻队、居民监督组、综合协调组，确保全天候巡查、全线路巡逻、全方位防控。整合"雷锋工作室""达式华工作室"等社区新时代文明实践队伍，汇集了18项特色服务项目，固定时间、固定人员、固定场地开展志愿服务。

三、创新亮点

（一）坚持"民呼我为"的社区建设理念。

"民有所呼、我有所应，民有所呼、我有所为"与以人民为中心的发展思想精神实质一致、内涵要义相通。翠苑一区将"民呼我为"的理念融入未来社区建设之中，根据不同的人员结构和重点需求，合理确定具体实施方案，打造了特色亮点纷呈的共同富裕基本单元。

（二）打造"民呼我为"的基层实践金名片。

翠苑一区不仅将"民呼我为"的理念融入未来社区建设之中，同时还积极创建多个社区治理品牌，如打造社区"善文化"品牌、创新大物业管理机制、组建"红之善"党员志愿先锋队等等，加快构建共建、共享、共治的未来社区群众参与模式。

西湖区翠苑一区社区"幸福之窗"

（三）创新"民呼我为"的可持续运营机制。

翠苑一区的探索实践，为建立"民呼我为"的可持续运营机制提供了经验。例如，通过开展未来社区成本分析研究，推动建立建设成本共担机制，引导和推动群众出资参与，合理安排政府、开发商和群众共同承担成本增长；"跳出社区整体谋划"，将较大范围的旧改类未来社区建设项目整体打包，实施投建管运一体化，从总体承包、片区联动、拆改结合、改造施工、后期运营等方面整体考虑，实现资金平衡。

（供稿：西湖区）

87

打开和美乡村数字治理大门的金钥匙

2003年11月25日,时任浙江省委书记习近平同志在纪念毛泽东同志批示"枫桥经验"40周年暨创新"枫桥经验"大会上指出,创新"枫桥经验",就要相信和依靠群众,充分发挥群众自我教育、自我管理、自我约束的力量,让社会和谐稳定,让群众安居乐业。一直以来,建德市抢抓机遇,以提升乡村善治水平为核心、以提高强村富民能力为目标、以加快数字乡村建设为抓手,探索走出一条新时代善治强村促振兴的建德之路。特别是2019年以来,建德市作为全国首批乡村治理体系建设试点示范单位,积极探索乡村治理数字化实践,通过建立"市、镇、村、组、户"五级数字治理体系,实现了一键直达农民和"基层四平台"全面打通,有效破解了乡村治理工作面广量大、人少事多的痛点以及村民诉求解决慢、村级事务参与少、信息沟通耗时长等问题,打开和美乡村数字治理大门,让农民群众人人参与乡村治理,践行"八八

建村钉"1+10+N"集成平台

战略"再深化。

一、目标成效

建村钉是集宣传发布、在线沟通、协同办公、便民服务、功能集成和农村干部群众共建共治共商共享的乡村治理数字平台，为推进乡村治理体系和治理能力现代化搭建的面向全民、双向互动的村务协同工作平台，有效提升了村民数字化组织程度。目前，激活量达26.59万人，户均2人多。建德市数字赋能乡村治理的做法，得到时任浙江省委书记袁家军的批示肯定，入选农业农村部第四批全国乡村治理典型案例，并先后获得中国十大社会治理创新典范、省数字经济系统第一批优秀地方特色应用、省数字乡村"金翼奖"十佳县市、省数字乡村建设工作突出贡献集体和杭州市改革创新优秀实践案例等10余项荣誉。

二、实践内容

（一）干群互动，让村干部善用建村钉。

村务"晒出去"。及时发布村情和党务、村务、财务等公开信息，实现随地随时可看、可查，保障村民知情权。平台上线以来，发布村民圈信息17.9万条，其中钦堂乡村均达2100多条；航头镇航川村开设村务直播。

事务"走出去"。通过全员群、"钉直播"等方式实时播放疫情防控、防汛救灾、志愿实践、户主大会等重要事务视频，实现村村可直播、次次可回放、人人可连线。通过"村集体审账"等场景，让村社日常事务变得更加高效，方便群众、加快办理。2021年4月开设以来，钉上审账达3.72亿元。

服务"送出去"。通过"以案释法"，加强农民群众的法治宣传教育和违法案例警示教育，实现一周一案；设立"建检钉"子模块，为基层群众提供案件申诉、线索举报、司法救助等法律服务。三都镇松口村录播民法典普法宣讲，既普及法律知识，又对群众进行宣传教育。

（二）创新场景，让老百姓爱用建村钉。

民心聚起来。针对村民缺乏有效沟通渠道等问题，通过实名认证，建立通讯录、钉钉群，形成一村一界面、全民都上线、全市一张网，实现人口精准管理、民心有效集聚。建立手机通讯录33.45万人，钉钉群5444个，群信息量每天高达25万多条。三都镇松口村依托"建村钉"平台，设置"钉·功分"——"美好账本"应用场景，聚焦村民日常的垃圾分类、美丽庭院、说事议事、邻里和睦、创业共富、志愿服务6件事，通过在线评分、榜单排名，以积分形式建立"美好账本"，线下通过"小钉灯"智慧门牌实时常态亮灯，有效激发农民群众参与乡村治理热情。同时，整合镇域内的银行、超市、医院等资源，形成"美好治理贷""美好消费券""美好体检单"等组合激励套餐，让村民充分感受到"有德者有得"。

民事办起来。打通党建统领、经济生态、平安法治、公共服务"基层治理四平台"和建村钉"有事找村里"模块，村民只需"钉一下"，意见需求直接在线提交村、镇、市干部手机端，村干部、网格员"第一时间收件、第一时间代办"。下涯镇春秋村村民在"有事找村里"反映有村民在田里焚烧秸秆，村干部即刻赶到现场劝导制止，"人人都是网格员"的效应充分显现。

村事议起来。针对村民参与村级事务少的问题，设置"钉上议事厅"等模块，村民可随时随地就乡村产业发展、美丽乡村建设、社会民生事业等事项进行讨论，打造24小时不关门的"网上村民议事厅"，为农村发展全过程民主搭建平台，真正打破时间空间限制，实现"众人事众人议"。梅城镇千鹤村，就打造"未来乡村"向村民发起议事，尊重村民意愿，群策群力、集思广益，收到意见建议128条，充分调动村民有序参与村级各项事务管理、决策和监督等治理活动的积极性与主动性，做到村民明白，干部清白，让村民成为乡村治理的主人翁。

（三）功能集成，让市镇村都用建村钉。

多跨协同。通过持续推进、多跨协同、迭代升级，统一标准、互通数据、规范建设，建成"1+10+N"集成平台，逐步实现"上面千条线，下面一村钉"。"1"就是建村钉主平台，设立数智门户、活跃数据、直通发布、建德市号等应用。通过建德市号发布的信息，平台全员都能看到；通过直通发布，可将信息精准推送至全体或部分民众。"10"就是至少10个子模块，建成村管钉、德美钉、平安钉、党务钉、政务钉、村务钉、法务钉、财务钉、服务钉、商务钉、气象钉、莓好钉、防疫钉、智工钉、未来钉、特色钉等十多个子模块，打造自治、法治、德治、智治和社会治理、产业发展、协同办公、便民服务等为一体的数字乡村总平台。"N"就是每个子模块都设有N个应用场景。如村管钉，为规范村级主职干部"一肩挑"后的用权问题，会同建德市委组织部设立"链组党建""共富工坊""到村先打卡""议事我发起""开会我签到"等10个应用场景，有效解决村干部人不在、会不开、事不办等问题。村事一张屏可通过10项村级运行"健康"指数对全市256个村社进行综合分析、排名,描绘"健康、亚健康、不健康"三色图。

上下联动。纵深推进"新安·17治理"系统建设,把"建村钉"作为浙政钉、浙里办的有力补充,打造"17(一起)治理"、整体智治,更具建德辨识度的乡村治理数字化平台,形成可复制、可推广、具有建德特色的乡村"智"治样板。对村民反映的问题,村干部、网格员无法办理的提交镇里统办,镇里解决不了的提交建德市级部门联办,形成"村里代办、镇里帮办、部门协办"的三级联动数字治理平台,真正打通服务基层的"最后一公里"。

领域拓展。从乡村治理向乡村产业拓展,通过"莓好钉"集技术服务、种植服务、购销服务、政策服务、有效监管为一体,推进草莓产业数字化改革和应用,推动乡村产业转型升级、农民增收和共同富裕。如种植草莓的农民只要点击"我要贷款",即可在线一键申请贷款。通过平台为211家信用等级B级以上农业经营主体发放"共富·农安贷"1.87亿元,节省利息405.75万元。

三、创新亮点

(一)机制创新、全域推进。

设立建村钉专班,加快建村钉推广应用,持续推进工作落细落小落实。出台《关于进一步加快推进"建村钉"平台建设的实施意见》《"建村钉"管理办法》等"钉·意见",不断探索推进平台建设。配备"钉·管家",市镇村三级"钉·管家"615人,通过评比表彰"十佳管家"和"优秀管家",让镇村干部学有借鉴、不断提升管理水平。开展"钉·比拼",重点围绕乡村"智治",通过打擂台、晾晒台,双月通报比拼结果,形成相互追赶、争先进位的浓厚氛围。目前,建村钉实现了村户全覆盖,真正成为老百姓离不了、村干部离不开、市镇村都需要和农村干部群众共建共治共享的数智平台。

(二)持续迭代、"四治"融合。

依托建村钉平台,实现自治、

德治、法治和"智治"四治融合。自治方面，依托"有事找村里""监督一点通""钉上议事厅"等场景，实现村社日常事务高效运转、村级小微权力不断规范、村民沟通渠道有效畅通。德治方面，依托"钉·功分"——"美好账本"等场景，聚焦村民日常的垃圾分类、美丽庭院等小事，以积分形式建立榜单，通过在线评分、排名和线下"小钉灯"实时常态亮灯，有效激发农村群众参与乡村治理热情。法治方面，依托"建检钉"——"小司说法"等场景，加强农民群众的法治宣传教育和违法案例警示，线上实现为基层群众提供案件申诉、线索举报、司法救助等法律服务。

（三）融合联通，改革突破。

深化社会治理"141"体系，目前，建村钉实现了与浙政钉、浙里办的无缝衔接，并与"基层四平台"全面贯通，真正打通治理服务群众"最后一公里"。2022年9月，接入"新安·17治理"平台以来，受理各类事件1283件，办结率97.5%；发布防汛防台、疫情防控、非法集资宣传等内容53条，均阅读量在3万左右；组织群众参与平安巡防，累计开展巡防1000余次，巡防时长1400余小时。

（供稿：建德市）

88

打造邻里社区新标杆

钱塘区白杨街道邻里社区成立于2006年3月，是杭州首个专为外来务工人员提供社区化服务的新型社区。目前，已有来自全国28个省市的1.1万余名产业工人居住在此，平均年龄约为21岁。2006年7月，时任浙江省委书记习近平同志来到邻里社区调研，并留下殷切嘱托。邻里社区不忘习近平总书记嘱托，牢记使命、踔厉奋发，不断提升社区治理能力和服务水平，致力将社区打造成外来务工人员的"第二故乡"，帮助他们成为在此安居乐业的"新杭州人"。

一、目标成效

历经十六载耕耘，如今的邻里社区朝着"蓝领公寓社区化，产业工人市民化"的改革方向不断奋进，以"共同富裕"为主轴、"扩中提低"为牵引，围绕"五个共同"建设方案（就业赋能共同富、品质生活共同享、生态宜居共同美、数智变革共同治、党群合力共同建），全力打造新时代技术工人未来社区，及钱塘区共同富裕示范区时代样板的展示窗口。

邻里社区牢记习近平总书记的

殷殷嘱托,在党建统领、共富可及、服务可达、品质可享、智治可为五个维度上精准发力,全力打造共同富裕、现代社区、未来社区三个基本单元示范样板和展示窗口,获得全国和谐社区建设示范社区、全国第一批流动人口社会融合示范社区等50余项市级以上荣誉,"邻里模式"被《人民日报》、中央电视台《焦点访谈》、新华社等多家主流媒体宣传报道。

二、实践内容

(一)多层次施策促精神共富,书写红色文化引领发展"新模式"。

邻里社区坚持"青春邻里,成长家园"理念,打造党群共享红色家园,积极推动各类党建资源的全面整合,为服务技术工人等"新杭州人"打造"红色蓄能池"。

深度融合,红色联盟凝心聚力。联合机关部门、高校、企业等25家单位成立"邻聚力"党建联盟,为社区居民提供青少年教育、法治教育、党史宣讲、邻里之家、爱心驿家、彩虹邻里、数智服务、红色服务等八大服务项目。如蔓服饰通过爱心义卖承包社区爱心冰箱,无偿为快递小哥、保安保洁等户外工作者提供饮用水4000余瓶。凝聚多方力量参与网格治理和志愿服务,协助社区完成10余次全员核酸检测和日均服务4000余人次的常态化核酸检测等重要任务。

文体并盛,红色艺趣居民共享。提升社区党群服务中心功能,建设杭州市五星级社区文化家园,成立"邻里跑团",组建社区书法协会、舞蹈队,开展"邻居节"迎亚运趣味运动会等各类文体活动,丰富居民精神文化生活,有力推动了社区精神文明建设。

不忘初心,红色教育精彩纷呈。开展"照片里的初心""如果物件会说话""一堂好课""童画小红心"等丰富多彩的主题活动,将红色基因融入社区血脉,激励"新杭州人"讲好新时代的"红色故事"。

(二)多维度发力促经济共富,赋能技术工人打造自身"硬本领"。

钱塘区田城社区共富工坊

汇聚上万名外来务工人员的邻里社区，首先要解决的就是技术工人的就业问题。社区贯彻"以人为本"的就业帮扶理念，为社区就业、待业人员提供多维度就业创业指导服务。

多方协作，打通就业堵点。联动区人社局等职能部门，推动技术工人专场招聘会进社区，让他们在"家门口"也能获取一手招聘资讯。积极招徕共富项目，设立"e富工坊"。培育景泰蓝等社会组织，吸纳家政公司入驻，拓宽技术工人及家人的就业渠道，在"家门口"实现增收。

因材施教，提高工人技能。积极对接钱塘辖区内14所高校资源，实施"蓝领成长工程"，推进"家门口"上大学等优势资源服务落地，开展技术工人学历提升计划、职场赋能成长课、职业规划训练营等项目，提升社区青年基本素质、工作竞争力，已累计开展活动200余次，受益人数达5000余人次。通过培训，社区内340余人完成学业获得大学毕业证书，2800余人获得技能证书，其中不少人成为收纳师、培训师等新型行业先驱者。

精准服务，护航创业之路。社区为创业人员提供免费场所，经常性举办创业论坛，邀请创业导师"问诊把脉",建立"法律援助团",为居住在邻里的创业者答疑解惑、保驾护航。为防止技术工人"因病返贫"等现象发生,社区探索成立"邻里共富基金",用于困难居民突发疾病等应急救助和其他特殊困难帮扶等。

(三)多方位建设促民生共富,绘制未来社区特色治理"新蓝图"。

邻里社区人口流动频繁,社区聚焦智慧社区建设,以数智赋能基层治理加速为民服务变革,不断增进技术工人民生福祉,让他们共享社区共富建设成果。

改善环境,提升生活品质。投资6500余万元,在邻里中心小区实施内部装修提升、外立面改造、小区内部及周边市政绿化景观美化等立体式整体提升改造。加快推进既有住宅电梯加装工程,优化小区停车空间资源,全方位改善人居环境,让技术工人享受幸福生活。

分类施策,加强社区治理。加快推进社区党组织、物业、产权单位、承租企业的"新四方"议事机制建设,为产业技术工人提供发声平台,推动小区议事自决。会同浙工大共富研究院,研究制定邻里新时代社区公约二十条,从五个方面向产业技术工人发出共治倡议。开发邻里小程序,居民可通过小程序直接上报邻里纠纷、楼道堆物、消防安全、乱停乱放等问题。全面推广智能门锁安装,累计安装3499把,实现"小区大门—单元门—房门"三级数据实时查看、动态维护,做到"一屏观社区""一屏管社区",为应急快响、平战转换打好基础。持续推进监控设施提升,三个小区400余路监控接入街道全域智治平台,进一步提升社区治理效能。

创新服务,增进民生福祉。聚焦小区"一老一小"难题破解,社区连续16年开办暑期公益夏令营,举办产业技术工人"年夜饭",让原本留守老家的"小候鸟"们能飞到杭州与父母团聚,让留杭过年的产业技术工人切实感受到家的温暖。高标准打造2300余平方米的邻里嵌入式幼儿园,新建约80平方米的邻里健康休闲驿站,规范化建设妇女儿童综合服务驿站,建好邻里共富展厅。坚持小型、多频、趣味原则，每年为产业技术工人开展心理健康"体检"，每月举办集体生日会，定期举办趣味运动会、相亲交友会、游戏竞技赛等活动，让产业技术工人在社区就能找到志同道合的朋友，更好融入城市生活。

三、创新亮点

（一）就业赋能共同富。

强化政策支撑，推进"企业自主培训，部门认可发证"试点，实现技术工人获得技能等级证书500名以上。

（二）品质生活共同享。

以技术工人高频民生需求为导向，深入推动政务、医疗、救助、养老、托育等公共服务均等可及，建设"5分钟便民惠民生活服务圈"。

（三）环境宜居共同美。

加快推进邻里未来社区建设，全面实施邻里中心内部装修提升和外立面、和达自由港与14号路周边环境、3号大堤景观三大改造项目，加快实施邻里中心电梯加装、职工宿舍内部装修改造两大提升项目，推动社区环境提档升级。

（四）数智变革共同治。

迭代升级邻里社区智慧服务平台，推动"钱塘技工"数字应用在邻里实现先行先试，用数字孪生理念打造社区整体智治和数字生活新空间。

（五）党建合力共同建。

坚持以党建带团建、以共建促和谐的理念思路，立足技术工人特有优势，开展百团进社区、楼道团支部建设、五好文明寝室打造等富有特色的群团活动，充分展现技术工人的激情活力和良好精神风貌。

（供稿：钱塘区）

89

推进生态文明建设　打造"美丽中国样本"

2013年,习近平总书记在听取杭州工作汇报时,要求杭州更加扎实地推进生态文明建设,努力使杭州成为美丽中国建设的样本。杭州始终坚持以习近平生态文明思想为指导,坚定践行"绿水青山就是金山银山"的理念,落实"八八战略"部署要求,为美丽中国建设贡献杭州智慧,成为城市尺度的优秀样本。经权威机构评估,美丽杭州建设的综合引领作用突出、示范标杆特质鲜明。

一、目标成效

生态环境更加山清水秀。2013—2022年,市区$PM_{2.5}$平均浓度由70微克/立方米下降至29.6微克/立方米,杭州市控以上断面水质优良率由83%上升到100%,连续七年获得"美丽浙江"考核优秀,连续六年获得浙江省治水考核"大禹鼎"。自然保护区得到有效保护,荣获"国家生态园林城市",森林覆盖率达到66%以上,处于国际领先水平。单位 GDP 主要污染物排放强度好于发达国家人均 GDP 2 万美元左右同期水平。

人居环境更加宜居舒适。美丽城乡建设全域推进，建成数量居浙江省前列，在全国率先实现"建成区 5 分钟步行可达绿道网"。

人文风尚更加道法自然。西湖文化景观、中国大运河、良渚古城遗址成功申遗，实现还湖、还山、还景于民。建成全球最大的公共自行车系统，居民小区生活垃圾分类实现全覆盖，平均预期寿命达到国内领先水平。

二、实践内容

（一）强化系统保护，精心守好"生态美"基础。

坚持修复与监管并重，加强自然生态系统保护。推进山水林田湖草生态保护修复国家级示范区和省级试点区建设，完成修复项目 501 个。34 个省级以上自然保护地保护持续加强。探索建立现代化监管系统，开展"绿盾"专项行动，累计巡查各类自然保护地 235 个，问题整改完成率 100%。推动生态环境损害赔偿，办理案件 110 件，涉案金额 1591.9 万元。推动西湖西溪保护提升，原生态保护持续加强。千岛湖临湖地带综合整治提升工作得到习近平总书记肯定。

强化生物多样性保护，在国际上响亮发声。夯实生物多样性基础，开展全域生物多样性调查，发现白盖鸡油菌、苕溪鱲等全球新物种，清凉峰华南梅花鹿种群成为亚洲最东端最大野生种群，野生动植物资源调查监测与长效保护不断加强。推进动态监管与成果展示平台建设，并在联合国《生物多样性公约》第十五次缔约方大会（COP15）上精彩亮相，4 个案例入选"生物多样性全球 100+ 典型案例"。

（二）深化治污攻坚，全面夯实"环境美"本底。

全力推进"五气共治"，"西湖繁星"逐渐重现。深化"燃煤烟气"治理，关停杭钢半山基地和半山电厂等燃煤发电机组和富阳全国白板

清凉峰华南野生梅花鹿

纸生产基地。强化"工业废气"治理，淘汰落后产能企业626家，清理整顿涉气"散乱污"企业(作坊)1680家。创新实施环境医院项目，制定补助政策。推进"车船尾气"治理，实施重点领域机动车清洁化行动。狠抓扬尘污染治理。

全力推进"五水共治"，"钱塘碧水"初见成效。实施"清三河"和剿灭劣V类水等专项行动，完成消劣目标。在全国率先实施"污水零直排区"建设，进度稳居浙江省前列。县级以上集中式饮用水水源地水质达标率100%，实现流域共治全覆盖。建立健全河（湖）长制组织体系架构，河长平均履职积分位居浙江省第一。

全力推进"五废共治"，"江南净土"持续保障。实现原生生活垃圾零填埋，列入全国第一批生活垃圾分类示范城市。重点行业企业用地土壤污染状况底数摸清，完成重点污染地块土壤修复，提供"净土"约8650亩。建成3个工业固废处置中心、4个飞灰处置项目和9座污泥处置设施，处置能力提升明显，列入全国"无废城市"建设试点城市。

（三）坚持绿色发展，大力推动"经济美"升级。

产业结构绿色转型。严格落实"三线一单"生态环境分区管控方案，持续实施"腾笼换鸟"和"凤凰涅槃"，加快造纸、化工和印染等传统产业转型升级。着力推进低碳发展及数字经济产业，数字经济综合评价指数在浙江省遥遥领先。

能源结构持续优化。开展能源"双控"和"煤炭消费减量替代"，淘汰燃煤小锅炉，保留的工业锅炉和热电锅炉实现超低排放。

创新拓展转化路径。探索生态产品价值实现路径，在全域旅游、产业转型、生态治水、乡村振兴的实践中形成"十大模式"。开展生态系统生产总值（GEP）核算试点，淳安年度GEP位列全省试点县（市、区）第一。先行先试"两山合作社"改革。

（四）统筹全域推进，加快实现"城乡美"焕颜。

建成一批美丽城镇、美丽乡村，深化"百村示范、千村整治"工程，85%以上乡村成为美丽乡村，创建省级美丽城镇样板55个，省级美丽宜居示范村56个，推进省级未来社区创建147个，创建未来乡村85个，数量在浙江省领先。建成4282公里绿道，70%的建成区实现"5分钟见绿"，老旧小区综合改造提升工程成为全国样板。环境基础设施总处理水平提升明显，49个污水处理厂全部达到一级A排放标准，其中42个达到更严的浙江省地方标准。千岛湖配供水工程顺利通水供水。

（五）深度挖掘资源，不断厚植"人文美"底蕴。

建成四级生态规划体系，成为全国省会城市中首个"国家生态市"。杭州是全国最早编制生态文明规划的副省级城市，累计建成国家生态文明建设示范区6个，入选国家"绿水青山就是金山银山实践创新基地"2个。出台《杭州市生态文明建设促进条例》。持续挖掘生态文化资源,开展生态环境主题宣传,深化绿色系列创建,建成国家级绿色学校7所、省级291所,设立省级生态文明教育基地24个。

(六)注重同心协力,持续提高"生活美"品质。

构建由轨道交通、公共气电车、水上巴士、公共自行车构成的杭州特色"四位一体"大公交出行网络,公共交通分担率近十年由20.9%提升至42%,建成全球最大的公共自行车系统,累计租用超过10亿人次,减少二氧化碳排放约133万吨,获评首批绿色交通城市。建设创新型节水城市,实施绿色亚运行动。居民对生态环境满意度连续8年稳步提高。

三、创新亮点

(一)强化制度先行,树立美丽示范"杭州标杆"。

在全国率先出台美丽建设实施纲要和行动计划,成立美丽杭州建设领导小组,建立健全机制,为城市尺度推进美丽建设率先探路。在全国率先建立市域生态补偿制度,在促进流域生态环境保护的同时,保障上游地区发展权益,为全国完善生态补偿机制提供示范。在全国率先推出《美丽河道评价标准》,探索"河(湖)长制",为美丽河湖提供路径和范例。

(二)坚持生态优先,建立综合保护"杭州模式"。

西湖西溪综合保护实践为国内外城市重要湖泊和湿地保护发展提供了重要经验。实施钱塘江引配水、"水下森林"等工程,优化水生态系统,西湖水质由2013年的Ⅳ类提高到2022年的Ⅲ类及以上水平。加强西溪湿地原生态保护,湿地水质由开园时的劣Ⅴ类提高到现在的Ⅲ类,走出一条湿地保护和合理利用双赢之路。在全国率先形成饮用水水源地保护与发展的"千岛湖模式",推进淳安特别生态功能区建设,健全保护管理体系,出台全国首部生态"特区"保护法规——《淳安特别生态功能区条例》,千岛湖水质稳中向好。

(三)深化改革创新,提供现代治理"杭州智慧"。

推动机动车领域精准治理,在华东地区率先出台国三柴油车淘汰补助和区域禁行政策。九峰环境能源项目、临平净水厂等基础设施项目成为破解"邻避效应"的典范在全国推广。建设"生态智卫"大场景,为生态环境领域治理数字赋能积极探路,入选浙江省数字化改革优秀应用,累计处置问题2.2万多个,查处犯罪案件10起,输出预警提醒7.2万多次,避免企业违法处罚3000余万元。

(供稿:杭州市生态环境局)

90

统筹推进山水林田湖草一体化保护修复

富阳是传统的造纸之乡。造纸产业在促进富阳经济快速发展的同时，也带来了生态环境的污染。2003年以来，富阳区坚决贯彻落实时任浙江省委书记习近平同志四次调研富阳时作出的重要指示精神，忠实践行"八八战略"，全面深化"腾笼换鸟、凤凰涅槃"实践，统筹推进山水林田湖草一体化保护，高质量推进湿地、河流、矿山等综合整治和修复，全力打造"创新活力、都市田园、山水人文、幸福宜居"的现代版富春山居图"四大图景"。

一、目标成效

经过多年努力，富阳区累计淘汰造纸等落后产能企业1284家，削减造纸产能805万吨，高标准推进省级山水林田湖草系统保护修复试点工程，完成富春江岸线生态修复35公里、开展矿山综合整治108个，全区地表水水质达标率100%，建设用地、受污染耕地安全利用率稳定达到考核标准，绿色矿山建成率达到100%，成功创建国家生态文明建设示范区，获评"中国最具幸福感城区"，有力推进了"绿水青山"和"金山银山"的双向转换。

二、实践内容

（一）坚持统筹共治，推进一体化保护修复。

在摸清全区自然地理、资源环境、经济社会发展情况，梳理全区生态环境状况及短板基础上，坚持统筹谋划，制定出台《杭州市富阳区山水林田湖草生态保护修复试点实施方案》，践行"山水林田湖草是一个生命共同体"理念，突出"保护优先、恢复为主，统筹规划、突出重点，系统修复、建管结合，创新机制、完善制度"原则，强化组织领导，落实制度保障，建立考核机制，鼓励公众参与，创新探索4个"1+N"模式，对山水林田湖草进行系统保护与修复，推进山水林田湖草保护修复生态环境效益、经济效益、社会效益持续提升。截至2022年底，富阳区山水林田湖草生态保护修复试点工程总投资17.258亿元，工程全面完工。

（二）坚持规划引领，优化"三生空间"大格局。

以经济社会发展"十四五"规划为核心，融合国土空间、生态环境等专项规划，按照山水林田湖草一体化保护要求，进一步优化产城人空间布局，聚焦重点区域重点领域监管保护，强化自然保护地、生物多样性保护监管，强化"三线一单"刚性约束，构建"多规合一"空间规划体系，实现"一条红线"管控重要生态空间。截至目前，富阳区生态优先保护单元面积达918.76平方公里，占比超过全区国土面积50%以上，确保生态功能不降低、面积不减少、性质不改变，有效维护了全区生态安全。

（三）坚持保护优先，打造"湿地水城"样板地。

以重要湿地保护工程为抓手，编制"湿地保护规划"，划定湿地

富阳渔山乡彩色健康林

保护红线，构建湿地分级管理体系，完善湿地保护管理制度，严格实行湿地面积总量管控制度，强化自然生态景观保护修复，实施湿地原生态保护提升行动，开展阳陂湖湿地生态修复、洋浦江生态修复、北支江沿岸景观整治等重要湿地保护工程，全区湿地保护面积达6459公顷，保护率74.67%，富春江咕噜咕噜岛、阳陂湖等入选省级重要湿地。其中，阳陂湖省级山水林田湖草试点亮点项目通过综合恢复水系、科学种植、地形重塑、湿地功能打造等措施，在现状鱼塘结合区域传统稻作文化，一期项目用地面积约5700亩，其中湖体面积约1600亩，总投资约7.3亿元，于2020年10月建成开园，2022年入选浙江省重点湿地。

（四）坚持"五水共治"，争创"流域共治"先进区。

以"五水共治"为抓手，秉持"亲水、乐水、绿水、富水"理念，积极创建"流域共治"共同体，持续强化富春江、渌渚江、苋浦溪、壶源溪、大源溪等"一江十溪"流域生态治理，从水、气、土壤、生物等多维度出发，因地制宜实施水生态保护修复，河道水质、防洪、生态景观等得到全面提升，形成各具特色的美丽水系。截至目前，壶源溪、葛溪、渌渚江、北支江、苋浦溪和阳陂湖等河道获评省级"美丽河湖"。在北支江综合治理过程中，注重生态保护，在保持河道原有生态风貌基本不变的基础上，拆除上下堵坝，畅通水生态循环。结合亚运水上运动中心、沉浸式夜游等项目，建设7公里文化景观带并引入富阳特色业态，实现两岸夹江相望、动静相宜、古今呼应，打响"滨水亚运"品牌。

（五）坚持整治清零，擦亮"绿色矿山"金名片。

富阳区矿产资源相对丰富，而且矿山大多分布在富春江及主干道两侧，严重影响山水环境。2012年以来，富阳区以"三沿整治""三江两岸"等专项整治为抓手，制定出台《矿山专项整治方案》，打造"政府引导、企业参与、多资本融合"的矿山治理模式，通过"关停治理+提升优化"保留优质低污染矿山资源，以"生态修复+全域整治"推行可持续发展矿地综合利用。在矿山整治过程中，先后对全区108家废弃矿山立项治理，共计投入资金5亿元，完成复绿450万平方米，整理出可利用土地2000余亩，探索形成了自然恢复、生态复绿、土地整治、景观再造等多种矿山环境治理模式。

（六）坚持绿色发展，拓展"绿水青山"和"金山银山"转化的新通道。

坚持"美丽城乡、美丽经济、美丽人文"联动发展，大力发展美丽经济新业态，将24个乡镇（街道）按地域分为大龙门、大安顶等六大组团，匠心打造东梓关村、上臧村、查口村等一批精品村，建成"春江花月""烟雨桐洲"等10条精品线路，做实乡村旅游、休闲农业等美丽经济产业转化，以特色农业和生态旅游大发展推进绿色产业持续进步，百花大会、江鲜大会、味道山乡成为特色品牌，龙鳞坝、东梓关、牛八碗等成为网红经济引爆点。截至2022年底，实现全区村集体经济年收入70万元以上村（社）全覆盖，打造共富村10个、共富带3条、共富体1个，城乡居民收入比缩小至1.65，共富建设"四感"评测排名杭州市第一。

三、创新亮点

（一）全面腾退造纸等落后产能。

按照"关停淘汰一批、整合入园一批、规范提升一批"的总体思路，投入123亿元，先后启动六轮造纸行业整治提升工作，倒逼造纸企业转型升级。2017年以来，进一步推进传统制造业改造提升省级试点，出台补助关停、留心留根等政策，大刀阔斧实施造纸及关联产业整体腾退。截至2022年底，累计拆迁关停造纸及关联产业企业1284家，削减造纸产能805万吨，减少废水排放近1亿吨。同时，全面开启产业转型发展新道路，全面放大银湖科技城和杭州富春湾新城"双城记"平台极核能量和示范效应，加快推进智能物联、高端装备、新材料、生物医药、绿色能源等5条产业链建设，全区引育落地飞旋科技、富芯半导体等产业项目108个，总投资800亿元，高新技术产业增加值占比从44.7%增加到65.9%，工业项目亩产值从350万元增加到1340万元。

（二）建立山水林田湖草修复试点项目运行管理及公众参与机制。

制定《山水林田湖草生态保护修复试点工作运行管理制度》，健全季度例会、重大问题讨论、重点项目督办、年度通报、专题宣传报道"五大制度"。强化公众参与，不定期地向公众展示阶段性成果，适时地由公众投票选出最佳项目，并向社会征集修复试点工作意见及建议，极大地提高了全社会参与流域生态系统保护和修复的积极性。

（三）以点带面系统推进山水

林田湖岛一体化保护。

以阳陂湖生态修复工程为契机，从全区生态系统整体性和流域系统性出发，全面开展生态修复治理工作，创新开展山水林田湖岛保护与治理，开展桐洲岛、新沙岛、五丰岛生态修复，重现了"现代版富春山居图"中"烟雨桐洲"等美景，建立多维度生态修复建设内容系统，促进生态环境持续改善。

（供稿：杭州市生态环境局、富阳区）

91

打造城镇污水治理的"杭州样板"

习近平同志在浙江工作期间提出"绿水青山就是金山银山"理念，为推进生态文明建设、实现人与自然和谐共生提供了根本遵循。杭州深入贯彻落实习近平生态文明思想，切实打好污染防治攻坚战，发挥污水厂用地省、环境佳、标准高、效益好"四大优势"，创新建设"花园式＋地埋式／半地埋式"污水厂新模式，推动城镇污水处理提质增效，打造城镇污水治理的"杭州样板"。

一、目标成效

截至2022年末，杭州市范围内建成运行的城镇生活污水处理厂共有51座，总规模411.05万吨/日，其中主城区3座（168万吨/日），萧山区2座（124万吨/日），余杭区3座（28.4万吨/日），临平区3座（25万吨/日），富阳区3座（21万吨/日），临安区16座（18.6万吨/日），桐庐县5座（13.7万吨/日），淳安县7座（4.15万吨/日），建德市9座（8.2万吨/日）；累计新建改造污水管网约4952公里，圆满完成省清洁排放提标改造任务。

二、实践内容

（一）建设规模适度超前。

以规划为引领，坚持全市布局一盘棋、专项规划一张图。通过整体规划、通盘考虑，采用适度超前的建设规模体系化推进厂网建设。系统性谋划研究规划布局、管网互联互通、泵站提升改造、尾水排放出路、污泥处置等污水处理关键节点，结合人口和污水排放量变化趋势、各项目建设时序，适度超前编制相关规划。针对污水系统建设项目与建设时序提出优化方案，因地制宜规划布局"东七格、西城西、南之江、北城北"四大污水处理厂，由点及面地保障城镇污水系统现阶段平稳运行及远期发展。

（二）体系化推进厂网建设。

根据全市污水处理设施建设现状，结合水务一体化进程，进一步理顺市、区县（市）级污水处理组织架构。以补齐污水处理能力不平衡短板为抓手，统筹规划、建设和监管三位一体协同推进污水处理厂、泵站和管网建设。以绿色发展理念为指引，兼顾污泥处置和再生水利用，探索跨区域统筹污水设施建设与调配，实现污水收集处理全覆盖和污水设施安全运行。

（三）赋能厂区高质量发展。

土地资源稀缺、"邻避效应"是城镇污水厂建设面临的急难愁盼问题，杭州摆脱惯性思维限制，大胆引入新技术、新工艺，从处理工艺、建造方式、空间挖潜等方面下功夫，借力发力，把曾经的"邻避工程"打造成为群众造福的"民生工程"。遵循绿色净化自然规律，结合再生水利用要求，创造性提出"花园式厂区"概念，推行"湿地生态"厂区建设模式，在临安城市污水处理厂建设尾水脱氮除磷湿地项目，将运维成本下降至0.08元/吨。在建德污水处理厂应用湿地生态系统将尾水二次处理，使总氮（TN）、总磷（TP）、化学需氧量（COD）等指标下降10%—20%。

三、创新亮点

（一）打破区域壁垒，统筹处理范围。

结合水务一体化改革，统一污水处理设施建设服务标准。打破行政界限，解决污水系统重复建设、污水转输路径舍近求远、尾水排放各自考虑等问题。加强区域管道预留、污水处理能力统筹，合理确定污水处理范围，集约污水处理资源能力，推动城乡服务公平化。

（二）开展提标改造，出水全国领先。

在尾水排放国家标准一级A基础上，自我加压、自我革新，推广实施浙江省"清洁排放"标准，推动城镇污水处理提质增效。对于分期建设的城镇污水处理厂，在新扩建项目时同步考虑老污水处理厂提质增效，结合新建工作同时完成老污水处理厂清洁排放提标，节约建设时间和成本。淳安县在全县污水厂已达清洁排放标准基础之上，开创性提出优于省清洁排放标准的"千岛湖标准"，相较国家一级A标准尾水总氮（TN）下降40%、总磷（TP）下降45%、化学需氧量（COD）下降45%、固体悬浮物（SS）下降50%，促进了千岛湖流域可持续发展。

（三）创新工艺流程，推进中水回用。

采用人工湿地进一步净化尾水，推进中水回用。临平净水厂通过改善工艺流程，优化工艺管控，借助数字建模等先进技术，将出水水质从设计标准的一级A提升至省清洁排放标准（地表准三类）。尾水一部分通过人工湿地处理后作为赭山港补充河道用水，另一部分通过布设的尾水管网为临平城区提供绿化用水，再生水利用率提升到50%以上，不仅节约了综合成本，而且实现了水资源的可持续利用。临安污水处理一厂坐落在200多亩人工湿地中，湿地内种植着美人蕉、聚草、钱币草等植物，可有效祛除水体中的污染物，成为每日可以处理6万

临安城市污水处理一厂

吨污水的低碳处理系统,该项目不仅无能耗无药耗、节能减排效果好,而且做到了水资源综合利用,通过收割花卉、牧草、水生植物等,不但祛除了水体中营养盐与污染物,而且可以获得一定的经济效益,实现循环利用。

(四)集约建设用地,破除邻避效应。

建成临平净水厂、七格污水厂四期、之江净水厂、钱江污水厂四期、余杭污水厂四期、桐庐富春污水厂三期等多座地埋式污水处理厂,这批花园式地埋污水厂,具有高效利用土地资源、有效避免邻避效应等显著优势。之江净水厂工程总规模8万吨/日,占地总面积28781平方米,处理工艺采用节地工艺,吨水占地面积不到同类全地下污水厂的50%,是浙江省内最为集约、吨水占地面积最小的水质净化厂,实现了土地资源的充分利用。临平净水厂项目也采用全地埋建设模式,污水处理场地整体建在深基坑中,总建筑面积83036平方米,其中地下建筑面积占比95%,地上仅建设占地4000余平方米的生产辅助用房，相较同等规模的地上污水处理厂，节约土地指标约180亩，减少征迁成本约2.7亿元。钱塘区七格四期下移设备、还景于民，将污水处理厂的预处理、曝气沉砂池、初沉池、生物池和二沉池等主要工艺处理段都集中在一座半地埋式的双层箱体中，埋藏在地下13米处，不同工艺段渠道衔接距离短，处理单元集成度高、环环相扣。地面建成占地160余亩的生态公园，并免费开放湿地花田区、草坪剧场区、健身活动区、公共停车场等，既集约利用了土地资源，又为周边居民提供了绿色活动空间。

（供稿：杭州市建委）

92

讲好绿色低碳故事　助力生态文明建设

2003年以来，杭州忠实践行"八八战略"，围绕创建生态省和打造"绿色浙江"目标，发挥省会城市龙头、领跑、示范、带头作用，率先建设"低碳城市"，在中国乃至全球范围内建设首个低碳主题科技馆，全方位、多形式、高质量开展低碳科普，助力杭州绿色低碳发展，服务国家生态文明建设，努力讲好"绿水青山就是金山银山"的杭州故事、浙江故事、中国故事。

一、目标成效

中国杭州低碳科技馆自2012年开馆以来，坚持以"倡导绿色低碳发展，助力生态文明建设"为己任，聚焦建设低碳科普中心、绿色建筑展示中心、低碳学术交流中心和低碳信息传播中心的目标，引导和推动生态文明建设全民参与、全民行动，探索出一条展示与活动、传播与交流、普及与研究相结合的发展新路,在主题展览、特色活动、学术研讨和国际交流等方面成效显著,成为全省唯一同时被命名为"全国科普教育基地""国家生态环境科普基地"的科技馆。

二、实践内容

(一)聚焦低碳发展,举办主题展览。

低碳科技馆聚焦低碳科普主责主业,举办"庆祝改革开放40周年科技改变生活科技成果展",将"科技、智慧、生活"概念贯穿其中,展现科技对杭州发展和人民生活带来的变化;举办"浙江生态文明建设成就展",以习近平生态文明思想在浙江的萌发与实践为主线,以浙江生态文明建设历程和工作成效为重点,讲述浙江的"两山"故事;举办"不忘初心 勇攀高峰 智汇钱塘"杭州院士风采展,展示杭州籍、在杭工作和曾在杭学习生活的70余位"两院"院士风采,大力弘扬科学家精神;举办"从杭州制造走向杭州智造展",系统回顾杭州制造的发展历程,展示先进智造成果,宣传杭州"新制造业计划";举办"党旗领航 创新驱动 低碳杭州"数字交通主题展,全面展现新中国成立以来杭州在党的领导下,通过创新驱动实现城市交通绿色、低碳、智慧转型的历程;举办"学习二十大 喜迎亚运会 低碳新征程"主题展,全面展现杭州打造"低碳城市"的历史沿革、典型场景、创新成果和杰出人物,以绿色低碳、科技创新的发展成果,迎接党的二十大胜利召开。

(二)传播低碳理念,开展特色活动。

走进校园,播撒低碳理念。2015年开始,低碳科技馆连续八年举办全市中小学"低碳改变环境"系列科学主题活动,开展栽种季、实验季、制作季等特色活动,上百万青少年学生参与受益;与全市30多所学校建立"馆校共建"机制,开展"1+X"课后托管服务;每年举办碳索者俱乐部、少创汇等公益科普系列课程,为青少年带去"绿色能源与动力""变废为宝"等新颖讲座，搭建展示创造能力的平台，激发创新活力；定期举办"流动科技馆"进校园活动，积极探索"一馆多点"模式，建成低碳科技馆杭州春晖小学分馆，定期组织学生参与拓展学习，通过亲身体验和实践操作，进一步激发青少年对绿色低碳的兴趣。

自创课程，丰富宣教形制。自编自导自演《新卖炭翁》《等蜂来》等10余部低碳主题科普剧，多次获得国内外奖项；积极开展线上教学，相继编创《气候变化》《健康饮水》《热泵助力碳中和的对话》等30多集"我们低碳"系列科普视频，通过学习强国、光明网、科普中国等平台连载，点播量达1500多万次，传播低碳知识，激发低碳责任感。

馆镇共建，延展辐射范围。与杭州市首批"低碳试点乡镇"临安区太湖源镇、余杭区百丈镇进行"馆镇共建"，常态化开展主题巡展和"科技嘉年华"进山区四县活动。

融合创新，扩大低碳影响。结合全国低碳日、世界地球日、六五环境日等，举办科普剧展演、低碳婚礼等形式多样的低碳环保宣教活动，倡导绿色低碳生活新时尚；通过"大手拉小手"活动，积极弘扬生态文明、倡导绿色发展，发挥带动一户家庭、影响一个社区、建设一座城市的作用。

（三）搭建学术平台，促进国际交流。

智库建设上，与高等院校、科研院所保持密切合作，建立低碳智库，聘请国内外著名专家学者为"低碳导师"；与杭州"双碳"研究中心签订战略合作协议，建立具有战略型、互促型、成长型的战略合作关系，通过优势互补、合作创新，推动低碳理念传播，提升"双碳"人才培养、科普和科研水平。

学术交流上，举办"我们低碳"论坛系列学术交流和信息传播活动，聚焦绿色低碳、生态环保，以竹林碳汇、公共交通减排、海陆碳循环等主题；组织开展"第三届东亚气候论坛""第十二届亚太地区联合国可持续发展教育专业区域中心年会暨可持续发展教育促进低碳社会

中国杭州低碳科技馆

国际研讨会""第四届中国生态文明大讲坛碳达峰碳中和主题科普进基层开幕式暨特邀报告会"等50多场大型国际低碳学术论坛和国内外知名专家报告会。

国际合作上,低碳科技馆作为杭州乃至全国低碳科普窗口和"一带一路"发展的交流窗口,累计接待来自60余个国家和地区的多批次团队,相继举办"浙江省应对气候变化南南合作经验分享与技术研讨会议""浙江省低碳产品技术展暨'一带一路'合作项目洽谈会"等国际合作交流活动。2019年,巴基斯坦《科技时报》以专刊的形式报道了在低碳科技馆举行的中国—巴基斯坦科学传播交流研讨活动,并用专版介绍低碳科技馆,称赞"杭州的这个科技馆应属于全世界每一个城市"。

三、创新亮点

(一)中国杭州低碳科技馆的

建设是践行"绿水青山就是金山银山"的理念,建设生态省、打造"绿色浙江"的重要措施。

在无先例可循的背景下,建设中国乃至世界首个以"低碳"为主题的科技馆,讲好绿色低碳故事,促进生态文明建设全民参与、全民行动,为低碳科普服务,为杭州绿色可持续发展服务,为国家生态文明建设服务,是杭州以"八八战略"为根本遵循和行动指南,践行"绿水青山就是金山银山"理念,发挥省会城市龙头、领跑、示范、带头作用的重要措施,具有前瞻性、时代性和挑战性。

(二)中国杭州低碳科技馆的发展是展示与活动、传播与交流、普及与研究相结合,科普助力生态文明建设的全新探索。

开馆10年来,中国杭州低碳科技馆坚持以"倡导绿色低碳发展、助力生态文明建设"为己任,围绕低碳科普中心、绿色建筑展示中心、低碳学术交流中心和低碳信息传播中心建设目标,注重杭州特色、讲好低碳故事、播撒科学种子、交流前沿科技、点亮科创梦想,在主题展览、特色活动、学术研讨和国际交流等方面开展了大量卓有成效的工作,成为了解杭州、浙江乃至中国绿色发展和生态文明建设成就的重要窗口,成为全省唯一同时被命名为"全国科普教育基地"和"国家生态环境科普基地"的科技馆。

(供稿:杭州市科协)

93

打造世界湿地保护与利用的典范

2003年7月,时任浙江省委书记习近平同志作出实施"八八战略"的决策部署,提出要"进一步发挥浙江的生态优势,创建生态省,打造'绿色浙江'"。2003年9月,在习近平同志倡导和支持下,西湖区启动西溪湿地综合保护工程。2005年4月30日,在西溪国家湿地公园开园之际,习近平同志发来贺信,希望杭州市再接再厉,乘势而上,进一步做好西溪湿地保护、管理、经营、研究工作,把西溪变得更美,把杭州扮得更靓。2020年3月31日,习近平总书记在西溪湿地考察调研时再次强调,要坚定不移把保护摆在第一位,尽最大努力保持湿地生态和水环境。要把保护好西湖和西溪湿地作为杭州城市发展和治理的鲜明导向,统筹好生产、生活、生态三大空间布局,在建设人与自然和谐相处、共生共荣的宜居城市方面创造更多经验。二十年来,杭州以习近平总书记重要指示精神为根本遵循,坚持"生态优先、最小干预",全力做好"保护、管理、经营、研究"四篇文章,建成中国第一个国家湿地公园,打造世界湿地保护与利用的典范,有力推动了湿地在中国可持续发展中的主流地位。

西溪湿地鸟瞰图

一、目标成效

长期以来,由于自然演化和人为干预,西溪湿地生态系统渐遭损坏,原始景致日渐衰微。通过二十年的科学保护和精心呵护,杭州抢救性地留下了这片美丽的土地,成为中国湿地保护修复工作的标杆,全球湿地保护与利用的样板。

生态效益凸显。水质从劣Ⅴ类提升至Ⅲ类水平,成为各类植物、昆虫、鸟类的优良栖息地,保留具有世界文化遗产价值的1066个桑基鱼塘,在改善城市防洪、应对全球气候变化、提升杭州市综合竞争力等方面发挥了积极作用。

社会效益彰显。2005年2月,经原国家林业局批准,杭州西溪湿地成为中国第一个国家湿地公园,国家湿地公园这一湿地保护利用双赢的西溪模式,被广泛复制到全国各地城市规划与建设中,凸显了湿地作为城市发展的关键性绿色基础设施的地位。

经济效益明显。自2005年5月1日开园以来，累计入园游客5500万人次，实现经营收入24亿元。杭州西溪从"湿地公园"向"湿地公园型城市组团"发展，打响了"游在西溪、学在西溪、住在西溪、创业在西溪"品牌，打造了湿地公园保护与利用的"西溪模式"，带动了周边地区共生共荣，吸引了浙江大学、阿里巴巴、西溪谷等名校名企名园落户湿地周边。

二、实践内容

杭州严格遵循《湿地公约》相关规定，实施西溪湿地综合保护工程，做好四篇文章，还原西溪湿地历史原貌及其生态学过程，确保生态系统的完整性和原真性。

（一）坚持六项原则。

坚持生态优先原则。把生态优先放在首要位置，科学划定功能分区，严格进行分区管理。通过清淤疏浚、截污纳管、科学配水、生物治理"四管齐下"，改善西溪湿地水环境，保护湿地功能和湿地生物多样性。

坚持最小干预原则。严格控制建筑和建设规模，征迁农户4000余户，拆除建筑200多万平方米，削减人类活动强度，保护好西溪独特的气质、特色和个性。

坚持修旧如旧原则。立足次生湿地实际，恢复秋雪庵、西溪草堂等45处自然和人文景观，承载西溪湿地特有的文化元素和历史信息。

坚持注重文化原则。打好"文化牌"，保护好西溪湿地这个"有文化的村姑"。

坚持可持续发展原则。不吃子孙饭，不断子孙路，充分体现"代际公平"。

坚持以人为本原则。让原住民成为西溪综保工程最大受益者，让西溪湿地的每一寸岸线、每一块绿地、每一个景观都与广大市民和中外游客共享。

（二）做好四篇文章。

做好保护文章。像保护眼睛一样保护西溪湿地。出台中国首部湿地公园保护法案《杭州西溪国家湿地公园保护管理条例》，明确维护西溪湿地生态特征是保护与合理利用的核心。

做好管理文章。确保合理利用方法和结果的可复制性。建立生态环境保护、旅游管理等三大类629项标准，形成全国生态保护类旅游景区行业规范。完善水质、气象、空气质量等自动站点的监测能力，完善5G基站布局、客流和停车管理、水闸和监控等智能化设施，建成实时动态监控的生态保护和旅游管理系统。

做好经营文章。以"绿水青山就是金山银山"理念引领湿地发展，在确保维持西溪湿地生态特征的前提下，采取政府主导、企业特许经营的模式，建立政府、游客、企业、居民等多元主体治理体系，带动周边地区共同发展。依托良好的湿地自然资源和深厚的历史文化资源，通过举办探梅节、龙舟节、火柿节、听芦节等生态旅游活动，扩大湿地价值及其服务功能在公众中的影响力。

做好研究文章。围绕可持续资源利用与湿地长期保护目标，构建"社团＋研究中心＋博物馆"的研究体系，通过生态环境保护研究、社会效应研究、可持续利用研究，建立西溪湿地生态环境科学研究集群。做好POD模式研究，探索湿地保护和管理投入的反哺机制。

三、创新亮点

（一）在"积极保护"上有新突破。

坚持"积极保护"方针，既高度重视对湿地资源的保护，又高度重视对湿地资源的合理利用，将湿地综合保护工程视为重要的城市基础设施建设，以保护为目的，以利用为手段，通过适度利用实现真正的保护，努力实现生态效益、社会效益、经济效益三大效益相统一。

（二）在"理念先行"上有新突破。

坚持以民为先、环境立市、优地优用、基础设施先行、"道路（河道）有机更新"等理念，做到建设为人民、建设靠人民、建设成果由人民共享、建设成效让人民检验。

（三）在"两轮驱动"上有新突破。

坚持转变经济发展方式与转变城市发展方式"两轮"驱动，推动经济型城镇化转向生态型城镇化，实现由不可持续向可持续转变，由高碳经济向低碳经济转变，由忽视环境型向环境友好型转变。

（四）在"功能定位"上有新突破。

坚持生态优先、科教引领、资源整合、以人为本、可持续发展，在功能定位上体现生态功能、文化功能、产业功能、人居功能，从而夯实旅游的基础，营造求学的氛围，提升居住的品质，构筑创业的优势。

（五）在"六高方针"上有新突破。

始终坚持高起点规划、高标准建设、高强度投入、高效能管理、高水平经营、高层次研究"六高方针"，确保"一张蓝图干到底"，使西溪湿地成为杭州生态旅游的一张"金名片"，成为"专家叫好、百姓叫座"的"世纪精品、传世之作"。

（供稿：西湖区）

94

以"四大图景"绘就现代版富春山居图

2005年，时任浙江省委书记习近平同志在浙江省安吉县考察时，首次提出"绿水青山就是金山银山"的科学论断。2017年，习近平总书记在中央农村工作会议上提出"打造各具特色的现代版'富春山居图'"。作为《富春山居图》的原创地、实景地，富阳区深入践行"绿水青山就是金山银山"的理念，持续放大自然生态之美，发展绿色产业，建设绿色家园，将秀美山水转化为发展优势，打造现代版富春山居图的策源地、样板地。

一、目标成效

富阳区始终牢记习近平总书记嘱托，将高水平描绘现代版富春山居图作为城市发展总目标，坚定产业强区主战略不动摇，全面加快现代产业、现代城市、现代治理立起来，全力打造创新活力、都市田园、山水人文、幸福宜居"四大图景"，成功入选"国家生态文明建设示范区""中国最具幸福感城区"，一条以绿色为底色的高质量发展之路正徐徐铺展开来。

二、实践内容

（一）壮士断腕促转型，加快推进产业"破立"转换。

2005年9月，习近平同志在富阳考察富春江水环境治理工作时，要求当地把生态保护摆上重要位置，不断转变经济增长方式和发展模式。十八年来，富阳区始终遵循习近平总书记重要指示精神，坚定不移走"绿水青山就是金山银山"的发展道路，保持定力、久久为功，持续推动产业转型升级。

腾笼换鸟、引育俊鸟。一方面，壮士断腕整体腾退造纸等高污染、高排放产业；另一方面，全力引育大好高企业，过去五年累计引进产业项目700多个，全区制造业投资、固定资产投资连续多年高位增长，规上工业高新技术产业增加值占比从37%提升至65%，产业结构明显优化。

唱好银湖科技城和富春湾新城"双城记"。主动融入杭州城西科创大走廊，在全省首创"滨富特别合作区"协同发展模式，腾空间、强配套、引人才、重科技、聚产业，两大平台发展迅速，富芯等一批链主型企业落地建设，中科院杭州光机所等加快推进，目前已集聚全区60%的经济体量、70%的规上高新企业、80%的高端人才，成为杭州发展新蓝海、全省产业新空间。

（二）实施交通大会战，构建"三铁三高三快速"融杭交通体系。

富阳区以交通融杭带动产业融杭、民生融杭，加快构建"融入大都市、接轨长三角"的大交通格局。十年来，富阳区先后打通文教北路、江滨西大道延伸段等35条老百姓呼声强烈的"卡脖子"道路，建成"四好"农村路近500公里，拆除中村收费站，实现杭富公交和区内城乡公交一体化，特别是建成杭黄高铁、湖杭高铁、地铁6号线、彩虹快速、杭州绕城西复线、杭富沿江快速、春永快速等一大批重大融杭交通项目，一举进入"地铁时代""双高铁时代"，形成"三铁三高三快速"的立体式交通网络体系。

（三）实施"985"工程，全面打造现代版富春山居图。

中国最具幸福感城区：杭州富阳

杭州亚运会对于富阳区而言，是一次千载难逢的发展机遇，"办好一个会、提升一座城"，将大大加速富阳区融合发展、开放发展、跨越发展步伐。为此，富阳区于2020年推出"迎亚运、展风采，全面打造现代版富春山居图"专项行动，全方位、系统性部署实施九大都市工程、八大产业群落、五大治理提升。

集中实施一批辨识度高的都市项目。主要包括画卷样板、城市融畅、黄金轴线、城市靓眼、城市绿肺、亚运场馆、惠民提质、美丽乡村、文化兴盛等九大都市工程。沿富春江沿地铁的城市十字黄金轴线清晰呈现，一批新型城市功能单元加快推进，一批重点城市项目建成投用，基本建成大气开放、整洁有序、温馨文明、亮丽繁华的都市新区，城区知名度、首位度不断提升。

加快形成一批标志性强的产业群落项目。主要包括培育数字安防、生物医药、集成电路、智能装备、光电通信、数字新零售、节能环保、美丽经济等八大产业群落。富阳经济技术开发区迈入全国一流开发区行列，杭州富春湾新城成为省级高新产业发展平台，"两城两带六区多点"工字形空间布局基本形成，打造"双引擎"、唱好"双城记"，以数字经济为引领，以光电通信、数字安防、智能装备、生物医药、集成电路等"5"条标志性产业链为支柱，以"X"个未来产业为补充的"1+5+X"产业新格局初步形成，创新驱动进一步增强，产业转型基本完成。

积极探索一批富阳模式的治理路径。主要包括大党建、大服务、大生态、大文明、大平安等五大提升行动。践行"绿水青山就是金山银山"的理念，全面推进全域景区化、全域大花园建设，都市环境生态达到一流，聚焦重要领域和关键环节改革，探索形成一批具有特色和示范意义的治理样板、治理模式，争当浙江省区域治理现代化排头兵。

（四）共建共享，推进高质量发展建设共同富裕示范区。

支持浙江高质量发展建设共同富裕示范区，是习近平总书记亲自谋划、亲自点题、亲自部署、亲自推动的一项重要工作，也是高水平描绘现代版富春山居图的应有之义。2021年7月，浙江公布浙江高质量发展建设共同富裕示范区首批试点名单，富阳区被列为公共服务优质共享领域试点。富阳区始终坚持以人民为中心的发展理念，围绕高质量发展建设共同富裕示范区，千方百计改善民生，连续入选中国最具幸福感城区。

聚焦公共服务优质共享。高品质构建"15分钟公共服务圈"，引进杭二中、省中医院、省人民医院等都市优质资源，建成浙江省教育基本现代化区，医联体医共体建设走在全省前列，养老、医保与杭州主城"同城同待遇"，群众"获得感、幸福感、安全感、认同感"监测综合评价居全省前列。

聚焦民生领域改革创新。新劳动教育全国示范，"医检互认""舒心就医"等领跑全省，"商业预付卡全周期管理"获评全省最佳实践，

"最多跑一地"获中国十大社会治理创新奖,"平安富阳"建设"十七连冠",共建共享共富水平持续提升。

三、创新亮点

富阳区以"一图三立四景"为总体思路,把绿水青山建得更美,把金山银山做得更大,在不断深入实践转化的过程中,努力将现代版富春山居图建设成一幅生活富裕、生命阳光、生态美丽的共富画卷。

(一)现代版富春山居图有绿水、有青山,是一幅"山水人文画"。

富阳区深入践行"绿水青山就是金山银山"的理念,先后开展七轮造纸产业整治提升,最终实现造纸产业整体腾退,同时坚持美丽城乡、美丽经济、美丽人文"三美"联动,践行绿色发展之路。

(二)现代版富春山居图有变化、有生长,是一幅"都市田园卷"。

富阳区坚定不移走均衡发展之路,建设"三铁三高三快速"融杭交通路网,构建城市十字黄金轴线,现代版富春山居图样板段、示范段精彩展现,秦望城市眼、杭黄门户眼扎实推进,新登古城持续复兴,场口焕发小城市气象。

(三)现代版富春山居图有机遇、有奋斗,是一幅"创新活力图"。

富阳区坚定不移走产业高质量发展之路,中科院杭州光机所、西湖大学光电研究院、罗素先进光波科学中心等高端科研院所、孵化机构成功引进,富芯、富通、大华等一批"链主型"企业落地建设,光电通信、生物医药、数字安防、智能装备、集成电路五大主攻产业链条基本形成。

(四)现代版富春山居图有温暖、有关怀,是一幅"幸福宜居景"。

富阳区坚定不移走以民为本之路,"七张金名片"持续擦亮,推动城乡优质公共服务更加普惠、均等、可及,不断满足人民日益增长的美好生活需要,打造更加真实可感的现代版富春山居图。

(供稿:富阳区)

95

依托一流生态开创县域经济发展新局面

"八八战略"提出,"进一步发挥浙江的块状特色产业优势,加快先进制造业基地建设,走新型工业化道路"。淳安县忠实践行"八八战略",自觉践行"绿水青山就是金山银山"的理念,坚持一张蓝图绘到底,锚定"中国高端水业基地"战略目标,坚持在最严格环境保护的前提下,聚焦绿色生态、做透水的文章、做强健康水饮产业,推进产业集聚发展,推进健康水饮产业向多元化、高端化、品牌化、个性化发展,探索保护与发展"辩证解法",打造绿水青山和金山银山转化鲜活展示地,推动习近平新时代中国特色社会主义思想在淳安的生动实践取得更大成果。

一、目标成效

淳安县健康水饮产业起步于1996年,历经二十余年的发展,产业规模总量持续增大,产业逐步集聚,推动构建了无污染、低排放、高效益的健康水饮支柱产业体系,逐步形成块状特色产业发展。2022年,淳安县登记在册的水饮企业30余家,实现规上工业产值38.86亿元,比上年增长6.15%;销售收入109.67

亿元，增长8.62%；税收收入8.34亿元，增长11.65%，成为县地税收入的稳定增长点。

（一）产业配套优化提升。

聚焦产业服务升级，优化产业政策扶持，研究出台水饮产业研发补助、物流补助、品牌建设补助等一揽子政策，推出重大项目"一事一议"等举措。聚焦基础设施建设，设立"淳安县两山生态产业基金""绿色转化财政专项激励资金"，配套2.6亿元资金，主要用于水饮料产业配套设施建设，保障产业项目用水、物流等基础所需。

（二）骨干企业培强做大。

大力扶持县内龙头健康水饮企业增资扩规，优先供给土地等资源要素，鼓励企业做大做强。农夫山泉签约坪山工厂项目，预计增资10亿元，新上2条饮用水和3条饮料生产线，其果蔬、功能饮料等产能将翻一番。千岛湖啤酒签约四期扩建项目，预计增资2亿元，拟新上4条饮料生产线，年加工各类水饮达2000万瓶。鼓励企业走"科技创新"之路，加大研发投入，创建科研团队，整合先进技术，促进水饮企业数字化转型。农夫山泉、千岛湖啤酒、

农夫山泉茶园工厂

千草素、康诺邦等4家健康水饮企业被评为"国家高新技术企业",千岛湖啤酒微生物发酵技术企业研究院被认定为浙江省企业研究院。

（三）头部企业精准引入。

2022年,新落地水饮项目7个,总投资53.8亿元,其中包括噢麦力（OATLY）亚洲生态工厂、农夫山泉青溪工厂、QDOL（焕睿）饮品生产及研发、白猿威士忌等一批大好高项目。依托于资源优势、产业政策配套,以功能性总部为切口,吸引一线品牌入驻,实现品牌集聚化发展。预计到2025年,实现健康水饮产业销售达200亿元,亿元以上项目12个以上,固定资产投资30亿元,税收13.5亿元。

二、实践内容

让一湖秀水变成引领全县高质量发展、实现共同富裕的真金白银,是淳安人民的共同呼声和期盼。淳安县第十五次党代会提出以"打造华东地区最大的现代水饮产业集群及健康水饮料孵化地"为目标,锚定实施"一个好项目成为一个新的经济增长点,一个好产业兴起一个县的经济发展"。

（一）坚持顶层设计,强化高位推动。

以规划为引领。委托国内高端专业咨询机构编制《淳安县水饮料产业发展规划（2020—2025）》,按照"产业集聚化、多元化"的发展脉络,重点打造以坪山、鼓山为重点水饮料产业发展集聚区,石林、大墅、文昌等乡镇多点发展的产业布局。

推进体制机制创新。成立以县长任组长,分管副县长任副组长,各相关职能部门、平台、乡镇为成员单位的健康水饮产业发展攻坚行动专班,统筹项目谋划、招引、落地、保障,做到方向统一、节奏统一、步调统一。

制定扶持政策。重点围绕水产业密集出台《关于进一步加强招商引资工作的实施意见》《淳安县重点产业招大引强工作方案》《关于招商引资项目全生命周期管理服务规范》《"生态制造业计划"推进高质量发展若干政策》等政策文件，针对健康水饮产业赋予"一号产业"特殊发展地位，进一步擦亮"金字招牌"。

（二）聚焦产业导向，精准赛道招引。

资源系统整合。梳理县域内存量健康水饮生产情况，排摸重点可布空间，科学设置空间布局和发展容量，实现项目集中布局、产业集群发展、资源集约利用。

细分产业赛道。在做大饮用水、果汁饮料规模基础上，拓展健康饮品、健康食品、威士忌、植物奶、功能水等赛道。瞄准行业知名、"专精特新"、"小巨人"等头部企业，靶向发力精准招商。

全产业链招引。以"补链、延链、强链"为抓手，绘制产业链图谱，编制链主型企业招引、中小企业培育、数字平台建设需求、园区存量企业信息4张清单，着力抓龙头、引总部、聚相关。

（三）引育龙头企业，实现品牌集聚。

以实现品牌集聚为指引，加强与顶尖中介服务、咨询、投行等机构合作，紧盯健康水饮企业，如泰国红牛、华熙生物等，全力招商引资。

加强千岛湖水特性特点论证，突出千岛湖水质对于发展水饮料产品品质、口感、营养保健等方面的功能特性，梳理相应资源地块，培育多个特色化基地，增加招商引智的吸引力和精准性，重点引入威士忌酒、医美功能水等具有核心定价权和高附加值产品的企业。

研发新品拓展市场，最大化利用千岛湖"中国好水"水源地品牌效应，鼓励细分市场，布局差异化产品体系。一方面，依托"淳六味"道地药材、千岛湖茶等本地资源，研发具有淳安特色的健康饮品；另一方面，鼓励企业加快创新，从性能、设计、营销等方面升级产品，满足多样化消费需求。

三、创新亮点

（一）实施数字化改革，赋能

产业蝶变。

设立集研发、检测、展示、销售、数智平台于一体的综合服务中心，贯通上下游产业链，提供产业数据专题库建设服务、定制代工业务合作、共享研发、共享检测、产业宣传等内容服务。依托水饮料产业数据仓，打造水饮料产业数智平台和产业共享服务体系，深入破解水饮料产业体量规模较小、服务配套不完善、区域品牌不突出等问题。

（二）落实规范化管理，提升招引质效。

编制《淳安县水饮产业招引操作规范》，明确总体思路和发展目标，规范项目招引流程，细分产业发展赛道，持续推动产业精准化布局，强化全县统筹，立足资源禀赋、载体空间条件和发展环境基础，重点支持经济开发区打造全县水饮产业发展核心，推动若干个乡镇（平台）的区块依托特殊资源条件，寻求水饮特色化发展，突出各自发展优势，明确功能分工，引导连片发展，构建协同创新、错位发展的健康水饮产业"一核多点"发展新格局。

（三）布局发展新赛道，推动工旅融合。

以打造东方"斯佩塞"为目标，按照"工旅融合"发展新理念，充分发挥淳安得天独厚的地理环境优势，提供具有东方品味、蕴藏东方灵气的威士忌产品，凸显品牌特色，努力在威士忌新赛道上实现新突破，争取打造威士忌中国最佳产地特色品牌，建设"工旅融合"现代庄园。着力吸引集水饮料生产、观光休闲、研学体验等于一体的工旅融合项目，谋实工业发展与生态保护双赢的发展之路。

（供稿：淳安县）

96

杭黄联保共治千岛湖流域生态环境

新安江地跨浙皖两省，是两省人民共同的母亲河。淳安县境内的千岛湖，处于新安江流域的中上游，总库容量178亿立方米，是长三角地区重要的生态屏障。习近平同志在浙江工作期间对淳安县和千岛湖生态保护多次作出重要指示，要求淳安在生态建设上当好示范，保护好环境，保护好千岛湖的优质水资源。进入21世纪以来，新安江上游地区工业化加速发展对千岛湖水质安全产生威胁。针对这一状况，时任中央政治局常委、国家副主席习近平同志于2011年作出重要批示："千岛湖是我国极为难得的优质水资源，加强千岛湖水资源保护意义重大，在这个问题上要避免先污染后治理的覆辙。浙江、安徽两省要着眼大局，从源头控制污染，走互利共赢之路。"

习近平同志的指示批示拉开了全国首个跨省水环境生态补偿试点的大幕。为保护一江清水由皖入浙，浙皖两地联合开展新安江—千岛湖

千岛湖出境断面水质持续保持Ⅰ类标准

流域联保共治,合力打造"新安江模式"。

一、目标成效

2012年新安江—千岛湖流域生态补偿试点启动实施,分处新安江上、下游的安徽、浙江两省着眼大局,从源头控制污染,走互利共赢之路,加快构建以生态补偿为核心,以生态环境保护为根本,以绿色发展为路径,以互利共赢为目标,以体制机制建设为保障的生态文明建设新安江模式。10余年来,两省交接断面安徽来水达到地表水Ⅱ类水质标准,部分指标达到Ⅰ类标准,千岛湖湖体水质总体保持优良,城乡生活垃圾无害化处理率达100%,森林覆盖率由77.4%提高到80%以上，位居全国前列。新安江流域生态补偿模式被写入全国生态文明体制改革总体方案，试点经验在全国13个流域、18个省份推开，入选中国改革十大案例、中组部"攻坚克难案例"。

二、实践内容

（一）高起点谋划流域共保联治。

杭州市和黄山市政府共同成立新安江流域上下游水环境联防共保协调工作组，联合印发《新安江流域上下游水环境联防共保协调工作组组成成员和主要工作职责》，由杭州市和黄山市分管副市长任组长，相关部门负责人为成员，明确工作职责，强化组织保障。两市生态环境局签订《关于打造杭州都市圈生态环保合作示范区的战略合作协议》，加强区域生态环境保护合作，全力实施联保联防，推进新安江流域生态环境上下游共同保护。

（二）高水平编制流域共保规划。

2019年，中共中央、国务院印发《长江三角洲区域一体化发展规划纲要》，要求推动跨界水体治理，制定新安江—千岛湖水体联保专项整治方案，建立新安江—千岛湖生态补偿试验区。杭州市与黄山市密切协作，共同组织编制《新安江流域水生态环境共同保护规划（2021—2025年）》，对流域水生态环境综合治理、系统治理、源头治理等明确要求和措施。

（三）先行探索生态补偿机制试点。

2012年，由财政部、原环保部等国家部委牵头，浙皖两省签署《关于新安江流域上下游横向生态补偿的协议》，启动全国首个跨省流域生态补偿机制试点。目前已实施三轮试点，2012—2020年安徽省共获得中央和浙江省生态补偿资金30余亿元。生态补偿工作启动以来，安徽省实施沿江综合治理、城乡污水治理、养殖污染整治、面源污染整治等行动，为新安江流域生态保护进行了许多有益实践和探索。近年来，由国家发改委牵头，浙皖两省继续谋划推深做实新安江流域生态补偿试点改革，探索建立新安江—千岛湖生态保护补偿试验区，努力取得更多实质性成果。

（四）多措并举开展流域共保共治。

联合垃圾打捞。淳安县与黄山市歙县共同制定湖面垃圾联合打捞实施意见，完善垃圾打捞常态化机制，实施上下游联合垃圾打捞作业。2020年以来，累计开展联合打捞36次，打捞湖面垃圾3.3万余立方米。

联合水质监测。自2012年起，淳安县环境保护监测站和黄山市环境监测中心站建立每月水质联合采样监测机制。2019年升级联合监测模式，由两市监测站进行联合监测，监测频次也由每月一次提升为每月两次。在水质敏感期，两地环境监测党员先锋队不定期组织开展联合藻类巡测，研判联合水域水体藻类生长状况。

联合环境执法。杭黄两市共同制定《新安江流域沿线企业环境联合执法工作的实施意见》，淳安县与歙县共同制定《新安江流域跨界环境污染纠纷处置和应急联动工作实施意见》，建立两地联动执法机制，完善边界突发环境污染事件防控体系。2020年11月联合开展新安江流域突发环境事件跨省联动处置应急演练。近两年来，两省共计召开联席会议10余次，开展新安江流域治水活动15次，杭黄共保涉水联合执法15次，解决跨境环境问题19起。

（五）全方位深化合作交流。

党建引领。2020年，浙皖两省探索实施"党建+环保"合作模式，进一步深化流域共保。两地组建党建联盟，成立水面联合打捞、水质联合监测、环境联合执法、基层河长、生态建设保障、生态文明宣传等六支党员环保先锋队，每年轮流组织召开联席会议，实现党建与业务合作良性互动。

区域抱团。2019年1月，杭州市与黄山市签署"1+9"一揽子合作协议。2019年9月，杭、黄两市人大常委会签订《关于建立合作交流机制的协议》，助推两地区域一体化发展。2020年，淳安、歙县两地人大常委会签订《关于新安江—

千岛湖生态保护绿色发展合作备忘录》，建立由两县人大常委会牵头、政府有关部门共同参与的"一年一主题、一年一活动、一年一建议"合作交流机制。2022年6月，淳安县政府与安徽歙县政府签订"共护一江水 同筑共富路"战略合作框架协议。

调研交流。围绕新安江—千岛湖保护工作，两地积极开展联合视察建言。2019年12月，杭、黄两市人大常委会组织两地全国和省人大代表，现场视察农村生活垃圾治理项目、新安江流域生态补偿试点、皖浙交界断面水质监测等情况。2020年5月，淳安、歙县人大常委会也首次组织两地人大代表开展联合视察活动，为新安江流域保护工作建言献策。2022年6月，淳安县与安徽歙县共同组织开展"共护一江水 同筑共富路"庆祝2022年"六五环境日"暨浙皖交界水质自动监测超级站启动仪式。

三、创新亮点

浙皖两地通过携手开展各种交流互动，提升了新安江流域生态环境保护水平，推动了浙皖两省全流域生态环境保护与经济社会协调可持续发展。

（一）政府共建制度保障。

杭州市和黄山市政府共同成立新安江流域上下游水环境联防共保协调工作组，淳安、歙县两地组建党建联盟，两地人大常委会签订《关于新安江—千岛湖生态保护绿色发展合作备忘录》，不断健全完善合作交流机制，为新安江流域上下游"共护一江水"提供了有力保障。

（二）协同共绘环保蓝图。

杭、黄两市共同组织编制《新安江流域水生态环境共同保护规划（2021—2025年）》，提升流域水生态环境综合治理、系统治理、源头治理水平，绘就两岸发展绿色环保新蓝图，努力打造共建共享的生态文明示范新样板，为跨省流域生态环境保护和高质量协同发展积累了经验。

（三）联合执法高效有序。

淳、歙两县通过定期联合打捞、联合培训、联合协商研判等，进一步畅通联合执法通道，切实提高联合执法频次及效率，合力整治边界区域环境污染，确保沿江垃圾在源头第一时间得到处置，推动流域共治落地见效，让毗邻人民群众共享生态红利、分享绿色福利。

（供稿：淳安县）

97

争当美丽乡村建设新典范

2002年12月15日,时任浙江省委书记习近平同志到萧山区党山镇梅林村调研新农村建设工作,提出要建设一批标准化、规范化、全面发展的,在全省乃至全国都叫得响的小康示范村镇。之后浙江省委、省政府作出重要战略决策,在全省范围启动"千万工程",成为生态省建设的有效载体和城乡统筹发展的重要突破口。萧山区作为"千万工程"的重要起源地,始终牢记习近平总书记的殷殷嘱托,在赓续中深化,在迭代中升级,以久久为功的韧劲推进城乡融合发展。

一、目标成效

经过二十年的发展,萧山区所有建制村实现美丽乡村建设全覆盖,持续让"盆景"变成"风景"。两次上榜全省深化"千万工程"建设新时代美丽乡村工作优胜县(市、区)名单,入选浙江省新时代美丽乡村示范县。2021年,全省深化"千万工程"建设新时代美丽乡村现场会在萧山召开。截至2022年底,萧山区累计完成126个区级美丽乡村整治村、162个区级美丽乡村提升村和18个区级美丽乡村示范村创建验收

萧山区生态农田共富项目

工作,启动省、市级未来乡村建设19个,其中有5个村上榜省级未来乡村名单。萧山区梅林村这个"老先进"继续竖起新标杆,入选省级未来乡村名单、省AAA级景区村庄名单和全省乡村振兴示范村创建名单。

二、实践内容

(一)做优人居环境,绘就生态"高颜值"。

坚定不移实施"环境立区"战略,推动美丽乡村建设从一个个"盆景"变成一道道"风景",打造"山水入画来,全域皆美景"的生态宜居新家园。

先做减法,再做加法。在"千万工程"引领下,萧山区始终秉持"先做减法、再做加法,多做减法、少做加法"的理念,大力开展农村"九改五清"工程,拆除违建,清理垃圾,为后续发展腾出空间。全区累计拆除违建2万余处、120余万平方米,清理垃圾堆积物30余万吨,补植绿化20余万平方米,全面净化、美化、绿化、亮化农村人居环境。

因地制宜,量体裁衣。坚持不搞"一刀切",以"一村一规划"

为抓手,按照整治村、提升村、示范村分类推进。把握"东片沙地风光、中片湖畔田园、南片秀美山水"的地理特色,率先编制萧山区《美丽乡村规划设计导则》《美丽乡村建设指导手册》,明确"五个不允许"等基本要求,以"工匠精神"完善农村环境建设改造标准规范,统领全区美丽乡村建设。

软硬并重,内外兼修。坚持统筹推动城乡一体化发展,持续加强乡村基础设施建设,不断提升基本公共服务能力。萧山区352个建制村四级以上公路通达率和道路硬化率均达到100%,村村通公交率100%,村级物流点实现全覆盖,成功创建"四好农村路"全国示范县。现有养老机构36家,建成居家养老服务照料中心504家,努力实现为老助餐服务村社全覆盖。

(二)深耕强村富民,塑造经济"高品质"。

坚持将产业兴旺作为乡村振兴的基础,通过推动农村一二三产业融合发展,更好地实现农业增产、农村增值、农民增收。

奏响以工促农新乐章。引导市场经营主体深度参与乡村开发与运营,如传化集团在浦阳镇打造共富乡村示范点项目、万向集团在义桥镇启动"江河荟·浙江翠"生态系统和生物多样性恢复项目、恒逸集团在衙前镇开展恒逸-四翔"共富产业园"项目等,通过"以工哺农"激发乡村发展活力,实现企业与乡村抱团双赢。浦阳传化共富乡村示范点项目直接带动浦阳镇村民就业2698人次,累计增收311万元。计划到2025年,项目所在三个村的村集体年经营性收入均超600万元。

弹好集成改革富民曲。深入推进以集体经济为核心的强村富民乡村集成改革,统筹项目、政策、要素合力,让农民的腰包更鼓一点、让村集体经济更"壮"一些。创新开展"飞地抱团"等全区性共富项目,重点帮扶经营性收入较低的行政村筹措资金投资区级优势产业,获取投资收益。开展区级国企帮村结对活动,对南片八镇村集体经济最薄弱的20个村进行重点帮扶。引导以村村联建、政企联办等方式组建11

家强村公司,覆盖67个村,进一步激活乡村振兴"源动力",助力村集体经济增收。

打好产业兴旺组合拳。立足市场需求和城边村条件,借势发展"周末经济",营造城乡"两栖生活",临浦横一村千亩农田成了网红打卡地、楼塔雀山岭村中医药文化融汇打造康养村舍、河上东山村闲置农房改头换面变成精品民宿集群。启用"萧山本味"农产品展示中心,授权使用"萧山本味"商标企业21家,企业年产值累计达20亿元。积极培育乡村新产业新业态,2022年新增淘宝村18个,农产品网络零售额达12.5亿元。扶优做强农业企业,现有市级及以上农业龙头企业147家,数量居全市县(市、区)第一。

(三)数字赋能,实现治理"高效率"。

激活数字动力引擎,以小切口谋划大场景,推动跨部门多业务场景集成应用,推进乡村治理体系和治理能力现代化,服务全面推进乡村振兴。

纵向下沉,优质服务入村入户。以数字技术打破空间壁垒,推动民生"七优享"延伸至村社"神经末梢"。率先上线"健康大脑+智慧医院",实现村民健康智慧管理。推出乡村"数字书房",打造触手可及的便民"阅读圈"。建成"安居守护"场景,破解空巢老人养老痛点。

横向扩面,村民共治蔚然成风。深入推广"五和众联"自治模式,引领乡村社会生活新风尚。全面深化清廉村社"码上工程",让村级资金在阳光下运行,创新推出"沥家园""新无忧"等基层数治新模式,实现"我的村庄我做主"。为方便村民监督,梳理绘制48条村级小微权力清单和运行流程图,村民只需扫码便可实现"一码在手、村务尽知",并完善各类诉求的"一键直达"功能,形成诉求办理全链条闭环式管理。

系统迭代,整体智治率先探路。以省级数字乡村试点建设为抓手,率先建成区镇村三级一体化数字驾驶舱,推出"平安村社""智慧农业""农民建房"多跨场景,探索"一网统管"重大应用,推动部门管理和基层治理的联勤联动、条块协同，助力基层服务精准高效、可亲可感，努力打造可复制、可推广的乡村智治萧山模式。

三、创新亮点

（一）三生融合打造幸福实景。

按照"美丽乡村+数字乡村+共富乡村"的迭代模式，坚持"生产、生态、生活"三生融合发展，通过产业主题化，从"做环境"迈向"做内容"，从做"美"乡村迈向做"活"乡村。把握以"露营经济""周末经济"为代表的新消费场景，开展休闲、研学、团建、农事体验等服务，推动农文旅体融合发展，打造以特色农业、生活休闲、农旅融合、创意创新、特色文化等不同主题的未来乡村。

（二）产村融合呈现振兴图景。

浦阳传化共富乡村示范点项目直接带动浦阳镇村民就业2698人次，累计增收311万元。2022年，萧山区农村居民人均可支配收入达49270元，比上年增长5.6%，连续十四年实现农村居民收入增速赶超城镇，城乡居民人均可支配收入比值缩小至1.59。421个村级集体经济组织实现总收入30.47亿元、经营性收入20.11亿元，83%的行政村经营性收入达到100万元。

（三）四治融合映射和美愿景。

以"一网统管"推动"县乡一体、条抓快统"的县域整体智治改革，开发推广"萧山·红领通"综合集成基层应用，推动乡村治理工程系统重塑、流程再造、减负提质。利用数字化手段进一步规范村级权力、小型工程和小额资金监管，实现"码上工程"在559个村社全覆盖。萧山区"智慧印章"应用列入"一地创新、全省共享"项目，获评浙江省清廉村居建设示范县，为乡村振兴持续注入"廉动力"。

（供稿：萧山区）

98

奋力打造水乡韵味和美乡村

2003年6月,时任浙江省委书记习近平同志在深入调研、准确把握浙江"三农"工作和城乡关系阶段性特征基础上,适应人民群众新期待,亲自点题、亲自谋划、亲自部署,在全省部署实施"千村示范、万村整治"工程(简称"千万工程")。临平区深入实施"八八战略",积极践行"绿水青山就是金山银山"的理念,坚持农业农村优先发展,全面推进乡村振兴战略,聚焦"千万工程"主线锚定打造江南水乡乡村振兴样板、共同富裕示范区样板目标,全面提升农村人居环境质量,协同实施未来共富场景,奋力建设诗画江南韵味、运河水乡风情、乡野乡愁底蕴、共美共富活力的新时代美丽乡村,为高标准打造乡村振兴样板地、城乡融合先行区、共同富裕示范区样板提供强有力支撑。

一、目标成效

临平区高水平实施新一轮美丽乡村提质升级行动,2022年荣获全省深化"千万工程"建设新时代美丽乡村工作优胜县,成功创建省级新时代美丽乡村示范乡镇1个,省级特色精品村3个。临平区运河北

临平区新宇村的生态甲鱼

片四村联动建设未来乡村获省领导批示肯定，塘栖村、双桥村、丁河村、鸭兰村、新宇村等5个村成功创建省级未来乡村，塘栖枇杷种植系统成功列入省级第一批重要农业文化遗产资源名单。

二、实践内容

（一）规划引领，制定出台提质升级行动方案。

制定《杭州市临平区深化"千万工程"高水平实施新时代美丽乡村提质升级行动计划（2021—2025）》，编制《临平区新时代美丽乡村建设总体规划》，按照"一园引领、两核驱动、十村未来、多点精致、全域美丽"总体布局，重点实施"1233工程"，即以大运河国家文化公园（临平段）为引领，打造塘栖丁山湖核心圈、运河北片核心圈两大美丽乡村示范片区，培育未来乡村、数字乡村、特色精品村三类创建村，实施300个以上组的扩面提升工程，全力塑造城乡融合全域共美新格局。2022年启动美丽乡村建设各类项目139个，计划投资3.5亿元。

（二）串珠成链，连片打造美丽乡村共富示范带。

推进大运河国家文化公园（临平段）建设，启动29公里大运河绿道工程建设，结合大运河省级现代农业园区建设，协同推进沿线美丽乡村、美丽城镇、美丽田园、美丽河湖等系列创建及城乡风貌提升，打造大运河未来乡村共富示范廊道。全区建成省级美丽乡村示范镇2个、省级特色精品村4个、省级景区村庄创建36个，实现新时代美丽乡村全覆盖，塘栖水韵风情线获评省级美丽乡村风景线。启动美丽乡村核心示范片区建设，多村联动统一规划建设。塘栖丁山湖示范片区依托名镇名湖名山，重点打造以水乡湿地为主题特色的乡村休闲旅游目的地。运河北片依托生态农业和田园风光，以乡村研学为主题促进一二三产业融合发展。

（三）面向未来，积极开展省、市未来乡村创建申报。

实施5个省级未来乡村创建，按照"一统三化九场景"提优补短，突出"一老一小"、公共服务、健康、数智等场景打造，找准各村特色优势，着力构建具有辨识度、引领性的未来乡村。启动12个数字乡村样板村建设，未来乡村与数字乡村整体推进。塘栖村充分展现优越的江南水乡风貌，拓展枇杷全产业链条，带领村民实现共同富裕。双桥村以"薪火双桥 运河田园"总定位，在农业研学旅游产业中寻得发展方向。鸭兰村充分发挥"中共杭州市第一个村支部"的红色文化资源优势，建设红色研学全产业链体系。

（四）美丽普惠，全域实施农村环境扩面提升工程。

推进美丽乡村全域扩面提升，按照"缺什么、补什么"原则，以村民小组为单位每年实施100个以上扩面提升工程。近两年全区共实施231个组的扩面项目，每户补助

2.5万元，惠及农户10427户。累计拆除乱搭乱建6万余平方米，改造道路26公里，新建停车位1483个、游步道12公里、公共节点78个，绿化4.7万平方米，扩大美丽乡村覆盖面，打通"最后一百米"，促进美丽普惠。按照"一村一特色"要求，每年启动5个区级特色村建设，因地制宜创建形成一批环境精致、风格独特、主题鲜明的特色村庄。

（五）做靓底色，持续推进农村基础环境整治管理。

建立滚动排查、三色督办、考核通报等闭环整治机制，全方位开展乱搭乱建、乱堆乱放等基础环境整治行动。2022年，各镇街累计自查整改问题1.3万余件，开展区级联合督查30余次，督促整改各类问题850余件。重拳整治城郊村，启动16个村（社区）的城郊接合部整治，推进运河二通道沿线村社专项整治。持续深化农村垃圾革命、厕所革命、污水革命"三大革命"，健全城乡一体化的农村保洁、垃圾分类、农村生活污水管理机制，落实村级公共服务设施、村庄绿化、庭院整治等长效管护机制。

三、创新亮点

（一）出台建设标准高品质塑造乡村风貌。

出台《临平区美丽乡村"十不十宜"建设导则》，针对本区水乡平原特点，在规划布局、庭院围墙、绿化美化、建设风格、用材、施工等方面明确正负面清单，实行"微改造、精提升"，保留乡土特色。构建多跨联动、立体监督、综合评价、数字管理"四大体系"的美丽乡村工程全流程监管机制，形成督导、反馈、整改的工作闭环，保障建设质量品味。在全省首创开展"村村都有工程师"活动，组织百名村干部参加监理工程师专修培训班，提供本土人才支撑，助力管好家门口工程。

（二）确立运营前置理念按需定制建设内容。

建立以市场化运营为导向的美

丽乡村建设投资机制，按照策划运营先导、产业发展主导的理念，在美丽乡村重点项目建设中，首先做好产业运营策划，明确产业定位布局，招募运营团队，再依此进行规划设计和安排配套建设项目，将补助资金变为运营资产，盘活存量空间，提高资金使用绩效。在2023年实施的美丽乡村项目中，50%以上的项目资金用于美丽经济产业培育或配套设施建设。如塘栖村共富学院、运河研学中心、共同富裕实践中心等项目以及一大批村级存量空间改造提升项目，促进美丽经济发展。谋划示范片区整体运营管理，推动抱团发展，多村联动共建丁山湖、运河北片两大未来乡村共富联盟。

（三）完善农村人居环境长效管护机制。

2016年以来，临平区先后建立城乡环卫一体化、农村生活污水治理、绿化管养、农村道路管养等长效管护制度。针对美丽乡村建设中农村停车场、绿道、公共活动场地等公共服务设施缺乏有效管护的问题，在全省率先出台《村级公共服务设施长效管护实施方案》，建立农村公共服务设施运行维护的支撑平台，明确农村公共服务设施运行维护的保障内容、范围和标准，逐步建成"管理规范、运行高效、保障有力"的农村公共服务设施运维体系。新一轮政策进一步增加了各村管护资金，明确其中5万元专项用于庭院整治长效机制考核。

（供稿：临平区）

99

打造浙西生态共富新高地

2004年1月15日，时任浙江省委书记习近平同志在临安区考察生态建设时提出："临安要继续在生态建设上发挥示范、龙头和领跑作用，走在全省前列，为生态省建设作出贡献。"按照这一指示，临安区开展"靠山养山，靠水护水"大探索，首创"生态经济化、经济生态化"，找到生态和经济的共赢点，促进经济、环境、文化和社会全面生态文明化，实现了"青山富民，绿水开源"大丰收。

一、目标成效

临安区是长三角地区唯一同时拥有两个国家级自然保护区的区（县、市），森林覆盖率高达81.99%。生物多样性丰富，国家重点保护野生动物108种，占全省的56.3%。浙江发布10种有代表性的珍稀野生动植物，其中临安的华南梅花鹿和天目铁木榜上有名，而中华穿山甲、中华秋沙鸭也在临安栖息。生态环境状况指数（EI）一直

临安区太湖源镇指南村

处于全省县级评价单元的第一等级"优"的行列,居杭州市首位;绿色发展指数连续两年位居全省前三,先后获得首批国家生态文明建设示范区、生态文明建设实践体验地、全省首批省级综合类低碳试点区等60多项国家级、省级荣誉。临安区依托得天独厚的生态环境,经过不断探索,形成了"点绿成金,村落变景区,美丽生态推共富""以绿生金,保护+利用,生态资源带共富""降碳增金,锚定高质量,减污扩绿促共富"三大绿色共富发展模式,实现了"以生态促共富,依共富优生态"的良性循环。

二、实践内容

在"八八战略"指引下,临安区坚定不移推进生态文明建设,推动习近平生态文明思想在临安落地生根，守好浙西生态屏障的绿水青山，拓宽绿水青山和金山银山的转化通道，促进经济、环境、文化和社会全面生态文明化，走出一条生态保护与经济发展互促互进的可持续发展路子。

（一）点绿成金，村落变景区，美丽生态推共富。

以白沙、指南、月亮桥等村为代表，依托"生态+"做文章，因地制宜落实1.0版"千村示范、万村整治"项目，高质量完成"千村精品，万村美丽"2.0版美丽乡村建设，创新开展"千村未来、万村共富"3.0版临安实践，提升美丽环境的生态价值。

系统推进生态环境治理。强化农村污水治理、垃圾分类，实现从"点上美"到"全域美"，打造美丽生态示范样板。

加强基层生态机制建设。高标准制定《村落景区临安标准》，建设生态型村落景区。2021年发布全国首个村落景区公共品牌——"天目村落"。

以市场化手段优化生态资源。创新在绿色背景中植入新业态，培育新产业，激发绿色发展新动能。开展运营的村落景区达到19家，累计实现旅游收入7.1亿元。以指南村为例，村民人均年收入突破6万元，2022年前10个月就实现旅游收入6500万元。生态型村落景区建设成为富有临安辨识度的生态价值创新转化模式，获时任省长袁家军批示肯定。

（二）以绿生金，保护+利用，生态资源带共富。

强化生物多样性保护和利用，合理规划保护区周边生态旅游资源，带动农家乐、民宿发展与农产品销售，带动农户致富。

坚持保护为先，强化生态资源开发利用，推动生态旅游适度开发。临安区保护孕育着172种国家重点保护野生动植物，其中野生动物108种，占浙江省的56.3%。临安区积极动员多方力量参与，实现政府主导、多方参与、合力共建共享、共同呵护"生物基因库"，形成农户、村社、政府三方协同，管理局、乡镇、村社三级合力的生物多样性保护格局。适度发展生态旅游,有序开发生态景区景点35个,为周边村社发展激活内生动力,让村变景、由景致富,形成以生物多样性保护为根本的农户、村社、政府三方共赢模式。

成立浙江省第一个保护区生态警务室。建立"一室六队五联"工作机制,强化生物多样性保护力量,有力保障生态环境安全。

推进天目山、清凉峰名山公园建设。谋划实施名山公园"带富"行动,辐射昌化等12个镇2601平方公里,引进绿色、天然、运动休闲为重点的优质旅游产业项目。

打造研学品牌及线路。开发推出天目山红色文化主题"红卷天目追寻周恩来足迹"、"绿色自然•森林守护员"、清凉峰野外博物馆等线路,以研学增加游客量。同时,运用东坑茶、竹盐制作和千洪桃花纸等生物多样性相关知识调查成果,致富一方百姓。

(三)降碳增金,锚定高质量,减污扩绿促共富。

临安区是首个全国碳汇林业试验区,全省首批、杭州市唯一的综合类低碳试点区(县)。临安区以此为契机,积极推进2个省级低碳试点镇、9个低(零)碳试点村(社区)建设,通过"天目'临碳'数智大脑"和"天目生态价值"数字平台管理,助力降碳、减污、扩绿、增长。

培育低碳产业发展示范项目。以青山湖科技城为重点,建设零碳建筑、光伏走廊、天然气分布式能源+多能互补能源系统等一系列节能降碳工程,突出新能源新材料产业的发展。杭州福斯特应用材料股份有限公司成为全球最大的光伏胶膜企业,全球市场占有率超过50%。

加快发展低碳农业。通过使用测土配方等技术规范天目水果笋种植,每亩减少化肥施用量15%—44.5%,实现增产20%。对天目水果笋生产碳足迹全链条管理与分析,成功发布全国首个农产品数字化碳标签,产品生态价值得到提升。由此,太湖源镇的雷笋年交易额从5亿元跃升至8亿元,稳定提升了笋农收益。在东坑村培育"茶叶绿色经营示范区",推广使用杀虫灯、诱芯色板及有机肥等绿色经营方式，化肥、农药使用量减少30%，茶叶价格较周边其他茶园高800元/千克左右，增加茶叶产值160余万元。

推动碳汇经济价值转化。探索碳汇经济发展路子，设立中国绿色碳汇基金会临安碳汇专项基金，建立全国首个雷竹林碳汇通量观测塔，发布全国首个农户森林经营碳汇交易体系。在高虹镇、青山湖街道等多个镇（街道）实施竹林经济碳汇项目7.5万亩，以30年为项目计入周期测算，预计可吸收110万吨二氧化碳。按照目前的林业碳汇交易价格，将为林农带来碳汇收益约3300万元。

三、创新亮点

（一）编制标准，打响"天目村落"品牌。

为推动美丽乡村向美丽经济转变，临安区瞄准城市居民对乡村旅游日益增长的旅游需求，2017年初在"千万工程"和美丽乡村建设基础上，以乡村文旅为突破口，首次提出"村落景区"和"村落景区运营"概念，探索乡村的市场化运营"三带模式"，明确各自角色定位：政府主导带项目、做规划、做环境；村集体与村民带房、地、劳动力、农产品，做主人、做主体；运营商带资金、资源、理念，做产品、做经营。乡村运营围绕品牌化建设、市场化运营、整体化推进三个方向持续优化，实现三产融合、多方共赢、生态共富。

（二）凝聚合力，创新生态警务机制。

创建浙江省第一个保护区生态警务室，建立"一室六队五联"工作机制，内设指挥岗位和视频巡查岗位，整合环保、治安、交警、森警、保护区内保、景区保安、公益救援六支队伍，开展常态联防、生态监察、节点联勤、应急联动、部门联商、区域联管工作，推进清凉峰保护区生态资源保护规范化、有序化、长效化，增强生物多样性保护力量，有力保障了生态环境安全。

（三）数字赋能，助力产业转

型升级。

开发"天目生态价值",融合多年度多方面自然生态资源、环境质量等方面数据,对自然生态资源实行"一表式"综合管理,建立 GEP 与 GDP 相关联的评价机制,助推绿色高质量发展和共同致富。发布全省首个上线运行的数字化"碳中和"管理平台——天目"临碳"数智大脑,紧扣"减排""增汇"两条主线,利用重点企业碳账户、能源预算化管理等数字化管理手段,对能耗碳排全面实行精细化管控,助力精准减排,促进产业绿色发展。

(供稿:临安区)

100

高标准建设宜居宜业和美新农村

2003年6月,在时任浙江省委书记习近平同志亲自部署推动下,浙江省全面启动"千村示范、万村整治"工程。二十年来,桐庐县一以贯之推进"千村示范、万村整治"工程,深入践行"绿水青山就是金山银山"的理念,把乡村的资源禀赋、基层的实践创新、政府的久久为功充分结合起来,加快推进新时代美丽乡村迭代升级,建设了一批"望得见山、看得见水、记得住乡愁"的美丽乡村,走出了一条优化农村环境、统筹城乡发展、造福农民群众之路。桐庐县获得国际花园城市、首批国家级生态保护与建设示范区、全国数字乡村百强县、"绿水青山就是金山银山"实践创新基地、浙江省首批大花园示范县、浙江省深化"千万工程"建设新时代美丽乡村工作优胜县等荣誉,全国改善农村人居环境工作会议、全国全域旅游创建工作现场会等会议在桐庐召开,被《国家地理》杂志评为25个全球最佳旅行目的地之一。

桐庐县深澳村

一、目标成效

第一阶段：围绕"宜居"，开展农村人居环境整治提升。从2003年开展"千村示范、万村整治"工程起步，以2013年全国首届改善农村人居环境工作会议在桐庐召开为标志，通过驰而不息的整治，改善了农村环境面貌，提升了农村基础设施。

第二阶段：围绕"宜业"，大力发展乡村特色产业。探索推动美丽乡村向美丽经济转化，以2016年全国首届全域旅游创建工作现场会和首届中国（桐庐）国际民宿发展论坛在桐庐举办为标志，越来越多的乡村朝着村美民富的目标迈进。

第三阶段：围绕"和美"，打造国家级乡村振兴示范县。以连片发展、组团经营的思路，对美丽乡村建设进行全方位、系统性、重塑性改革，加快农业农村领域增长动力、发展模式转变，着力打造满足人的更高层次需求的和美乡村，以乡村振兴促进共同富裕。桐庐县入选新时代美丽乡村集成改革省级试点、农业农村领域高质量发展推进共同富裕第一批省级试点。

二、实践内容

（一）规划引领，构画和美乡村蓝图。

县域是省市县的末端、县乡村的顶端。桐庐县坚持做深做实顶层设计，注重规划引领、理念先导。

坚持科学发展基本理念。坚持把生态优先的理念贯穿于美丽乡村建设全部工作之中，提出"五个不准"的自然资源保护理念。坚持特色发展的理念，因地制宜、分类指导，形成"一村一品、一村一业、一村一特、一村一韵、一村一景"的美丽乡村建设新格局。坚持经营乡村的理念，提出"四个有"的乡村美丽经济发展新思路，促进乡村特色发展。坚持"以人民为中心"的发展理念，努力把更多的政策、资源、财力向"三农"倾斜。

构建美丽乡村规划体系。深化国家级乡村振兴战略发展规划试点，编制《桐庐县村落景区发展规划》《桐庐县美丽乡村升级版建设总体规划》两大特色专项规划，一体推进乡村建设规划、风貌提升，努力打造形神兼备的现代版富春山居图。目前，全县181个行政村，除因纳入城区规划或受重大项目影响的12个村外，其余169个村全部完成乡村振兴规划编制。村域规划"多规合一"试点做法入围"浙江乡村振兴十大模式"，荣获浙江省政府乡村振兴督查激励。

（二）数字赋能，助力和美乡村建设。

抓住新一代信息技术创新空前活跃，数字经济红利正在加速"上山下乡"机遇，加快乡村产业、公共服务、治理方式的数字化变革。

数字赋能乡村产业。打造乡村振兴数字化平台，建立特色产业数据仓、农业信息一张图，加快数字农业园区、数字乡村旅游建设，推进农业生产经营的数字化转型。如沈冠村建立了智慧农业驾驶舱，实现足不出户完成精准投饵、环境监控、病虫害监测等一系列工作，开启"稻鱼共育"生态种养新模式，亩产值从300元增至10000元，实现"低产田"向"科技田""黄金田"转变。

数字赋能公共服务。优化乡村智慧出行、智慧旅游、智慧教育、智慧医疗、智慧养老等民生服务，推动群众办事"就近办""简化办""网上办"。如莪山畲族乡率先在全县启动"数字乡村"建设，搭建"5G+VR"课堂、乡WORK等数字场景，相关做法被央视媒体聚焦报道。芦茨村建成使用"民宿智脑"数字平台，破解产业转型难、服务升级难、乡村治理难等困难，获得时任浙江省副省长成岳冲、刘小涛批示肯定。

数字赋能基层治理。强化农村各领域数据的摸底采集，推进"乡村大脑"建设，加快实现县乡村三级数据共享、视频互联。健全矛盾排查、纠纷分流等机制，探索打造基层治理综合体。如合村乡探索推广"基层走亲大脚掌"应用场景，推进云上合意庭建设。联盟村不断完善村庄安全治理预警系统，为独居老人安装独居老人24小时管家，在公共区域安装水边智能预警系统和智安监控等，切实保障村民安全。

（三）融合发展，筑好和美乡村基石。

突出品质发展特色产业，走好"绿色发展路径"，铸牢"产业金钥匙"，并联业态促进"三产"融合，创新营销推动兴产富民。

筑牢粮食安全底线。率先开展基本实现农业农村现代化试点建设，实施农业"双强"行动，重点抓好特色主导产业集聚化发展。2022年完成"非粮化"整治3万余亩，新建高标准农田6.6万亩，粮食播种12.6万亩、产量超5万吨，均实现增长；农林牧渔业总产值40.83亿元，比上年增长2.9%，农林牧渔业增加值28.20亿元，增长2.4%。

彰显以文塑旅特色。实施乡村文化梳理工程，擦亮百匠深澳、清廉环溪、孝义荻浦等特色文化元素，引进舒羽山房等载体，不断打响《忆江南·富春山居游》《我们的客栈》、山水艺术季等特色IP，构建民俗文化体验带、富春江水上诗路共富带、畲乡文化风情带、马术文化产业带、运动文化休闲带、红色文化旅游带。落实城、村、景区"三位一体"发展战略，高标准推进严子陵钓台、桐君山等景区改造提升，积极培育景区城、景区镇、景区村庄，做强"桐庐旅游""桐庐民宿"等富民产业，招引落地瑶琳开元森泊、小源溪山水运动公园、中通农客等农文旅项目，"艺术乡村"做法入选国家文化赋能乡村振兴典型案例，"微改造、精提升"入选省级试点。

打响全季休闲品牌。聚焦打造长三角最佳短途旅游目的地，以丰富产品内涵为核心，在会议会展、生态康养、运动休闲、文创研学、特色美食等方面打造新产品新业态，形成"春赏花、夏避暑、秋美食、冬养生"的四季休闲产业。推进省级森林康养示范区建设，建成百江镇森林康养小镇、天子地森林康养基地、白云村森林人家。建成合村乡生仙里国际滑雪场，填补冬季运动、旅游项目的空白。推广"桐庐味道"品牌，"新合索面非遗工坊"入围国家级工坊典型案例。

（四）改革创新，破解提质升级瓶颈。

用好改革这一法宝，系统谋划、扎实推进农村改革，为全面推进乡村振兴增后劲、添活力。

破解"用地"问题。加快搭建创业孵化基地、创客空间等创业平台，因地制宜打造特色产业平台。探索县校合作等形式，鼓励涉农高校院所、新型农业经营主体、农业科技示范基地等共建共享，建立"技术联盟＋产业联盟＋创业联盟"的创业创新共同体。深化全域土地综合整治，多元化盘活利用农村闲置房屋和集体用房，实现土地资源高效利用。

破解"增收"问题。完善利益联结机制，引导农民采取产权入股、租赁、托管等方式，促进"资源变资产、资金变股金、农民变股东"。推广飞地抱团、连片抱团、强村公司等经验做法，增强村集体造血功能。

破解"素质"问题。围绕打造精神文明高地目标，深化全国一流新时代文明实践中心建设，巩固深化全国文明城市创建成果，推进乡村"复兴少年宫"试点建设，培养担当民族复兴大任的时代新人。

破解"体系"问题。推进省新时代美丽乡村集成改革试点县建设，编制发布《幸福乡村标准体系》，规范美丽乡村建设。深化农村宅基地、农村承包地"三权分置"、集体土地入市、农合联等改革工作，入选第三批全国农村集体产权制度改革试点县。深化农村土地制度改革，成为全国首批土地经营权入股发展农业产业化经营的七个试点之一。在全省首个推进全区域、全覆盖、全免费的整建制病虫害专业化统防统治工作。

三、创新亮点

（一）突出"全景打造"理念，绘就全域美丽大底板。

坚持规划引领，深化国家级乡村振兴战略发展规划试点，一体推进乡村建设规划、风貌提升，努力打造形神兼备的现代版"富春山居图"。深化农村垃圾、污水、厕所"三大革命"，统筹推进美丽庭院、美丽河道、美丽公路等建设。加快乡村迭代，出台全省首个《幸福乡村建设规范》，匠心打造省级风貌样板区、省市未来乡村，启动分水千年古城复兴试点，建设瑶琳郊野单元、富春江"黄金左岸"和"畲乡风情"等美丽风情线。

（二）突出"全链融合"理念，促进美丽经济大发展。

以市场为导向，以龙头为引领，围绕生产、生活、生态"三生一体"，做好强链补链延链文章，稳一产、强二产、拓三产，促进生产、加工、销售联动发展，进一步提升农产品附加值，争创全国农业全产业链典型县。依托特色主导产业，按照全产业链发展思路，促进产加销一体化，大力发展农产品精深加工，深度拓展市场，做大做强农产品特色品牌。主动适应都市居民消费需求、消费方式改变和休闲趋势，做好"农业+"文章，加大配套设施建设和数字应用，着力打造长三角最佳短途旅游目的地。

（三）突出"全域变革"理念，实现强村富民大提升。

强化全域统筹，以推进乡财县管、乡债县管为抓手，系统重塑乡村运营模式，探索乡村经营共富单元建设，着力推动干部理念转变、资源配置高效、乡村建设集成。强化重点攻坚，把推进共同富裕作为乡村振兴的出发点，紧盯"资源、资产、农民"等重点领域，谋划推进乡村振兴集成改革，跨乡镇全域土地综合整治、低碳工作等改革入选省级试点。强化数字赋能，打造"1113+N"数字乡村平台，创新农房盘活、蜂产业大脑、民宿通等特色应用，推动"浙里乡伴"等场景应用先行先试。

（供稿：桐庐县）

后 记
POSTSCRIPT

  当前,全党正在深入开展学习贯彻习近平新时代中国特色社会主义思想主题教育。对于杭州广大党员、干部而言,深入学习贯彻习近平新时代中国特色社会主义思想,必须与忠实践行"八八战略"、全面落实习近平总书记关于杭州工作的重要指示批示精神结合起来、贯通起来。从这个意义上说,本案例集的编撰出版,也为杭州广大党员、干部进一步学懂弄通做实习近平新时代中国特色社会主义思想,坚定不移沿着"八八战略"指引的路子前进,提供了有意义、有价值的参考。

  在本案例集编撰过程中,中共杭州市委常委、宣传部部长黄海峰多次听取汇报、给予指导。中共杭州市委宣传部副部长应雪林严格把关,中共杭州市委党校常务副校长柴宁宁高度重视,中共杭州市委宣传部理论处认真做好组织协调工作,会同中共杭州市委党校共同富裕研究中心细致做好案例征集汇编和核对修改工作。本案例集的编撰出版,得到了杭州市直相关单位和各区、县(市)的大力支持,杭州出版社做了大量卓有成效的工作。

  由于水平有限,难免有疏漏和不足之处,欢迎大家批评指正。

编 者

2023 年 7 月